为中华崛起传播智慧

To disseminate intelligence for the rise of China

国 家 出 版 基 金 项 目

中国战略性新兴产业研究与发展

R&D of China's Strategic New Industries

智能汽车

Intelligent Automobile

于晓艳 编著

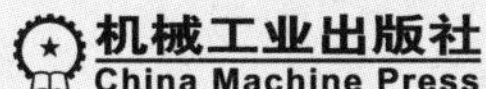

机械工业出版社
China Machine Press

随着汽车产业进入智能化时代以及跨界融合、万物互联应用越来越广泛，汽车从研发、采购、制造、产品、技术到服务、企业管理的全价值链、全生命周期都在经历一场深刻的变革。本书从对汽车产业智能化的理解出发，立足全球汽车产业，围绕智能汽车产品进展现状、变化，智能汽车关键技术进展，未来消费模式变化，智慧城市及智能交通系统发展变化，汽车产业格局调整，汽车智能制造进展，以及汽车智能化时代要求的轻量化，物流及采购模式变化，对企业产品品质、品牌、服务、管理和运营等方面的要求，从多维度、多领域对进入智能化时代的汽车产业进行研究，旨在为广大汽车行业从业人员、汽车相关领域从业人员和研究人员提供参考与借鉴。

图书在版编目（CIP）数据

中国战略性新兴产业研究与发展．智能汽车／于晓艳编著．—北京：机械工业出版社，2020.6（2021.6重印）
国家出版基金项目
ISBN 978-7-111-65676-0

Ⅰ．①中… Ⅱ．①于… Ⅲ．①新兴产业－产业发展－研究－中国②智能控制－汽车工业－产业发展－研究－中国 Ⅳ．①F269.24②F426.471

中国版本图书馆CIP数据核字（2020）第086351号

机械工业出版社（北京市百万庄大街22号 邮政编码 100037）
策划编辑：李卫玲 责任编辑：王迺娟
责任校对：李 伟 封面设计：德浩设计工作室
责任印制：徐志敏
北京宝昌彩色印刷有限公司印刷
2021年6月第1版第2次印刷
170mm×242mm · 25.5印张 · 470千字
定价：178.00元

电话服务
服务咨询电话：(010)88361066
读者购书热线：(010)68326643
(010)68326294

网络服务
年 鉴 网：http://www.cmiy.com
机工官网：http://www.cmpbook.com
机工官博：http://weibo.com/cmp1952

中国战略性新兴产业研究与发展

编委会

序言

全球金融危机和经济衰退发生以来，美欧日俄等为应对危机、复苏经济、抢占未来发展的先机和制高点，都在重新审视发展战略，不断加快推进“再工业化”，培育发展以新能源、节能环保低碳、生物医药、新材料与高端制造、新一代信息网络、智能电网、海洋空天等技术为支撑的战略性新兴产业，在全球范围内构建以战略性新兴产业为主导的新产业体系。力图通过新一轮技术革命的引领，重新回归实体经济，创造新的经济增长点。这已成为很多国家摆脱危机、实现增长、提升综合国力的根本出路。可以预计，未来的二三十年将是世界大创新、大变革、大调整的历史时期，人类将进入一个以绿色、智能、可持续发展为特征的知识文明时代。那些更多掌握绿色、智能技术，主导战略性新兴产业发展方向的国家和民族将在未来全球竞争合作中占据主导地位，赢得全球竞争合作，共享持续繁荣进程中的主动权和优势地位。

为应对金融危机和全球性经济衰退以及日趋强化的能源、资源和生态环境约束，以实现中国经济社会的科学发展、和谐发展、持续发展，党中央、国务院提出加快调整产业结构、转变经济发展方式，加快培育和促进战略性新兴产业发展的方针，出台了《国务院关于加快培育和发展战略性新兴产业的决定》以及相关政策举措。可以肯定，未来 5 ～ 10 年将是我国结构调整与改革创新发展的一个新的战略机遇期，将通过继续深化改革，扩大开放，提升自主创新能力，建设创新型国家，实现我国科技、产业、经济由大变强的历史性跨越，我国经济社会发展将走出一条依靠创新驱动，绿色智能，科学发展、和谐发展、持续发展之路，实现中华民族的伟大复兴。

展望未来，高端装备制造、新能源汽车、节能环保、新一代信息技术、生物医药、新能源、新材料、绿色运载工具、海洋空天、公共安全等全球战略性新兴产业将形成十几万亿美元规模的宏大产业，成为发展速度最快，采用高新技术最为密集，最具持续增长潜力的产业群落。战略性新兴产业的发展需求也将拉动技术的创新突破和产业的结构调整，为包括我国在内的全球经济发展注入新的强大动力。

在世界各国高度重视培育和发展战略性新兴产业的新形势下，编著一套“中国战略性新兴产业研究与发展”图书，借鉴国外相关产业发展的成功经验，对行业发展思路、发展目标、发展战略、发展重点、投资方向、政策建议等方面进行全面、系统研究，凝聚对战略性新兴产业内涵和发展重点的认识，为国家战略性新兴产业发展规划的顺利实施，以及政府和有关部门制定促进战略性新兴产业发展的相关政策和法规提供参考，具有十分重要的现实意义。

“中国战略性新兴产业研究与发展”系列图书对相应产业的阐述、分析均注重强调战略性新兴产业的六个主要特点：

一是**绿色**。战略性新兴产业属于能耗低、排放少、零部件可再生循环的“环保型”“绿色型”产业，无论从产品的设计、制造、使用，还是回收、再利用等整个生命周期的各个环节，对资源的利用效率与对环境的承载压力均要求达到最理想水平。

二是**智能**。新型工业化要求坚持以信息化带动工业化、以工业化促进信息化，即要实现“两化融合”。而“两化融合”决定了智能是未来产业尤其是战略性新兴产业的发展方向。所谓智能，是指制造过程的智能化、产品本身的智能化、服务方式的智能化。这些均是智能的最基本层次，它还具有其他更为丰富的内涵。如：智能电网，通过先进的传感和测量技术、先进的设备技术、先进的控制方法以及先进的决策支持系统技术的应用，可实现电网的可靠、安全、经济、高效、环境友好和系统安全等方面的智能；智能汽车不只是安全智能，还包括节能、减排、故障预警等方面的智能。

三是**全球制造**。随着全球化趋势不断深化，战略性新兴产业的发展成果也必将是由全人类共创共享。新产品的研制开发，不再由一个企业独自完成，需要集成各方面优势资源共同解决。例如，iPhone 在中国完成装配，但它的设计、研发以及许多零部件的供应都是在美国、日本、欧洲等国实现的，其本身就是一个全球化的产品。因而，未来的制造必然是全球化制造、网络化制造。

四是**满足个性化需求与为更多人分享相结合**。目前中国有 14 亿人口，印度有 12 亿人口，还有巴西、印度尼西亚等新兴国家、发展中国家也都要实现现代化。在全球如此规模庞大的人群中，既存在富裕阶层、高消费阶层，他们的消费需求是个性化、多样化的；又有占比较大的中产阶层、贫困人口，他们的消费需求是基本层次的，但也不能被忽视。两种类型的消费需求必须同时被满足，这不仅是构建和谐社会的需要，而且是构建和谐世界的需要。因此，我国发展战略性新兴产业，应该既要满足中高端个性化的需求，同时又要满足我国与其他发展中国家广大普通消费者的需求。要把个性化的设计、个性化的产品生产，与规模化、工业化的传统生产结合起来，不能完全抛弃传统的规模化生产方式。

五是**可持续**。要使有限的自然资源得以有效、可持续利用，发展利用可再生资源、能源，强调发展再制造、循环经济。无论是原材料使用，还是零部件制造，从研发、设计之初就考虑到了生产中的废料、使用后的遗骸的回收处置，使其能够重新得到循环利用。

六是**增值服务**。培育发展战略性新兴产业需要注意在设计制造过程中与产品售后、使用过程中提供相关增值服务。不应再局限于传统的观念，只注重制造本身，而不注重服务的价值。例如，发展电动汽车产业，必须首先解决好商业模式问题，包括充电桩建设、电池更换、废旧电池回收等服务，否则将无法广泛推广。

“中国战略性新兴产业研究与发展”系列图书内容丰富，资料翔实，观点鲜明，立意高远，并力求充分体现出“四性”，即科学性、前瞻性、指导性和基础性。

第一，体现**科学性**。所谓科学性，就是指以科学发展观为指导。科学发展观的核心是以人为本，基本要求是全面、协调、可持续，根本方法是统筹兼顾，符合客观规律。“中国战略性新兴产业研究与发展”系列图书既要能够为党中央、国务院提出的加快发展战略性新兴产业的总体战略服务，又不应受到行业、部门的局限，更不能写成规划或某些部门规划的解读材料，而应能够立足于事物客观规律、立足于全局。各分册编写组同志重视调查、研究，力求对国情、科技、产业及全球相关产业的发展态势有比较准确的把握，努力为我国战略性新兴产业的发展提供一本基于科学基础的好素材。这套图书立足基于我国国情，而不是简单地把发达国家的相关产业信息进行综合、编译，照搬照抄。当然，我国发展战略性新兴产业不能“闭门造车”，而是要坚持开放性，积极参与国际分工合作，充分利用全球优势资源，提高发展的起点和水平。因而，有必要参照国际成功经验与最新发展趋势，但一定要以我国国情和产业特点为根本出发点，加快培育和发展有中国特色的、竞争能力强的战略性新兴产业。

第二，体现**前瞻性**。一是能够前瞻战略性新兴产业的发展，因为这套图书是战略性新兴产业的发展指导书。二是能够前瞻战略性新兴产业技术的发展。为了做好这两个前瞻，必须要适当地前瞻全球经济、我国经济与战略性新兴产业发展的趋势。只讲发展现状是不够的，因为关于现状的资料很多，通过简单的网络搜索即可查到；也不能只罗列国外的某些规划和发展战略。“中国战略性新兴产业研究与发展”系列图书的编写注重有深度的科学分析与前瞻性的研究。

第三，体现**指导性**。“中国战略性新兴产业研究与发展”系列图书本身就是指导书，能够对产业、对技术、对国家制定政策，甚至在未来国家发展战略与规划的制定等方面发挥一定的引导作用与影响。虽然不能说这套图书可以指导国家战略与规划的制定，但是应该努力发挥其积极的引导作用。

第四，体现**基础性**。所谓基础性，就是指要能够提供战略性新兴产业的基础信息、基础知识，以及我国和有关国家在相关产业发展方面的基本战略，主要的法规、政策和举措，并尽可能提供一些基本的技术路线图。比如，在轴承分册，就描述了一个轴承产业发展的路线图。唯有如此，“中国战略性新兴产业研究与发展”系列图书才能满足原来立项的宗旨——不仅要为工程技术界、大学教师、大学生与研究生提供学习参考书，为产业界的技术人员、管理人员提供决策参照，而且要为政府部门的政策法规制定者提供参考。

机械工业出版社是具有60多年历史的专业性综合型出版机构，改革开放后，随着市场经济的发展，机械工业出版社不断改革转型，不但形成了完善的编辑出版工作流程和质量保证体系，而且编辑人员作风严谨，工作创新。

“中国战略性新兴产业研究与发展”系列图书不仅是一套科技普及书，更是一套产业发展参考书，必须既要介绍国内外战略性新兴产业的发展情况，又要阐述相关政策、法规、扶植措施等内容。因此，这套图书的组编单位、编写负责人和编写工作人员必须要有相关积累和优势。“中国战略性新兴产业研究与发展”系列图书所选的分册主编和作者主要是精力充沛的业内中青年专家，并由资深专家负责相应的编审、校审工作。现在看来大多数工作由中青年同志担当，是完全符合实际的。此外，这套图书的编著还充分发挥了有关科研院所、行业学会和协会的作用，他们的优势在于对行业比较熟悉，并掌握了较为丰富的资料。

最后，特别感谢国家出版基金对“中国战略性新兴产业研究与发展”系列图书的大力支持！感谢全体编写出版人员的辛勤劳动！

期望“中国战略性新兴产业研究与发展”为社会各界了解战略性新兴产业提供帮助，期待中国战略性新兴产业培育和发展尽快取得重大突破，祝愿我国在不久的将来实现由经济大国向经济强国的历史性跨越！

是为序。

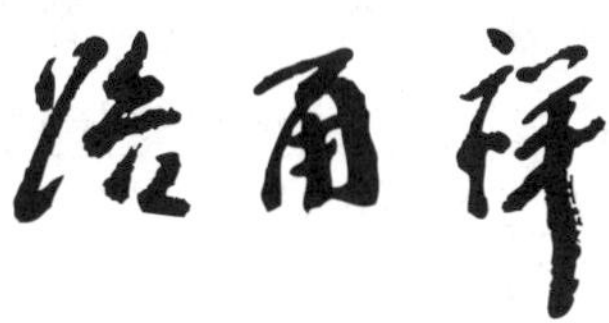

前言

“变革”是汽车产业当前最热的关键词。随着信息、通信科技、网络和大数据技术的迅猛发展，汽车从产品、服务、技术到制造的整个生命周期都在经历一场深刻的变革。

汽车动力正在由传统的内燃机动力向以电动、油电混合、氢燃料电池为主的动力转变；汽车产品也正在由传统的追求驾驶感、舒适感的功能型向解放双手的无人驾驶、追求互联娱乐的移动电脑型的智能汽车转变；传统汽车的大规模生产线模式正在向个性定制的数字化制造转变；汽车消费模式也正在从崇尚拥有所有权到积极共享、重在体验和使用转变。汽车产业与交通、电信、IT、城市以及网络的融合越来越密切。汽车产业格局也由零部件供应商、整车制造商、销售商形成的链条主体向由IT技术供应商、科技创业企业、互联网平台公司、新进入企业、传统的汽车制造企业、电池和传统部件供应商共融共存的生态平台转变。汽车企业也由传统的以提供产品为主的OEM向提供智能产品和服务的出行服务公司转型，企业商业模式、运营管理也都随着汽车智能化时代的变迁而发生改变。

当前，汽车的电动化、智能化和网联化趋势越来越明显，整个汽车产业由原来的结构调整向全面转型升级转变。汽车产品的智能化程度越来越高，自动驾驶路试汽车已经积累了上百万公里里程、汽车大数据信息储存也达到了亿万单位级。因此，整个汽车产业对智能汽车的理解也越来越深入。到2020年，汽车的部分智能功能和网联功能将成为新产品必备及消费者体验的重要方面。

对汽车智能化的理解要从汽车产业链全方位入手。汽车智能化包括三部分：汽车产品智能化，汽车生产制造智能化，以及伴随智能化，汽车产业从研发、采购、物流、生产到销售、服务、企业管理整个价值链的流程都将从根本上进行智能化改变。

第一部分，汽车产品智能化指汽车本身由辅助智能驾驶，向未来的高度智能驾驶，然后到无人驾驶方面的进化，包括动力总成、底盘和车身控制的智能化，侧重于汽车本身功能的智能化。在汽车智能化的同时，向网联化发展。网联化实现了车与车、车与路、车与人的互联，有利于交通安全、减少拥堵、节能减排。网联化需要汽车之间、汽车与交通系统、汽车与城市之间实现整体联网、信息共享与反馈。

汽车产品智能化包括两大功能：一个是“智能”，一个是“互联”。从驾驶角度来看，“智能”就是在普通汽车的基础上增加了先进的传感器（雷达、摄像头）、控制器和执行器等装置，通过车载传感系统和信息终端实现与人、车、路等的智能信息交换，使汽车具备智能的环境感知能力，能够自动分析汽车行驶的安全及危险状态，并使汽车按照人的意愿到达目的地，最终实现替代人来操作的目的。更深一层，开发人工智能，让汽车具有深度的学习能力，接近人的思考、决策能力。“互联”包括主动安全、驾驶便利和自动监控等，侧重于车与人、车与车、车与社区、车与交通的关联。

未来智能化与网联化将相互渗透，形成一体化。

在汽车产品智能化方面，汽车企业主要走两条路线，第一条路线是以ADAS（高级驾驶辅助系统）技术为基础的智能控制技术。目前，在全球上市的新车型中，已经有一部分安装了ADAS，达到了二级自动驾驶水平，包括智能巡航、自动泊车和车道保持等。宝马、沃尔沃、谷歌和百度等企业都开展了不同程度的大规模路试，积累了相当数量的驾驶数据信息。在高速公路上的自动驾驶测试证明，自动驾驶汽车在纵向与侧向的自动控制上已经实现了基本目标，但在道路条件变化、人车交织的复杂路况下，要达到更高一级的自动驾驶测试目标还需要一段时间，距离自动驾驶汽车的全球商业化运营和大规模普及，整个汽车产业还有相当一段路程要走。

第二条路线是车联网应用。目前，大部分汽车企业在不同的车型配置上都有不同程度的应用，汽车企业通过车载信息系统，即车联网系统，实现移动互联和车机间的信息交互。2020年前，基于语音的导航设备、互联娱乐功能、救援服务功能等基本属于车型标配。但在车与车通信、车与道路设施及车与万物之间互联方面的应用，目前正处于研发和试验阶段，这也需要全社会交通系统智能化及城市网络与管理系统的通力合作。

从规划目标上看，2015年年末，各国和各企业对自动驾驶汽车的规定更加明确。总体上，2018—2025年，实现高速路和试验场或者指定的符合自动驾驶条件的场地运行。2025—2034年，在一般道路运行。2035—2045年，在生活街区道路运行。届时，汽车将逐步实现半自动驾驶和完全自动驾驶。

第二部分，汽车生产制造的智能化是顺应德国提出的“工业4.0”，我国《中国制造2025》规划提出了实现汽车生产效率提高、个性化定制、智能物流的目标。智能制造是“工业4.0”的最好体现。奔驰、宝马等汽车行业巨头，都在加快智能制造应用，进行研发、生产、销售等全价值链的数字化建设和运营。

我国汽车产业“十三五”规划也在加大制造业的智能制造试点。汽车领域的江淮、长安汽车、北汽新能源等都在不同程度地进行全程可视化、订单跟踪、制造过程查询、个性定制、模块化集成、网络数据信息实时传递、零部件自动供应和智能物流等方面的生产运作。

第三部分，汽车产业从研发、采购、物流、生产到销售、服务、企业管理整个价值链流程的智能化，将带来整个汽车产业的变革。汽车价值链将由传统的直线型向以客户为中心的环型价值链转变。汽车产业链将由传统的纵向合作向跨界及横向联合的生态圈模式转变。汽车产业不只是以制造业为主，更是以制造、服务及生态圈平台合作为主，形成各类型企业间共存相生的产业样态。

汽车产业全价值链的智能化是未来汽车行业发展的方向。智能汽车是外化于消费者的产品实现和智能体验。智能化产业流程是内化于汽车产业体系的根本性变革。此外，汽车产品固有的品质提升、品牌扩大和维护使用等方面都将在智能化影响下发生模式、策略及消费理念的变化。

综上所述，本书从对汽车产业智能化的理解出发，立足全球汽车产业，围绕智能汽车产业化涉及的产品现状及变化，智能汽车关键技术进展，未来消费模式变化，智慧城市及智能交通系统发展变化，汽车产业格局调整，汽车智能制造进展，以及汽车智能化时代要求的轻量化、物流及采购模式变化，对企业产品质量、品牌、服务、管理和运营等方面的要求，从多维度、多领域对智能汽车产业进行研究，旨在为广大汽车行业从业人员、汽车相关领域从业人员、研究人员提供参考与借鉴。为促进我国智能汽车产业快速、健康发展，提升国际竞争力，贡献一份力量。

于晓艳

2019 年 9 月

编写说明

《国务院关于加快培育和发展战略性新兴产业的决定》确定了我国未来经济社会发展的战略重点和方向是战略性新兴产业，并且根据我国国情和科技、产业基础，又制定出现阶段重点发展节能环保、新一代信息技术、生物、高端装备制造、新能源、新材料、新能源汽车、数字创意和相关服务业九大新兴产业。可见，九大战略性新兴产业将是国家重点支持、大力推广的产业。

为了使大家全面理解、准确把握、深刻领会国家这一战略决定的精神实质，了解其发展内涵，推动产业结构升级和经济发展方式转变，增强国际竞争优势，抢占新一轮经济和科技制高点，机械工业出版社在国家出版基金的支持下，组织各领域权威专家编写了一套“中国战略性新兴产业研究与发展”（以下简称“研究与发展”）图书。

“研究与发展”以国家相关发展政策和规划为基础，借鉴国外相关产业发展的成功经验，对产业发展思路、发展目标、发展战略、发展重点、投资方向、政策建议等方面进行了全面、系统的研究；对前瞻性、基础性和目前产业上有瓶颈限制的问题提出了有针对性的对策。

“研究与发展”采用分期分批的出版方式陆续出版发行，第一期12个分册、第二期13个分册分别于2013年6月和2018年2月完成出版，第一期包括：太阳能、风能、生物质能、智能电网、新能源汽车、轨道交通、工程机械、水电设备、农业机械、数控机床、轴承和齿轮。第二期包括：功能材料、物流仓储装备、紧固件、模具、内燃机、塑料机械、塑木复合材料、物联网、制冷空调、智能制造装备、非常规油气、中压开关和数据中心。本次出版的第三期29个分册图书包括：矿物材料、生物基材料、数据与企业治理、智慧经济、智能注塑机、数据赋能组织、高端轴承、冷链物流、智能汽车、通用航空、远程设备智能维护、智能供应链、智能化立体车库、气体分离设备、焊接材料与装备、高端液气密元件、高端链传动系统、内燃机再制造、风电齿轮箱、海洋油气装备、内燃动力工程装备、变频调速设备、电子信息功能材料、智能制造、数控系统、工业机器人、核电、智能工厂物流构建、增材制造。今后，根据国家产业政策要求及各行业的发展情况还将陆续推出其他分册。

为了出版好“研究与发展”，机械工业出版社成立了“中国战略性新兴产业研究与发展”编委会，全国人大常委会原副委员长路甬祥担任编委会主任。路甬祥副委员长对该套图书的编写高度重视，亲自参加编委研讨会，多次提出重要指导意见。他从图书的定位、内容选材、作者队伍建设和运作流程等方面都给予了全面和具体的指导，并提出了“六个特点”和“四性”的具体要求。

机械工业出版社还建立了完善的项目管理、编写组织、出版规范和网络支撑四个方面的工作体系来保证图书质量，投入了大量的精力组织行业权威专家规划内容结构、研讨内容特色。参与图书编写的主创人员自觉自愿地把自己的聪明才智和研究成果奉献给社会，奉献给国家。他们都担负着繁重的科研、教学、行业管理或生产任务，为了使此书能够早日与大家见面，他们不辞辛苦、加班加点，因为他们都有一个共同心愿——帮助企业快速成长，使中国由大变强。

在此，衷心地感谢为此项工作付出大量心血的组编单位、各位专家、各位撰稿人、编辑出版及工作人员！

尽管我们做了大量工作，付出了巨大努力，但仍难免有疏漏或错误之处，敬请读者批评指正！

中国战略性新兴产业研究与发展 编辑部

2019 年 12 月

目录 CONTENTS

第 1 章

汽车产业现状

1.1 全球汽车产业规模持续平稳扩大

近几年全球汽车产业已经恢复了稳定增长势头。新兴国家汽车产销持续增长，增长动能不断扩大。

1.1.1 全球汽车产销保持平稳增长

自从 2008 年全球金融危机以来，汽车产业进入低迷时期，2009 年全球产销明显下降。2010 年，由于经济政策刺激，全球经济开始逐渐从国际金融危机中缓慢复苏。近几年，全球汽车产销规模保持平稳增长态势，到 2017 年全球汽车产销量分别为 9 730 万辆和 9 622 万辆，同比增长分别为 2.44% 和 2.66%。2009—2017 年全球汽车产销量平均增长率分别为 5.83% 和 4.90%。如图 1-1 所示。

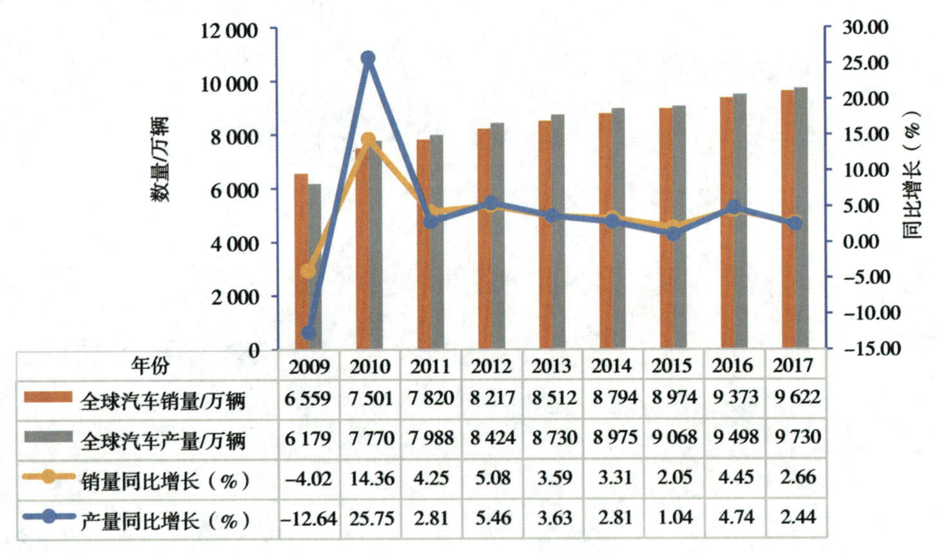

年份	2009	2010	2011	2012	2013	2014	2015	2016	2017
全球汽车销量/万辆	6 559	7 501	7 820	8 217	8 512	8 794	8 974	9 373	9 622
全球汽车产量/万辆	6 179	7 770	7 988	8 424	8 730	8 975	9 068	9 498	9 730
销量同比增长（%）	-4.02	14.36	4.25	5.08	3.59	3.31	2.05	4.45	2.66
产量同比增长（%）	-12.64	25.75	2.81	5.46	3.63	2.81	1.04	4.74	2.44

图 1-1 全球汽车产销量变化

1.1.2 亚太地区汽车产量增长最快

2017 年，全球各地区汽车产量平稳增长。其中，亚太地区生产了 5 355 万辆，产量增长 3.28%，占全球总产量的 55%；欧洲地区生产了 2 216 万辆，增长率达到 3.21%，占全球总产量的 22.77%。如图 1-2 所示。

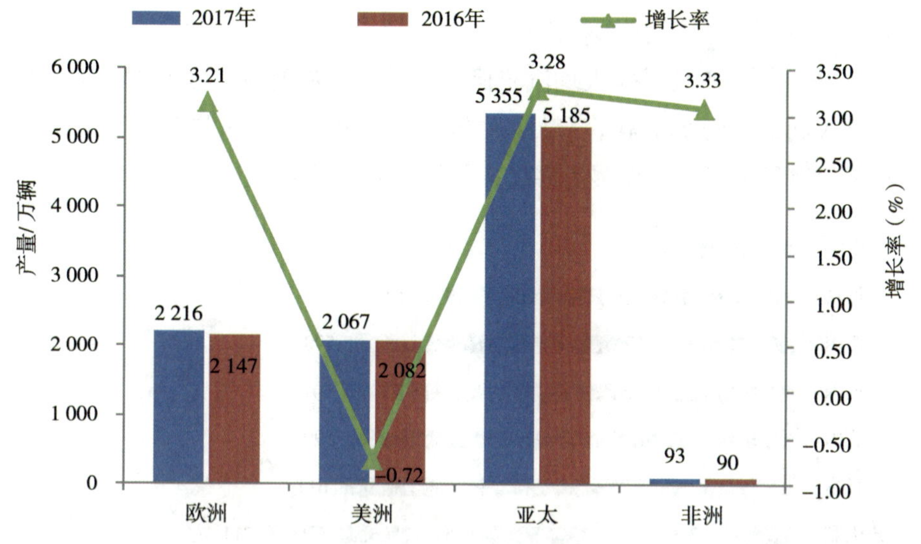

图 1-2 全球各地区汽车产量变化

1.1.3 全球主要国家和地区汽车销量前 24 位排行

2017 年，全球汽车销售前 24 位国家的总销量占全球总销量的 90.1%。其中，汽车需求最大的市场是中国，销量达到 2 888 万辆，同比增长 3.0%，占全球总销量的 30.7%；其次是美国市场，销量达到 1 755 万辆，同比下降 1.7%，占全球总销量的 18.3%；第三是日本市场，销量为 523 万辆，同比增长 5.3%，占全球总销量的 5.5%。日本国内汽车产量为 968 万辆，全球出口数量占一半多，达到 56.3%。如图 1-3 所示。

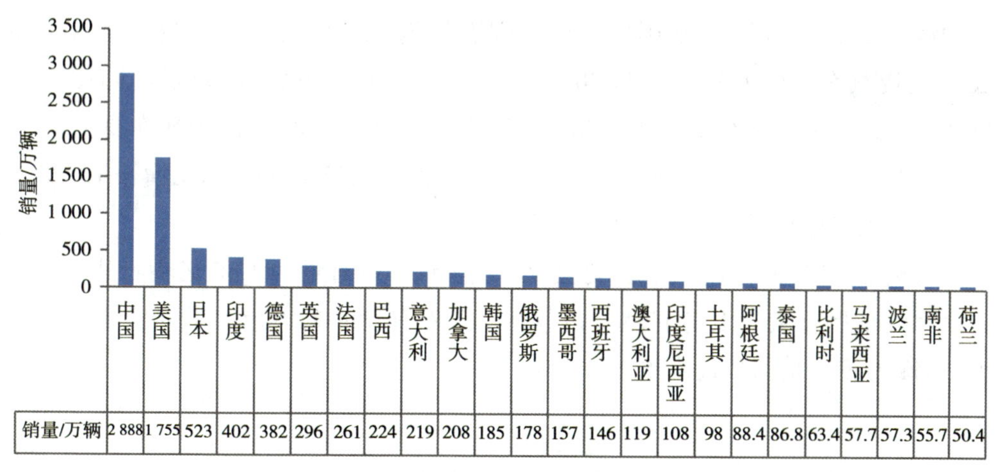

	中国	美国	日本	印度	德国	英国	法国	巴西	意大利	加拿大	韩国	俄罗斯	墨西哥	西班牙	澳大利亚	印度尼西亚	土耳其	阿根廷	泰国	比利时	马来西亚	波兰	南非	荷兰
销量/万辆	2 888	1 755	523	402	382	296	261	224	219	208	185	178	157	146	119	108	98	88.4	86.8	63.4	57.7	57.3	55.7	50.4

图 1-3 2017 年全球汽车销量前 24 位国家

1.1.4 全球主要国家人均汽车保有量对比

2016 年，全球主要国家人均汽车保有量最多的是美国，达到 834 辆 / 千人；其次是意大利，达到 711 辆 / 千人；中国为 131 辆 / 千人，与发达国家相比，在人均汽车保有量上还是有明显差距的。如图 1-4 所示。

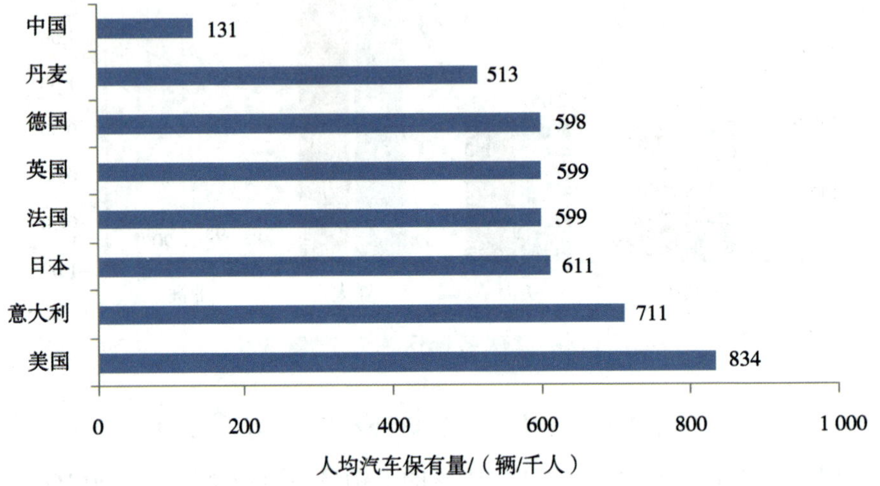

图 1-4 2016 年主要国家人均汽车保有量

1.2 我国汽车产业快速平稳发展

1.2.1 我国汽车保有量快速增长

截至 2017 年年底，我国民用汽车保有量为 21 743 万辆（包括三轮汽车和低速载货汽车 820 万辆），与 2016 年相比，全年增加 2 304 万辆，同比增长 11.9%。私人汽车保有量为 18 695 万辆，同比增长 14.5%；民用轿车保有量为 12 185 万辆，同比增长 12.0%，其中私人轿车为 11 416 万辆，同比增长 12.5%。我国私人汽车保有量情况如图 1-5 所示。

截至 2017 年 6 月，从车辆类型看，载客汽车保有量为 1.85 亿辆，其中，私人载客汽车保有量为 1.70 亿辆，占载客汽车保有量的 91.89%；载货汽车保有量为 2 341 万辆，是历史最高水平。

图 1-5　我国私人汽车保有量情况

截至 2017 年 6 月，从分布地区看，全国有 53 个城市的汽车保有量超过百万辆，23 个城市超过 200 万辆，8 个城市超过 280 万辆，分别是北京、成都、重庆、上海、苏州、深圳、天津和郑州。如图 1-6 所示。

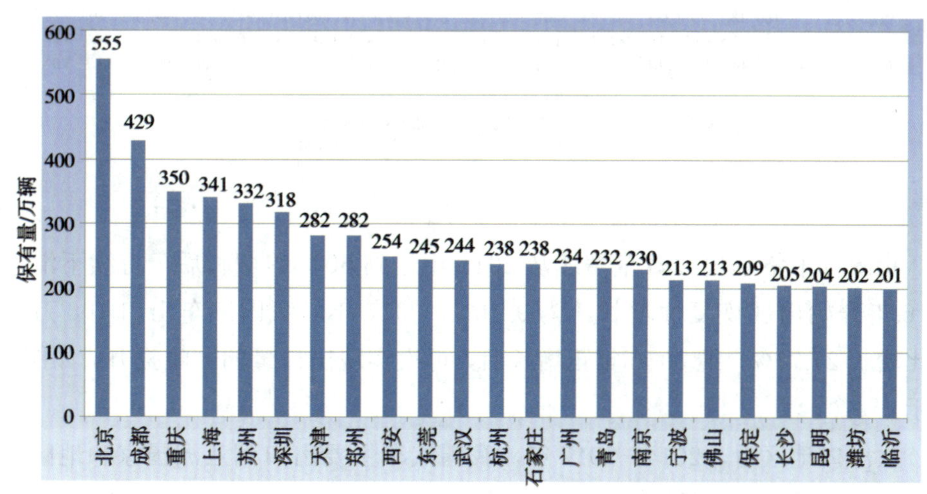

图 1-6　截至 2017 年 6 月汽车保有量超过 200 万辆的地区

1.2.2 汽车产销量由高速增长向中低速平稳增长转变

从 1998 年到 2017 年的 20 年里，我国汽车产销保持较快速增长，实现了 16.36% 和 16.45% 的年均增长率。

随着私人汽车购买力的上升，2002 年我国汽车产销迎来了爆发式增长，产销增长率分别达到 38.5% 和 37.1%。2009 年，受汽车产业购车减免税政策及国家防范国际金融危机加大对汽车产业的刺激政策支持，我国汽车销量增长率达到了 46.1%。之后，2011—2017 年基本保持中低速增长态势。2017 年我国汽车销售 2 888 万辆，同比增长 3.0%，我国汽车产业进入转型调整时期。如图 1-7 所示。

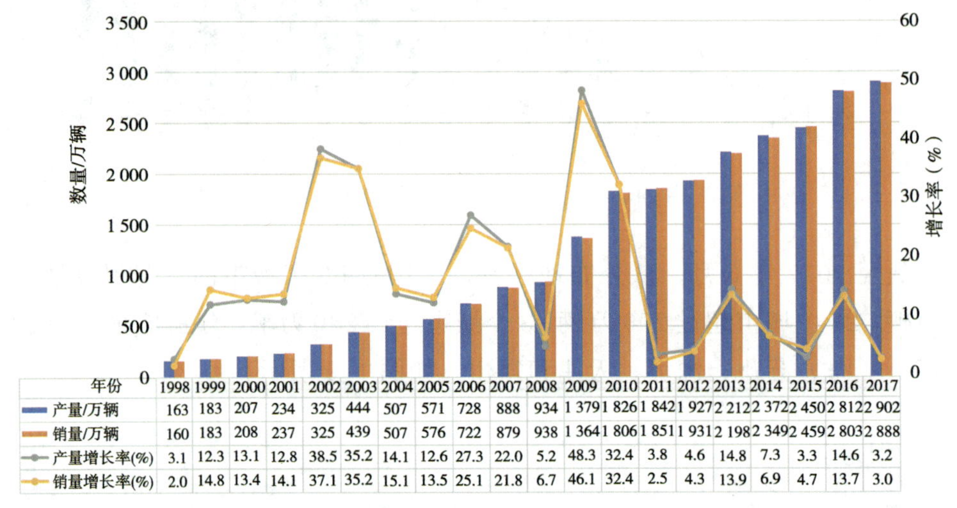

年份	1998	1999	2000	2001	2002	2003	2004	2005	2006	2007	2008	2009	2010	2011	2012	2013	2014	2015	2016	2017
产量/万辆	163	183	207	234	325	444	507	571	728	888	934	1 379	1 826	1 842	1 927	2 212	2 372	2 450	2 812	2 902
销量/万辆	160	183	208	237	325	439	507	576	722	879	938	1 364	1 806	1 851	1 931	2 198	2 349	2 459	2 803	2 888
产量增长率(%)	3.1	12.3	13.1	12.8	38.5	35.2	14.1	12.6	27.3	22.0	5.2	48.3	32.4	3.8	4.6	14.8	7.3	3.3	14.6	3.2
销量增长率(%)	2.0	14.8	13.4	14.1	37.1	35.2	15.1	13.5	25.1	21.8	6.7	46.1	32.4	2.5	4.3	13.9	6.9	4.7	13.7	3.0

图 1-7 1998—2017 年我国汽车产销量变化

1.2.3 汽车出口数量在持续下滑后出现连续两年的增长

我国汽车整车出口数量增速从 2011 年达到 60% 的增长后，持续下滑，到 2016 年开始出现恢复性增长，为 9.21%。2017 年，我国汽车出口 106 万辆，同比增长 27.71%，继 2016 年正增长后，再次实现出口量的大幅提升。如图 1-8 所示。

从出口地区看，2014—2017 年，我国汽车主要出口到亚洲国家和地区，共计出口 178 万辆，占四年出口总量的 50%，年均出口量增长率为 15.5%。其次是南美洲，共计出口 74.5 万辆，占四年出口总量的 21%。出口数量增速最快的地区是北美洲，年均出口量增长率为 93.8%。

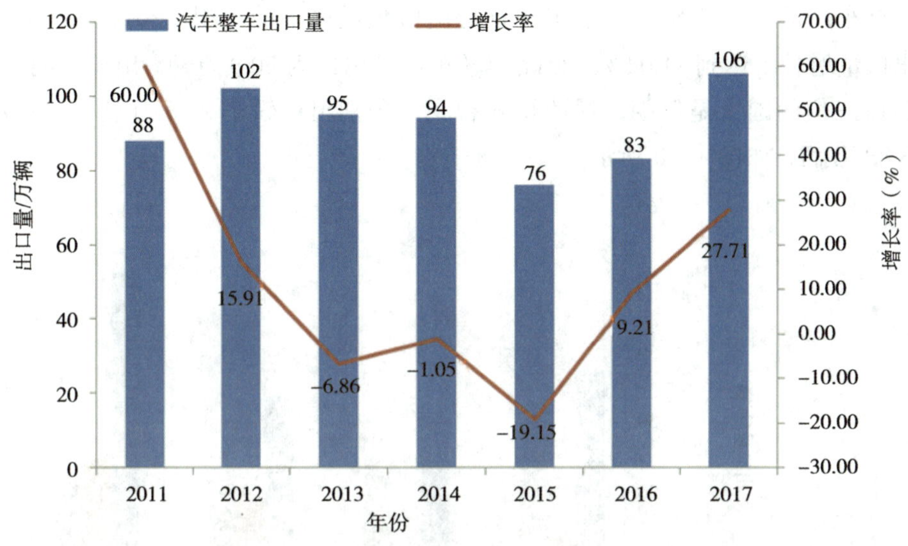

图 1-8 2011—2017 年我国汽车整车出口变化

2017 年，我国出口到亚洲国家和地区的汽车共计 58 万辆，占比 55%；南美洲共计 19.7 万辆，北美洲共计 13.1 万辆，此外是非洲、欧洲和大洋洲，销量分别为 8.1 万辆、6.2 万辆和 1.2 万辆。出口目的地国家中，排名前三位的国家是伊朗、墨西哥和智利。其中，伊朗继续领先，我国全年累计向其出口汽车 23.3 万辆，同比增长 57%；向墨西哥出口汽车实现 10 倍多的增长，达到 5.17 万辆；向智利出口汽车 3.88 万辆，同比增长 52%，超过俄罗斯，排名第三位。如图 1-9 所示。

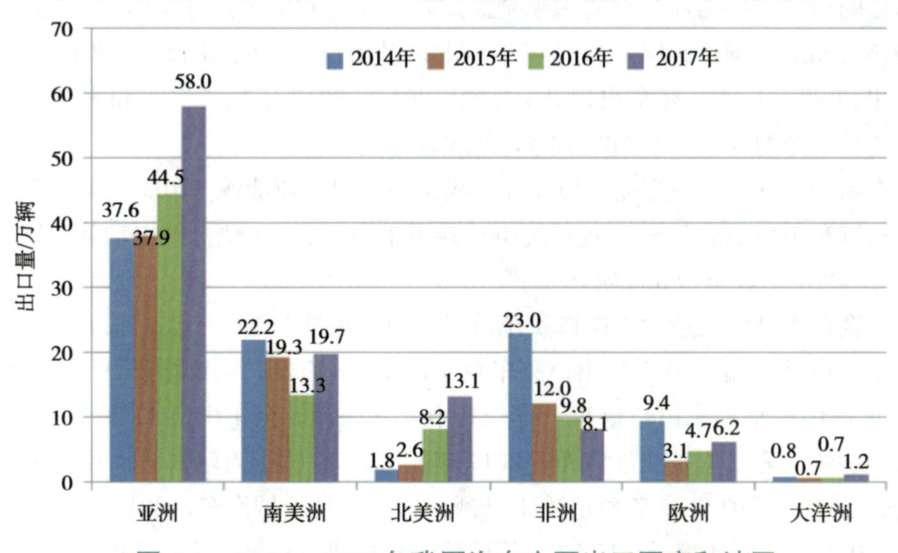

图 1-9 2014—2017 年我国汽车主要出口国家和地区

整车产品出口类别中，轿车一直是出口数量最多的车型，2014—2017 年年均出口量增长率达到 11.04%。2017 年轿车产品出口为 50.8 万辆。出口目的地中，排名前三位的国家是伊朗、墨西哥和智利，分别出口轿车 23.3 万辆、5.66 万辆和 3.88 万辆。如图 1-10 所示。

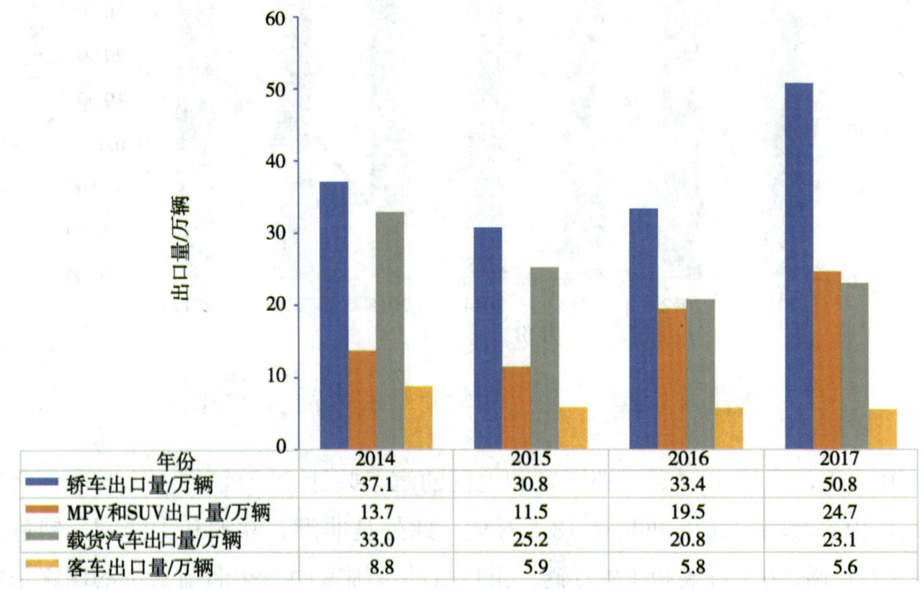

年份	2014	2015	2016	2017
轿车出口量/万辆	37.1	30.8	33.4	50.8
MPV和SUV出口量/万辆	13.7	11.5	19.5	24.7
载货汽车出口量/万辆	33.0	25.2	20.8	23.1
客车出口量/万辆	8.8	5.9	5.8	5.6

图 1-10　2014—2017 年我国汽车整车出口结构

MPV 和 SUV 车型是近几年出口增长最快的车型，2017 年出口了 24.7 万辆，出口目的地中，排名前三位的国家是孟加拉、印度和美国，分别出口 7.8 万辆、4.4 万辆、3.2 万辆。2014—2017 年年均出口量增长率达到 21.71%。2017 年载货汽车出口 23.1 万辆，客车出口 5.6 万辆，2014—2017 年载货汽车和客车出口量年均增长率分别为 -11.2% 和 -14%，呈平均下滑态势。

在新能源汽车出口方面，2017 年，我国共计出口新能源车 10.6 万辆。其中，纯电动汽车出口 10.4 万辆，包括纯电动乘用车为 102 931 辆，纯电动载货汽车为 775 辆，纯电动客车为 303 辆。

主要自主品牌企业中，出口量排前四位的分别是奇瑞、江淮、长城和长安汽车。第一位是奇瑞，2017 年出口整车总量达 10.78 万辆，同比增长 22.3%，连续 15 年位居中国乘用车出口量第一位，其中，艾瑞泽 5 全年出口 11 294 辆，同比增长 59.4%。第二位是江淮汽车，2017 年出口汽车 6.51 万辆（含商用车），同比增长 15%，其中 SUV 车型超过 4 万辆。第三位是长城汽车，2017 年实现整车出口 3.9 万辆，同比增长 125.4%。第四位是长安汽车，2017 年出口整车超过 3.3

万辆，创历史新高，主力车型 CS35 贡献了超 1.5 万辆的销量。

1.3 汽车企业集团竞争日益激烈

1.3.1 国内市场销量排名前 10 位企业

从汽车企业集团销量上看，2017 年前 10 位企业排位与前几年相比有所变化，企业涨幅不一。其中，涨幅最大的是吉利汽车，同比增长达 62.92%；其次是广汽，同比增长达 21.27%。跌幅最大的是北汽，同比下降 11.77%；其次是长安汽车，同比下降 6.20%。如图 1-11 所示。

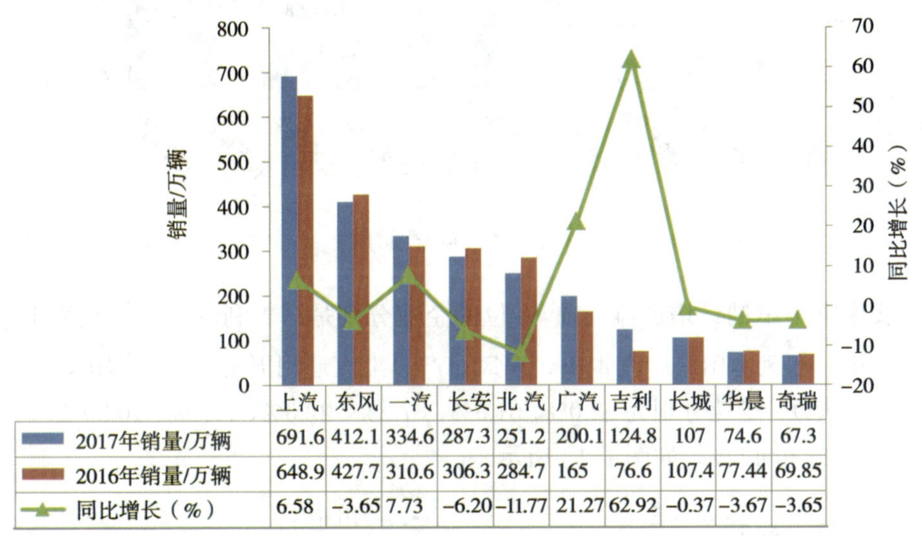

	上汽	东风	一汽	长安	北汽	广汽	吉利	长城	华晨	奇瑞
2017年销量/万辆	691.6	412.1	334.6	287.3	251.2	200.1	124.8	107	74.6	67.3
2016年销量/万辆	648.9	427.7	310.6	306.3	284.7	165	76.6	107.4	77.44	69.85
同比增长（%）	6.58	-3.65	7.73	-6.20	-11.77	21.27	62.92	-0.37	-3.67	-3.65

图 1-11 2017 年国内销量排名前 10 位的汽车企业集团

1.3.2 市场集中度增强，乘用车销量排名前 10 位企业中 7 家销量超过百万辆

从汽车市场集中度上看，2017 年我国汽车销量排名前 10 位的企业分别是上汽、东风、一汽、长安、北汽、广汽、吉利、长城、华晨和奇瑞。10 家企业共销售 2 556.24 万辆，同比增长 3.2%，高于行业增速 0.2 个百分点；占汽车销售总量的 88.52%，高于上年 0.2 个百分点。乘用车市场上，2017 年我国狭义乘用车整体销量为 2 376.4 万辆，同比增长 2.1%；广义乘用车销量为 2 423.8 万辆，同比增长 1.5%。

从企业销量看，我国乘用车企业销量排名前 10 位的企业分别是：上海大众、上海通用、一汽大众、上汽通用五菱、吉利汽车、东风日产、长安汽车、长城汽车、长安福特和北京现代，销量分别是 206.31 万辆、199.87 万辆、195.72 万辆、155.52 万辆、124.80 万辆、110.78 万辆、106.27 万辆、95.03 万辆、83.10 万辆和 78.50 万辆。如图 1-12 所示。

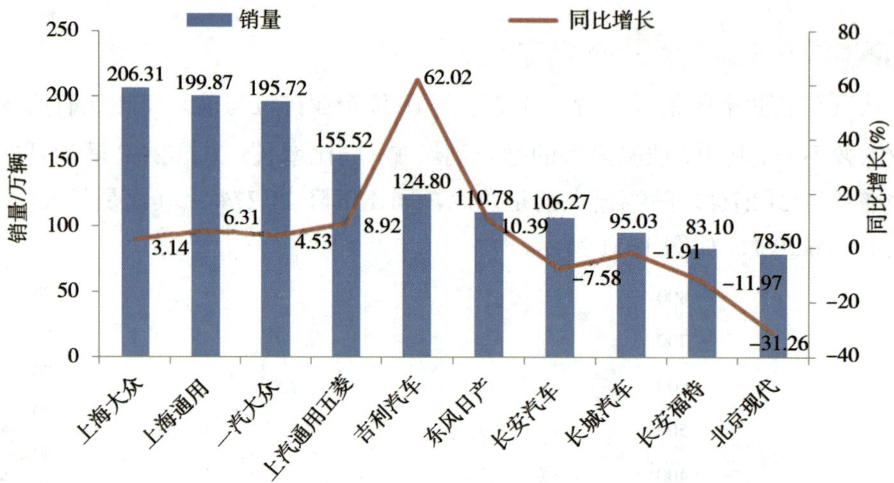

图 1-12　2017 年我国乘用车销量排名前 10 位的企业

我国乘用车销量增速排名前 10 位的企业分别是：吉利汽车、上汽乘用车、广汽传祺、东风本田、广汽本田、东风日产、上汽通用五菱、一汽本田、上海通用和一汽大众，增速分别为 62.0%、61.8%、37.2%、22.0%、11.1%、10.39%、8.9%、7.1%、6.3% 和 4.5%。如图 1-13 所示。

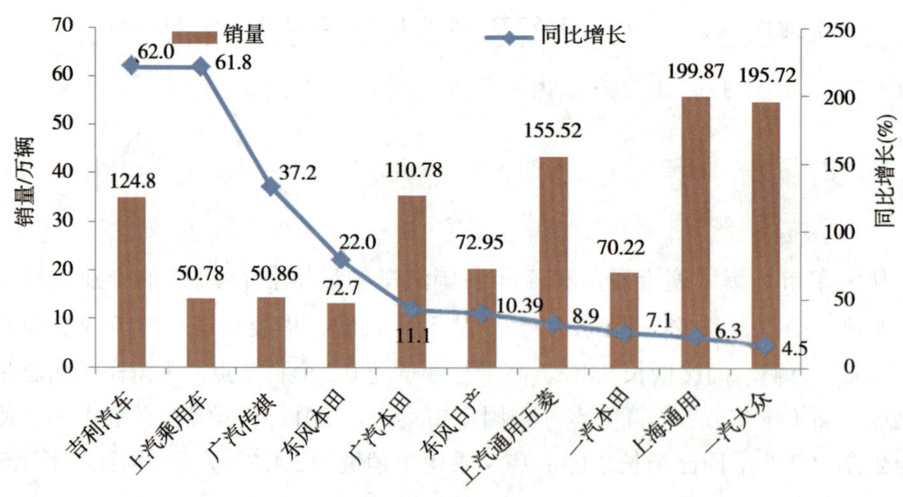

图 1-13　2017 年我国乘用车销量增速排名前 10 位的企业

1.3.3 自主品牌跻身乘用车销量前3强

我国乘用车品牌销量排名前10位的品牌是大众、本田、吉利、别克、丰田、日产、长安、宝骏、哈弗和福特，销量分别是313.52万辆、140.50万辆、124.80万辆、122.34万辆、113.16万辆、111.67万辆、106.27万辆、101.62万辆、85.19万辆和84.09万辆。如图1-14所示。

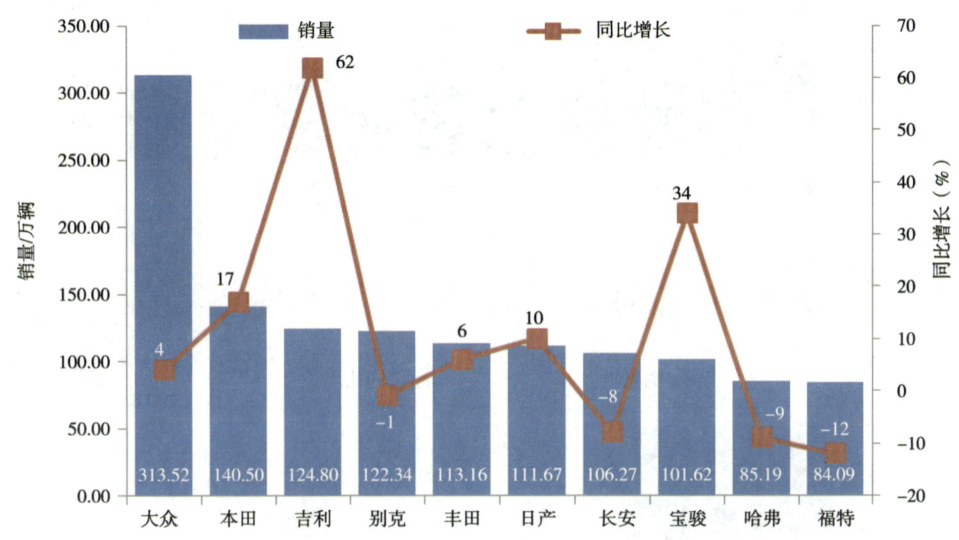

图1-14 我国乘用车品牌销量排名前10位的企业

我国自主品牌乘用车累计销量达到1 084.7万辆，占据国内乘用车市场份额的43.9%。自主品牌销量排名前10位的车企是吉利、长安、长城、奇瑞、上汽乘用车、广汽传祺、比亚迪、众泰、东风风光和北汽幻速，销量分别是124.8万辆、106.2万辆、95.0万辆、55.2万辆、50.8万辆、50.8万辆、40.9万辆、31.6万辆、27.1万辆和25.5万辆。如图1-15所示。

1.3.4 豪华汽车品牌中，奥迪、宝马、奔驰销量位列前3强

在豪华汽车品牌中，销量排名前10位的品牌是奥迪、宝马、奔驰、凯迪拉克、捷豹路虎、雷克萨斯、沃尔沃、林肯、东风英菲尼迪和讴歌，销量分别是59.79万辆、59.44万辆、58.79万辆、17.55万辆、14.64万辆、13.29万辆、11.44万辆、5.41万辆、2.91万辆和1.63万辆。如图1-16所示。

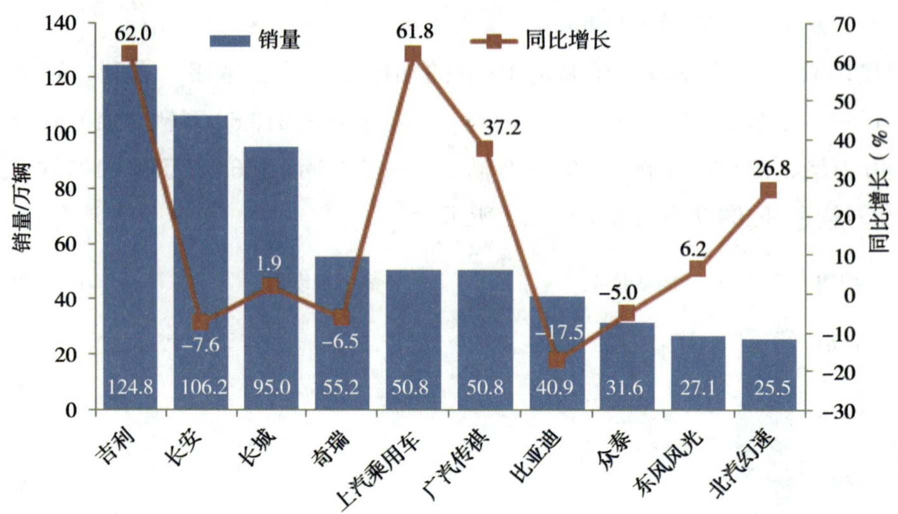

图 1-15　我国自主品牌销量排名前 10 位的企业

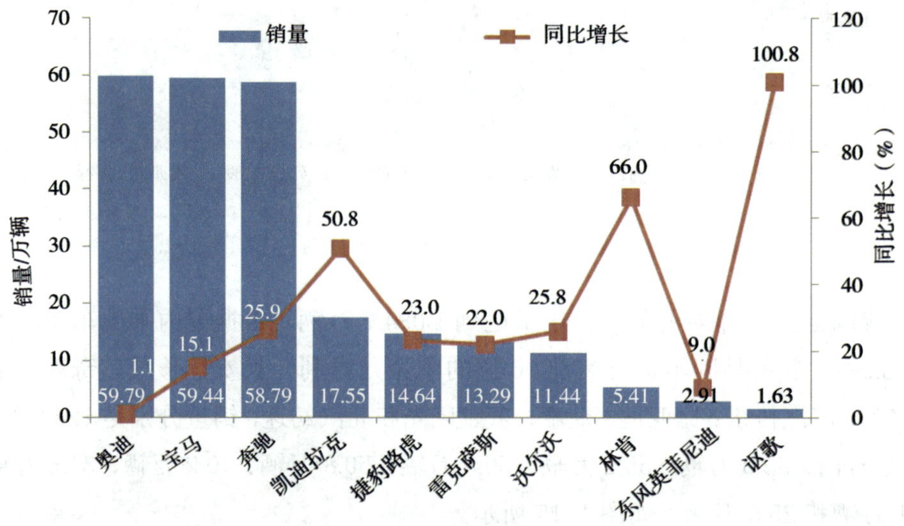

图 1-16　我国市场豪华品牌销量排名前 10 位的企业

1.4　新能源汽车产业化进程加快

我国新能源汽车专项研究起步于 20 世纪 90 年代初。很长时间以来，产业化进程缓慢。2004 年以后，在国家政策积极扶持、产业化示范应用范围不断扩大及地方限购政策促进新能源汽车私人消费市场兴起的形势下，我国新能源汽车获得了快速发展，产业化进程也明显加快。

近几年，传统汽车企业加大向新能源汽车领域投资，并提出向新能源汽车转型的目标，新进入的电动车企业也以巨额融资、智能电动汽车定位以及新的商业模式进入市场竞争领域。

未来，我国新能源汽车产业将呈现传统汽车市场的国际化竞争局面，传统汽车企业与新能源汽车新势力竞争，汽车销售模式转变，汽车共享带来汽车产品、企业运营及汽车产业链变化，汽车材料轻量化、汽车制造智能化、汽车产品智能技术更新换代、运营服务生态化和网络化将成为趋势。

1.4.1 我国新能源汽车私人消费市场逐渐形成

近几年，新能源汽车产销增速大幅上升。从全球看，2017 年，全球主要国家新能源汽车销量 122.3 万辆，同比增长 58%。截至 2017 年年底，全球新能源汽车累计销量突破了 340 万辆。2013—2017 年，全球新能源汽车销量年均增速达到 45%。

2017 年，我国新能源汽车生产 79.4 万辆，占汽车总产量的 2.7%；销售 77.7 万辆，同比增长 53.3%。2013—2017 年，我国新能源汽车产量年均增速为 157.71%，销量年均增速为 157.77%。如图 1-17 所示。

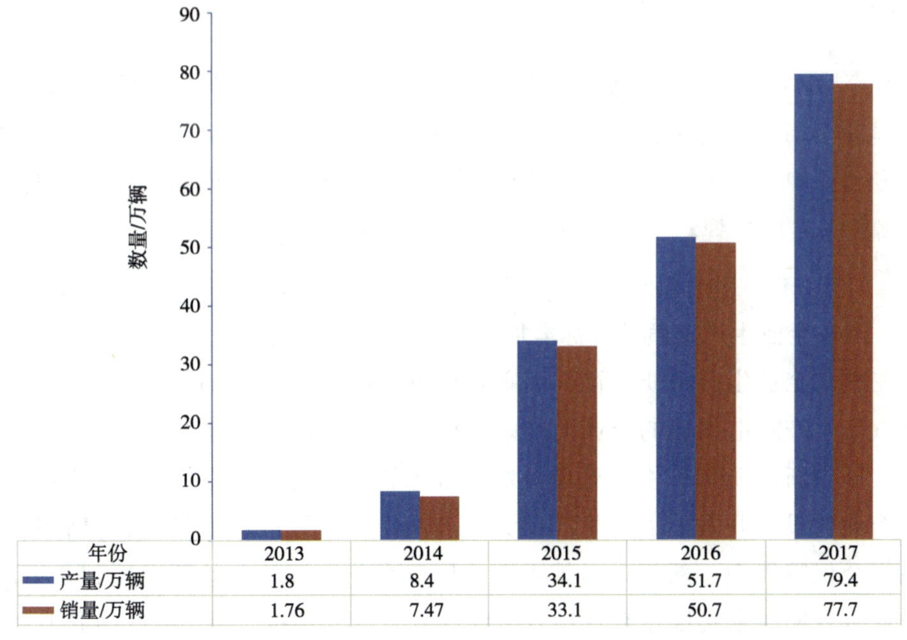

年份	2013	2014	2015	2016	2017
产量/万辆	1.8	8.4	34.1	51.7	79.4
销量/万辆	1.76	7.47	33.1	50.7	77.7

图 1-17　2013—2017 年我国新能源汽车产销量

我国新能源汽车产业化正在加速推进。从新能源乘用车的销量走势上可看出，私人消费市场正在逐渐形成。2017 年，我国新能源乘用车销售 57.9 万辆，同比增长 72%，占新能源汽车总销量份额的 75%。其中，乘用车以纯电动类型为主，2017 年销售了 46.8 万辆，同比增长 82.1%；其次为插电式混合动力汽车，2017 年销售 11.1 万辆，同比增长 39.4%。如图 1-18 所示。

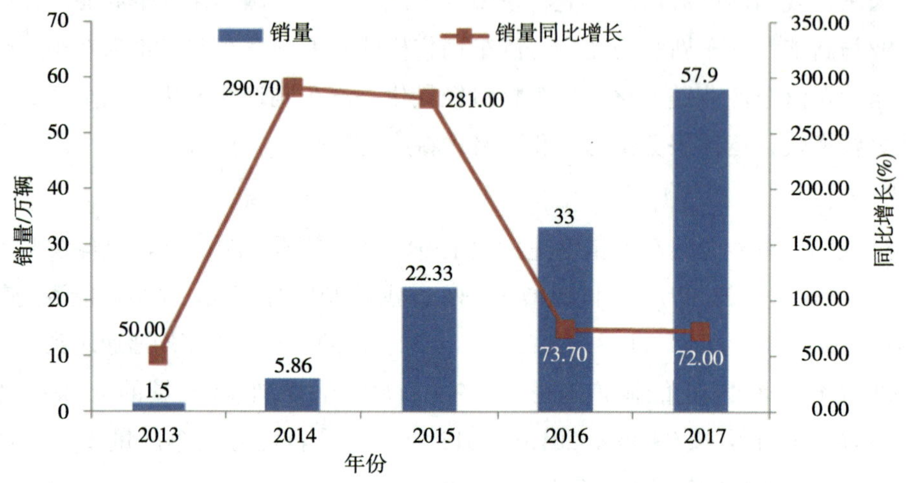

图 1-18　2013—2017 年我国新能源乘用车销量变化

截至 2017 年，全国新能源汽车保有量达 153 万辆，占汽车总量的 0.7%。全国纯电动乘用车保有量约为 80.1 万辆。目前，全国已有 107 个城市启用新能源汽车专用号牌，覆盖 31 个省、自治区、直辖市。不久，全国范围内将全面启用新能源汽车专用号牌。

1.4.2　资金积极投入新能源汽车产业链，企业竞争愈加多元化

1. 汽车企业生产资质准入标准加严

在整车企业生产资质方面，目前，国家发改委和工信部加强了对新进入新能源汽车生产制造领域的企业的准入管理和产品公告的管理。2017 年 7 月 1 日开始实施《新能源汽车生产企业及产品准入管理规定》，在生产资质准入上，强调企业的设计开发能力、生产能力、产品生产一致性保证能力、售后服务及产品安全保障能力。新规定对纯电动乘用车企业审核的有效期缩短到 3 年，如果企业有效期内未实现规划目标且未向国家发改委申报延期，将自动取消资格。在市场资质准入上，新能源汽车要经过“量产、进入工信部《道路机动车辆生产企业及产品公告》、进入地方新能源小客车备案目录”三道程序，才能开始市场销售。目前，我国新能源汽车销售市场并没有完全放开，仍受一定程度的

地域制约。

截至 2017 年，我国新能源汽车全产业链共有 862 家企业。其中，整车生产企业 280 家、汽车零部件生产企业 267 家，汽车充电设施企业 315 家。如图 1-19 所示。

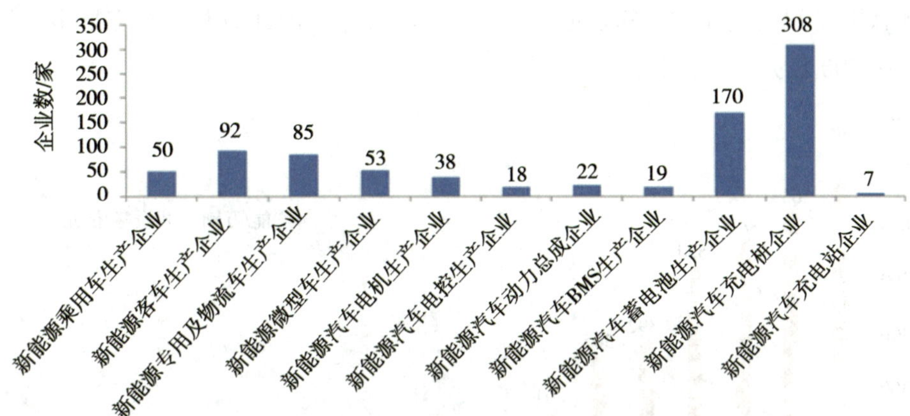

图 1-19　新能源汽车产业链企业数量

2. 新能源汽车规划产能和整车项目投资偏高

截至 2017 年，新能源汽车企业规划建设生产产能为 1 000 多万辆，奇瑞、吉利、北汽、江淮等传统汽车企业普遍规划产能超过 30 万辆；蔚来、车和家、长江、威马等新进入的汽车企业规划产能普遍为 20 万辆。规划产能 30 万辆以上的新能源汽车企业如图 1-20 所示。

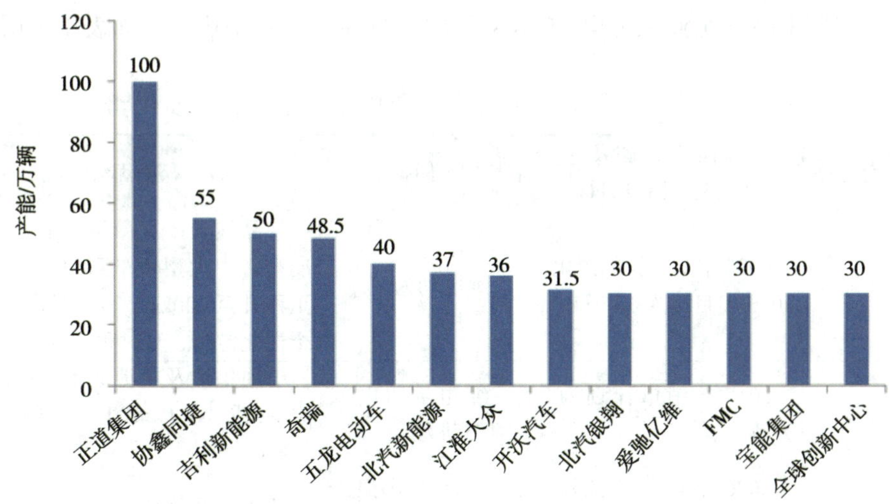

图 1-20　规划产能 30 万辆以上的新能源汽车企业

从项目投资上看，我国各地对新能源汽车投资的热情高涨。2015 年全国新能源汽车整车投资项目共 48 项，投资总额 2 189.83 亿元；2016 年全国新能源汽车整车投资项目共 100 项，投资总额 5 019.72 亿元；2017 年，全国新能源汽车领域总投资额达到 4 400 多亿元，江西省、江苏省、浙江省和广东省居多，投资额都在 500 亿元以上。如图 1-21 所示。

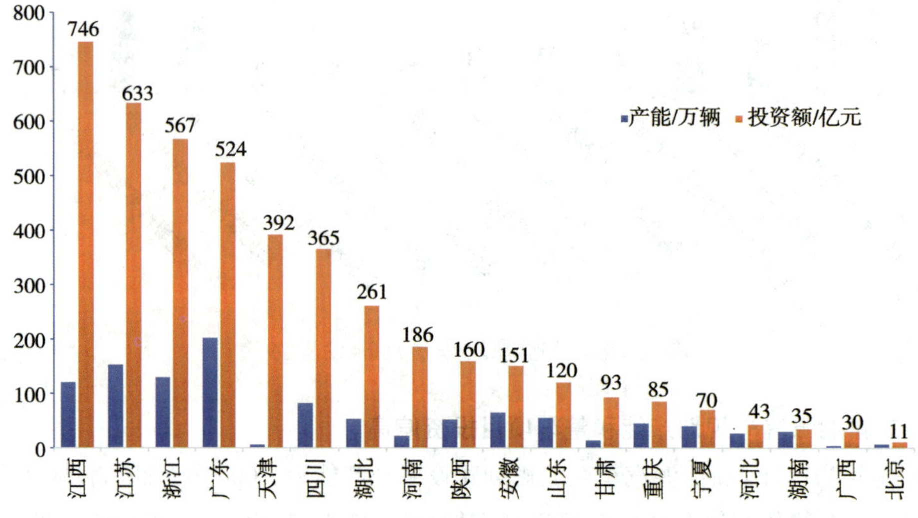

图 1-21 2017 年各地区新能源汽车投资额和产能

3. 传统自主品牌企业以纯电 +PHEV 为主

传统自主品牌企业以纯电 +PHEV 为主，打造各自竞争优势，如表 1-1 所示。

表 1-1 我国主要新能源汽车企业战略、技术路线及优势

企业名称	新能源战略及 2018 年销量目标	技术路线	竞争优势
北汽新能源	2025 年全面新能源化，2018 年目标为 15 万辆	纯电动为主	产品线长，从微型、小型、紧凑型、中大型轿车到 SUV。续驶里程升至 400km。及时推出换电、个性化定制、分时租赁等
比亚迪	2018 年销量计划为 20 万辆	纯电 + 插电式混合动力	电池供给及电池成本，三元锂电池成本为 1 400 ～ 1 500 元 /（kW • h）
上汽	2020 年自主新能源汽车达到 20 万辆，2018 年销量计划为 10 万辆	以插电式混合动力为主，研发燃料电池路线	轿车全系插电式混合动力，着力紧凑型市场

（续）

企业名称	新能源战略及2018年销量目标	技术路线	竞争优势
长安汽车	香格里拉计划，未来推出纯电动21款，插电式混合动力12款	纯电+插电式混合动力	重点布局紧凑型纯电和插电式混合动力
吉利	蓝色吉利行动：2020年新能源汽车销量占整体的90%。以插电式混合动力和混合动力为主，占60%；以纯电动为辅	纯电动+PHEV+HEV，储备甲醇、燃料电池、金属电池技术	基于与沃尔沃共同开发的PMA纯电平台架构打造十余款新能源汽车，车型包括A+B级跨界车、城市车辆、C+级家用跨界车以及A+/B级SUV和A+/B级轿跑车
奇瑞	2020年产销新能源汽车20万辆，覆盖全系列乘用车	插电式混合动力+纯电动	由传统燃油车改型向新平台开发转型以及汽车轻量化应用

4. 新造车势力主打智能化SUV，进入新能源汽车细分市场

以爱驰、拜腾、车和家、电咖、零跑、蔚来、前途、奇点、威马、小鹏和云度为主的新能源汽车行业新进入企业均采取了以智能电动汽车为入口，覆盖低、中、高端，2018—2019年产品将陆续进入市场（见表1-2）。这些新企业对传统汽车企业而言，除了融资能力、轻资产、新模式以及产品主打智能网联有优势外，在供应、生产和质量等方面还很难在短时间内与传统企业抗衡。

表1-2　进入新能源汽车的新造车企业

企业名称	成立时间	产品	竞争优势
爱驰	2017年2月	智能电动SUV，2018年11月29日，首款车型爱驰U5在全球首发	将黑科技落地，重视产品体验
拜腾	2017年初	2019年量产产品上市	专业管理团队、产品数字化人机交互功能
车和家	2015年4月	以小SUV起步，定位纯电动SUV	与华晨在智能电动汽车研发、供应、生产方面合作
电咖	2015年6月	小型低价纯电动车	与东南汽车合作
零跑	2015年	2019年3月上市纯电动轿跑车	车辆显示控制、智能交通应用技术
蔚来	2014年	已推出ES8，定位高性能电动跑车	融资能力强，产品智能化、时尚化
前途	2015年	纯电动跑车	设计、轻量化

（续）

企业名称	成立时间	产品	竞争优势
奇点	2014 年 12 月	量产版车型于 2016 年发布	创新型互联网公司
威马	2015 年 12 月	智慧出行产品，EX5 正式发布	三电系统
小鹏	2014 年	发布量产车小鹏 G3，定位：紧凑时尚、跨界、纯电动 SUV	模块化设计，开发者参与
云度	2015 年	纯电动 SUV，打造云电、云盘、云享生态圈	传统汽车企业与新能源企业合资

5. 跨国企业加大对中国市场的新能源汽车投放力度

跨国汽车企业的中国新能源汽车规划见表 1-3。

表 1-3　跨国汽车企业的中国新能源汽车规划

企业名称	规划
奔驰汽车	2025 年推出 10 款电动车型，销量占奔驰总体销量的 15% ～ 25%。目前在中国引进 3 款插电式混合动力汽车
宝马汽车	2018 年年底推出 40 款全新或升级的新能源汽车。2020 年全系车型具备电动车选项。2022 年推出燃料电池汽车。2025 年全球纯电动及插电式混合动力汽车销量占宝马总销量的 15% ～ 25%
大众汽车	2025 年 30 款电动汽车上市，年销量为 200 万～ 300 万辆，占总销量的 20% ～ 25%。2020 年在中国市场新能源汽车销量为 40 万辆，2025 年达到 150 万辆
福特汽车	2020 年全球新能源汽车销量占总销量的 10% ～ 25%。以插电式混合动力和纯电动汽车为主。2020 年在中国市场投放 20 款新能源车型 ,13 款电动汽车，在中国销售的车型中将有 70% 为新能源汽车
通用汽车	2020 年前在中国市场推出 10 款新能源汽车，年销量力争达到 15 万辆。每年推出一款中国制造的混合动力汽车
本田汽车	2020 年在中国市场推出插电式混合动力汽车。与通用汽车一起研发燃料电池汽车
丰田汽车	2020 年中国市场加速导入纯电动汽车，持续扩展插电式混合动力产品。2025 年全球销售纯电动车型达到 10 种以上
日产汽车	2020 年销售零排放汽车占销量的 20% 以上。与雷诺、三菱合作研发纯电动车型
现代起亚集团	研发纯电动汽车平台，2018 年推出一款氢燃料电池 SUV。2020 年推出 6 款新能源汽车。在中国市场于 2020 年前推出 9 款新能源汽车

此外，跨国企业也通过与国内企业合作成立合资企业，加速新能源汽车产品布局（见表 1-4）。2016 年以后，随着我国上海、天津、重庆等自贸区政策的逐

步落地，未来，在自贸区内，跨国企业可能建立新能源汽车零部件的独资企业和整车组装独资企业，以降低成本，增强在中国市场的竞争力。

表 1-4 新能源汽车领域的新合资企业

企业名称	成立时间	规划
江淮 - 大众新能源合资公司	2017 年 6 月，签署合作协议	大众 2020 年前在中国市场推出 40 万辆新能源汽车，江淮汽车新能源汽车销量占其总销量的比重突破 20%
戴姆勒 - 北汽新能源汽车	2017 年 6 月，签署合作协议。2018 年 2 月，戴姆勒间接收购北汽新能源部分股份	共同投资建设纯电动汽车生产基地和动力电池工厂
福特 - 众泰汽车	2017 年 8 月	福特与众泰以 50% 的合资比例成立纯电动乘用车公司
易捷特新能源汽车	2017 年 8 月	雷诺、日产、东风三方合资成立，生产智能互联纯电动 SUV

1.4.3 电动乘用车产品以中等续驶里程和智能网联应用为主流

1.2017 年全球销售电动乘用汽车前 20 位品牌中自主品牌占 45%

2017 年全球电动乘用车销售最多的是北汽新能源汽车公司的 EC 系列产品，达到 78 079 辆。销量排行前 10 位中，还有 2 款自主品牌产品知豆和比亚迪宋 DM。在销量排行前 20 位中，自主品牌占 45%，但是排行居后，总体竞争力仍不强。在合资品牌中，特斯拉最具有竞争力，MODEL S 和 MODEL X 两款车型共销售 10.12 万辆。随着合资企业新产品的引进或在国内生产，新能源乘用车市场竞争加剧。在部分限购城市，中高端车型的销量会明显增加。在大部分三四线城市，自主品牌汽车以便捷的分时租赁模式有利地抢占市场，小型的、以共享出行为主要用途的新能源乘用车产品将成为主流。如图 1-22 所示。

2. 热销产品集中在小型、中等续驶里程、性价比好的车型

目前，市场销售较好的电动乘用车产品集中在小排量、中等续驶里程上，竞争的焦点是产品性价比，除此之外，还有先进的智能操控配置提升对年轻消费者具有吸引力。随着新能源汽车补贴政策倾向高续驶里程、2025 年全球对传统燃油汽车的限制以及我国新能源汽车私人消费市场的逐步兴起，高续驶里程是消费者私人用车的首选，中等续驶里程是汽车共享用车的主流车型。

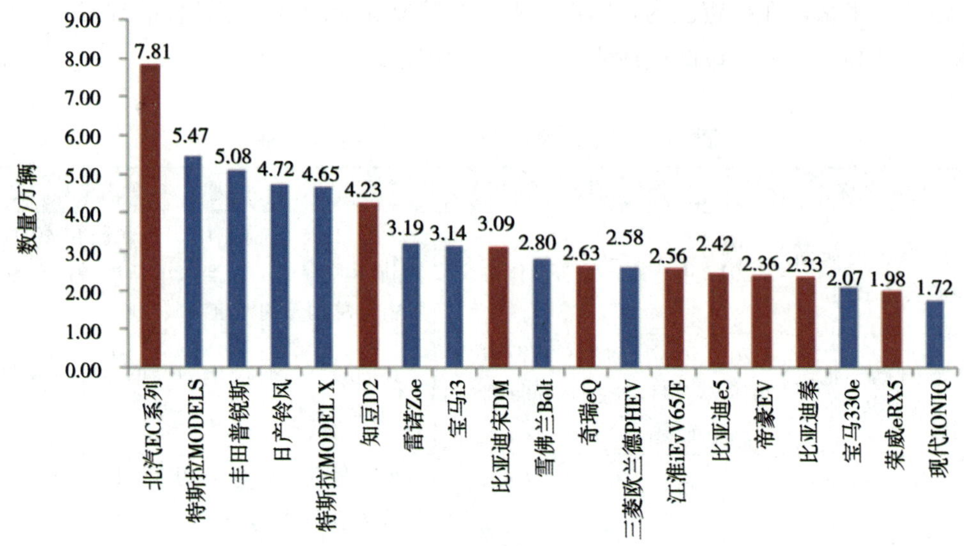

图 1-22　2017 年全球新能源乘用车销量前 20 位品牌

3. 新能源乘用车产品以 A00 纯电动车型为主，其次是 A 级纯电动车型

从 2017 年纯电动乘用车销量的市场结构看，全球 A00 级乘用车销量占比为 40%。我国以 A00 级为主，销量占 2017 年新能源乘用车总销量的 60%，居全球之首；其次是德国，为 18%。在 A0 级车型上，以美国和德国为主，2017 年销量占其总销量比重分别为 28% 和 39%。如图 1-23 所示。

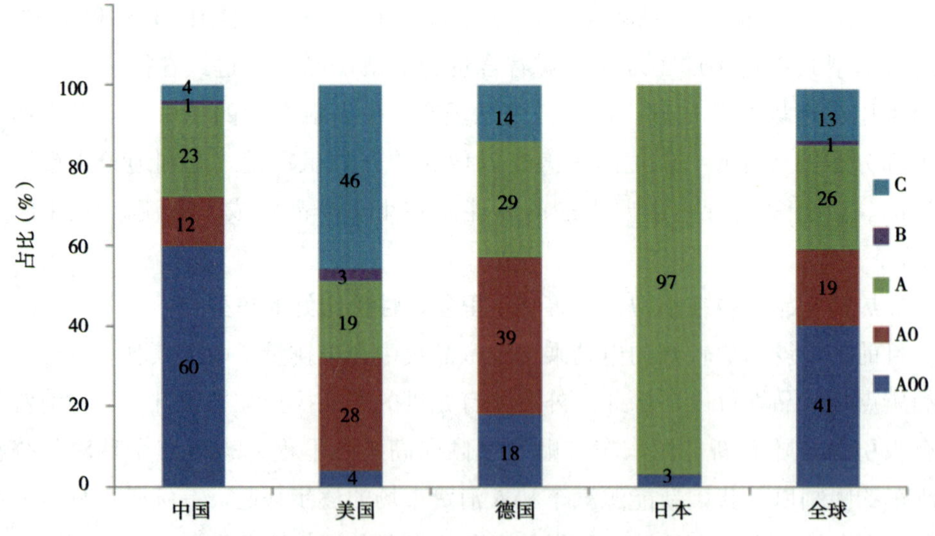

图 1-23　2017 年主要国家纯电动乘用车市场产品结构

从插电式混合动力乘用车看，全球均以 A 级车型为主，2017 年全球销量份额为 52%。我国以 A 级车型为主，2017 年销量占比为 82%，居全球之首；其次是美国为 59%、德国为 55%、日本为 26%。全球 D 级插电式混合动力车销量占比 2%，主要来自德国和美国的需求，销量占比分别为 6% 和 2%。如图 1-24 所示。

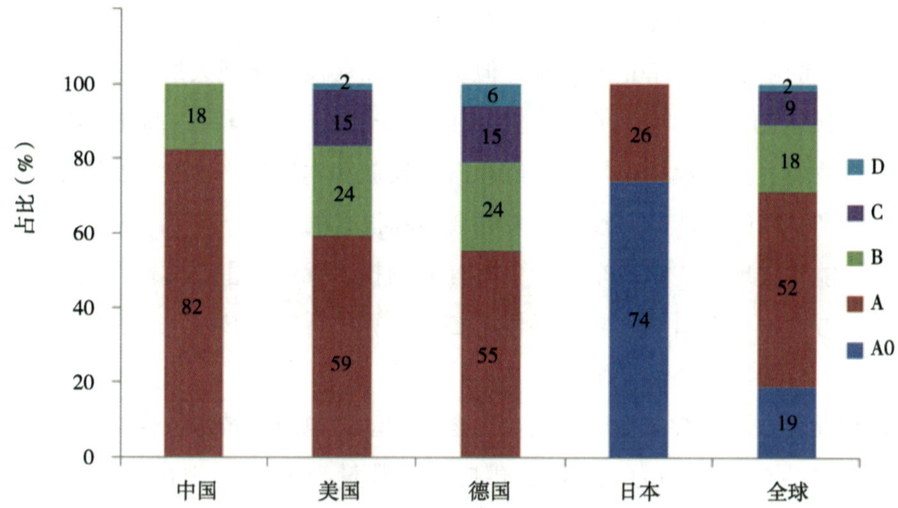

图 1-24　2017 年主要国家插电式混合动力乘用车市场产品结构

1.4.4　我国新能源汽车发展面临的主要问题

1. 在产品方面，仍存在续驶里程低、购车成本高和一定程度的安全焦虑

目前，我国主流电动汽车产品续驶里程已经达到 300km 以上，可以满足小范围周边出行，但是从远距离看，考虑到电量衰减、满载、空调等的耗费，电池续驶里程至少要在 500km 左右，才能消除消费者的续驶里程焦虑。另外，在满足续驶里程的同时，汽车的总购车成本也是阻碍消费者购车的一个因素。在安全性方面，在燃爆、恶劣天气及交通事故情况下，生产厂家还没有足够的能力达到消费者可接受的安全水平。

2. 在使用方面，充电网络等基础设施建设应用仍有不足

目前，新能源汽车的基础设施建设跟不上汽车产销的发展速度。从充电桩数量上看，我国车桩比是 3.5∶1，还不能满足高峰充电时的需求。截至 2018 年年底，全国公共类充电桩建设运营数量为 29.98 万台。到 2020 年，我国计划建设公共充电桩 50 万台，仍不能满足 2020 年我国新能源汽车销量达到 200 万辆规模时的充电需求。从充电设施布局上看，公共充电桩的使用率不足 15%，充电费用的低谷利用还没有放开，充电运营的双向获利模式还没有获得商业化成功。此外，充电设施不能满足车主差异化的充电需求，造成很大程度的资源浪费。

3. 在技术方面，核心技术仍需进一步突破

目前，通过传统燃油汽车改型的新能源汽车仍占很大比例，汽车企业已经进行全新平台的新能源汽车正向开发，但量产产品还没有实现大规模商业化。对氢燃料电池技术的掌握和商业化推进与国际水平还有一定差距。2018 年以后，跨国汽车企业加大了对我国市场的新能源汽车投放和本地生产力度，自主品牌汽车在品牌、产品性能、产品一致性等方面会面临很大的挑战。

在智能化程度上，新造车势力更有互联网技术优势，主要体现在地图、智能网联应用方面，但在自动驾驶传感器、芯片、算法等核心技术上，我国还要依靠国外企业，自主研发还需加快步伐。

4. 在配套方面，汽车企业还没有完全把控动力电池的技术及供应

2017 年，新能源动力电池产品供应企业数量为 83 家，总配套量达到 370.6 亿 W · h。乘用车配套量为 139.8 亿 W · h，占比为 37.72%。锂离子电池配套量为 369 亿 W · h，占配套量的 99.57%。我国成为全球新能源汽车动力电池的最大市场，但仍有一半多的新能源汽车装配韩国电池。因此，为增强自主性，企业在配套电池技术及供应方面需要加快布局。在售后服务方面，新能源汽车产业还没有形成同传统汽车一样的较完善的售后质保、更新以及电池回收利用等售后服务配套体系。

1.5 全球零部件产业处于转型调整期

1.5.1 全球零部件产业集中度趋强

当前全球汽车零部件产业由德国、美国、法国及日本等传统汽车工业强国主导，2017 年销售收入超过 100 亿美元的大型汽车零部件集团有 22 家（见表 1-5）。国内零部件企业在国际市场的实力仍显薄弱。随着国内汽车消费市场的迅速崛起，国际领先的零部件巨头也纷纷涌入中国市场并积极实施本土化战略。

表 1-5　2017 年全球 OEM 市场年销售额超 100 亿美元的 22 家汽车零部件供应商

排名	公司名称	国别	销售额 / 亿美元
1	博世	德国	465.00
2	采埃孚	德国	384.65
3	麦格纳国际	加拿大	364.45
4	电装	日本	361.84
5	大陆	德国	326.80
6	爱信精机	日本	313.89
7	现代摩比斯	韩国	272.07
8	佛吉亚	法国	207.00
9	李尔	美国	185.58
10	法雷奥	法国	173.84
11	安道拓	美国	168.37
12	德尔福汽车	美国	166.61
13	矢崎	日本	156.00
14	延锋汽车饰件	中国	129.91
15	住友电工	日本	128.35
16	马勒	德国	121.73
17	松下汽车系统	日本	119.88
18	蒂森克虏伯	德国	109.86
19	舍弗勒	德国	108.83
20	捷太格特	日本	107.78
21	康奈可	日本	100.85
22	奥托立夫	瑞典	100.74

1.5.2　我国汽车零部件行业的市场规模持续增大

近年来，我国汽车零部件行业正在进入上升通道，尤其是 2010 年以来，下游整车市场的旺盛消费需求驱动国内零部件行业实现较快发展。截至 2016 年，我国汽车零件制造业工业总产值达到 37 202 亿元，同比增长 15.83%。2017 年约为 4 万亿元。近十年间，随着汽车工业整体的快速发展，我国汽车零部件产业在规模、技术及管理水平等方面都获得了长足进步，行业规模增长了十余倍，行业总产值从 2007 年的 7 567 亿元增长至 2016 年的 37 202 亿元，年均增长率为 19.36%，远高于汽车工业产值增速。如图 1-25 所示。目前，我国汽车整零规模比例为 1∶1，相比于国际平均水平 1∶1.7 的规模比例，我国汽车零部件仍有约 3 万亿元的上升空间。

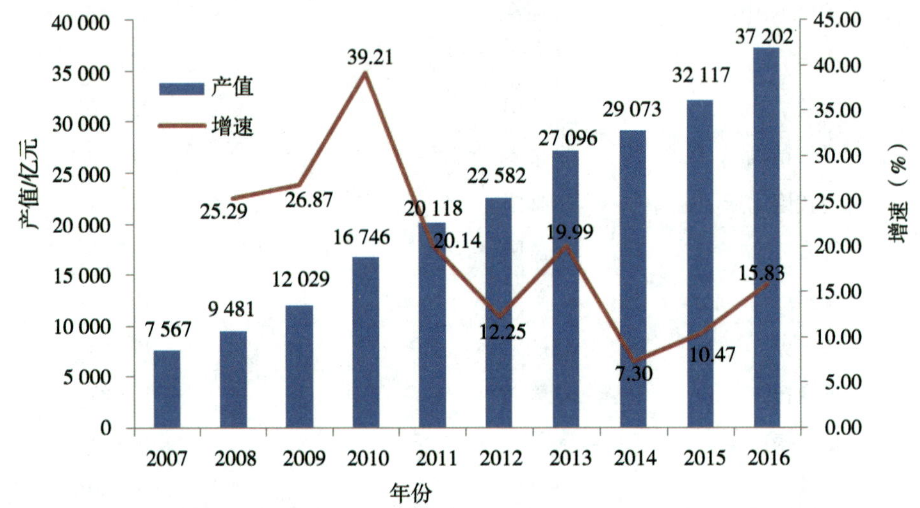

图 1-25　2007—2016 年我国汽车零部件工业产值及增速变化

1.5.3　我国汽车零部件行业竞争加剧

我国汽车零部件产业化竞争不断加剧，行业集中度呈现两极分化现象。

2017 年，20 家零部件上市公司营业收入总额达到 1 192.97 亿元，其中，17 家上市公司实现同比正增长，3 家上市公司出现营收下滑的情况；在净利润方面，除华谊集团、科力远外，18 家汽车零部件上市公司净利润总额达到 126.01 亿元，其中，11 家上市公司净利润为正，7 家为负。

零部件企业的分布区域集中度较高，且往往与整车制造产业形成周边配套体系，围绕已经形成的六大汽车产业集群布局。六大产业集群是以长春为代表的“东北产业集群”，以上海为代表的“长三角产业集群”，以武汉为代表的“中部产业集群”，以北京、天津为代表的“京津冀产业集群”，以广东为代表的“珠三角产业集群”，以重庆为代表的“西南产业集群”。

从为整车企业配套的零部件企业看，国内外零部件企业加强了在中国国内市场的布局，零部件产业的市场竞争加剧，并且外商独资倾向加剧。《中国汽车零部件产业发展研究》数据显示，在我国整车企业的一级配套供应商数量分布中，外商独资企业占50%，中外合资企业占20%，本土品牌企业占30%；在采购金额分布上，外商独资企业占55%，中外合资企业占25%，本土品牌企业占20%。资料表明，在高附加值产品领域，如电子电器、主动安全系统、自动变速器和发动机传感器等，仍基本上被外资或中外合资企业占据。外资零部件企业已经形成了寡头垄断，行业集中度极高。本土自主零部件企业多集中于市场化充分竞争的产品领域，如车身附件、加工类零部件等中低端市场同质化产品，并且行业集中度低，产能过剩现象严重。

1.5.4 我国汽车零部件行业问题呈多元化

1. 在研发方面，国内汽车零部件行业本土化研发投入不足，创新能力不强

调研表明，国内零部件企业整体研发投入较发达国家低。国内零部件企业研发投入占企业利润的2%，欧美零部件企业研发投入占利润的3%～5%。低研发投入导致零部件企业核心竞争力弱、盈利能力弱，从而导致更低的研发投入，陷入恶性循环。

2. 在人力资源方面，本土自主品牌企业人才培养力度不够、人才吸引力不足、人才流失较为严重

从人才来源上看，2006—2016年，国内汽车行业应届学生平均流向是：自主整车企业占30%，外资整车企业占40%，科研机构占10%，零部件企业占15%，其他占5%。零部件行业人才平均流向为：本土内资企业占10%，外资企业占27%，合资企业占63%。数据表明，国内零部件企业对人才的吸引力明显弱于合资及外资企业。

3. 在布局上，企业规模、产品结构等产业中低端结构性过剩现象较为严重

我国零部件企业以中小企业居多，小型企业占87%，中型企业占10%，大型企业仅占3%。在企业性质方面，内资企业居多，占73%，外资企业占15%，合资企业占12%。在地区分布方面，浙江、江苏地区零部件企业数量均超过万家，集聚效应明显。在新能源汽车部件方面，随着政策推动、企业积极布局，新能源汽车专用部件发展迅速。总体来看，我国零部件行业仍存在着散、乱、差、小的特点和短板。

4. 在产品竞争力上，基础、关键、核心产品技术受制于外，自主能力欠缺

我国零部件企业在精确控制和精密制造方面能力欠缺，严重威胁着我国汽车产业的技术经济安全性。由于核心技术竞争力弱，我国自主零部件企业面临被淘汰的风险，自主整车企业地位也呈弱势，竞争力不足。在电子控制系统、高速轴承、优良密封件等部件方面，以及上游产业的零部件车规级基础元器件、配套性基础原材料仍存在严重的依赖进口现象。在高端产品方面（如智能网联汽车用关键零部件），我国零部件企业存在着技术开发和技术储备不足的问题，在从单一硬件或软件产品向一体化解决方案的转变上明显缺少竞争力。

5. 从市场竞争力上看，产业结构、产品技术迭代更新较为粗放

从市场竞争上看，我国零部件企业与整车企业协同欠缺，还处于初期的购买交易阶段，没有形成中长期的战略协同关系。零部件企业之间存在着恶性竞争现象，企业为追逐市场红利，损失长远利益。在产业结构上，低附加值产品占主流，高附加值产品仍基本依赖进口件或成熟的系列化、平台化产品供给生产制造。我国自主零部件企业仍为三低水平（低技术能力、低盈利能力、低抗风险能力），处于明显弱势地位。在技术迭代更新上，自主企业滞后于外资企业。尤其在系统化开发、集成化生产、模块化供货方面，自主零部件企业的同步开发和超前研发能力仍然滞后，产品更新依赖外资投入、逆向仿制、按图加工的现象仍较严重。

6. 价值链实际利润大幅流失现象严重

相当一部分国内零部件企业还处于生产制造阶段，在研发设计、技术创新、上下游高精尖等领域的企业占比很少。由此导致我国零部件企业利润较外资、合资企业明显偏低，高利润的关键核心零部件细分产品领域仍由外资垄断，这是我国零部件企业现存的明显短板。从产值和利润比数值上看，我国自主零部件企业为 16.94，远远大于外资企业的 7.46。在价值链的全部利润点上，零部件关键部件技术的缺失导致我国自主零部件企业在制造环节获得的实际利润水平远低于合资或外资企业。

第2章 汽车产业未来趋势

2.1 产业规模将持续稳定增长

我国的汽车行业在经历了近十年的快速发展之后，回归到稳定增长状态。2017 年我国汽车销量达到 2 887.9 万辆，连续九年蝉联全球第一。2011—2017 年我国汽车市场年均增长率为 7.78%。

从中长期来看，以国家政策为导向的市场消费需求的影响相对短暂，并且由于汽车工业对 GDP 的增长贡献度较高，对经济有巨大的拉动作用，在稳增长的前提下，刺激或抑制汽车行业的政策均较难出台，而地方性限购政策对汽车行业整体销量的影响有一定限度，社会经济的持续发展是汽车工业持续增长的决定性因素。在收入水平方面，我国人均可支配收入水平呈现持续、平稳增长的态势，不会出现急剧的增加或减少。我国仍处于汽车普及期，保有量偏低、刚性需求快速提升的二三线地区为汽车销量的增长提供了空间。

截至 2017 年年底，全国汽车保有量达 2.17 亿辆，一线城市总汽车保有量达到 6 000 多万辆，而北京、上海、广州、深圳和重庆等 24 个一线城市的保有量超过 200 万辆，二三线城市更是有较大的市场空间。此外，汽车消费升级带来的车辆换购，使 SUV、豪华车和新能源汽车等中高端细分市场增长较快，高于行业平均水平。

预计未来，我国汽车市场需求保持稳定增长态势，由于基数较大，增长率会有所下降，乐观估计 2020 年汽车产业规模将近 3 000 万辆，2030 年将达到 3 500 万辆。需要考虑的正负综合影响因素有：我国宏观经济增长将保持平稳态势，相比当前，GDP 年均增长率维持在 5% ～ 6% 之间；居民平均可支配收入呈平稳微增态势；消除汽车限购政策带来的部分地区购买量释放带来的需求提升；年轻人的购车欲望及汽车共享租赁业的发展对汽车需求的影响等。如图 2-1 所示。

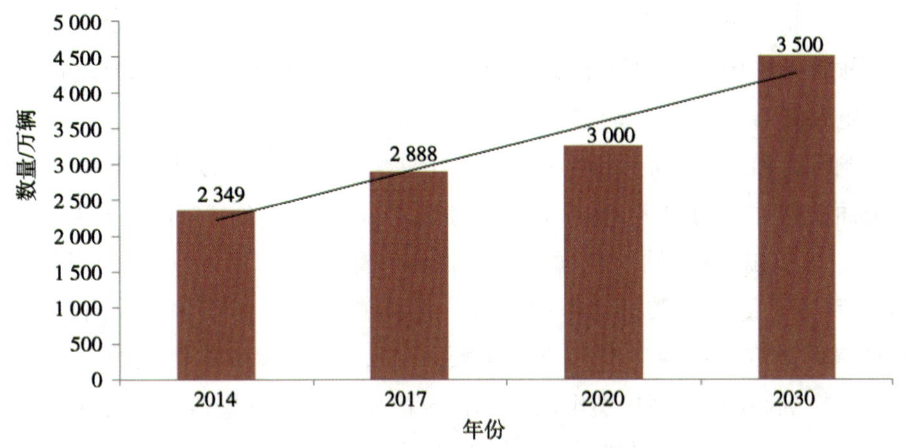

图 2-1　我国汽车产业规模预测

2.2　产品向电动化、智能化、网联化发展

汽车产业面临的能源消耗、环境污染及交通问题等的严重挑战，促使汽车产业技术转型升级。传统燃油动力汽车将向以油电混合及纯电动为主转变。智能汽车、电动汽车、共享出行推动汽车的电动化、智能化、网联化和共享化高度融合。汽车产品功能将由简单的驾驶出行功能向围绕驾驶员的全方位生活功能转变，以及满足自动驾驶所需的功能。

2.2.1　汽车动力系统的电动化

伴随着能源革命，以及环保法规的逐渐加严，全球电气化工程在 2005 年后正式启动实施。汽车企业推行电动化带动电池企业、电池材料的研究和应用不断拓展，不断增加的续驶里程需求使电池的能量密度不断提高，电池成本逐渐降低，共同推动全球电动车事业的发展。目前，相比主要汽车企业的电动车产能规划，电池产能明显不足，且生产企业主要在亚洲，而电池核心技术和高端材料研发大部分在欧美日企业，未来在产能和技术话语权方面还存在一定的不确定性。能实现长续驶里程的新一代电池和不断普及应用的充 / 换电基础设施建设是加快汽车电动化进程的主要因素。

从我国政策导向、新能源汽车产业发展现状看，未来，我国主要大城市可能会率先出台鼓励新能源汽车发展的销售政策，如限制购买传统车；对新增量限定在新能源汽车；对传统车存量通过增加使用成本，鼓励消费者换购新能源汽车等。因此，未来汽车的电动化趋势是必然的。

罗兰贝格与《21世纪经济报道》联合发布的《新趋势下的车企未来竞争力报告》预计，中国新能源汽车市场将大幅增长，到2025年若双积分达标，纯电动与插电式混合动力汽车将分别占比13%与4%。

从国际上看，目前已经有6个国家计划禁售燃油车。欧洲是最早制订燃油汽车全面禁售计划的地区。其中，英国将于2040年起全面禁售汽油车与柴油车；法国计划从2040年开始，全面停售汽油车和柴油车；德国联邦参议院通过了2030年后禁售传统内燃机汽车的提案；挪威的四个主要政党一致同意从2025年起禁售燃油汽车；荷兰劳工党提案要求2025年开始禁售传统的汽油车和柴油车；印度到2030年将只卖电动汽车，全面停售以石油燃料为动力的车辆。我国政府也宣布尽快制订限燃时间表。从企业层面看，全球有4家车企明确了限制燃油车产销时间表：长安汽车定于2025年正式停止销售燃油车；比亚迪汽车定于2030年限售燃油车；北汽集团定于2025年在我国境内全面停止生产和销售自主品牌传统燃油乘用车；梅赛德斯 - 奔驰宣布2022年旗下整个汽车产品线全部实现电动化，传统燃油车型全面停产停售。

2.2.2 产品的智能网联化

近几年，随着互联网、移动互联的兴起以及智能手机应用的普及，汽车作为最大的智能终端移动产品的定位和属性越来越明显，在汽车人机互动、智能驾驶舱、救援服务等方面的智能网联配置也逐渐成为标配。汽车驱动系统的电气化和智能网联功能匹配在设计、使用及维护上更比传统燃油动力汽车易于实现产业化，因此，以新兴企业特斯拉为代表、国内以蔚来汽车为代表的新造车势力无不选择电动智能网联为主打定位。传统汽车企业如奔驰、沃尔沃等企业也正在进行电动汽车产品的规划与战略选择。电动化智能网联汽车是未来汽车企业产品的共同发展方向，不同的是企业品牌、基本性能、配置差异程度和用户使用的便捷实用程度等。智能网联应用在很大程度上取决于智能硬件成本、算法软件开发以及基于5G及更高应用的网络连接等。配合智能汽车产品，汽车价值链全流程的数字化、智能化改造也是必须且要同步进行的。

汽车作为智能终端的趋势越来越明显，汽车的智能化应用在2018年后将会有实质性进展。从2018年CES展示的汽车智能化产品上看，全屏仪表盘、抬头显示等汽车显示功能未来呈现多屏组合和多屏变化状态；汽车交互朝着便捷、灵敏、快速、非接触方向发展，如从屏幕触控、拇指触控向语音交互、手势控制方向进展。汽车作为移动的服务平台，在硬件设施基础上的软件平台的服务将具有更多功能，更直接和便利。相应地，汽车在多功能服务平台上的各种应用将为车主提供多种便捷的移动智能服务，围绕生态圈的多方服务也将不断增加和完善。借助于国内网络及移动互联应用的优势，自主品牌热销车型在智能、网联设施及应用上稍快于合资品牌，对年轻一代消费者的吸引力也将不断加强。

据麦肯锡公司预测，2030 年我国是自动驾驶汽车的最大需求市场。到 2030 年，全球与自动驾驶相关的汽车销售及出行服务的创收额将超过 5 000 亿美元。

2.3　自动驾驶汽车技术发展促进汽车共享

2.3.1　自动驾驶由低级向高级过渡

区别于人类自主驾驶，未来解放人类双手和大脑的自动驾驶汽车必将成为移动交通工具的理想目标。自动驾驶先在传统人类驾驶的汽车上安装部分辅助驾驶功能，用户通过发出相应的功能指令，可以让汽车实现驾驶、转向及制动的某些操作，如障碍物 / 行人识别和躲避、红绿灯识别并按交规行驶、车道保持、并线、泊车等，这时人类需要对汽车进行驾驶控制。随着科技发展，自动驾驶汽车将实现人类的大部分驾驶、转向、制动等操作功能。自动驾驶的最终目标是成为驾驶机器人，汽车自主地进行地点转移，人类可以自由地享受汽车旅程时光。目前，全球汽车制造商都在不同程度地进行自动驾驶、智能化的研发，有些技术已经成熟应用，很多企业的目标是 2025 年前实现自动驾驶高级化。据麦肯锡公司推测，到 2030 年，自动驾驶将占到乘客总里程（PKMT）的约 13%，到 2040 年将达到约 66%。如图 2-2 所示。

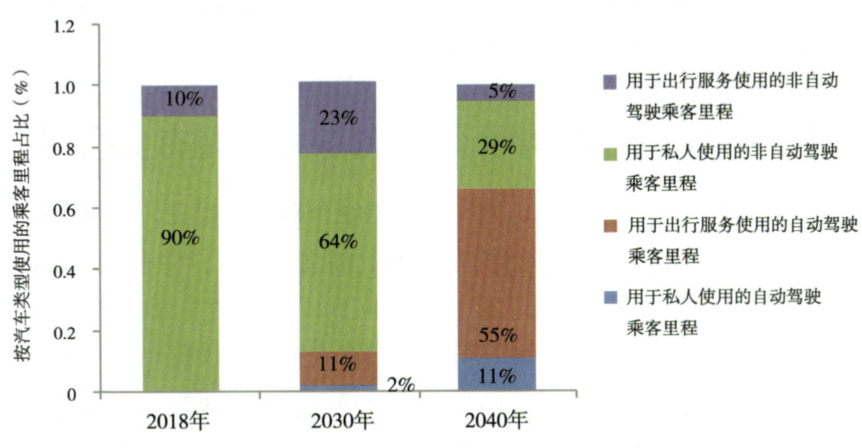

图 2-2　按汽车类型使用的乘客里程占比预测

到 2030 年，自动驾驶乘用车销量将达到约 800 万辆，自动驾驶汽车总销售额将达到约 2 300 亿美元，基于自动驾驶的出行服务订单金额将达到约 2 600 亿美元；到 2040 年，自动驾驶乘用车销量将达到约 1 350 万辆，自动驾驶汽车总销售额将达到约 3 600 亿美元，基于自动驾驶的出行服务订单金额将达到约 9 400 亿美元。

未来汽车智能化技术的普及和应用，将从使用方式、使用效率、使用安全及服务质量等方面推动汽车共享模式发展。在自动驾驶模式下，通过智能手机呼叫无人车代步后，无人车自动回到基站，共享汽车的使用范围将更加广泛。企业商业模式的创新、互联网技术的应用、智能交通的发展都有助于共享模式趋向完善。

共享汽车以不同的方式和服务满足了不同人群的出行需求，还将以每年 30% 的速度发展。据传媒与公关企业 CNW 集团在美国 2011 年的调查，有 46% 的 18 ～ 24 岁驾驶人愿意租用而非拥有自己的汽车。

2.3.2 汽车服务和使用智能化模式——汽车共享出行

在网络化时代，汽车销售可以用电商模式，汽车维护可以线上下单线下择优就近选店，汽车使用可以采取网约车和共享用车模式，移动互联使服务更便利，更能促进竞争，更好地提升消费者体验。汽车服务领域的智能化程度和智能模式的创新需求已经使全球汽车企业向制造服务型企业转型。奔驰、宝马、北汽等企业都在进行战略转型，积极布局移动出行领域，增加互联网、IT 技术应用，建立大数据部门，抢占未来汽车共享领域的大市场。

据普华永道思略特预计，2030 年数字出行服务业市场规模将达到 2.2 万亿美元，但现有的汽车制造商所占行业利润将减半。

2.4 企业跨界融合趋势明显，汽车生态圈有实质性进展

未来，汽车企业与科技公司、网络公司相融合越来越明显。汽车企业与科技公司、互联网 IT 企业将加快布局汽车生态圈，加强跨界合作并有实质性进展。

目前，我国主流汽车企业均已经在智能网联汽车方面与 BAT 合作，汽车企业在移动出行方面的转型已经起步。但是，汽车企业在提供汽车产品及附载智能硬件、软件为车主提供生态圈服务的同时要增强自主性，要在提供差异化服务方面拥有更多的自主权，利用所得的有价值数据为企业发展提供支持。因此，企业

在布局汽车智能化生态圈、共享出行服务生态圈等的时候，要明确产业链定位、企业竞争着力点、预期盈利点等，实现跨界合作共赢。

2.5 汽车软件及服务将成为汽车重要的差异化特征

当前，整个汽车行业正在经历从硬件为主导向软件为主导的转变。车辆研发将形成以计算机为主的基于服务的架构设计。在这个架构上，开发者们可以加入不同的互联解决方案、应用、人工智能元素、高级分析和操作系统，这将导致汽车未来的差异化不再体现在目前的硬件造型、性能、功能等上，而是体现在对各种软件和高级电子设备的功用开发、体验及服务上。

同时，为汽车提供服务的各类软件平台及电子电器设备的使用价值将有很大的提升。例如，软件能占到一辆 D 级车或者一辆大型车全部架构的 10%，价值约为 1 200 美元，并且这一占比数据将以每年 11% 的复合增长率增长；到 2030 年，软件占汽车架构的比例将达到 30%，价值约为 5 200 美元。

软件和服务供应商将由二三级供应商进阶为汽车企业一级供应商，从提供各类功能、开发 APP 应用到提供智能驾驶汽车操作系统、自动驾驶整体解决方案平台，与传统的一级电子系统供应商在操作系统、硬件简化、信号处理等领域展开竞争。

汽车的差异化将更多地体现在其搭载的各类电子信息控制系统和车联网系统上。通过这些系统实现信息娱乐创新、自动驾驶、智能安全等功能。新的软件和电子架构会促进传统汽车企业与软件、平台公司、科技开发公司更多融合，同时加剧各方的主导权竞争。

2.6 我国新能源汽车未来发展趋势

2.6.1 技术路线以纯电动 + 插电混合动力为主，燃料电池技术以产业化为目标

2017 年 10 月，国家新能源汽车技术创新组组长王秉刚在新能源汽车投资论坛上表示，我国采取以电力为主要能源消耗的新能源汽车技术路线是环保的。从实用里程优势和对传统燃油汽车的升级改造上考虑，在发展纯电动汽车的同时，对插电式混合动力汽车仍重点支持。对氢燃料电池汽车技术，现在我国汽车企业在技术储备方面还很不足，未来，我国要以实现氢燃料电池汽车产业化为目标。

按照《节能与新能源汽车技术路线图》规划，从产业链上，我国要突破燃料电池系统、燃料电池堆及材料、车载储氢与加氢站等核心技术。

2.6.2 产业化程度越来越高，政策驱使或加快市场普及

近几年，新能源汽车产业配套日趋完善、市场高速增长，产业化程度达到初期阶段。动力电池的单体比能量密度在 2020 年达到 300W·h/kg。中国科学院院士欧阳明高表示，到 2030 年，固态电池规模会产业化，电池单体比能量可能达到 500W·h/kg。汽车生态圈的供应商、服务商也将进一步走向产业化运营。

新能源汽车政府补贴在 2020 年前将逐渐退出，汽车市场会受到一定程度的冲击。但是，各地政府出于更严格的环保考评要求，预期会通过加强对传统燃油汽车的销售限制或者增加传统汽车的使用成本等方式，促进新能源汽车私人消费市场的加速发展。

2.6.3 市场竞争加剧，续驶里程为首选指标，性价比是核心要素

到 2020 年，新能源汽车市场竞争将进一步加剧。新造车势力以 SUV 车型、跨界车以及先进的智能网联应用配置为卖点的量产产品将陆续上市，跨国企业加大新产品的引进力度，传统汽车企业也转型升级新产品，这些将形成国内新能源汽车市场的国际化竞争局面。在产品选择上，消费者更注重技术、性能、续驶里程、智能网联技术应用，其中，高续驶里程和高性价比是消费者的主要考虑因素。

2.6.4 个性化智能制造、平台化、模块化、集成化增强传统汽车企业优势

未来，新能源汽车消费者呈年轻化趋势，他们对个性化定制的需求会明显增加。随着 IT 信息技术及工业互联网技术、人工智能技术应用的加快，以个性化定制为目标的智能制造会被一些企业逐渐采用。同时，共平台、柔性生产、模块化将提高新能源汽车的集成化程度，扩大传统新能源汽车企业在汽车硬件上的优势。为了增强汽车企业的自主性，一部分企业将独自掌控核心的控制管理和运营系统。

2.6.5 共享出行促进新能源汽车产品分化，企业分工更专业化

智能电动汽车与共享出行模式互相促进。未来，新能源汽车产品将分化为两大类：一类是中高端的私人购买消费用车，一部分是中低端的共享租赁用车。随之而来的是在产品性能、配置、主导使用功能等方面的差异化。

共享出行及智能汽车打造的生态圈会催生多样化的盈利模式，促使生态圈企业的分工更专业化。新能源汽车企业提供产品、产品附加的服务、共享模式生态圈的外围服务等，使产业链内企业与企业间的分工更细，专业化程度更高，增加产业链条外企业间的合作。未来，生态圈内企业的专业化程度越高，企业运营效率就越高，盈利空间就越大。

2.7 主要跨国汽车企业电气化战略

2.7.1 大众汽车

2017 年 9 月， 大众汽车集团发布了“Roadmap E”电动化战略，为纯电动车型创立了“I.D.”子品牌。计划到 2025 年，实现年产电动汽车 300 万辆并推出 80 款全新电动车型，其中包括 50 款纯电动车型和 30 款插电式混合动力车型。计划为中国客户提供约 150 万辆电动车。到 2025 年，奥迪旗下将拥有超过 20 款电动化产品，其中 12 款为纯电动汽车；保时捷实现每 4 台跑车中就有 1 台搭载新能源动力系统。

到 2030 年，大众集团将直接投资 200 亿欧元，用于两个全新的电动汽车平台生产的新车型、对工厂进行升级、加强员工培训、建立充电基础设施、扩大销售和贸易以及加强集团在电池技术与生产方面的实力。在研发上，大众汽车集团将整个集团范围内所有电池和模块的研发、采购及质保集中在位于萨尔茨吉特的“卓越中心”进行。在“卓越中心”设立第一条试产线，并启动在中国、欧洲及北美市场的采购招标，项目规模达到 500 亿欧元。未来将研发固态电池技术。在生产上，到 2022 年年底，集团在全球范围内将拥有 16 个电动汽车生产基地。目前，大众汽车集团主要在 3 个基地生产电动汽车，之后将有 9 座新工厂在未来两年投入生产。

2.7.2 宝马汽车

宝马集团将推进电动车的发展，旗下各品牌和车型系列都将增加电动车型的比重，其中也包括劳斯莱斯和宝马 MINI 车型，以宝马 BMW 为主品牌，以 BMW m 和 BMW i 为子品牌。

在规模上，宝马计划到 2019 年年底全球电气化车型销量要达到 50 万辆。从 2020 年开始，集团旗下所有车型系列都将可以按需生产任何一种驱动方式——无论是配备内燃机、插电式混合动力系统还是由电池驱动。电池驱动车型的续驶里程最高可达 700km，满足日常出行需求；插电式混合动力车型的纯电续驶里程最高可达 100km；内燃机车型将引入 48V 系统。到 2025 年，宝马将推出 25 款电动车型，其中 12 款为纯电动车型，覆盖旗下所有品牌及车系，预计销售占比达到 15% ～ 25%。在研发上，宝马在中国建立华晨宝马动力电池中心，是宝马集团全球第三家、德国之外第一家集电池研发、生产及测试于一体的完整动力电池中心。在技术上，宝马使用了可扩展的电动结构模块，通过第五代电驱技术大大减轻了驱动系统的重量，同时实现更佳性能和更长续驶。2007 年开始的第一阶段项目计划，重点在电驱动系统、高强度碳纤维内核车身、智能能量管理系统以及优化的空气动力学技术等领域。2016 年开始的第二阶段项目计划，将推动自动化与全面互联驾驶技术，重点在高精度数字地图、传感器科技、云科技、人工智能等技术领域，宝马全球 10 家工厂都可以生产新能源汽车。目前，宝马集团电动车型的所有重要电驱系统部件均由丁格芬工厂和兰茨胡特工厂生产。通过推出新的平台架构，传统的内燃机汽车与纯电动汽车、插电式混合动力汽车能够在同一条生产线上进行生产。

2.7.3 奔驰汽车

在产品方面，到 2020 年，奔驰汽车 Smart 品牌全部实现纯电动化。到 2022 年，奔驰所有车型都提供电动款，涵盖奔驰 50 款新能源汽车，其中 10 款是 BEV 车型。在投资方面，奔驰投资 100 亿欧元用作电动汽车的研发，10 亿欧元投入自主生产的电池领域。预计到 2025 年，新技术所带来的销售额占比达到 25%。在生产方面，北京建立奔驰首个德国以外的动力电池生产基地。

2.7.4 通用汽车

通用汽车将中国作为其全球电动化战略的中心。电动化战略采用循序渐进方式，通过搭载不同电气化动力系统满足不同的消费者需求。产品范围包括 48V 轻度混合动力、插电混合动力、纯电动以及燃料电池汽车。通用汽车计划 2020 年年底在中国市场发布 10 款新能源车；到 2023 年，新能源产品总数将扩大到 20 款；到 2025 年，通用汽车实现全品牌、全系列产品的电气化，凯迪拉克、别克、雪佛兰三大品牌所有车型实现不同程度的电动化，包括混合动力汽车在内，插入式电动汽车将占中国汽车市场年销量的 20%。在研发上，将于 2021 年推出一个专门的电动汽车新架构，以及一款先进的电池系统，以支持在中国和美国的至少 20 款新电动车型的开发。通用汽车在中国建立电池实验室，主要开展电池系统的研发、验证与测试工作，通过实际应用验证电动汽车的耐久度和可靠性，确保产品质量达到要求；建立上汽通用汽车动力电池系统发展中心，为在中国生产与销售的电动车组装电池。

2.7.5 沃尔沃汽车

电气化技术是沃尔沃汽车未来发展的核心。从 2019 年开始将只生产 3 种汽车：纯电动汽车、插电式混合动力汽车和混合动力汽车。2019—2021 年推出 5 款纯电动车，其中，3 款为沃尔沃品牌汽车，另外 2 款为沃尔沃汽车旗下 Polestar 品牌电动车。在 2025 年年底前售出 100 万辆电动汽车。

2.7.6 捷豹路虎

自 2020 年起，捷豹路虎所有新发布车型均将实现电动化，包括纯电动、插电式混合动力和轻度混合动力车型。

2.7.7 丰田汽车

2020 年在中国市场导入丰田品牌的电动车 EV，该电动车 EV 还将依次导入日本、印度、美国和欧洲。计划到 21 世纪 20 年代前半期，全球 EV 车型扩大到 10 款以上，并在 2025 年之前，扩大 HEV、PHEV、EV、FCEV 等电动化专用车型以及 HEV、PHEV、EV 等电动化车型配置的产品阵容，实现全球销售的所有车型均配备有电动化专用车或者电动化配置选择。在 2030 年电动化车型销量达到 550 万辆。

2.7.8 本田汽车

2025 年前将推出 20 款以上电动化车型。2030 年左右，全球汽车销量的 2/3 为混合动力、插电式混合动力及零排放车型。在中国将推出纯电动汽车、混合动力汽车和插电式混合动力汽车。

2.7.9 雷诺－日产－三菱联盟

雷诺－日产－三菱联盟旗下所有品牌在 2022 年之前推出 12 款纯电动车。

2.7.10 现代汽车

现代汽车计划 2020 年之前为所有品牌增加电动款。包括现代和起亚两个品牌在内，2020 年前将发布 28 款新能源汽车，电动汽车年销量目标为 30 万辆。

第3章

智能汽车界定及智能汽车生态圈

3.1 智能汽车界定

3.1.1 智能汽车定义

汽车从发明到融入人们日常生活的100多年时间里都是以人为主体，围绕以“人”作为驾驶员，在车辆自身的产品、功能、性能（主动安全、被动安全、技术性能、人机交互和人机工程学）等方面不断进行改进，使车辆使用、实用和便利性能稳步提升。

但是，伴随着汽车社会的发展，人们对汽车的安全性、便利性、环保性的要求越来越严格。对以解放人类脑力、双手及其他精力为目的的自动运载交通工具的需求越来越广泛。因此，汽车在驾驶性、安全性、运载性、功能性、交互性等方面都要拥有人类的能力和人脑的智能。

智能汽车即是以无人自主驾驶为目的，基于先进智能驾驶驱动技术、通过先进的智能感知、网联、智能传导、运算决策、执行操作系统和协同技术等，将运行指令自动送达汽车执行机构，实现汽车自身替代驾驶员的驾驶运载及智能的人车交互功能，并且通过机器学习，不断改进提升机器智能，弥补人类驾驶员的不足。

在范围上，智能汽车包括陆上、水上、空中的智能运输工具，本书所说的是用于人们出行的陆上智能汽车。

3.1.2 智能汽车与自动驾驶汽车的区别与联系

自动驾驶汽车具有运动控制的智能化及利用多种传感、摄像技术的感知能力，形成基于自动道路行驶、自动转向、自动泊车、障碍物自动预警及处理，并具有智能学习等多功能，实现由机器替代人工进行一系列的驾驶操作，使汽车具有人类的感知和反应能力，实现自动驾驶。

从驾驶角度来说，智能汽车就是指自动驾驶汽车。依智能实现程度，我们将它分为无自动驾驶、半自动驾驶、全自动驾驶等不同级别。

从驾驶性能和人机替代实现的程度上，智能汽车又可称为完全自动驾驶汽车。从深层次学习能力上，智能汽车最终要具有等同于人类思考、学习、决策的能力。

从功能上说，智能汽车具有智能驾驶（自动驾驶）、生活服务、安全防护、位置服务及用车服务等功能。智能汽车未来可以更好地满足人类需求，实现多种信息、娱乐、生活等功能的应用。实现自动驾驶是智能汽车的首要功能，同时兼具其他应用功能。

当前，传统汽车企业、互联网公司、IT公司、新科技公司和新进入的电动汽车公司等纷纷推出或计划推出不同级别的自动驾驶汽车。但是鉴于行业进入壁垒及公司资源优势的不同，自动驾驶汽车的实现有不同的路径和时间表。

3.2 自动驾驶汽车分级标准

按照人机替代的程度，国际权威组织对自动驾驶汽车的定义有两个：一个是美国高速公路国家安全管理局（NHTSA）对自动驾驶汽车分级的界定，另一个是美国汽车工程师学会（SAE）对自动驾驶汽车分级标准的界定。

美国高速公路国家安全管理局将自动驾驶汽车分为1～4级（见表3-1）。

表3-1 美国高速公路国家安全管理局的自动驾驶汽车分级标准

级别	NHTSA定义	预定责任人	系统名称
Level1（1级）	对加速、转向、制动中的一项操作提供驾驶辅助支援	人类驾驶人员	安全驾驶辅助系统
Level2（2级）	对加速、转向、制动中的多项操作提供驾驶辅助支援	人类驾驶人员（负有监控义务，并随时保持安全驾驶状态）	部分自动驾驶系统
Level3（3级）	自动驾驶系统完成所有加速、转向、制动操作，根据系统请求，人类驾驶人员提供适当的应答。在汽车自动行驶模式下，自动驾驶系统无请求时，不强制监督	在特定环境下的自动驾驶模式时，由系统负责	准自动驾驶系统
Level4（4级）	加速、转向、制动操作全部由非驾驶人员即自动驾驶系统操作，人类驾驶人员完全不需要操作	系统负责（全程自动驾驶）	完全自动驾驶系统

美国汽车工程师学会（SAE）将自动驾驶汽车定义为1～5级，从无自动化、驾驶支援、部分自动化、有条件自动化到高度自动化、完全自动化（见表3-2）。

表 3-2 美国汽车工程师学会（SAE）的自动驾驶汽车分级标准

<table>
<tr><th colspan="2">自动驾驶分级</th><th rowspan="2">SAE 名称</th><th rowspan="2">SAE 定义</th><th colspan="4">主体</th></tr>
<tr><th>NHTSA 分级</th><th>SAE 分级</th><th>驾驶操作</th><th>周边监控</th><th>支援</th><th>系统作用域</th></tr>
<tr><td>1 级</td><td>1 级</td><td>驾驶支援</td><td>通过驾驶环境对转向盘和加减速中的一项操作提供驾驶支援，其他的驾驶动作都由人类驾驶员进行操作</td><td>人类驾驶员系统</td><td rowspan="2">人类驾驶员</td><td rowspan="3">人类驾驶员</td><td rowspan="4">部分</td></tr>
<tr><td>2 级</td><td>2 级</td><td>部分自动化</td><td>通过驾驶环境对转向盘和加减速中的多项操作提供驾驶支援，其他的驾驶动作都由人类驾驶员进行操作</td><td rowspan="4">系统</td></tr>
<tr><td>3 级</td><td>3 级</td><td>有条件自动化</td><td>由无人驾驶系统完成所有操作，根据系统请求，人类驾驶员提供适当解答</td><td rowspan="3">系统</td></tr>
<tr><td rowspan="2">4 级</td><td>4 级</td><td>高度自动化</td><td>由无人驾驶系统完成所有操作，根据系统请求，人类驾驶员不一定需要对所有的系统请求作出解答，限定环境和道路条件等</td><td rowspan="2">系统</td></tr>
<tr><td>5 级</td><td>完全自动化</td><td>由无人驾驶系统完成所有操作，人类驾驶员在可能的情况下接管，在所有的道路和环境条件下进行驾驶</td><td>全域</td></tr>
</table>

3.3 智能汽车的主要关联特征

3.3.1 智能汽车的网联化——智能网联汽车

智能汽车的网联化，即所谓的智能网联汽车。智能网联汽车一部分是汽车的智能化，即通过搭载先进的车载传感器、控制器和执行器等装置，通过现代通信技术与网络技术实现汽车智能驾驶、智能应用等功能；一部分是汽车的网联化，通过车载信息系统及网络技术，形成基于云控制的汽车与汽车、汽车与行人、汽车与周围环境之间的信息共享和协同控制。未来，汽车也可以实现车与住宅、办公室以及其他公共基础设施的联接。智能网联汽车涉及智能汽车系统及部件、车载智能操作系统及计算平台、高精度地图、高精度定位、网络及车载通信、人工智能、大数据云控、智能交通基础设施和安全管理设施等方面内容。2016 年 3 月，中国汽车工业协会发布的《“十三五”汽车工业发展规划意见》，提出“十三五”中国汽车工业八方面的发展目标，其中之一就是“积极发展智能网联汽车”，提出具有驾驶辅助功能（1 级自动化）的智能网联汽车当年新车渗透率达到 50%，有条件自动化（3 级自动化）的汽车当年新车渗透率达到 10%，为智能网联汽车的全面推广建立基础。

3.3.2 智能汽车的电气化——智能电动汽车

从驱动系统上说，以电、氢燃料为动力的新能源汽车，越来越得到各国政府的重视。一些国家如德国、挪威、丹麦等相继出台了禁售传统燃油车的时间表，我国政府也将此列入计划中。在这种形势下，一方面，传统燃油动力汽车加载高级驾驶辅助系统（ADAS），加载感知、决策技术，实现汽车的辅助驾驶、半自动驾驶乃至高度自动驾驶等功能。另一方面，以电驱动为主的新能源汽车加快实现智能化，即智能电动汽车是未来实现汽车智能化的重要载体。智能电动汽车以电力作为驱动动力，实现智能充电、智能驾驶和智能应用等功能。电动汽车在设计、研发、个性化制造上更易于实现智能化，在智能应用上更容易实现对电池能源的智能管理，在技术上更容易实现智能驾驶。结合未来汽车共享趋势，电动汽车更容易实现汽车的智能应用，更好地满足了消费者对智能驾驶的需求。因此，汽车企业也纷纷开发基于新能源动力的智能汽车，实现智能汽车的电气化。

3.4 智能汽车对交通和出行的作用

3.4.1 可以降低交通事故率至目前的 1%

根据美国高速公路国家安全管理局统计，自动驾驶汽车可以显著降低由于驾驶员决策和操作失误引起的交通事故数量，从而提高乘客的安全系数，减少 90% 以上的交通事故。自动驾驶汽车安全性高的原因主要是，人工智能带来的高度自动驾驶比人类更加具有学习的能力。一个人类驾驶员可能重复百万人犯过的相同错误，但是，高度自动驾驶车辆可以从其他路上行驶的车辆积累的数据和经验中获益。

3.4.2 可以改善交通环境，减少油耗

自动驾驶汽车可以智能规划行车路线，为乘客提早进行预警，预防事故发生，减少交通事故率，提高交通运输效率。据估计，自动驾驶汽车平均每天为驾驶员节约 50min 的时间。增加车联网技术在汽车上的应用，可以使道路交通流量提高 10%。当协同式自适应巡航控制（Cooperative Adaptive Cruise Control，CACC）装

载应用的市场份额占到90%时，交通效率会提高80%。智能汽车所形成的协同式交通系统可以提高车辆燃油经济性20%～40%，高速公路汽车编队行驶可以降低汽车油耗10%～15%。

3.4.3 促进汽车共享和出行，增强娱乐性和安全性

自动驾驶汽车可以促进汽车共享模式的发展，使一些无法驾驶汽车或是无法拥有汽车的群体获得汽车出行带来的便利。汽车共享强化了汽车的使用功能，弱化了汽车的所有权性质。汽车智能化也可以提升人类的生活质量，增强娱乐性。汽车智能化实现信息共享、同步传输，提升汽车服务的能力和安全性，并可很大幅度地降低汽车的使用成本。

3.5 智能汽车的基础设施建设要求

基础设施是自动驾驶汽车运行的必不可少的条件保障。满足自动驾驶汽车要求的基础设施建设需要一个中、长期的投入和建设过程，需要配合国家道路交通管理、自动驾驶汽车发展的阶段要求以及消费者对自动驾驶汽车的使用要求等开展，因此，在汽车主体不断智能化的同时，汽车与道路、环境和物体等各设施的智能联通是促进自动驾驶汽车快速应用的关键要素。

智能驾驶汽车需求的基础设施主要分为交通环境基础设施、通信基础设施、数据基础设施三个部分。其中，交通环境基础设施包括：提高路面和道路检测性、提高交通标志线的检测性、提高路侧基础设施的检测性（如护栏、安全岛等）、加强危险区域或路段的可检测性（弯道、上下坡等）、车辆行驶类别分离（自动驾驶车道）、针对自动驾驶的交通提示（如跟车距离等）、自动驾驶专用车道等。通信基础设施包括5G通信网络建设的路网覆盖、车－车及车－路间通信系统（LTE-V、DSRC）建设、基于车－路协同的各种应用系统建设。数据基础设施建设包括大数据云平台建设、高精度定位设施建设及高精度地图制作、三维GIS信息、实时交通信息、环境及气象信息、交通管控信息、施工养护信息等。

3.6 智能汽车两种实现路径及代表企业

3.6.1 汽车企业智能汽车的实现路径

汽车智能化的实现路径有两种模式：一种是自主式，一种是协同式，两者相互结合。自主式智能汽车在实现感知、决策、执行等行为时都是基于车载设备，

依靠自身决策完成。协同式智能汽车的控制感知要依靠通信技术、云计算技术。

汽车企业在实现汽车智能化、网联化方面，采取的是渐进式路径。先是基于驾驶辅助系统实现自主式智能，然后基于智能互联技术实现协同式智能。在自主式智能模式下，基于 ADAS，在限定的情况下对车辆进行控制，侧重警告、提示。汽车企业研发重点放在提升干预辅助功能，优化先进的驾驶辅助功能上。在协同式智能模式下，汽车企业通过 DSRC/LTE-V 技术实现 V2X。协同式智能的实现需要智能联网、通信技术和传感技术等的支持。代表企业是现在大多数传统汽车企业，如沃尔沃、宝马和特斯拉等。

3.6.2 互联网企业汽车智能化的实现路径

互联网企业通过一步到位的方式实现汽车智能化。以百度、谷歌为代表的互联网企业的战略愿景是一步到位实现完全自动驾驶，基于其在人工智能、高精度地图等领域的优势，结合传感器和雷达等硬件配置、软件算法开发、基础数据获取及应用等方面实现智能交互、自动驾驶。

从技术路线上说，一个是以高精度地图和卫星定位为核心环节的技术路线，目标是达到智能化“独立行为能力”，以自动驾驶替代人工驾驶；另一个是以车、路和智能交通信息网络一体化为基础，通过整体统筹线路规划和协调，真正实现智能互联、无人驾驶、共享出行和电力驱动，从根本上避免道路拥堵，达到安全、迅捷、便利和经济的乘车出行目的。智能汽车与智能交通、智慧城市将依靠物联网、云计算、人工智能技术，共同推动人类进入智能生活时代。

3.7 智能汽车的生态圈业态及商业模式

3.7.1 汽车产业向生态圈业态转变

在智能汽车时代，汽车产业链将由传统的以产品为首的纵向一体的价值链向以服务为中心的网络状生态圈转变。

传统的汽车产业链是围绕产品进行市场调研、产品研发、产品设计、零部件采购、生产制造、运输 / 仓储、销售和服务的过程。传统的汽车盈利模式分为两部分，一部分是以产品的生产成本投入，获得销售收入；另一部分是通过提供服务、售后、维修、保养、金融和信息等获得的生产性服务收入。

智能汽车产业由传统的纵向一体的价值链扩展成围绕服务形成的生态圈，如图 3-1 所示。

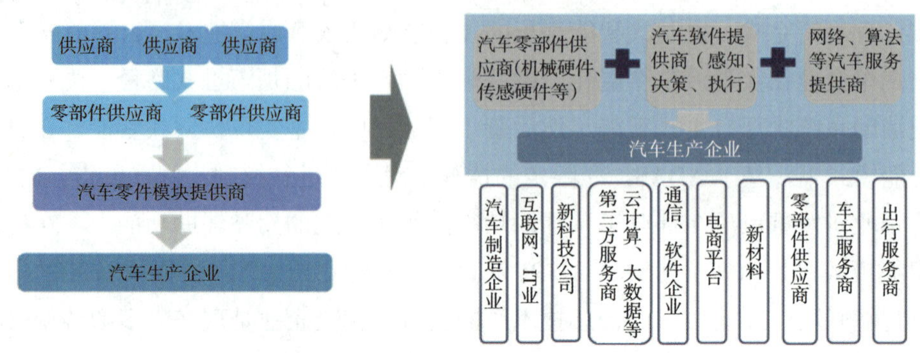

图 3-1　由传统汽车产业链向智能汽车产业链转变

传统汽车产业链由零部件供应商与汽车生产企业组成纵向的合作关系。而智能汽车产业链由汽车零部件供应商（包括汽车硬件和传感器等）与汽车软件提供商（包括感知、决策、执行等）、网络和算法等汽车服务商与汽车生产企业形成。智能汽车产业链由汽车制造企业、互联网、IT 业、新科技公司、云计算 / 大数据等第三方服务商、通信软件企业、电商平台、新材料、零部件供应商、车主服务商和出行服务商等共同组成。生态圈通过产业互联、技术与产业融合，以服务为中心建立生态系统，通过网络状的结构形成新的业态和商业模式。智能汽车产业生态圈将实现以智能汽车产品为主体，围绕智能汽车带来的数据、信息、娱乐等满足消费者全方位生活需求的服务所形成的网状价值链。汽车产业结构将更加开放、多层级、多维度，以数字服务为核心。

汽车价值链将由传统的直线型向以客户为中心的环形价值链转变，如图 3-2 所示。

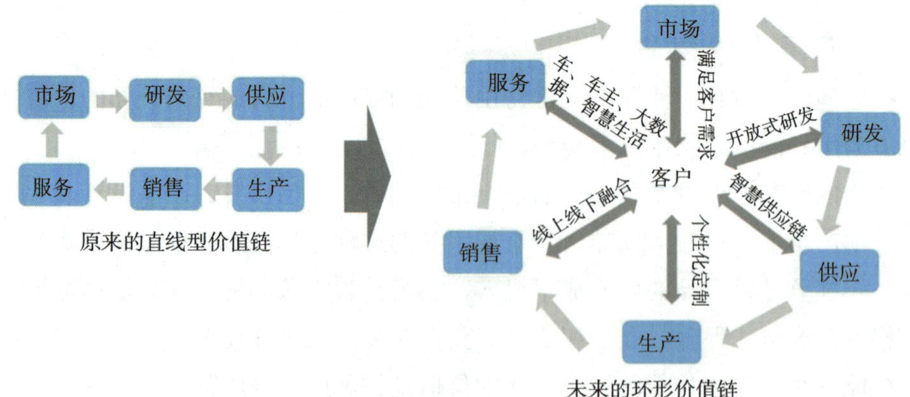

图 3-2　智能汽车产业价值链变化

3.7.2 智能汽车生态圈构成

围绕智能汽车的各种硬件和软件，智能汽车生态圈将形成以车联网为核心的创新生态系统。智能生态圈硬件有汽车主体，智能传感、控制、决策、驾驶等智能设备和装置等；软件有车载智能软件应用系统、服务系统、信息娱乐系统、车辆控制和管理系统、后台支持系统、智能交通管理系统、数据管理系统、车主生活服务系统等。

车联网生态功能包括：视频、网络、音频等多媒体，人性化音乐流媒体等娱乐信息；导航和实时地理位置信息、TPEG IP 等新一代交通信息服务；遥控开锁、车内温度控制、车辆监控、车辆寻找等便利服务；车况预查、预约与自动支付以及能源市场允许远程遥控充电等电动汽车服务；车辆连接管理方面的远程维护 & 故障协助服务；燃油使用最佳化、资产跟踪、道路选择和驾驶员行为管理如 Silver（云端即时车辆租用）等；以及基于驾驶员个人驾驶记录评估风险的汽车保险服务；车辆被盗定位（SVT）、遥控减速及制动等汽车安全服务；移动电话缴费和基于全球定位系统（GPS）进行车辆缴费的电子缴费服务以及驾驶安全相关服务等。

智能生态系统相关方包括消费者、政府、汽车和智能设备生产商、软件提供商、服务提供商等主体。各主体在生态系统中的定位和关注点不同。其中，消费者关注基于汽车的全方位服务；汽车生产制造商关注产品，注重提高汽车本身的附加值和附加特性；政府注重监管，提供税费管理、交通管理、公共安全和标准设定等管理体系制定；服务提供商关注服务用户流量渠道并为之提供服务。

3.7.3 智能汽车生态圈商业模式

在智能汽车生态圈里，各参与者主体获得的商业利益主要基于企业的技术和服务（包括实质、虚拟、基于数据提供、分析与应用等）的独特优势，并且在细分市场发挥出的最大化优势。

汽车整车生产商除了拥有车辆实体产品收益外，还与科技公司、互联网服务公司、IT 技术公司共同拥有为消费者服务的收益。为了获得更多的服务收益，汽车生产商还要与其他相关公司紧密合作，拥有竞争优势，将自身客户群体的数据进行分析，形成下一代有竞争力的产品基础。科技公司利用技术能力，提供硬件和软件系统，对生态圈里的技术进行整合，提供整合服务。数字化服务提供商通过智能网联汽车技术提供数字化服务，包括信息娱乐服务、移动性管理和健康监控等。数字化衍生产品提供商通过向大型车队运营商提供包括车队管理、预防性维护和自动驾驶等在内的一系列数字化服务而获得收益。生态系统整合商专注于汽车生产企业、消费者和服务商，基于数据服务展开整合，并且拥有整合效率提升带来的收益。

3.8 智能汽车生态圈的企业实践

3.8.1 广汽集团打造“互联网生态圈项目”

围绕互联网汽车产业投资，广汽集团启动互联网汽车生态圈项目建设。主要有：

（1）设立产业基金，布局汽车金融领域　2015 年 6 月，广汽资本分别与两家金融公司合作设立产业投资基金，包括“新兴产业并购基金”与“汽车产业投资基金”。其中，前者主要投向汽车产业链上下游、先进制造业、大消费和金融服务等战略性新兴产业；后者投向智能制造、汽车零配件、新能源汽车、汽车后市场、汽车电子及车联网等领域。

2015 年 7 月，广汽集团宣布启动汽车互联网生态圈项目，建设整车电商平台、车生活平台、车联网平台和创业投融资平台 4 个平台。该项目在股权上采用混合制，子平台员工持股，在子平台采取纯财务投资模式，按照互联网的特性来运作。

（2）成立汽车互联生态合资公司，启动整车和车生活平台　2016 年 6 月 8 日，由广汽集团、乐视、众诚保险共同投资组成的汽车互联生态合资公司大圣科技成立。项目首期投资 14 亿元。大圣科技优先启动整车平台和车生活平台，整车平台包含新车、二手车业务。其中新车业务开启了多样化的线上全品类新车销售模式，比如联合厂商共同开展的包销模式、个性化的产品一口价模式、众筹式的一元夺宝模式、创新的新车拍卖模式、新品首发的预售模式以及目前普遍存在的线索导流模式等。

3.8.2 四维图新构建车联网全产业链

四维图新公司将地图、数据服务用于车联网和无人驾驶产业链。其布局主要有以下四个方面：

（1）创新车联网金融服务　2016 年 6 月，四维图新与京东金融集团确定以“互联网”的思维模式进一步创新车联网金融服务，通过大数据共享，获取在消费洞察、交通出行、车险征信等领域的商用价值。

（2）通过收购方式获得车联网智能硬件研发能力　四维图新斥资 6 亿美元收购杰发科技 100% 股权，获得车联网硬件核心芯片的研发能力。

（3）布局自动驾驶研发　自动驾驶是四维图新的另一个发展重点，其在 2015 年已经成立了自动驾驶研发部，并在面向自动驾驶的多个领域进行布局。

（4）供应基础大数据　预计到 2020 年，四维图新将产生 350 亿 TB 的数据，通过接入滴滴出行、私家车、出租车、客车、物流车和移动基站等的数据，形成强大的数据提供能力。不仅为传统的汽车企业客户提供地图和出行数据，还为精准营销、保险、维修和保养等领域提供基础数据，改变传统商业模式。

3.8.3　蓝盾股份构建以“电商 + 安全”为核心的业务生态系统

蓝盾股份用 11 亿元收购中经电商和汇通宝两家公司，进军电子商务及第三方支付市场，开展加油站移动 APP 多种汽车生态服务。

中经电商及汇通宝与中国石油签署了“移动互联网营销平台合作协议书”，共同开发建设加油站移动互联网营销平台 APP“油福来”（“You Fly”）。“油福来”平台由中经电商进行运营管理，平台上线后，直接导入中国石油现有客户和中经电商 410 多万活跃车主客户信息，为车主提供与汽车生活相关的一切服务。包括加油卡、洗车券、汽车零配件的销售，以及积分兑换商城、车主论坛等。并通过与各大银行、保险公司、运营商以及优步（UBER）等合作机构的 APP 进行无缝对接，提供合作机构的服务及产品。

蓝盾股份同时推出了“油我发起”的创新商业模式。“油我发起”是由车主发起订单需求、选择加油站、提出优惠价格，再由加油站“抢单”确认，实现提前下单、锁定交易。利用“油我发起”模式，蓝盾股份的服务业务可直接覆盖全国各地。

3.8.4　阿里巴巴推出围绕汽车生态圈的 16S 服务

作为互联网公司，在智能汽车生态圈里，阿里巴巴提出了汽车业务大圈概念，即聚焦车主，基于车型的生命周期提供 16S 的全方位服务，主要包括新车、二手车、商品 + 服务及本地化服务 4 个方面。在新车方面，阿里巴巴开拓了新车抢先购、车海淘、汽车金融、汽车保险等服务；在商品 + 服务方面，阿里巴巴提出了汽车用品、4S 保养、O2O 服务、加油 / 违章处理等、认证配件；在本地化服务方面，阿里巴巴提出智能终端与 OBD、租赁、代驾、清洗 / 美容；在二手车领域，阿里巴巴提出了二手车置换、拍卖、品牌二手车等服务，如图 3-3 所示。

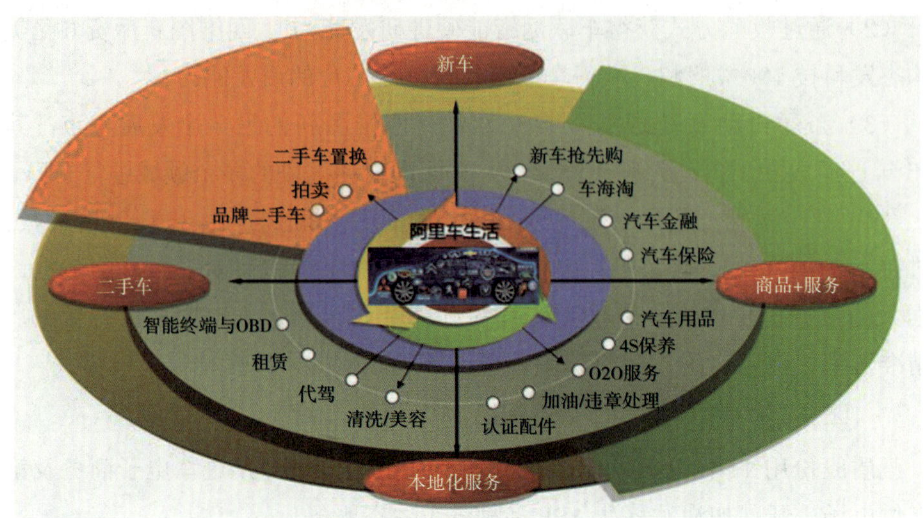

图 3-3 阿里汽车 16S 车生活服务

在阿里巴巴生态圈体系中，淘宝网是线上最大的车主市场和线上汽车后市场；天猫是最大的线上整车市场，最大的线上汽车首发平台；聚划算是最大的汽车团购和品牌事件平台。在阿里巴巴的计划中，阿里汽车和蚂蚁金服合作，推出余额宝购车，并进一步考虑信用购车、租车等产品；阿里汽车和阿里巴巴合作，尝试精准营销、全互联网推广；阿里汽车和阿里数据合作，以数据对消费者精准洞察。通过互联网应用，阿里巴巴将通过自身强大的电商供应链以及平台优势，结合 YunOS、优酷土豆、高德等应用，将服务扩展至整个汽车产业链。

第 4 章

智能汽车关键技术及进展

4.1 智能汽车技术研发主体

从技术演变来看，美国、日本及欧盟自20世纪60年代开始，立足于智能交通领域，分别从交通信息化、车辆智能化的角度进行了大量的研究，并已形成大量产业化成果。进入21世纪，尤其是2010年以后，随着通信技术、电子控制技术、人工智能技术的快速发展，车辆网联化、智能化从独立研究逐渐走向融合型研究与应用。

从行业技术水平来看，目前美国、日本及欧盟地区在智能网联汽车技术领域形成了三足鼎立的局面。美国重点在网联化，通过政府强大的研发体系，已快速形成了基于V2X的网联化汽车产业化能力；欧洲具有世界领先的汽车电子零部件供应商和整车企业，在自主式自动驾驶技术方面相对领先；日本交通设施基础较好，自动驾驶技术水平也在稳步推进。

目前，智能汽车技术的研发主要有两种模式：一种是2005—2014年，自动驾驶相关技术是以先进的安全辅助技术和汽车企业开发为主导；另一种是2015年以后，谷歌、苹果及一些IT、科技公司纷纷进入自动驾驶领域，他们的开发技术重点和传统汽车企业有所不同，在汽车价值追求上也不同于传统汽车企业。全球自动驾驶技术开发已经取得飞速进展。

汽车智能化技术研发主体分为三类：

第一类是传统跨国车企纷纷建立专门的智能化研发团队，控制核心技术研发，同时在某些领域联合IT公司进行辅助系统的研发。

第二类是互联网公司和新锐企业进入智能汽车研发，他们从智能化的电动车切入汽车行业，更关注科技和重视顾客的体验。主要的成果是以移动互联网、云计算和互联网的一些技术，实现智能网联汽车车载通信模块的搭载和一些功能的实现。

第三类是自主品牌汽车企业自主进行一部分智能硬件研发；或是将汽车智能领域的研发委托给互联网公司或IT公司，技术成果在辅助驾驶系统选配及车联网上有不同程度的应用；或是与国内IT企业进行深度合作，开发智能车载应用系统。

4.2 智能汽车关键技术

智能汽车关键技术在功能上可以划分为三类：第一类关键技术就是感知定位系统，包括高精度定位系统、传感器、雷达和摄像头等，它能够赋予智能汽车一双“慧眼”，给予汽车感知的能力。第二类关键技术是决策与控制技术。当感知定位系统将环境感知反馈给智能汽车时，智能汽车需要具有规划、决策、控制等能力，以应对复杂的交通情况。第三类关键技术则是安全技术。安全技术是排在功能和效率之上的，是智能汽车研发和使用中需重点考虑的方面。

从智能汽车应用而言，智能汽车关键技术包括三个层面：车辆关键技术、信息交互关键技术和基础支撑关键技术。

车辆关键技术涉及环境感知技术、智能决策和路径规划技术、定位导航技术、控制执行技术等。信息交互关键技术涉及 V2X 通信技术、云平台与大数据技术、信息安全技术。基础支撑关键技术涉及高精度地图、高精度定位、标准法规与测试评价等。这些技术融合了信息、机器学习、人工智能、路径搜索和自动控制等先进技术。

按驾驶模式划分，智能汽车分为自主式自动驾驶关键技术和基于 V2X 的自动驾驶关键技术。自主式自动驾驶关键技术包括：基于 DL（深度学习）的规划与决策、考虑多目标协调的纵向控制、基于 DL 的行人 / 骑车人检测、激光雷达点云分割与目标识别、多传感器融合的自动泊车控制、驾驶习惯及驾驶路径学习。基于 V2X 的自动驾驶关键技术包括：基于 V2V 的多车协同避撞控制、交通信号 - 车辆分层协同控制、基于群体智能的交叉路口车辆协同控制、考虑多通信拓扑的车辆队列控制、基于 V2I 的连续交叉路口节能控制和二维路网中智能网联汽车的协同决策与分布式控制。

4.2.1 环境感知技术

环境感知技术主要通过汽车内部各传感器模块实现对汽车周边环境信息的认知、决策、记忆及自主学习。汽车传感器系统包括各个子系统传感器硬件，在传感器算法的指令下，利用信息融合技术实现各个传感器输出的优化综合，实现对环境的最佳感知。传感系统包括同步定位与建图（Simultaneous Localization and Mapping，SLAM）、传感器融合、特征检测器，其中核心技术是 SLAM 算法。SLAM 是机器人自主定位与导航的主要技术。汽车类似于一个自主移动的机器人，在道路环境中从一个位置开始移动，移动过程中根据位置估计和地图进行自身定位，同步在自身定位的基础上建造增量式地图，实现汽车自身的自主定位和导航。传感器融合是将各个传感器收集的数据结合在一起，使信息更符合汽车自动行驶时的特征，减少各个传感器独立使用数据信息的不确定性。特征检测器对传感器传来的不同图像、点、线、边界、区域等特征数据进行整合，需要对重叠的部分进行检测并整合所需要的技术。常见的传感器包括摄像头、毫米波雷达、激光雷达、GPS 导航、惯性导航和超声波雷达等。各类无线传输技术，如 DSRC、4G-LTE 和 5G 等也用于智能车辆的信息传递。

环境感知技术是智能汽车商业化应用的挑战之一。受道路结构复杂、交通人流车流行为多变、周边建筑物障碍物、天气变化影响等因素，准确感知交通场景面临很多困难。目前，效果较好的有两种路线。一种是 3D 街景地图 +360° 扫描式雷达，以 SLAM 技术为核心实现环境感知。这一路线成本高、数据量大、技术难度略高，对处理算法的实时性要求很高。另一路线是采用多个传感器融合技术，如毫米波雷达 + 激光雷达 + 摄像头 + 超声波雷达等。这一路线方案成本低，但对信息融合的技术要求较高。由于各自都有优缺点，目前，两个路线已经进行相互融合、相互促进。

LTE-V 是面向智能交通和车联网应用、实现 V2X 的主要通信技术。它包括两类技术。一类是 LTE-Cell，是借助已有的蜂窝网络，支持大带宽、大覆盖通信，满足车载信息服务（Telematics）应用需求。另一类是 LTE-V-Direct，是独立于蜂窝网络，实现车辆与周边节点低时延、高可靠的直接通信，使车辆感知范围扩大到百米。与 DSRC 相比，LTE-V 技术在容量、覆盖、链路 / 网络可靠性、基础设施完备性 / 安全性等关键指标上有优势，在产品化进程方面不及 DSRC。5G 通信条件下，将在可靠性、速度和端到端时延上更具优势。

4.2.2 决策和轨迹规划技术

自动驾驶汽车（智能汽车）第二个关键技术是控制系统部分的决策和轨迹规划技术。控制系统部分主要分为路径导航层、任务决策层、轨迹规划层和动力学控制层等模块。任务决策与路径导航、动力学控制密切结合，共同完成自动驾驶过程。自动驾驶汽车行驶之前，先采用导航算法搜索一条从起点到终点的可行路线，进入自动驾驶过程中，由决策模块决定具体的行车模式（超车、换道、跟车等），并规划每一个模式的行车轨迹，最后由自动控制算法实现对行车轨迹的跟踪。

4.2.3 动力学控制技术

自动驾驶汽车控制系统的动力学与控制层通常分为上下两层，上层控制器的主要目的是跟踪期望的轨迹，下层控制器实现对每一个执行器的控制。执行器是智能汽车的基础。智能汽车执行器一般包括三个：一个是线控转向系统，控制转向盘转角或者转动速度；第二个是驱动系统，通常直接向发动机 ECU 发送力矩控制命令；第三个是控制制动，或者是 EBS（电子控制制动系统）的制动力命令，或者是 ESP（电子稳定程序系统）的制动力命令。

4.2.4 人机交互 HMI 技术

人机交互技术是通过信息技术实现人对车辆的控制以及对车辆信息的获取，实现系统和用户之间的交互和信息交换。自动驾驶汽车的人机交互技术不同于传统汽车，人机交互技术需要弥补人驾驶汽车的局限。在自动驾驶状态下，人的行为是多样的，因此，人机交互技术需要实现自动驾驶汽车出现异常情况时，人可以对车辆进行控制，保持车辆的安全正常行驶。目前，在人机交互界面里内置更高级的功能和互动，用户界面就能更好地反映对该机器或流程的真实体验。通过增加合适的视觉和触觉效果，使人机界面解决方案从功能性附件提升到用户体验不可分割的一部分。

人工智能在人机交互技术上取得很大进展。如 NOMI 人工智能系统搭载在蔚来 ES8 汽车上。NOMI 人工智能系统基于车载计算能力和云计算平台，集成了语音交互系统和智能情感引擎，该系统具有倾听、思考、自动调节车内温度、自动净化车内空气以及帮助车主进行自拍、学习、自适应等先进功能。

百度人工智能 DuerOS 系统搭载在北汽新能源 EX5 和 EX3 汽车上，具备对话式语音交互功能。DuerOS 是一款开放式的操作系统，能够支持通过手机、电视、音箱和其他设备接入语音操控数字助手，同时支持第三方开发者的能力接入。

观致人工智能技术搭载在观致 MILE1 概念车上，进行人工交流。AI 智能助手可进行人工交流，满足用户的智能用车需求。

日产 Brain-to-Vehicle 技术搭载在 IMx KURO 概念车上，实现更好的人车交互。通过设备将从驾驶员收集来的脑电波信息导入转向盘或节气门等部件，利用大脑解码技术预测驾驶员的行为意图，将驾驶员的反应更快地传达给车辆，如进行车辆转向、加速、减速，进一步提升人车之间的交互。

4.2.5 高精度地图

高精度地图在无人驾驶车技术中必不可少，是自动驾驶决策环节的关键部分。和 GPS 传统地图达到米级精度相比，高精地图需要达到厘米级精度才能保证无人驾驶车的行驶安全。高精度地图要求路网表征的准确性和实时性。如通过路网精确的三维表征，确定路面的几何结构、道路标示线的位置及周边道路环境的 3D 点云模型等。结合这些高精度的三维表征，车载机器人就可以通过比对车载 GPS、IMU、LiDAR 或摄像头数据来精确确定车辆位置。高精度地图可以帮助控制系统计划车辆行为。例如，停车、查看红绿灯位置及类型、提示车道曲率坡度和识别驾驶路面等。

高精度地图的采集首先需要使用数据采集车收集，然后通过线下处理，把各种数据融合产生高精度地图。高精度地图需要多个多传感器融合，包括以下几种。①陀螺仪（IMU）：一般使用 6 轴运动处理组件，包含 3 轴加速度和 3 轴陀螺仪。②轮测距器（Wheel Odometer）：用于推算出无人车的位置，但是位置会有偏差。③ GPS：通过卫星定位，获得位置信息。④激光雷达（LiDAR）：通过发光反射时间间隔测距，根据距离及激光发射角度，推导出物体的位置信息。通过这些传感器的综合运用，才能精准确定车辆位置、道路信息等。目前，在涉猎高精度地图领域的公司中，EHER 获得了宝马、戴姆勒、奥迪、英特尔、博世和大陆汽车公司的投资；百度、高德、四维图新这些地图公司已经获得了国家测绘地理信息局的甲级测绘资质；Deep Map 公司聚集了一批从业经验在 10 年以上的地图行业人才，提供 3D、厘米级的高精度地图，支持无人驾驶汽车的实时精准定位，以及车对车的云服务设施等；福特投资的初创公司 Civil Maps 利用人工智能和位置处理技术，通过汽车内部传感器收集的数据转化，为自动驾驶汽车提供地图信息；硅谷初创公司 Lv15 采用众包方式，为自动驾驶车辆提供高精度地图并实现在地图中定位；纽约初创公司 Carmera 公司采用专包模式，采用视觉监控技术，利用物流车队获得数据信息，提供自动驾驶汽车地图解决方案。

4.2.6 5G 网络

5G 网络是智能汽车实现智能互联的重要的应用环境。根据 MIT—2020 第 5 代移动电话行动通信标准，5G 网络具有更快的数据传输速率、更低的时延及更可靠的连接，促进更多新技术应用。5G 技术将应用于智能汽车、无人驾驶、智慧城市、VR/AR、智慧农业、工业互联网、智能家居、智慧医疗和应急安全等。因此，有关企业都在加速推进 5G 网络技术的标准及建设。据高通公司 2017 年年初发布的“5G 经济”研究报告显示，2035 年 5G 技术将产生 12.3 万亿美元的经济效益，并在产业链中产生 2 200 万个工作岗位。

5G 关键技术主要有：大规模天线陈列技术或新型多天线技术，主要用于提升频谱效率；超密集组网技术，通过改善网络覆盖，大幅提升系统容量，满足 5G 网络巨大容量增长；新型多址技术，通过发送信号的叠加传输，提升系统的接入能力，满足 5G 网络更多设备连接；D-D（Device-to-Device）通信技术，满足用户节点之间发送和接收信号；基于 SDN（软件定义网络）、NFV（网络功能虚拟化）、云计算及 C-RAN 等技术形成新型网络架构的技术等。

目前，全球主要国家和地区纷纷提出 5G 试验计划和商用时间表，力争引领全球 5G 标准与产业发展。

欧盟在 5G 网络方面的规划重点是促进 5G 网络在各行业的充分应用与融合。推动 5G 网络架构应具备为汽车、能源、食品、农业、医疗、教育等垂直行业提供定制化网络服务能力，5G 技术与商业生态系统的对接，有利于 5G 网络能够高效率、低成本地提供各类新兴业态服务。欧盟 5G 行动计划指出，2018 年开始预商用测试；2020 年年底前，每个成员国确定至少一个提供 5G 服务的城市；2025 年各成员国在主要陆地交通道路实现 5G 覆盖。

美国 5G 推进方式主要是通过开放新频谱资源，支持新一代移动无线网络发展。目前，联邦通信委员会正在研究通过采用频谱共享机制，在新型无线服务、当前和未来的卫星业务、联邦应用方面满足频谱需求。美国高通公司 5G 开发的工作重心是构建以 5G NR （New Radio） 为基础的 5G 网络。基于 OFDM 的全新空中接口的全球 5G 标准能支持各种各样的 5G 设备、服务、部署及频段。5G NR 引入了大量核心技术，将会大幅提高产品性能和效率。如毫米波移动化、大规模 MIMO、共享频谱、先进编码、免许可传输和以设备为中心的移动性。美国移动运营商 Verizon 宣布完成了其 5G 无线规范的制定，已进入预商用测试阶段。

日本计划在 2020 年东京奥运会之前实现 5G 商用；日本运营商软银（SoftBank）和旗下的无线城市规划公司（Wireless City Planning）宣布面向下一代高速通信标准 5G 的项目“5G Project”正式启动。在“5G Project”启动的第一阶段，软银将商用可大幅扩展网络容量的大规模天线（Massive MIMO）技术。Massive MIMO 通过在基站采用大量天线，实现对多个移动终端用户同时进行通信服务，是 5G 的核心技术之一。软银的 S5G 是基于现有的频率、网络和终端，只是在基站侧采用了 5G 的大规模天线和 MIMO 技术，采用复杂的算法来提升系统容量，而不影响现有终端的使用。

韩国在 5G 发展上态度积极，于 2018 年年初开展 5G 预商用试验，之后两年着重研究第二阶段的测试工作，同时包括 VR、AR 以及系统开发等方面的工作。韩国电信（KT）于 2017 年 9 月开始正式部署 5G 网络，2018 年 2 月起正式提供 5G 服务。SK 电信和 LG Uplus 也加快 5G 网络的开发，目标是在 2019 年实现商业化。

中国在 2020 年将部署超过 1 万个 5G 商用基站。中国 5G 试验工作组发布了 5G 技术研发试验第三阶段第一批规范。通过 5G 技术研发试验第三阶段的测试，在 2018 年年底 5G 产业链的主要环节基本达到预商用水平，并于 2019 年 6 月发布我国 5G 商用牌照。成都将率先开展 5G 网络试点，大力推进信息终端、下一代互联网 IPv6 芯片和系统设备等关键产品的研制和产业化。

4.3 已经应用的基本核心技术

根据美国专利顾问公司 Lexinnova 的报告，已经应用于自动驾驶汽车的基本核心技术有 9 种：车对车通信（V2V Communication）、巡航控制（Cruise Control）、自动制动器（Automatic Brakes）、车道维持（Lane Keeping）、雷达（Radar）、循迹或稳定控制（Traction or Stability Control）、视频摄影机（Video Camera）、位置估计器（Position Estimator）、全球定位系统（Global Positioning System）。在上述的基本技术中，前 5 项技术的专利申请数量相对较多，也最重要。

4.3.1 车对车通信（V2V Communication）

V2V 信息交换技术与汽车 - 基础设施（V2I）技术统称为 V2X 技术，即车对外界的信息交换，是汽车物联网技术的一部分。车联网通过无线通信、GPS/GIS 和传感技术的相互配合，实现在信息平台上对车内（CAN-Controller Area Network）、车路（Vehicle- to -RSU）、车间（Vehicle- to -Vehicle）、车外（Vehicle- to -Infrastructure）、人车（Vehicle- to -Person）等信息的提取和有效利用，并在此基础上提供包括交通、安全、管理以及娱乐等综合性服务，实现“人 - 车 - 路 - 环境”的和谐统一。

通过车对车通信，车辆之间可以互相传送数据，让彼此了解对方的行为与状况，可以让驾驶员提前做出判断和决定，减少视野盲点所造成的危险。车对车通信的优点是基础网络通信进行数据交换、信息量大、不受遮挡等。缺点是全球的标准不统一，V2X 的应用需要依赖基础设施的大量部署。

美国高速公路国家安全管理局（NHTSA）制定的车对车通信系统，使用的是基于 IEEE 802.11p 及 IEEE 1609 标准的专用短程通信（Dedicated Short Range Communications，DSRC）技术，借由 5.9GHz 微波频段传输数据，拥有超低传输延迟、高传输速度等特性。

据 Lexinnova 统计，车对车通信的相关专利多数被丰田汽车及其子公司 Denso 掌握，其次是日本车用电子商 Alpine 及通用汽车（GM）。

V2V 最早的应用是在 2006 年。当时，通用汽车在一辆凯迪拉克上做了展示。随后，美国汽车制造商对 V2V 汽车进行了十多年的测试。通过采用专门的短程通信技术，向附近的车辆传输位置、方向和速度等数据，传输距离最远能够达到 300m。这些数据以 10 次 /s 的速度到达附近的车辆，帮助识别风险并发出警告，以避免特别是在交叉路段可能发生的车祸。到 2017 年，通用汽车开始为凯迪拉克 CTS 提供 V2V 技术，这款车是当时唯一具备该系统的商业化车辆。

本田公司在第 19 届世界智能交通系统展览会上展示了汽车及摩托车的 V2X 技术，并展示了汽车是如何通过道路基础设施之间的信息互通达到提升道路交通安全的目的。自 2015 年以来，丰田公司已经将该技术应用到超过 10 万辆日本汽车上。丰田公司计划于 2021 年在美国上市使用 V2V 技术进行“交谈”的汽车，预计每年能够避免数千起交通事故。

4.3.2 巡航控制（Cruise Control）

传统的定速巡航控制系统会依据设定的巡航速度，自动调整发动机节气门开度，进而达到定速行驶的目的。智能巡航控制系统（Adaptive Cruise Control，ACC）则会主动侦测前方车距，以系统限定的安全跟车时间间距以及驾驶员设定的速度为依据，适当地控制节气门与制动器，进而达到适应前车状况的巡航控制。

ACC 系统主要是由前车车距侦测器、车速传感器、纵向加速传感器、制动器及节气门控制单元和逻辑运算控制单元组成。

据 Lexinnova 统计，巡航控制相关专利的前三大专利权掌握者为：博世（Bosch）、日产汽车、通用汽车。

4.3.3 自动制动器（Automatic Brakes）

自动制动器系统包含防死锁制动系统（Anti-Lock Braking System，ABS），以及电子制动力分配（Electronic Brake-Force Distribution，EBD）系统。ABS 最早由博世公司于 1987 年引入市场，目前已是汽车的普遍配备。

据 Lexinnova 统计，自动制动系统相关专利的主要专利权掌握者为韩国汽车零件供货商万都株式会社（Mando）及博世，但 Mando 的 ABS 或 EBD 专利未用于无人驾驶车领域。

4.3.4 车道维持（Lane Keeping）

车道维持技术分为两种。一种是车道偏离警示系统（Lane Departure Warning System，LDWS）。当感测组件侦测到车辆偏离车道时，若驾驶员未打转换车道的方向灯信号，系统会发出视觉、听觉或振动的警示信号以提醒驾驶员返回车道。

另一种是车道维持系统（Lane Keeping System，LKS）或车道维持辅助系统（Lane Keeping Assist System，LKAS）。当车辆无意间偏离车道时，若驾驶员没有立即对偏离状况做处置，LKAS 会主动介入控制转向盘，给予适当辅助力，让车辆维持在原有车道内。无人驾驶车采用这种系统，传感器可以使用影像传感器、激光传感器或红外线传感器。

据 Lexinnova 统计，车道维持系统相关专利的前四大专利权掌握者为博世、日产汽车、丰田汽车及现代汽车。

4.3.5 雷达（Radar）

雷达系统是无人驾驶车最重要的技术之一。除了我们熟知的倒车雷达之外，定速巡航要用到雷达，侦测周遭交通状况要用到雷达，防撞系统要用到雷达，保持车道也要用到雷达。

车用雷达依据信号产生源的不同，分为声波雷达、光波雷达及毫米波雷达 3 种。属于声波类的超声波雷达，因其测量距离较短，主要用于停车辅助系统，例如倒车雷达。属于光波类的红外线雷达及激光雷达，其最主要的缺点为光线穿透力易受尘雨雾雪的干扰，而影响测量的准确级。红外线雷达的测量距离较短，可用于夜视系统，而激光雷达的测量距离较长，与红外线雷达一样，均可用于防碰撞系统。激光雷达探测范围更广，可在 100m 范围内全方位扫描，精度高，可以建立精准的 3D 地图。毫米波雷达的波长为毫米级，运作频率为 30 ～ 300GHz，主要集中在 23 ～ 24GHz、60 ～ 61GHz、76 ～ 77GHz 频段，是目前车用雷达研发的主流。

与声波相比，毫米波雷达不受大气紊流的影响，与光波相比，毫米波雷达的穿透性较强，因此毫米波雷达的探测性良好、精准度高，毫米波雷达在自动驾驶中发挥的作用越来越大。据英飞凌（Infineon）估算，要达到 L3 级自动驾驶，至少需要 6 个毫米波雷达、4 个摄像头与 1 个激光雷达模组，而 L4/L5 级自动驾驶至少需要 10 个毫米波雷达、8 个摄像头与 1 个激光雷达模组，所以传感器及其数据融合对自动驾驶的发展至关重要。

无人驾驶车除了使用雷达系统之外，还使用激光雷达系统（LiDAR），也就是光学遥感技术，通常是利用激光脉冲对目标物进行高密度扫描，以量测物体的距离或获取物体三维形貌的数据。

据 Lexinnova 统计，雷达专利的前四大专利权掌握者为丰田汽车、日立商社、博世及富士通。

4.4 自动驾驶技术实现时间表

4.4.1 美国 SAE 规划自动驾驶汽车实现时间表

根据美国 SAE 规划的汽车自动驾驶技术实现的时间，到 2025 年以后，实现完全自动驾驶。如图 4-1 所示。

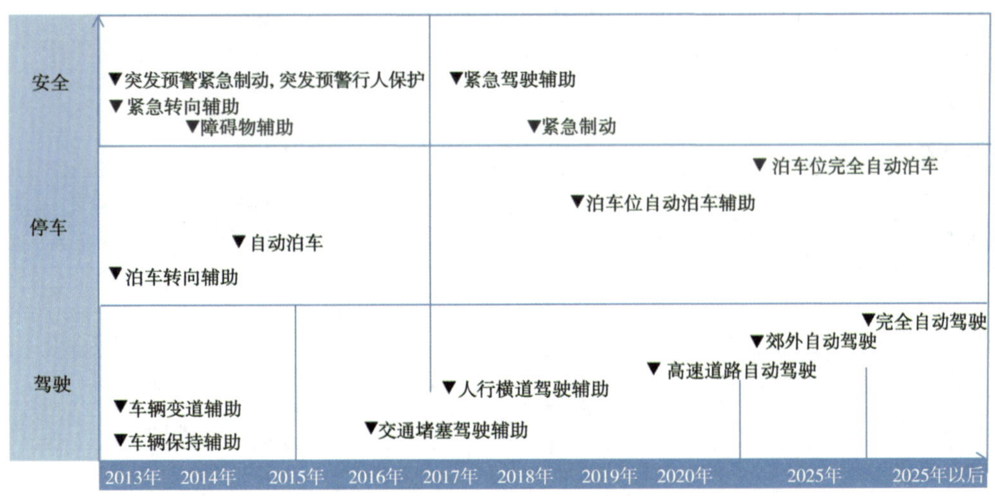

图 4-1 自动驾驶技术实现时间表

4.4.2 全球主要乘用车制造商自动驾驶汽车推出时间表

2016 年，全球主要乘用车企业都强化了自动驾驶汽车应用技术计划，加快研发步伐。福特、戴姆勒、日产等率先发布自动驾驶应用战略，其他企业也相继发布了应用时间表（见表 4-1）。

表 4-1　美国 NHTSA 标准的自动驾驶汽车 L1 ～ L4 级的企业落地时间表

<table>
<tr><th rowspan="2">企业名称</th><th colspan="16">年份</th></tr>
<tr><th>2015</th><th>2016</th><th>2017</th><th>2018</th><th>2019</th><th>2020</th><th>2021</th><th>2022</th><th>2023</th><th>2024</th><th>2025</th><th>2026</th><th>2027</th><th>2028</th><th>2029</th><th>2030</th></tr>
<tr><td>通用</td><td colspan="2">L1</td><td colspan="4">L2</td><td colspan="6">L3</td><td colspan="4">L4</td></tr>
<tr><td>福特</td><td>L1</td><td colspan="7">L2</td><td colspan="2">L3</td><td colspan="6">L4</td></tr>
<tr><td>特斯拉</td><td colspan="6">L2</td><td colspan="6">L3</td><td colspan="4">L4</td></tr>
<tr><td>大众</td><td colspan="6">L2</td><td colspan="6">L3</td><td colspan="4">L4</td></tr>
<tr><td>奥迪</td><td colspan="2">L2</td><td colspan="9">L3</td><td colspan="5">L4</td></tr>
<tr><td>梅赛德斯 - 奔驰</td><td colspan="3">L2</td><td colspan="8">L3</td><td colspan="5">L4</td></tr>
<tr><td>宝马</td><td colspan="6">L2</td><td colspan="6">L3</td><td colspan="4">L4</td></tr>
<tr><td>菲亚特克莱斯勒</td><td>L1</td><td colspan="5">L2</td><td colspan="6">L3</td><td colspan="4">L4</td></tr>
<tr><td>标致雪铁龙</td><td colspan="3">L1</td><td colspan="3">L2</td><td colspan="6">L3</td><td colspan="4">L4</td></tr>
<tr><td>现代汽车</td><td colspan="5">L2</td><td colspan="10">L3</td><td>L4</td></tr>
<tr><td>丰田</td><td colspan="2">L1</td><td colspan="3">L2</td><td colspan="6">L3</td><td colspan="5">L4</td></tr>
<tr><td>本田</td><td colspan="2">L1</td><td colspan="3">L2</td><td colspan="7">L3</td><td colspan="4">L4</td></tr>
<tr><td>日产</td><td>L1</td><td colspan="2">L2</td><td colspan="8">L3</td><td colspan="5">L4</td></tr>
<tr><td>雷诺</td><td colspan="2">L1</td><td>L2</td><td colspan="8">L3</td><td colspan="5">L4</td></tr>
<tr><td>三菱</td><td colspan="3">L1</td><td colspan="2">L2</td><td colspan="7">L3</td><td colspan="4">L4</td></tr>
<tr><td>斯巴鲁</td><td colspan="6">L2</td><td colspan="10">L3</td></tr>
<tr><td>马自达</td><td colspan="6">L1</td><td colspan="10">L2</td></tr>
<tr><td>铃木</td><td colspan="6">L1</td><td colspan="10">L2</td></tr>
<tr><td>上汽集团</td><td colspan="5">L2</td><td colspan="5">L3</td><td colspan="6">L4</td></tr>
<tr><td>东风汽车</td><td colspan="3">L1/L2</td><td colspan="7">L3</td><td colspan="6">L4</td></tr>
<tr><td>一汽集团</td><td colspan="3">L1</td><td colspan="2">L2</td><td colspan="5">L3</td><td colspan="6">L4</td></tr>
<tr><td>长安集团</td><td colspan="3">L1</td><td colspan="2">L2</td><td colspan="5">L3</td><td colspan="6">L4</td></tr>
<tr><td>北汽集团</td><td colspan="2">L1</td><td colspan="4">L2</td><td colspan="10">L3</td></tr>
<tr><td>广汽集团</td><td colspan="6">L1/L2</td><td colspan="10">L3</td></tr>
<tr><td>奇瑞汽车</td><td></td><td colspan="2">L1</td><td colspan="2">L2</td><td colspan="5">L3</td><td colspan="6">L4</td></tr>
<tr><td>比亚迪</td><td colspan="6">L1/L2</td><td colspan="10">L3</td></tr>
<tr><td>吉利汽车</td><td></td><td>L1</td><td colspan="4">L2</td><td colspan="4">L3</td><td colspan="6">L4</td></tr>
<tr><td>长城汽车</td><td colspan="6">L1/L2</td><td colspan="4">L3</td><td colspan="6">L4</td></tr>
<tr><td>江淮汽车</td><td colspan="3">L1</td><td colspan="3">L2</td><td colspan="4">L3</td><td colspan="6">L4</td></tr>
</table>

4.5 自动驾驶平台解决方案

4.5.1 伟世通 DriveCore 域控制器

DriveCore 是一款专门针对自动驾驶研发的、安全可靠的域控制器，该平台的亮点在于灵活、模块化、可定制。如图 4-2 所示。

图 4-2 搭载 DriveCore 域控制器的车辆测试

DriveCore 可以整合一系列来自不同厂家的软、硬件平台，如摄像头、激光雷达等传感器的数据等，全数字仪表、先进车载显示屏技术、驾驶员监测、抬头显示以及伟世通先进的软件开发工具，以满足 OEM 不同的自动驾驶技术研发需求，特别是 L3 级及 L3 级以上的自动驾驶技术的开发。

DriveCore 自动驾驶平台主要由三部分组成：Compute、Runtime 和 Studio。其中，Compute 是模块化可扩展的硬件计算平台，该平台并不仅仅依赖于某个特定的中央处理单元，而是可以支持多种处理器，譬如英伟达、恩智浦、高通的处理器; Runtime 是车载中间件，主要提供安全框架，实现应用与算法之间的实时通信; Studio 是提供给开发人员的基于 PC 的软件开发工具，使汽车制造商可以为算法开发人员搭建生态系统，模拟硬件性能，加速基于传感器的人工智能算法开发。

4.5.2 哈曼 DRVLINE 自动驾驶平台

哈曼 DRVLINE 平台是一款针对无人驾驶而开发的开放式、模块化平台，可以完成从 L3 级自动驾驶到 L4 级、L5 级自动驾驶的升级。哈曼将携手三星继续致力于可升级的、适用于从低级到 L5 级自动驾驶的各种工程技术、高性能计算、传感器技术、算法、人工智能、云和互联互通的解决方案。如图 4-3 所示。

图 4-3 哈曼 DRVLINE 自动驾驶平台

4.5.3 禾多科技 L3.5 级自动驾驶解决方案

禾多科技依靠最先进的人工智能算法，针对不同的场景研发自动驾驶量产解决方案，既可实现无人驾驶（L4 级），也可保留人的接管权（L3 级）。

禾多科技主要专注于结构化道路和最后 1km 这两大应用场景。目前禾多科技的高速项目 HoloPilot 已实现了在高速公路上的自动驾驶，包括跟车、自主换道、自主超车和上下匝道等功能。最后 1km 的场景以代客泊车为代表，禾多科技的 HoloParking 项目可实现车辆自动寻找车位、泊车入位和泊出至指定地点等功能。驾驶员仅需在固定地点交接车辆即可。

4.6 汽车智能驾驶舱技术发展情况

未来智能汽车内部环境将是一个自动驾驶、网联及人工智能数字技术相结合的更趋个性化的驾乘空间，即智能驾驶舱。汽车厂商向消费者提供的是个性化移动环境解决方案。

智能驾驶舱的人车交互终端核心是车载芯片处理器，它的高性能运算能力将承载车联网应用、高级辅助驾驶（ADAS）、车体数据监控分析及车载信息安全等功能。所以，智能驾驶舱由一个集成的芯片提供运算能力，将汽车仪表板、娱乐系统、汽车智能驾驶系统（或 ADAS）和人机交互系统进行融合。

智能驾驶舱产业链可分为硬件和软件两大部分。相对于传统驾驶舱，智能驾驶舱的硬件既包括传统中控和仪表盘的数字化、液晶化更新升级，又增加了抬头显示器（HUD）和后座显示屏等HMI（人机交互）多块屏。智能驾驶舱的软件部分是在对硬件进行虚拟化的基础上，加入手势、语言及感知等在内的交互技术，有底层嵌入式操作系统、软件服务、ADAS系统等应用系统的支撑。

4.6.1 汽车智能驾驶舱开发平台和技术应用

（1）汽车企业与IT制造商在车机互联软件开发平台技术上展开了激烈竞争 目前，除了苹果CARPLAY和谷歌Android Auto等IT制造商先行开发的信息娱乐系统平台外，汽车企业福特和丰田成立了Smart Device Link（智能手机软件平台）联盟，开发智能手机车载应用的通用型开源软件平台。联盟成员包括马自达、标致雪铁龙、富士重工（斯巴鲁）、铃木、荷兰伊莱比特（EB）、Luxoft、Xevo，除此之外，哈曼、松下、先锋和QNX也签署了加盟意向。通过Smart Device Link软件平台，消费者可以使用语音指令和导航画面操作智能手机APP。APP开发者可以基于SDL对车内导航、转向开关、声音识别与智能手机连接的服务进行开发。微软公司也为汽车制造商提供了Azure云端智能网联汽车平台。这个平台不仅支持Cortana、Office 365和Skype等微软的APP，也可以增加、构筑各汽车制造商独自使用的车载工具、网联、自动驾驶相关的新软件和新程序。

（2）汽车人工智能技术集中于感知领域 丰田汽车的CONCEPT-i技术侧重于让汽车了解驾驶员的情感和身体状况，并根据情况进行视觉、感观等不同方式的刺激，为驾驶员提供安全的环境。一方面，将驾驶员表情、动作和清醒程度数据化；另一方面，可通过驾驶员社交平台的使用情况和聊天记录推测驾驶员喜好。并将识别驾驶员的人工智能技术与自动驾驶技术相结合。在自动驾驶模式下，通过内饰配色的视觉变化，香味、座椅触觉、音乐等刺激副交感神经，让驾驶员处于放松状态。当驾驶过程有危险时，车辆可以切换至自动驾驶模式，或者感知驾驶员神经压力情况，提醒驾驶员切换到自动驾驶模式。本田开发的情感引擎，通过读取驾驶员的声音和表情，判断驾驶员的压力程度，进而实施驾驶辅助和自动驾驶。戴姆勒在智能网联平台Mercedes me上，增加了管理驾驶员健康状况的Fit & Health新功能，使用驾驶员的可穿戴设备和搭载在车辆上的传感器掌握驾驶员的健康状况，为驾驶员选择压力较小的路线，缓解驾驶员的疲劳。

（3）数字驾驶舱融入AR技术 大众汽车数字驾驶舱通过融入AR升级版抬头显示技术，可以为驾驶员更直观地显示车辆行驶路径、距离等信息；增加眼球追踪功能，可根据驾驶员眼球聚焦点调节信息显示量。

（4）为共享汽车开发适用技术　大众汽车开发的智能手机应用软件——User ID，可以记忆驾驶员的座椅位置、照明喜好、主界面等，使驾驶员在换购汽车及使用共享汽车时能重新获取相应的设置。

（5）主要零部件企业已经为下一代智能驾驶舱推出了车内智能技术　电装公司运用 HMI 技术开发的自动车载开关，可通过传感器识别驾驶员视线和头部的转动，根据驾驶员的动作操控空调和音响。松下在与菲亚特克莱斯勒合作开发的下一代驾驶舱技术中引入面部认证技术和车－车通信技术。通过个人认证，可以根据每个人的喜好定制车辆的设置；通过音场控制，可以使 4 个人同时听到不同的音乐。此外，针对自动驾驶时代的驾驶舱内部，松下利用对向座椅、投影绘图、空气清洁装置和摄像头等家电技术打造车内生活空间。

4.6.2　目前主要企业提供的智能驾驶舱解决方案

全球汽车零部件商和汽车电子巨头已加大对智能驾驶舱领域产品的研发力度。汽车零部件厂商的智能驾驶舱产品覆盖从数字液晶仪表、中控显示屏、HUD 等信息显示器，到手势控制、语音交互等领域。

目前，在智能驾驶舱平台研发方面，中科创达、索喜科技、微软、东软集团、英伟达等科技企业纷纷开发智能硬件和软件平台，为汽车企业提供智能驾驶舱解决方案。

（1）中科创达提供的 TurboX 智能大脑平台　TurboX 为智能硬件产品提供开放平台，包括核心计算模块、操作系统、算法和 SDK（软件开发工具包）的一体化解决方案等，如 VR 平台、无人机平台、智能摄像机平台和机器人平台。如图 4-4 所示。

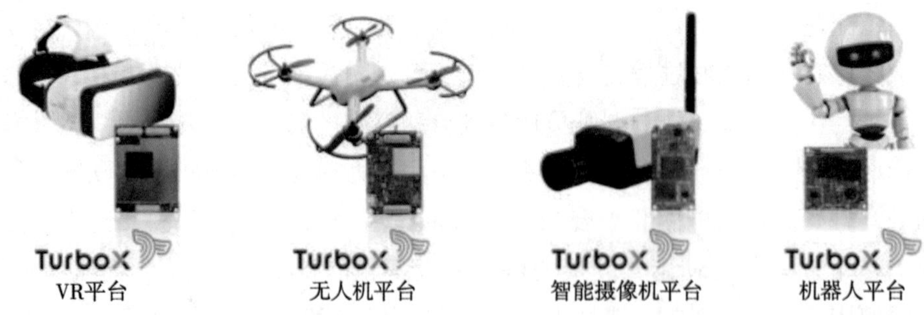

图 4-4　TurboX 智能大脑平台

TurboX 智能大脑平台可汇集产业链包括内容、应用、云服务等多方资源，为智能硬件企业及创新创业者提供产业平台。中科创达智能驾驶舱解决方案包括 IVI 信息娱乐系统、数字仪表盘以及信息化高级驾驶员辅助系统，应用于高通 S820A 和瑞萨 R-CarH3 平台上。

（2）索喜科技（Socionext）的数字驾驶舱解决方案　包括 Miranda 多屏智能驾驶舱方案，同时支持高清 3D 环视、高清液晶仪表和 ADAS 系统、Triton 多屏集成化人机交互仪表系统等。

（3）微软公司与东软集团合作开发的智能驾驶舱平台解决方案——C^4-Alfus　C^4-Alfus 依靠微软 x86 架构的计算能力处理器，实现可个性化定制的 6 屏车内驾乘互动环境解决方案。如图 4-5 所示。

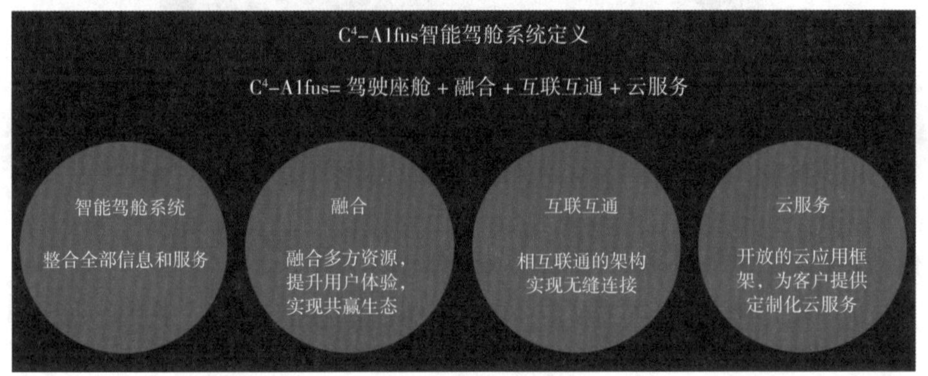

图 4-5　智能驾驶舱平台解决方案——C^4-Alfus

C^4-Alfus 在硬件底层处理器之上构建一个虚拟层，通过共享图像、共享驱动器，实现快速启动和多操作系统同时运行。除保证仪表板独立操作系统运行外，还可实现车载信息娱乐系统、数字仪表、车载导航仪等多个高清屏幕的使用和互动。2018 年量产的红旗 H7 车型率先搭载该套系统。

（4）伟世通公司在 2016 年推出首款智能驾驶舱系统"SmartCore™"平台　该系统把以前汽车座舱内独立运行的电子仪表盘、车载信息娱乐系统中控、抬头显示（HUD）和 ADAS 系统整合到基于单一芯片控制的多域集成系统中，可通过智能化人机交互界面 HMI 进行操作和交互。智能驾驶舱的不同电子系统可并行运作在同一处理器上。Rightware 公司的人机界面软件 Kanzi 在汽车驾驶座舱取得相当的成就，有 15 家以上的汽车 OEM 厂商将其应用于 HMI 和工程设计，包括数字仪表盘和信息娱乐系统。

2018 年年初，奔驰的量产车上已经搭载了 SmartCore™。SmartCore™ 集成了智能车载信息娱乐、驾驶信息、多功能信息显示、抬头显示、ADAS 系统和车联网，将智能座舱内的多个 ECU（电子控制单元）集成到一个控制器上，为各控制域之间信息图像的交互提供高速无缝通信。

（5）红旗智能驾驶舱　红旗智能驾驶舱由一个硬件平台无缝支持车载信息娱乐系统、数字仪表以及车载导航仪等多个高清屏幕的使用和互动，消费者可以便捷地使用各种配置与技能，汇集智能驾驶、AI、语音交互、人脸识别和智能远程遥控体验等多样现代智能技术。如图 4-6 所示。

图 4-6　红旗智能驾驶舱

（6）奇瑞汽车 LION 智能座舱　LION 智能座舱集合了全息投影、增强现实 AR、智能家居互联等最新技术，搭载了 Apollo 小度车载系统，包括百度 AI 语音交互、车家联动、人脸识别等几大核心功能，以及车家视频通话功能和 Apollo 生活服务闭环及人脸识别、支付系统，让驾驶与生活无缝连接。如图 4-7 所示。

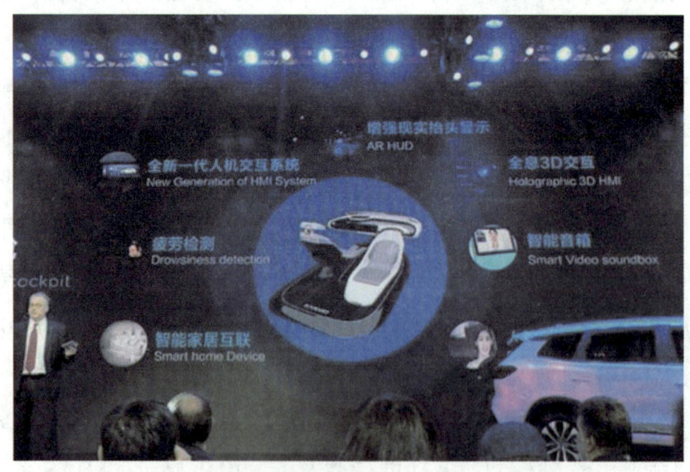

图 4-7　奇瑞汽车 LION 智能座舱

（7）全新哈曼智能驾驶舱　全新哈曼智能驾驶舱包括一系列方便灵活、可扩展的高端体验，支持当今的智联生活方式，而无需对安全和性能进行妥协。该平台提供标准和高级两种系统配置，可把仪表板和中央控制台通过语音、触觉反馈、实体旋钮和转向盘控制键无缝集成在一面中央显示屏上，展示所有关键的车辆信息和特性。这一平台还支持不同人机界面之间多模态的互动，实现HVAC（采暖通风与空调）、媒体和用户设置的定制。该平台搭载在玛莎拉蒂汽车上。如图 4-8 所示。

图 4-8　全新哈曼智能驾驶舱

此外，意法半导体公司（STMicroelectronics）、迈来芯公司（Melexis）等汽车零部件厂商均在加大对智能驾驶舱领域的研究开发力度。如座舱内的视线追踪技术能对驾驶员的视线方向进行实时监测，当驾驶员在行车过程中看向车载信息终端或中控平台时，系统会自动感应到视线落点并点亮相应屏幕。驾驶员可以通过电子芯片制造商赛普拉斯（Cypress）公司研发的车载屏幕传感器预设的手势变化来操控车内信息系统，以免驾驶时分心操作。

4.6.3　未来智能驾驶舱的发展趋势

（1）智能驾驶舱将越来越多地融合自动驾驶功能和人工智能　近些年来，汽车车内主机由最初的若干个传感器控制，发展到中央控制单元 ECU，再到 ECU 集成，目前正在向移动计算平台转变，由集液晶仪表、车载信息娱乐系统及远程控制单元三个部分集成的数字驾驶舱，向增加 ADAS 或无人驾驶、深层人机交互的人工智能转变。

未来，汽车企业将在智能汽车驾驶舱科技与成本间获得平衡，实现更好的人车交互智能化，为驾驶员提供更高效、便捷的信息操作和交互方式，提升驾乘体验。

（2）智能驾驶舱是自动驾驶车辆必备 集仪表信息、娱乐信息、导航等服务信息显示于一体的液晶仪表的成本将会随着装载量不断增加，从高端车型向中低端车型普及，成本会不断降低。如 2016 年奔驰汽车液晶仪表首次应用于 100 万元以下中高端车型 E 级、2017 年应用于 50 万元以下的 C 级改款车型上。从消费者需求看，智能网联及高科技感的驾驶舱配置提供了差异化的智能驾乘环境体验，并且消费者越来越追求大尺寸的液晶仪表和多功能显示，如高精度导航、中控互联、酒驾提醒、疲劳监测、防碰撞预警等驾驶辅助信息。

从这些功能和需求看，新能源汽车、智能网联汽车、自动驾驶汽车都将配备集成的液晶仪表智能驾驶舱。尤其是一些科技汽车企业将率先实现智能驾驶舱的标配。以蔚来、车和家、威马汽车为代表的科技汽车企业 2017 年发布的新车型上，智能驾驶舱成为突出亮点。国内汽车自主品牌车型也在加速装载液晶仪表。

4.7 国际智能汽车技术进程

4.7.1 技术发展阶段与智能化程度等级

智能汽车技术发展阶段与智能化程度分级的对应关系如图 4-9 所示。

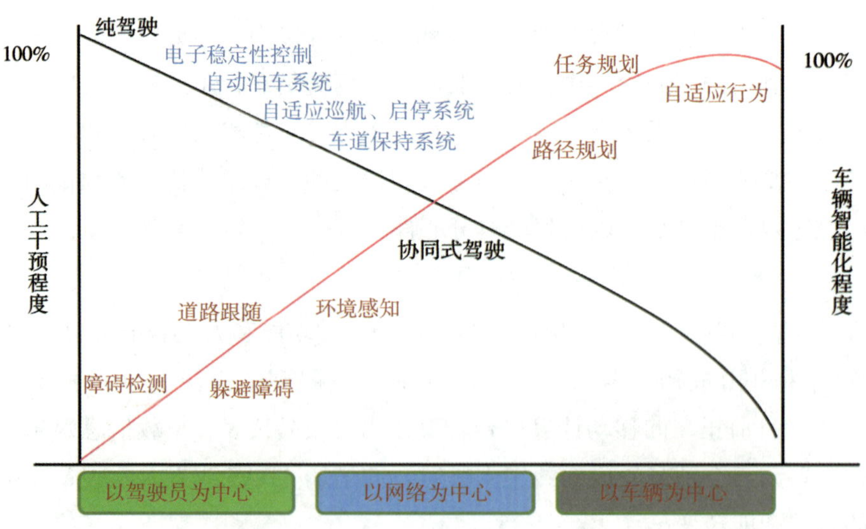

图 4-9 智能汽车技术发展阶段与智能化程度分级的对应关系

以驾驶员为中心（Driver Centric）的技术是目前的主动安全辅助系统；以网络为中心（Network Centric）的技术是智能车发展的重要组成部分——网联汽车；以车辆为中心（Vehicle Centric）的技术是自动驾驶的汽车。随着汽车主动安全系统成为标配（智能度 2 级），2020 年是 OEM 不约而同认可的重要里程碑（智能度 3 级）。

4.7.2 国内外智能汽车技术比较

国外已将智能驾驶技术、网联化技术应用到商业化车型，而国内相关研究整体起步晚，基础薄弱，投入研发不足，尚属起步期。主要体现在：

1）车载级的环境感知与定位设备及技术水平落后。

2）车联网基础建设与规划不够系统。

3）面向无人驾驶的人工智能与控制在基础理论、关键技术、产业化应用方面不够突出。

4）面向智能驾驶技术的系统集成与测试规范不够成熟。

国内外智能驾驶技术比较如图 4-10 所示，国内外智能驾驶技术不同主体的技术水平见表 4-2。

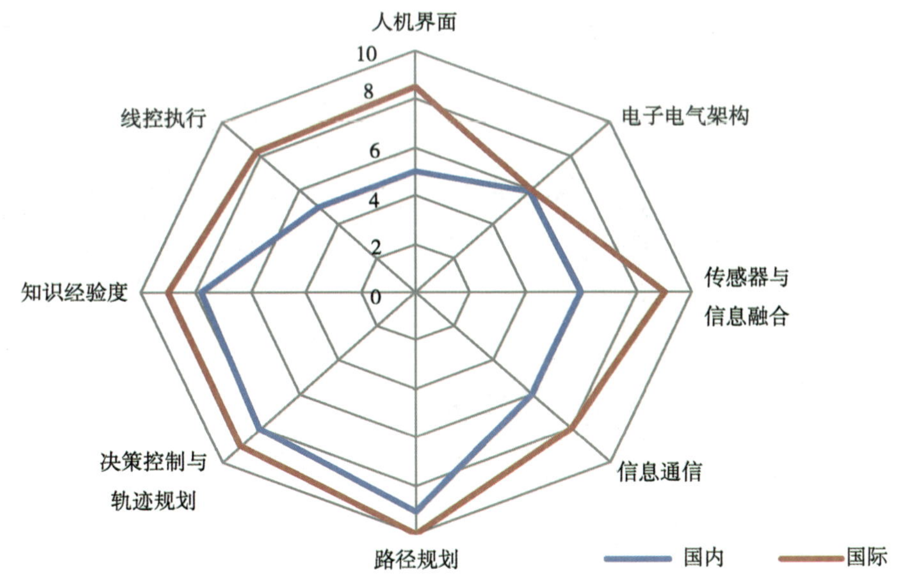

图 4-10 国内外智能驾驶技术比较

表 4-2 国内外智能驾驶技术不同主体的技术水平

项目		国外		国内	
		学术及 IT 业	汽车业	学术及 IT 业	汽车业
技术成熟度	开发阶段	·产品开发 ·在特定地区获准上牌路试	·推出 ADAS 等产品 ·在特定地区获准上牌路试	·实验开发 ·联合开发	·启动战略技术研发 ·与 IT 互联网企业合作研发
	技术水平	·谷歌无人车已完成 160 万 km 零事故路试，并启动城市复杂环境下路试 ·2014 年 6 月，谷歌开发出面向城市环境的全新结构设计的第二代无人车	·具备高速自动驾驶功能，开始全环境路试	·实验室及封闭环境测试	·起步阶段
代表企业		谷歌	奔驰、沃尔沃、大众、日产	国防科技大学、百度	上汽、北汽、比亚迪、广汽

第5章

美国、日本、欧盟、中国智能汽车产业发展现状

目前，美国、日本、欧盟、中国都在积极地从政府政策、企业研发、推广示范、道路测试等多方面推进智能汽车相关项目，包括提出国家战略规划、规划技术路线、规划智能交通、制定实施路线图及整体进展等多个方面。

5.1 美国智能汽车产业发展现状

5.1.1 美国智能汽车开发主体

美国自动驾驶汽车开发主体包括两个阵营：一个是底特律的汽车企业；一个是硅谷的企业，以谷歌自动驾驶汽车开发为引领，Uber、Tesla、Apple相继进入开发。从长远看，自动驾驶汽车拥有IT技术是很必要的，因此，传统汽车企业和他们的一级供应商都纷纷挺进硅谷，在某种程度上促使加利福尼亚式的开发加速。

在汽车网联化方面，美国处于领先地位，在网联汽车的推进、云服务与安全关系的研究上正积极开展行动。IT界引领移动服务产业发展的可能性增加。

5.1.2 美国汽车智能化开发格局

美国汽车业界设定自动驾驶的中期目标是达到L3级水平，同时正面向L4级自动驾驶水平进行软件开发，加强实验、认证体制，同时展开追赶谷歌及对安全问题的对策研究。

谷歌公司计划到2020年年末完成L4级以上的自动驾驶开发。谷歌在驾驶算法开发方面处于领先地位，Uber和Tesla等在数据构建和软件开发方面正追赶谷歌。

5.1.3 美国汽车智能化开发路线

美国主要企业及相关产业链正在进行不同的技术开发。

汽车企业开发的自动驾驶技术，从以前ADAS技术开始，如ACC、LKA等不同的系统组合，达到了更高辅助、更高自动化程度的L3级技术。为了实现下一步的L4级技术水平，企业将传感器、系统架构等长期性开发列为课题。同时，汽车企业强化了产、学、研的融合。如福特与斯坦福大学合作开发软件系统、与一级供应商开发V2V、V2I和传感技术，进入传感技术领域。通用汽车与卡梅隆大学设立了研究团队。

在零部件方面，采埃孚天合、麦格纳等其他企业进入传感产业；英伟达 GPU 和英特尔 FPGS 芯片展开竞争；德尔福、威力登开发低成本的激光雷达量产产品；HERE、TomTom、Google 着重于地图事业。

Tesla 和 Apple 致力于电动汽车的自动驾驶开发。最初是通过电传线控，后来可以对搭载自动驾驶的系统进行软件更新。

Google 和 Uber 公司正在构想机器人汽车。他们设想开发无人车，去掉转向系统和制动系统；在开发软件方面，用深度学习的方法以进行情报分析，分不同情况进行驾驶的算法开发。

5.1.4 美国汽车智能化国家发展规划

美国制定了 2010—2020 年几个阶段的发展计划。该计划针对智能汽车的发展，形成了国家主导的联合推进机构，同时制定国家层面的推进计划。

2013—2014 年，美国对 1 万多辆汽车进行车联网技术示范运行，结果证明车联网技术可以减少 80% 的碰撞事故，并能有效降低排放。因此，美国政府出台强制政策，强制所有乘用车辆安装短程通信系统（DSRC）。

美国交通运输部制定的《美国智能交通系统 ITS 战略研究计划》显示，2015—2019 年，以“改变社会的移动方式”为目标，2016 年提出车 - 车通信 V2V 交互的数据要求， 2019 年前进入 V2V 市场。自动驾驶汽车根据实际情况进行市场部署，包括：确立两大优先战略目标；实现网联汽车市场应用；推动汽车自动化；重点支持 6 大技术领域：网联化汽车、汽车自动化、新兴应用、大规模数据采集与应用、互用性、加速市场应用。2018 年，美国交通运输部发布《自动驾驶汽车 3.0：准备迎接未来交通》，致力于推动自动驾驶技术与地面交通系统多种运输模式的安全融合。已经部署 52 个项目，未来计划部署 23 个项目。

美国智能汽车发展路线图分为以下几个阶段：

第一阶段（2010 年），L1 级水平，实现 ADAS 系统应用，如车道偏离报警、倒车辅助、疲劳监测等。

第二阶段（2015 年），短时托管。在部分高速公路、局部特定区域可以完全托管汽车，进行车辆控制，如车道保持系统控制。

第三阶段（2020 年），长时托管。在局部地域可以实现自动驾驶。如谷歌汽车在有街景地图的城市或者区域可以实现无人驾驶。

第四阶段（2025 年），智能驾驶。即最高级的无人驾驶在很多区域能够使用。

美国高速公路国家安全管理局（NHTSA）制定了汽车自动化水平及车辆技术

要求，提出 5 级（L0 ～ L4 级）汽车自动化等级分类；自动驾驶汽车三大重点研究领域：人为因素、电控系统安全性、确定了自动驾驶系统性能要求；提出了自动驾驶汽车测试、认证、应用建议。如图 5-1。

特征		●主动大灯 ●碰撞预警和自动制动 ●巡航控制	●塞车辅助刹车功能 ●自适应巡航控制和车道保持 ●自助停车（有驾驶员）	●碰撞避免 ●高速自动驾驶 ●市区自动驾驶	●自动泊车 ●高速点到点 ●市区点到点
技术		●雷达 ●前方感应器	●雷达 ●前方感应器 ●多域控制器 ●驾驶员状态传感器 ●V2X	●激光和360° 雷达 ●高精度GPS ●多域控制器 ●前方、高清红外相机 ●V2X ●内部反应单元	●激光和360° 雷达 ●高精度GPS ●多域控制器 ●前方、高清红外相机 ●V2X ●内部反应单元
	无自动驾驶	辅助自动驾驶	部分自动驾驶	有条件的自动驾驶	完全自动驾驶
	L0级	L1级	L2级	L3级	L4级
		目前		2020年	2025年以后

图 5-1　美国汽车自动化水平及车辆技术

5.1.5　美国自动驾驶汽车立法

2013 年 5 月 30 日，美国高速公路国家安全管理局（NHTSA）发布的指导性文件《关于自动驾驶汽车法规的意见》，提出了对各州自动驾驶汽车立法的建议，明确自动驾驶汽车上道路行驶时必须有相应驾驶人监管、自动驾驶汽车上道路行驶只能用于试验目的等。2017 年 9 月 6 日，美国众议院通过了一项加快自动驾驶汽车测试和部署的立法提案《自动驾驶法案》，为美国各州发展自动驾驶汽车扫除了障碍。法案要求，汽车企业必须证明旗下自动驾驶汽车和现在的普通车辆一样安全，各大车企要向监管部门提交关于自动驾驶汽车的安全评估报告。2017 年 9 月 19 日，美国运输部发布了一份对汽车无人驾驶系统安全性的评估指南，为今后在联邦层面制定无人驾驶汽车监管规则打下基础。该指南主要关注 L3 ～ L5 级的自动驾驶，车企无须等待就能开始测试以及部署自动驾驶系统，同时精简了自动驾驶开发过程中的自我评估流程。

截至 2017 年 8 月，美国的 22 个州和华盛顿特区已经通过相关法律；7 个州还在待定状态；未通过相关法律的有 13 个州，包括亚利桑那州、马萨诸塞州、华盛顿州和威斯康星州。但这 4 个州的州长已经采取行动，发布了行政命令来积极推广自动驾驶。

5.2 日本智能汽车产业发展现状

5.2.1 日本政府智能汽车产业规划和措施

日本在 20 世纪 90 年代便开始智能汽车和智能交通系统的研究。政府设立 smartway 项目，利用多种方式，集成 ETC、VICS、车载导航、Internet 连接、驾驶辅助系统，在 ON BOARD UNIT 上实现信息服务、网络服务和收费服务等功能。

日本提出，2015—2017 年，实现半自动驾驶认证和实验及市场化，车 - 车、路 - 车通信认证及市场化，人 - 车通信技术标准认证及市场化，GPS/ 地图 / 传感器的集成位置标定精度提高的技术检验，驾驶员操作系统介入以及权限转让的指导原则标定。2018—2020 年，实现交通事故死亡人数在 2 500 人 /a 以下；开始运用实时的动态地图；为人 - 车通信系统实用化开发 APP。2021—2025 年，实现半自动驾驶系统市场化（L3 级）。2026—2030 年，实现全自动驾驶市场化（L4 级）。

5.2.2 日本智能交通系统技术路线规划

从战略时间维度看，日本智能交通系统（ITS）发展战略分短期、中期、长期三个阶段。从战略技术维度看，日本提出从驾驶安全支持系统、自动驾驶系统以及交通数据应用三个方面快速推进。

第一，2014—2016 年为战略近期阶段。完成终端设备、市场投入等战略部署，大力发展 V2X 协同系统及研发终端设备。

第二，2017—2020 年为战略中期阶段。2017—2018 年，完成 V2X 协同系统的终端设备研发及市场部署，完成智能化等级 L2 级的市场化配置，实现日本交通事故死亡人数降到 2 500 人 / 年以内。

2019—2020 年，完成驾驶安全支持系统终端研发与市场化，完成研究 ITS 发展典型问题及发展下一代交通系统演示方案，且在 2020 年建设完成世界上最安全的道路；完成交通信息开放数据共享架构及应用，从而实现减少交通拥堵，并为 2020 年东京奥运会提供运行方案。

第三，2021—2030 年为战略远期阶段。完成设备市场部署、技术部署、演示系统研发等，最终建设完成世界上最安全且最畅通道路的目标。

日本自动驾驶汽车开展规划如图 5-2 所示。

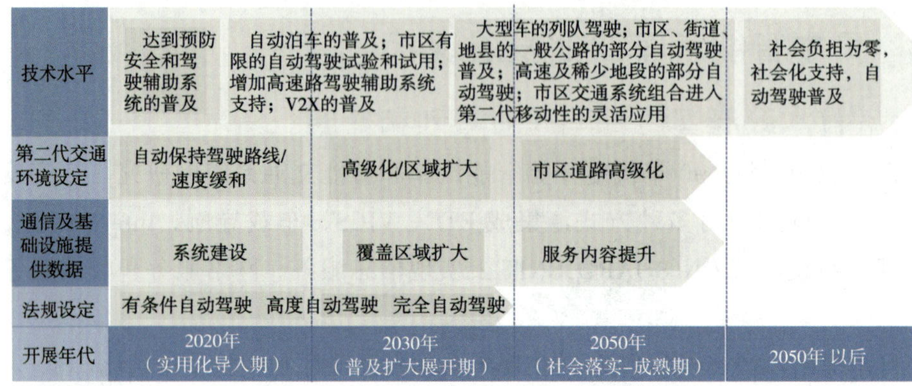

图 5-2　日本自动驾驶汽车开展规划

5.2.3　日本自动驾驶汽车技术水平

日本在 20 世纪 80 年代有先进的汽车安全技术。但随着时代变化，IT 界也加入到自动驾驶汽车领域，日本在自动驾驶领域比欧洲水平要晚 2 ～ 3 年。

5.2.4　日本自动驾驶汽车立法

日本警察厅于 2016 年 5 月颁布《自动驾驶汽车道路测试指南》，允许自动驾驶汽车上道路测试试验。该测试指南要求：测试时，驾驶员必须坐在驾驶位上，始终观察和监视周围道路交通情况以及车辆状态，在发生系统故障的紧急情况时能够进行人工驾驶，确保驾驶安全。测试车辆和驾驶员均应符合并遵守现行《道路交通法》等法律法规，测试车辆还应当符合《道路运输车辆保安基准》相关安全要求，安装并使用行车记录仪。在上公共道路测试前，必须进行封闭实验场地测试。

5.3　欧盟智能汽车产业发展现状

欧盟各国在汽车智能化方面加强联合，希望尽早实现交通一体化。欧盟实行一体化研发，国与国之间的合作非常紧密。围绕降低排放、减少伤亡的目标，欧盟提出汽车智能化发展目标，到 2020 年降低排放 20%、交通伤亡减半；到 2050 年降低排放 60%、交通伤亡接近于零。

5.3.1　欧盟政府的智能交通项目

2009 年 12 月到 2011 年 11 月，欧盟投入 3 000 万欧元，推动“汽车交互”项目。包括扩展 ADAS 系统的感知能力和应用范围、增加驾驶员对安全及人车交互的认知能力、推进 ADAS 标准化评价方法的应用。

“欧盟减排行动项目”的目标是，到 2020 年，通过优化驾驶行为及交通管理，减少交通燃油消耗量的 20%。主要方式是基于 V2X 技术，在车辆控制和辅助系统中加入节能减排指标，通过路侧系统提示最优速度或直接调整发动机参数，达到节能和环保的目的。典型应用是开发了车载移动终端 eCoNavigator，依托车路协同技术进行车队管理。

2014 年，欧盟建立了基于局域自组织网络的车路协同式安全系统，跨越荷兰、德国、奥地利三国，搭建区域合作的 ITS 与智能汽车发展模式。

欧盟委员会在《Europe 2020》中提出智能、可持续、包容性增长战略，推出数字欧洲计划。

欧盟委员会在《2011 欧盟一体化交通白皮书》中提出，2050 年相比 1990 年减少温室气体排放 60%；2020 年交通事故数量减少一半，2050 年实现零死亡。重点发展车辆智能安全、信息化及交通安全管理；重点对信息安全与可靠性、大规模示范应用与验证技术研究。

欧盟委员会在《2012 欧盟未来交通研究与创新计划》中提出加强路 - 路、车 - 路、车 - 车通信及安全应用；推动人 - 车 - 路的一体化道路安全系统、道路紧急救援开发，通过政策法规引导，快速推动产业化；加速推进交通信息化的研究与应用。

欧盟委员会在《Horizon 2020》中的战略优先领域一项中，对智能、绿色、综合交通提供 63.39 亿欧元的研发费用。旨在增强欧洲交通行业竞争力，实现资源节约，气候与环境友好，对所有公民、经济和社会安全无缝衔接的欧洲交通系统。项目支持 4 个关键目标。第 1 个目标是开发资源节约型交通工具，包括制造更清洁、更安静的飞机、车辆和船只；开发智能设备、基础设施及服务等。第 2 个目标是改善机动性、减少拥堵、提高安全性。提出要大幅减少交通拥堵、大幅改善人与货物的流动性、发展货物与物流的新概念等。第 3 个目标是支持欧洲交通行业取得全球领导地位。提出要加强欧洲交通制造业和相关服务的竞争力。第 4 个目标是开展社会经济行为研究及前瞻性决策活动。提出支持必要的政策制定和调整，应对社会需求给交通带来的挑战。

5.3.2 欧盟智能汽车发展路线图

德国汽车工业协会制定的自动驾驶汽车技术实现时间表，如图 5-3 所示。

现阶段（2015 年）主要是 ADAS 和拥堵辅助；2018 年实现拥堵自动驾驶；

2019 年实现协同式 ACC（车车联网的自动巡航）和载货汽车自动泊车；2020 年实现高速自动驾驶；2024 年实现协同式载货汽车队列行驶；2030 年实现完全无人驾驶。欧盟委员会呼吁成员国和汽车企业制定确保安全和明确事故责任的通用规则，要在国际规则出台之前制定出地区标准，在新一代产业领域掌握主导权。

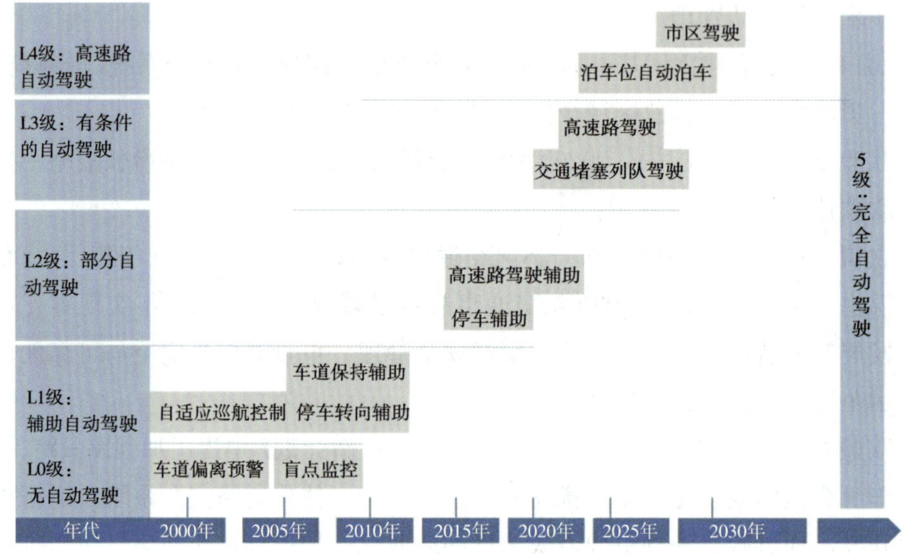

图 5-3　德国汽车工业协会制定的自动驾驶技术实现时间表

5.3.3　欧盟自动驾驶汽车立法

2016 年 4 月，《联合国道路交通公约》关于自动驾驶汽车的修正案正式生效，规定在全面符合《联合国车辆管理条例》或者驾驶人可以人工选择关闭该功能的情况下，可以将驾驶职责移交给车辆自动驾驶系统。

英国自 2015 年 1 月起，开始允许自动驾驶汽车正式上路测试，但要求所有系统软件必须先经过广泛的模拟测试，再进行封闭道路或专用场地测试，最后才能进行公共道路测试。上路测试的自动驾驶汽车必须有驾驶人监管，并且可以随时切换到人工驾驶模式。

瑞典也立法允许自动驾驶车辆在道路上行驶，但需以试验为目的。

德国批准的《维也纳道路交通公约》指出，2016 年允许“驾驶人能立即（从系统）接管驾驶的情况”的自动驾驶。即规定驾驶人必须坐在驾驶位上，如果自动驾驶系统出现意外，驾驶人要能及时介入并切换到人工驾驶模式。

5.4 我国智能汽车产业发展现状

我国对汽车智能化的研究从两个角度出发，一个是自主的汽车智能化，是单个汽车实现自主自动驾驶；一个是自主驾驶与智能交通融合，形成智能汽车的网联化。因此，我国是以智能网联汽车进行国家层面的战略规划和标准制定。

5.4.1 我国智能汽车国家规划

我国在智能网联汽车国家指导方面，以国家发改委和工信部为主体，企业参与，进行国家顶层设计，制定总体战略。总体原则是集中优势资源，构建国家智能汽车创新发展平台，进行基础标准制定、产业生态培育、网络运营管理等。在技术层面，聚焦核心技术，加强科研公关，尽快将关键技术和技术攻关项目纳入国家重大计划，突破激光雷达、高精度传感器、汽车芯片、北斗定位和云技术平台等核心技术。加快我国智能汽车领域立法，在智能交通设施方面加快我国自主标准体系。创造使用条件，实施道路基础设施信息化升级改造。

目前，我国出台的与智能汽车发展相关的规划主要有四个：

第一个是2016年3月17日中国汽车工业协会发布的《“十三五”汽车工业发展规划意见》，指出智能化和网联化是我国发展智能汽车的技术方向。提出到2020年当年新车（L1级）辅助驾驶功能渗透率达50%，有条件自动化（L2级）汽车当年新车渗透率达到10%。

第二个是根据2015年5月19日国务院印发的《中国制造2025》完成的智能制造重点行业和工程的技术路线图。

第三个是2017年6月13日工业和信息化部、国家标准化管理委员会组织开展智能网联汽车标准体系建设工作而形成的《国家车联网产业标准体系建设指南（智能网联汽车）（2017年）》（征求意见稿）。明确了要打造中国汽车智能2.0体系，并提出了我国在2025年前实现不同等级的智能网联汽车目标。

第四个是2018年1月5日发布的《智能汽车国家创新战略》征求意见稿。该意见稿提出：到2020年，智能汽车新车占比达到50%以上，其中有条件驾驶（L3级）以上占比10%以上。到2025年，我国标准智能汽车的技术创新、产业生态、路网设施、法规标准、产品监管和信息安全体系全面形成。新车基本实现智能化，高级别智能汽车实现规模化应用。“人－车－路－云”实现高度协同，新一代车用无线通信网络（5G-V2X）基本满足智能汽车发展需要。

到2035年，我国标准智能汽车享誉全球，率先建成智能汽车强国，全民共享“安全、高效、绿色、文明”的智能汽车社会。

5.4.2 我国智能网联汽车定义、技术架构、标准体系

在《国家车联网产业标准体系建设指南（智能网联汽车）（2017）》（征求意见稿）中明确界定，智能网联汽车是指搭载先进的车载传感器、控制器、执行器等装置，并融合现代通信与网络技术，实现车与X（人－车－路－云端等）智能信息交换、共享，具备复杂环境感知、智能决策、协同控制等功能，可实现“安全、高效、舒适、节能”行驶，并最终可实现替代人来操作的新一代汽车。

智能网联汽车技术逻辑架构，是通过智能化与网联化两条技术路径协同实现“信息”和“控制”功能，并据此进行功能等级划分。

在信息功能方面，根据信息对驾驶行为的影响和相互关系，分为“驾驶相关类信息”和“非驾驶相关类信息”。其中，“驾驶相关类信息”包括传感探测类和决策预警类，“非驾驶相关类信息”主要包括车载娱乐服务和车载互联网信息服务。传感探测类又可根据信息获取方式进一步细分为依靠车辆自身传感器直接探测所获取的信息（自身探测）和车辆通过车载通信装置从外部其他节点所接受的信息（信息交互）。“智能化＋网联化”相融合可以使车辆在自身传感器直接探测的基础上，通过与外部节点的信息交互，实现更加全面的环境感知，从而更好地支持车辆决策和控制。

在控制功能方面，根据车辆和驾驶员在车辆控制方面的作用和职责，分为“辅助控制类”和“自动控制类”，分别对应不同等级的智能控制。其中，辅助控制类主要指车辆利用各类电子技术辅助驾驶员进行车辆控制。如横向（方向）控制和纵向（速度）控制及其组合，可分为驾驶辅助（DA）和部分自动驾驶（PA）；自动控制类则根据车辆自主控制以及替代人进行驾驶的场景和条件进一步细分为有条件自动驾驶（CA）、高度自动驾驶（HA）和完全自动驾驶（FA）。

智能网联汽车标准体系框架包括“基础”“通用规范”“产品与技术应用”和“相关标准”四个部分。基础类标准主要包括智能网联汽车术语和定义、分类和编码、标识和符号三类基础标准。通用规范类标准从整车层面提出全局性的要求和规范，主要包括功能评价、人机界面、功能安全和信息安全等方面。产品与技术应用类标准主要涵盖信息感知、决策预警、辅助控制、自动控制和信息交互等。相关标准主要包括车辆信息通信的基础——通信协议，主要涵盖

实现车与 X（人 - 车 - 路 - 云端等）智能信息交互的中 / 短程通信、广域通信等方面的协议规范；在各种物理层和不同的应用层之间，还包含软、硬件界面接口的标准规范。

5.4.3 我国智能网联汽车智能化等级分类

我国智能网联汽车等级分为智能化等级和网联化等级。智能化等级是以国内普遍接受的美国 SAE 分级定义为基础，结合我国道路交通情况的复杂性，根据人监控驾驶环境，分为驾驶辅助（DA）、部分自动驾驶（PA）、有条件自动驾驶（CA）、高度自动驾驶（HA）、完全自动驾驶（FA）五个等级，见表 5-1。我国智能网联汽车网联化等级分类见表 5-2。

表 5-1 我国智能网联汽车智能化等级分类

智能化等级	等级名称	等级定义	控制	监视	失效应对	典型工况
1	驾驶辅助（DA）	通过环境信息对方向和加减速中的一项操作提供支援，其他驾驶操作都由人完成	人监控驾驶环境	人	人	车道内正常行驶、高速公路无车道干涉路段、泊车工况
2	部分自动驾驶（PA）	通过环境信息对方向和加减速中的一项操作提供支援，其他驾驶操作都由人完成	人监控驾驶环境	人	人	高速公路及市区无车道干涉路段、换道、环岛绕行、拥堵跟车等工况
3	有条件自动驾驶（CA）	由无人驾驶系统完成所有驾驶操作，根据系统请求，驾驶员需要提供适当的干预	自动驾驶系统监控驾驶环境	系统	人	高速公路正常行驶工况、市区无车道干涉路段
4	高度自动驾驶（HA）	由无人驾驶系统完成所有驾驶操作，特定环境下系统会向驾驶员提出响应请求，驾驶员可以不进行响应	自动驾驶系统监控驾驶环境	系统	系统	高速公路全部工况及市区有车道干涉路段
5	完全自动驾驶（FA）	无人驾驶系统可以完成驾驶员能够完成的所有道路环境下的所有驾驶操作，不需要驾驶员介入	自动驾驶系统监控驾驶环境	系统	系统	所有行驶工况

表 5-2　我国智能网联汽车网联化等级分类

网联化等级	等级名称	等级定义	控制	典型信息	传输需求
1	网联辅助信息交互	基于车－路、车－后台通信，实现导航等辅助信息的获取以及车辆行驶及驾驶员操作等数据的上传	人	地图、交通流量、交通标志、油耗、里程等信息	传输实时性、可靠性要求较低
2	网络协同感知	基于车－车、车－路、车－人、车－后台通信，实时获取车辆周边交通环境信息，与车载传感器的感知信息融合，作为自车决策与控制系统的输入	人与系统	周边车辆／行人／非动车位置、信号灯相位、道路预警等信息	传输实时性、可靠性要求较高
3	网络协同决策与控制	基于车－车、车－路、车－人、车－后台通信，实时并可靠获取车辆周边交通环境信息及车辆决策信息，车－车、车－路等各交通参与者之间信息进行交互融合，形成车－车、车－路等各交通参与者之间的协同决策与控制	人与系统	车－车、车－路间的协同控制信息	传输实时性、可靠性要求最高

5.4.4　我国智能网联汽车实施路线图

我国智能网联汽车实施规划分为四个阶段。

第一阶段是 2016—2017 年，实现驾驶辅助功能（DA），包括自适应巡航、自动紧急制动、车道保持、辅助泊车。

第二阶段是 2018—2019 年，实现部分自动驾驶（PA），包括车道内自动驾驶、换道辅助、全自动泊车。

第三阶段是 2020—2022 年，实现有条件自动驾驶（CA），包括高速公路自动驾驶、城郊公路自动驾驶、协同式队列行驶、交叉口通行辅助。

第四阶段是 2025 年乃至更长时间，实现高度及完全自动驾驶（HA/FA），包括车路协同控制、市区自动驾驶和无人驾驶。

2015 年 9 月 29 日，工业和信息化部发布《中国制造 2025》重点领域技术路线图，对车联网、辅助驾驶汽车及自动驾驶汽车发展目标提出要求，见表 5-3。

表 5-3 《中国制造 2025》智能网联汽车技术路线图

<table>
<tr><th rowspan="2">类别</th><th colspan="14">年份</th></tr>
<tr><th>2017</th><th>2018</th><th>2019</th><th>2020</th><th>2021</th><th>2022</th><th>2023</th><th>2024</th><th>2025</th><th>2026</th><th>2027</th><th>2028</th><th>2029</th><th>2030</th></tr>
<tr><td rowspan="2">基于网联的车载智能信息服务系统</td><td colspan="5">在现有 Telematics 系统基础上，为驾驶和出行提供交通、资讯和车辆运行状态等信息服务，突出信息化和人机交互升级</td><td colspan="9">为智能控制等提供信息服务</td></tr>
<tr><td colspan="4">部分实现车载远程通信功能，信息化装备率 50%</td><td colspan="5">普及远程通信功能，部分实现 V2X 短程通信功能，信息可支持智能化控制和 PA 级智能车应用，信息化装备率 80%</td><td colspan="5">普及 V2X 短程通信，信息化装备率 100%</td></tr>
<tr><td rowspan="2">驾驶辅助级智能汽车</td><td colspan="7">制定中国版智能汽车驾驶辅助标准，基于车载传感实现智能驾驶辅助，可提醒驾驶员、干预车辆、突出安全性、舒适性和便利性，驾驶员对车辆应保持持续控制</td><td colspan="7"></td></tr>
<tr><td colspan="7">交通事故数减少 30%，交通死亡人数减少 10%，DA 级智能装备率 40%，自主系统装备率 50%</td><td colspan="7"></td></tr>
<tr><td rowspan="3">部分或高度自动驾驶级智能汽车</td><td colspan="10">制定中国版乘用车智能驾驶标准和高速公路智能驾驶标准；乘用车逐步实现半自动或高度自动驾驶，突出舒适性、便利性、高效机动性和安全性，实现网联信息安全管理；高速公路普及 PA 级智能车、一线城市普及 DA 级智能车</td><td colspan="4"></td></tr>
<tr><td colspan="10">制定中国版商用车智能驾驶标准和高速公路智能驾驶标准；商用车逐步实现半自动或高度自动驾驶，以网联智能管理和编队技术突破为主，提高运输车辆的运行效率、经济性、安全性和便利性；高速公路普及 DA 级智能车、逐步应用 PA 级智能车</td><td colspan="4"></td></tr>
<tr><td colspan="5">PA 级智能化装备率 20%，自主系统装备率 40%</td><td colspan="6">HA 级智能化装备率 20%，自主系统装备率 40%</td><td colspan="3"></td></tr>
<tr><td rowspan="2">完全自主驾驶级智能汽车</td><td colspan="14">制定中国版自主驾驶标准，基于多源信息融合、多网融合、利用人工智能、深度挖掘及自动控制技术，配合智能环境和辅助设施实现自主驾驶，可改变出行模式，消除拥堵，提高道路利用率，综合能耗降低 10%，减少排放 20%，减少交通事故数 80%，基本消除交通死亡</td></tr>
<tr><td colspan="8"></td><td colspan="6">FA 级智能装备率 10%，自主系统装备率 40%</td></tr>
</table>

5.4.5 我国智能汽车战略规划

2018 年 1 月 5 日，国家发改委发布《智能汽车创新发展战略》，明确智能汽车已成为汽车产业发展的战略方向。

1. 我国发展智能汽车的必要性

从技术层面看，随着信息通信、互联网、大数据、云计算和人工智能等新技术在汽车领域广泛应用，汽车正由人工操控的机械产品加速向智能化系统控制的智能产品转变，智能汽车已成为汽车产业技术的战略制高点。

从产业层面看，智能汽车已成为产业融合发展的重点，传统汽车企业快速转型，电子信息、网络通信等企业加速渗透，汽车与相关产业全面融合，产业链面临重构，价值链不断延伸，产业边界日趋模糊，呈现智能化、网络化和平台化发展的特征。

从应用层面看，汽车产品功能和使用方式正在发生深刻变化，由单纯的交通运输工具逐渐转变为智能移动空间，兼有移动办公、移动家居、娱乐休闲、数字消费和公共服务等功能，推动车联网数据服务、共享出行等生产、生活新模式加快发展。

从竞争层面看，智能汽车已成为新一轮产业布局必争之地，一些传统行业巨头和新兴创新企业强强联合、优势互补，率先开展产业布局，在竞争中占据主动。主要发达国家通过制定国家战略、强化技术优势、完善标准法规、营造市场环境，形成了智能汽车先发优势。

2. 我国发展智能汽车的战略意义

《智能汽车创新发展战略》提出，发展智能汽车对我国具有重要的战略意义。包括有利于促进以汽车为载体的芯片、软件、信息通信、数据服务等产业发展，加速汽车产业转型超越，打造智能汽车乘行经济新模式，构建数据驱动、跨界融合、共创共享的数字经济，培育经济新增长点。有利于建设车联网、智能道路交通系统和智慧城市，有利于减少事故损害、保障生命安全，缓解道路拥堵、提高交通效率，促进节能减排、优化服务供给，增强人民福祉、促进社会和谐等。

3. 我国智能汽车发展规划

第一阶段，到 2020 年，我国标准智能汽车的技术创新、产业生态、路网设施、法规标准、产品监管和信息安全体系框架基本形成。智能汽车新车占比达到 50%，中高级别智能汽车实现市场化应用，重点区域示范运行取得成效。智能道路交通系统建设取得积极进展，大城市、高速公路的车用无线通信网络（LTE-V2X）

覆盖率达到 90%，北斗高精度时空服务实现全覆盖。

第二阶段，到 2025 年，我国标准智能汽车的技术创新、产业生态、路网设施、法规标准、产品监管和信息安全体系全面形成。新车基本实现智能化，高级别智能汽车实现规模化应用。“人 - 车 - 路 - 云”实现高度协同，新一代车用无线通信网络（5G-V2X）基本满足智能汽车发展需要。

第三阶段，到 2035 年，我国标准智能汽车享誉全球，率先建成智能汽车强国，全民共享“安全、高效、绿色、文明”的智能汽车社会。

5.4.6 我国自动驾驶汽车标准体系及立法

在关于自动驾驶汽车标准体系方面，2017 年，工业和信息化部等部委出台《国家车联网产业体系建设指南（智能网联汽车）（2017 年）》（征求意见稿），提到了关于智能网联汽车的标准体系，在技术架构、感知、预警、智能控制、实验评估方法、汽车安全等方面包括基础标准 100 条、通用规范 200 条、产品及技术应用 300 条以及相关标准 400 条。

在自动驾驶汽车测试相关立法方面，2018 年 4 月 12 日，工业和信息化部、公安部和交通运输部联合印发《智能网联汽车道路测试管理规范（试行）》，对测试主体、测试驾驶人及测试车辆、测试申请及审核、测试管理、交通违法和事故处理等进行了明确规定。该规范对全国各省、自治区、直辖市等都具有法律效力，自 2018 年 5 月 1 日起施行。规范明确了省、市级政府相关主管部门可自主选择测试路段、受理申请和发放测试号牌。对相应责任主体及处罚也进行了规定。对在测试期间发生交通违法行为的，由公安机关交通管理部门按照现行道路交通安全法律法规对测试驾驶人进行处理。在测试期间发生交通事故，应当按照道路交通安全法律法规认定当事人的责任，并依照有关法律法规及司法解释确定损害赔偿责任。构成犯罪的，依法追究刑事责任。

5.4.7 我国自动驾驶汽车道路测试管理规范

目前，我国有 7 个省、市已经发布自动驾驶汽车道路测试指导文件。在全国规范发布前，北京、上海、重庆、福建平潭都出台了自动驾驶路测的管理规则。2018 年 4 月 3 日，工信部、交通部制定下发《智能网联汽车道路测试管理规范（试行）》，4 月 16 日，长春、长沙也分别发布智能网联汽车道路测试管理办法。4 月 25 日，广州市南沙区发布指导意见，推进智能网联汽车道路测试。此外，深圳已开始就智能驾驶车辆道路测试规范征求意见。

在上述 7 个省、市中，上海、北京、重庆已先后明确智能网联汽车道路测试路段并颁发道路测试号牌，实现了智能网联汽车上路测试；长春已颁发测试号牌，在道路评估和交通设施改造工作完成后，正式开始智能网联汽车道路测试。

（1）上海　2018 年 3 月 1 日，上海颁发全国首批智能网联汽车开放道路测试号牌，划定了安全性高、风险等级低的 5.6km 道路，作为上海市第一阶段智能网联汽车开放测试道路。申请道路测试前，测试车辆须在第三方机构指定的封闭测试区内，通过相应实车试验的测试评价。

目前，上汽集团和蔚来汽车两家车企测试时长达到 130h，测试里程已超过 3 000km，总体情况良好，未发生交通违法事件及安全事故。上海将根据测试需求发放更多的测试牌照，将根据需求开放更多的道路。

下一步，上海将加强智能网联汽车测试车辆的动态评估、智能网联汽车道路测试划定路段的动态评估、智能网联汽车相关数据的监测与分析、智能网联汽车道路测试的安全保障。

（2）北京　2017 年 12 月，北京市发布了《北京市自动驾驶车辆道路测试有关工作指导意见（试行）》和《北京市自动驾驶车辆道路测试管理实施细则（试行）》。2018 年 2 月 7 日，海淀基地被批准作为北京市 T1 ～ T3 级自动驾驶车辆封闭测试场地。

北京市于 2018 年 3 月 22 日和 4 月 25 日颁发了两批自动驾驶道路测试车辆临时号牌，分别由百度、北汽新能源、蔚来汽车获得。截至 2018 年 9 月 21 日，北京市共发放 4 批次，7 个厂商（T3 级 4 家、T2 级 1 家、T1 和 TX 级 1 家、T1 级 1 家）的 34 辆测试车的 46 张测试车牌。北京市发放的牌照以 T3 等级为主。

北京市已按照相关标准，在北京经济技术开发区、顺义区和海淀区确定了 33 条共计 105km 的首批开放测试道路。

第一批获得号牌的百度公司 5 辆测试车辆，目前已在实际道路完成超过 15 000km 的测试。第二批获得牌照的企业均已在国家智能汽车与智慧交通（京冀）示范区“海淀基地”内开展了超过 5 000km 的自动驾驶日常训练工作。

（3）重庆　2018 年 3 月 14 日，重庆市颁布了《重庆市自动驾驶道路测试管理实施细则（试行）》，规范了自动驾驶汽车如何在公共道路开展自动驾驶相关科研、定型试验等测试工作，成为继上海、北京之后第三个出台自动驾驶路测相关管理规范的城市。

2018 年 4 月 18 日，百度、长安、一汽、东风、广汽、吉利和北汽福田 7 家车企成为重庆市首批获得自动驾驶测试试验用临时号牌的企业。在获得牌照之前，这些企业的自动驾驶车辆已经参与了重庆市组织的路测考试，主要测试项目包括一键退出功能、坡道行驶、车道保持、变道超车、自动紧急制动及交叉口红绿灯启停操作等。

（4）长春　2018 年 4 月 16 日，吉林省长春市工信局、公安局、交通运输局联合发布了《长春市智能网联汽车道路测试管理办法（试行）》，对测试主体、测试车辆和测试驾驶人等提出要求。4 月 17 日，长春市对一汽集团红旗 H7 轿车、奔腾 X80 多用途乘用车、解放 J7 牵引车等智能网联测试车辆颁发了临时行驶车号牌。长春市正在对初步选定的城市道路进行专业评估，后续对城市道路的交通设施改造完成后，正式开始智能网联汽车道路测试。

（5）长沙　2018 年 4 月 16 日，长沙市政府发布了《长沙市智能网联汽车道路测试管理实施细则（试行）》。该管理规范自 2018 年 5 月 1 日起施行，有效期为两年。该规范要求测试主体的测试时间原则上不超过 18 个月，并规定车身应以醒目的颜色标识“自动驾驶测试”字样，提醒周边车辆注意。长沙市尚未明确开放道路测试的路段，也并未颁发开放道路测试号牌。而封闭测试区于 6 月 30 日正式对外开放。该测试区测试里程长达 12km，包含 3.6km 的高速公路模拟测试环境。

（6）福建平潭　2018 年 3 月 30 日，位于福建省平潭县的平潭综合实验区无人驾驶汽车测试基地颁发了自动驾驶路测牌照，其中百度与金龙客车各取得 3 张牌照。福建平潭是目前唯一以自动驾驶商用车为主的测试场地，金龙客车与百度合作的无人驾驶微循环车阿波龙取得的牌照，也是全国首次面向无转向盘的无人驾驶汽车发放的测试牌照。

（7）广州南沙　2018 年 4 月 25 日，广州市南沙开发区建设和交通局对外发布了《广州市南沙区关于推进智能网联汽车道路测试有关工作的指导意见（试行）》，明确了道路测试推进管理机构、测试申请要求、道路测试办理流程、道路测试的事故处理和责任认定等内容。尽管目前南沙区并未正式发放智能网联汽车道路测试号牌，已有小马智行、广州中科院软件所等企业进驻南沙开展相关研究及应用。

（8）深圳　2018 年 3 月 16 日，深圳市交通运输委员会官方网站发布《深圳市关于规范智能驾驶车辆道路测试有关工作的指导意见（征求意见稿）》征求意见的公告。测试工作实行申报管理制度，由市交通运输委牵头，会同市经信委、市公安交警局共同成立深圳市智能驾驶车辆道路测试联席工作小组。申请要求是，测试主体应取得联席工作小组办公室出具的符合智能驾驶道路测试要求的评审意见。

5.5 我国智能网联汽车示范运行情况

目前，工信部已在上海、浙江、北京、重庆、吉林和湖北等地开展智能网联汽车试点示范，推进自动驾驶测试工作。

2017 年 9 月 10 日，国家智能交通综合测试基地正式揭牌。2018 年 9 月 14 日，国家智能交通综合测试基地、自动驾驶公共道路测试正式启动。

国家智能交通综合测试基地是由工信部、公安部、江苏省政府共同建设的第三方国家级智能交通综合测试基地，具有推进测试道路、提供交通场景、交通控制中心、V2X 通信网络功能。测试基地有 4 个测试环境。第一个是封闭道路环境，占地面积为 13.87 万 m^2，2019 年投入运行，分为 6 个测试区，有城市道路、公路、高速路、隧道、环道和多功能道路。第二个是封闭高速道路测试环境，选取交通流量少、基础设施完备的路段，封闭期间对社会影响小。半幅封闭道路全长 4.1km，设有视频监控点 22 个、警示和指路标志 10 块。第三个是半开放道路测试环境，测试道路 10km，有灯控路口 9 个、视频监控点 146 个，2018 年 9 月投入运行。路面布设的各类感知设备采集的主要信息和测试车辆运行信息实时接入。交通控制中心二期公共测试道路 23km，2019 年 12 月投入运行。第四个是公共道路测试环境。测试道路超过 100km，有灯控路口 200 多个，区域路网 C-V2X 基站全覆盖。国家智能交通综合测试基地测试各类智能交通产品的功能和性能。

智能网联汽车自动驾驶能力测试目标是通过提供丰富的学习 / 测试环境以及驾驶行为采集手段，解决自动驾驶未来商用面临的驾驶能力考评科目和方法、电子身份管理、事故责任认定等问题。

5.5.1 上海自动驾驶汽车路试示范区

上海自动驾驶汽车示范区从 2015 年到 2017 年年底，分三期工程进行建设和运营，三期示范面积分别为 5km^2、27km^2 和 90km^2，一期示范仅有约 200 辆车运行，到三期计划有 1 万辆车加入示范。

在封闭测试区，一期形成 29 个功能测试场景，3 年内形成近百个测试试验场景，在总计 20km 路段上开展车路协同应用试点，逐步在开放道路上探索实现车车通信预警、公交优先、自动泊车等示范应用，并结合智慧照明改造开展相关应用。其中，全封闭道路位于上赛场以南，现有道路总长 3.6km，道路计划设置 3 个信号控制交叉路口及 10 个路侧智能通信设备。车辆通过网络与周边车辆及交通参与者交换位置、行驶状态等信息，结合传感器的主动安全技术，提升行车安全。比如，通过林荫道模拟光线变化对传感器的影响，搭建临时隧道模拟信息遮蔽工况，路口设置可移动模拟建筑物复现城市工况，模拟停车场和小型加油站。

2016 年下半年，在汽车城核心区安驰路、汽车创新港等区域新增部分场景，并在汽车博览公园一期 7 个场景的基础上开始二期示范，实现 15 ～ 20 个场景体验。2018 年，在汽车城核心区形成 1 000 辆以上的多种车型智能网联汽车示范规模，实现信息提示、安全预警与控制、绿色节能等智能网联化应用，推动车联网、位置网和道路交通网三网融合，提升行车安全性，提高道路通行能力。

示范区典型的应用场景包括碰撞预警、紧急制动提醒、换道辅助、盲区预警、交叉口碰撞预警等。首批进入园区的整车企业有上汽、沃尔沃、通用、福特和长安等公司。

2018 年 3 月 1 日，《上海市智能网联汽车道路测试管理办法（试行）》发布，全国首批智能网联汽车开放道路测试号牌也在上海发放。根据第三方机构测试试验和专家组评审，由上海市智能网联汽车道路测试推进工作小组审核通过，上海汽车集团股份有限公司和上海蔚来汽车有限公司获得第一批智能网联汽车开放道路测试号牌，获得智能网联汽车测试道路的资格。

上海市智能网联汽车道路测试对测试主体、测试驾驶人、测试车辆进行了明确的界定，同时提出具体要求条件，如：测试主体应建立测试车辆远程监控数据平台，同时按要求接入第三方机构数据平台；为申请测试车辆购买每车不低于 500 万元的交通事故责任保险或者出具相同金额的赔偿保函。测试驾驶人应具有 50h 以上自动驾驶系统操作经验，其中 40h 以上的相应申请测试项目的驾驶经验。测试车辆应在第三方机构指定的封闭测试区内，按照测试评价规程进行相应测试项目的实车试验，在规定的有效试验次数内达到相应的要求等。并明确交通事故责任认定及处理制度。在测试期间发生交通违法行为的，由违法行为发生地公安机关交通管理部门按照现行道路交通安全法律法规对测试驾驶人进行处理。在测试期间发生交通事故，测试车辆方经依法认定有过错的，应当依照现行法律法规规定承担相应民事赔偿责任。测试驾驶人或者测试主体的行为构成犯罪的，依法追究其刑事责任。

5.5.2 浙江自动驾驶示范区

2015 年 9 月 11 日，工业和信息化部与浙江省人民政府签署《工业和信息化部浙江省人民政府关于基于宽带移动互联网的智能汽车、智慧交通应用示范合作框架协议》，以杭州市云栖小镇和桐乡市乌镇为核心区域，建立一个集智能汽车、智慧交通、宽带移动互联网于一体的试验验证示范区。其中，桐乡乌镇示范区一期建设主要包括智能停车场和透明道路。采用智能汽车系统，可同时调度500辆汽车，平均取车时间2min。透明道路长为2.5km，布有无线信号基站、全景高清摄像机、智能交通信号灯、智能跟踪球机、卡口抓拍单元、车流量检测相机、RSU路侧单元等设备。通过导航软件，驾驶人可获得路况信息、车速提示信息等。云栖小镇LTE-V车联网示范区内共建有1个4G网络基站和33个小微站，平均站间距140m，实现了示范区道路无线全覆盖。到2016年上半年，示范区内各站点已全部开通，并完成整体优化，可满足LTE-V业务演示。测试场景包括红绿灯车速引导、变道辅助和紧急制动提醒、交叉路口碰撞避免提醒、车辆透视、公交车与普通车辆V2V通信（公交出站/公交进站/停靠上客）、人车冲突预警等。

云栖小镇还将打造5G车联网指挥中心，选址于云栖小镇鹏辉产业园，总面积超过1 300m^2。建成后将具有5G车联网指挥调度、会议、办公及展示四大功能。其中，大数据平台将为车辆提供“智能大脑”，通过精准定位车辆位置，对周边车流、道路交通状况及交通标志进行分析判断，从而提供最佳行驶方案，实现车与车、车与路之间信息实时交互，用以改善交通拥堵状况。

5.5.3 重庆自动驾驶示范区

2016年1月27日，工业和信息化部与重庆市政府签署合作协议，将在重庆推进基于宽带移动互联网的智能汽车与智慧交通应用示范。根据协议，工信部和重庆市将共同推动构建4.5G/5G、智能汽车与智能交通融合发展的产业生态，研发一批智能汽车与智慧交通关键技术和产品，带动电子信息、宽带移动通信、移动互联网、物联网、汽车制造等相关产业发展。作为首批示范区，重庆将通过3年时间，逐步从试验厂区封闭环境到城市交通开放环境开展智能驾驶、智慧路网、绿色用车、便捷停车和交通状态智慧管理等多个应用示范，集聚起智能汽车研发、智慧交通应用和车联网新产业。目前，一期智能汽车集成系统试验区i-VISTA占地面积27.3万m^2，已经于2016年在重庆两江新区建成；二期占地面积233.3万m^{2}的综合测试试验区将在本地垫江汽车试验场建成；三期配有5G网络，2019年在重庆两江新区、渝北区等区域建成，将成为全国首个全阶段智能网联汽车测试示范区，覆盖西部地区90%以上道路场景、全国85%以上的交通环境。重庆市礼嘉社区环线道路被设定为自动驾驶开放测试道路，此段道路共涉及 4 个路段，包括金通大道路段、礼仁街路段、金渝大道路段及工业园环线，全程约 12.5 km。该路段人流车流较少，高差近 300m，涵盖了学校、住宅区、物流园区等，综合路况比较多样。

5.5.4 武汉智能汽车与智慧交通创新应用示范区

2016 年 5 月 1 日，武汉向国家申报“智能汽车与智慧交通创新应用示范区”，在沌口地区建设自动驾驶“智慧小镇”。90km^2 的范围内，1 000 辆汽车由“自动驾驶大脑”控制，无须驾驶人，便可在高速路、城郊路、岔路口、停车场等场景下实现行驶、跟车、停车、倒车入库、避让行人等动作。这一场景有望 5 年左右在武汉变成现实，市民还可预约体验自动驾驶。

2016 年 11 月 3 日，工业和信息化部与湖北省人民政府在武汉签订“基于宽带移动互联网的智能汽车与智慧交通应用示范”部省合作框架协议，计划在武汉开发区生态智慧城黄陵矶公园打造自动驾驶“智慧小镇”。

“智慧小镇”将模拟湿滑、涉水、山路、林地、高速、砖石和桥梁等多种路况，并根据自动驾驶汽车厂商所关注的技术难题有针对性地设计和建设测试场景。“智慧小镇”还将搭建通信网、物联网、智慧路网等基础设施，用于智能网联轿车、客车开展自动驾驶测试。

根据规划，“智慧小镇”一期工程总面积达 2km^2，在 2018 年 11 月完成附属设施和赛道主体结构建设，2019 年年底完成所有建设任务；2020 年完成二期工程——占地面积 15km^2 的半开放式示范应用区，用于开展高速公路、城市道路、高架与立交桥、隧道、桥梁等场景和各种气候下的常态化测试；2022 年建成占地面积 90km^2 的汽车智能网联化新城。智能网联车辆从 40 辆增加至 1 000 辆，包括轿车、公交巴士、专用车等，道路里程从 15km 扩展至 600km。

5.5.5 湖南湘江新区智能驾驶测试区

2016 年 9 月，湖南湘江新区智能网联测试区（一期）项目在长沙市岳麓区开工建设。测试区充分结合湖南独特的丘陵地貌，重点突出越野性驾驶测试，由管理研发与调试区、越野测试区、模拟高速公路测试区、乡村道路测试区、城市道路测试区等区块组成。

测试区一期为封闭式核心区，包括城市道路测试区、乡村道路测试区和越野测试区，主要建设内容包括桐关桥路、玉学路等 8 条市政道路和配套设施、场地建设；测试区二期为半开放式道路测试示范区，主要建设内容为自动驾驶汽车上路实测的环境建设，用以实现车辆上路实测、全功能示范；测试区三期在一期、二期的基础上，向周边高速公路及城市道路进行拓展，打造成为综合性自动驾驶体验区。

5.5.6 长春国家智能网联汽车应用（北方）示范区

2016 年 11 月，工信部与吉林省人民政府签订“基于宽带移动互联网智能汽车与智慧交通应用示范”合作框架协议，由多家企事业单位共同承担项目建设工作。2017 年 8 月 31 日，国家智能网联汽车应用（北方）示范区在长春启明软件园正式开工建设。示范区封闭场地面积 35 万 m^2，封闭道路里程 3km，围绕封闭、半封闭、开放的测试环境，可为辅助驾驶、自动驾驶和 V2X 网联汽车提供 72 种主测试场景和 1 200 个子测试场景。智慧交通设施共有 4 大类 100 余个，实现了高精地图和 5G 信号的全覆盖。

至 2019 年年底，示范区内将累计铺设道路约 100km，打造出覆盖长春净月开发区核心 100km^2 的智能网联汽车综合性典型城市示范区。示范区主要功能：一是满足智能网联汽车开发试验需求，二是成为有资质的专业检测机构，三是成为为开放道路测试提供服务的第三方机构。

2018 年 7 月 17 日，国家智能网联汽车应用（北方）示范区正式投入运营。

5.5.7 北京自动驾驶汽车示范区

2017 年 12 月 18 日，北京市交通委等三部门联合发布了《北京市关于加快推进自动驾驶车辆道路测试有关工作的指导意见（试行）》，这是国内第一部关于自动驾驶测试的规范，也成为自动驾驶行业的重要里程碑。根据规划，北京市组织建设了首个占地面积超过 13 万 m^2 的海淀自动驾驶封闭测试场地，测试场包括城市、乡村的多种道路类型，具有丰富的测试场景和多层次的评测体系。同时，按照相关标准，在北京经济技术开发区、顺义区和海淀区确定了 33 条共计 105km 的首批开放测试道路。按照要求，所有申请自动驾驶试验牌照的自动驾驶汽车须通过 5 000km 以上的封闭测试场日常训练和相应等级的能力评估，包括对交通法规的遵守能力、自动驾驶执行能力、紧急情况下人工接管能力等。车辆只有达到了一定能力水平、通过了车辆安全技术检验才能够上路测试。测试驾驶员须通过不少于 50h 的培训和训练，能够随时接管自动驾驶车辆。上路前，须通过专家的评估论证；上路后，测试车辆要安装监管设施并上传数据，以确保自动驾驶车辆按规定时间、规定路段进行试验，并随时接受监督。

北京自动驾驶示范项目有三个：第一个示范项目是北京稻香湖 V2X 道路。与百度 Apollo（阿波罗）深度合作，建设全国首条自动驾驶示范道路。线路自北清路与温泉路交叉口开始，向北至翠湖路右转，在稻香湖路左转，向南到达北清路后掉头，全程往返 19.4km。路面经过多处改装，如信号灯路口改装 3 处、交通标志 50 余处、限速限高要求改造 4 种、无信号灯路口 4 处。路面具有网联化功能，包括 V2X 时延网络覆盖、信号灯数据动态接入、数字化道路标志牌、车辆行人路侧辅助识别、施工等事件模拟测试。第二个示范项目是中关村自动驾驶公路示范区。路线：北起沙阳路，南至温泉路，东起上庄路，西至聂各庄 - 北安河路以及海淀驾校 - 五矿观山，约 $100km^2$。智能化基础设施包括：5G 通信网络平台、V2X 车路协同平台、高精度地图平台、大数据、云计算平台和智能交通信号。多场景创新示范应用包括智能交通、智能出行、智能循环巴士和智能物流配送。第三个示范项目是延崇高速北京段有 15km 车路协同试验路段，具备车路协同、多个应用场景（合流、碰撞、事件等）、车辆编队运行、特殊时空无人驾驶的应用尝试。交通管理包括：交通指挥调度，交通状态全面感知，桥梁安全综合感知、分析及预警。大数据应用包括路网监测、路网评价、交通态势预测。

5.5.8 京冀示范区

2018 年 1 月 18 日，工信部、北京市和河北省在北京签订基于宽带移动互联网的智能汽车与智慧交通应用示范合作框架协议。

协议提出，构建京津冀智能汽车与智慧交通的联合创新平台和产业生态，创建智能汽车与智慧交通产业创新示范区。示范区最大的特点是智能汽车与智慧交通同步进行，将结合北京经济技术开发区、河北徐水经济开发区及长城汽车试验场的交通、通信基础设施情况，开展绿色用车、智慧路网、智能驾驶、便捷停车、快乐车生活和智慧管理六大应用示范。取得应用示范经验后，将在京津冀区域内大规模推广。

示范区将发挥京津冀智能交通领域产学研用等资源优势，以汽车和交通产业为应用领域，以 4.5G/5G 宽带移动互联网为通信基础，以电动汽车、智能汽车为平台，以解决智能驾驶、智慧路网、车路协同等关键技术应用为牵引，协同构建安全、节能、高效、便捷的汽车服务新生活。

应用示范区共开展六大应用示范：绿色用车、智慧路网、智能驾驶、便捷停车、快乐车生活和智慧管理。绿色用车示范是大规模地推广电动汽车出行，让“绿”真正走到百姓身边。2018 年建成一定规模数量的充电桩及相应车位，并形成“500m 分时租赁服务圈”。2020 年，再建成一大批无线充电设施，并实现无人操作的自助租车出行和异地还车等模式，从根本上解决交通出行的污染问题。智慧路网示范工程解决车 - 车、车 - 路、车 - 中心的车联网通信、协同与控制等关键技术，提高出行者的驾驶安全与效率，实现路网的智能感知与精细化管理。智能驾驶示范包括基于车载传感器探测的自主式智能驾驶系统与基于 V2X 通信的网联式智能驾驶系统。通过示范运行，带动智能驾驶相关的技术难题的突破，最终实现规模化生产和应用。便捷停车示范，基于移动通信网络，结合移动互联网，突破停车位与停车场感知、联网、交互等关键技术，研发具有联网功能的智能停车设备，以及具有多种服务的停车云平台与停车终端应用，实现管理有序的一站式无障碍停车。快乐车生活示范也是智慧交通体系里面的新鲜概念。这一工程依托车联网技术，将车辆与周边环境连接成统一体，可以为车辆提供推送新闻娱乐资讯、提供移动办公、同行车友分享以及道路危险预警等功能。利用大数据和云技术，大幅度提高道路通行效率和安全性。智慧管理中心示范针对联网环境下交通参与实体众多的情况，构建云网端一体化的智慧交通管理、服务与运行评估中心，借助 4G/5G 网络优势，实现对交通参与大数据的实时收集、处理、存储、挖掘与服务，形成上下游衔接的流式数据处理模型，为车辆管理、信息服务、交通规划等应用提供有效支撑。

5.5.9 广州智能网联汽车路测拟允许载客和远程驾驶测试

2018 年 6 月 4 日，广州市交通委正式发布《广州市关于智能网联汽车道路测试有关工作的指导意见（征求意见稿）》。该指导意见指出，在达到一定条件后，允许测试主体在特定路段开展载客测试。

5.6 我国智能公路示范建设情况

我国智能公路交通以智能公路基础设施为载体，全面提高管理的精细化水平。在服务智能化方面，提供一站式门到门全程智能化服务。在决策智能化方面，提供精确感知、智能调控、智能决策。在协同智能化方面，实现基础设施与人车交互和自动驾驶。

智慧高速公路基础设施实现环境、路面状况、交通流量的全息汽车互联感知；实现 5G/LTE 全覆盖的泛在融合高效通信；提供动态高精度地图系统，如精准北斗定位系统和绿色智能交通能源供给系统。我国已经在两条高速公路开展示范，一条在长三角地区全长约 160km 的双向六车道高速公路，一条是京津冀地区全长约 100km 的双向八车道高速公路。智慧公路的总目标是更加安全以及提升运行能力 20% ～ 30%。

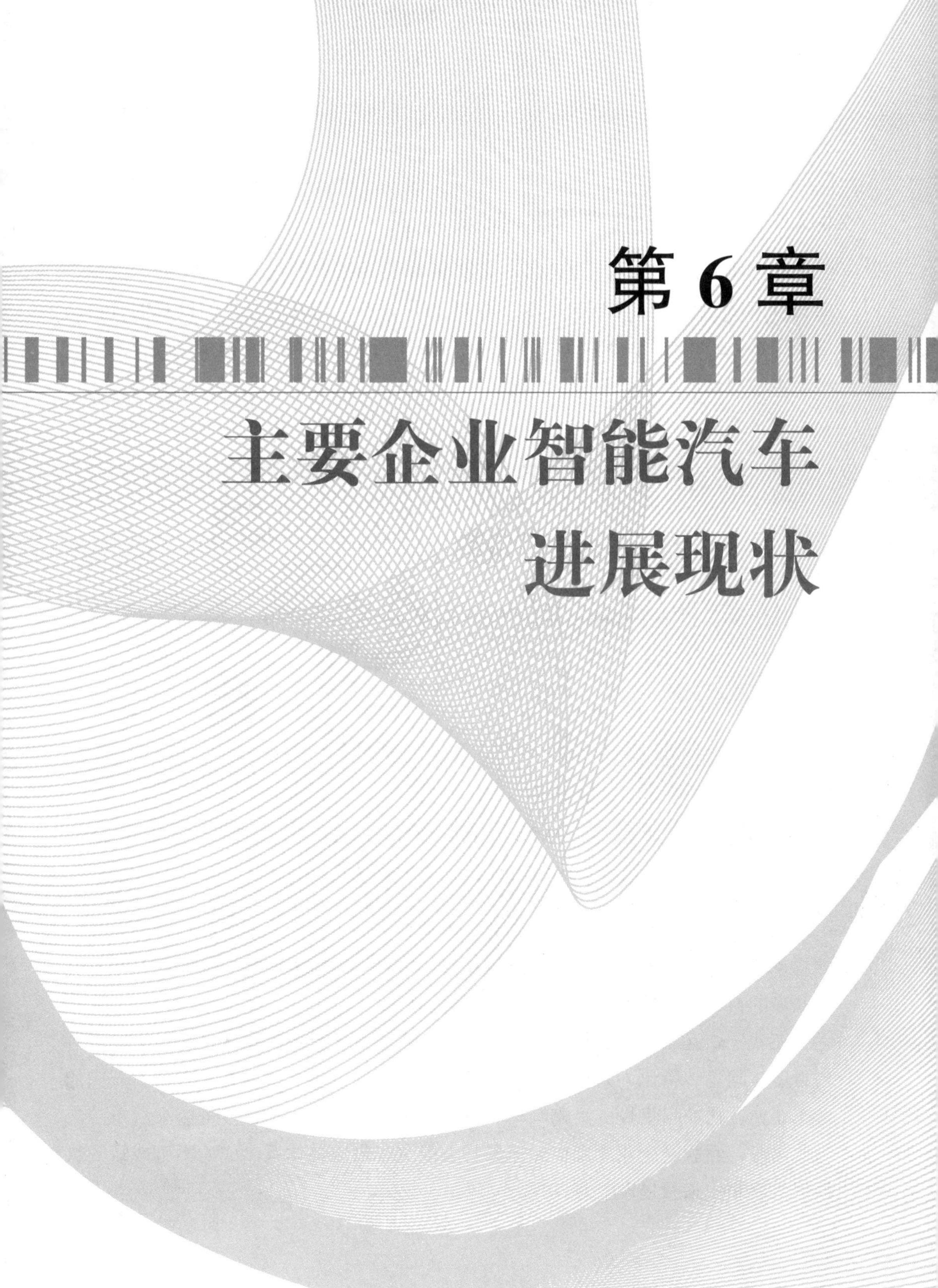

第 6 章

主要企业智能汽车进展现状

6.1 企业对智能汽车的投资方式

在汽车智能化方面，全球汽车企业和IT公司采取的投资方式不同。汽车企业更倾向于独有的自动驾驶技术，而IT公司倾向于以共同分享的模式拥有自动驾驶技术。主要汽车企业和IT公司不同程度地将自动驾驶技术和资产进行组合，形成不同的投资矩阵。如图6-1所示。

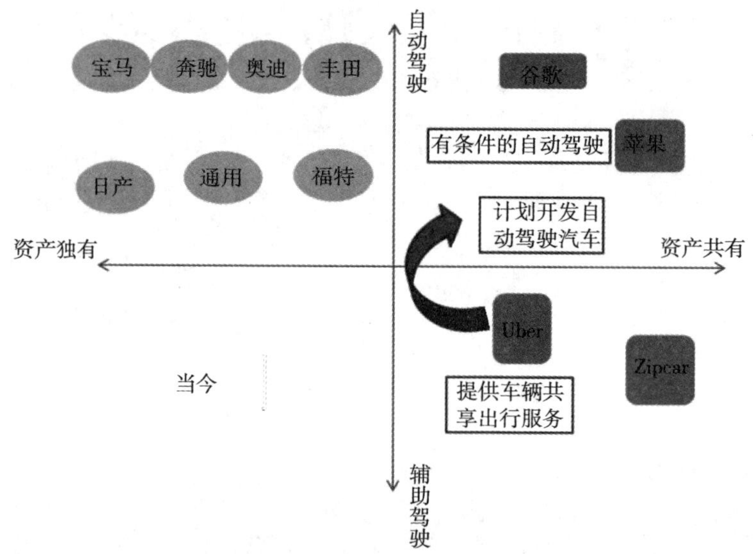

图6-1 汽车企业自动驾驶技术开发程度与投资资产情况

从图6-1可以看出，宝马、奔驰、奥迪、丰田、日产、通用和福特开发独有的自动驾驶技术，而谷歌和苹果开发产权共享的驾驶技术，Uber正着手开发产权共享的自动驾驶技术，Zip开发辅助驾驶技术。

在我国，互联网企业与整车厂之间的合作将更加紧密。具体表现为，以BAT（百度、阿里、腾讯）为代表的互联网企业积极通过资本进入方式布局新入门的造车企业，比如阿里投资小鹏汽车、百度投资威马汽车、腾讯投资蔚来汽车等。与此同时，互联网企业本身也加速参与智能汽车供应链体系，成为不可或缺的软件提供商和生态圈建设主力。

从企业在自动驾驶技术上的投资趋势上看，主要集中在ADAS系统和车-车间通信（V2V）等互联技术的开发上。ADAS系统目前在国内的渗透率只有2%～3%，预计未来5年这一数字可望提高至10%。

6.2 北美车企自动驾驶技术开发现状

6.2.1 通用汽车自动驾驶技术开发重点和运行现状

（1）自动驾驶技术开发方面　通用汽车全方位开发广泛的基础技术和前瞻性技术，但产品开发立足于市场需求导向。在自动驾驶技术方面，2016年1月，通用汽车宣布斥资5亿美元与Lyft专车服务公司建立长期战略联盟，共同开发自动驾驶汽车网络，为用户提供安全、便捷的自动驾驶专车服务；2016年3月初宣布收购了Cruise Automation（自动驾驶）公司，以加速自动驾驶汽车技术的研发和测试。

通用汽车2017年秋在凯迪拉克车上搭载半自动驾驶辅助系统“Super Cruise”，属于在高速公路交通拥堵和长途驾驶时采用的L2级驾驶辅助系统，能够实现转向、加减速、制动的自动操作。启动“Super Cruise”系统时，驾驶员可以将双手离开转向盘，进行驾驶导航、调整音响等动作。这是通用汽车推进开发的自动驾驶核心技术。其中，雷达、传感器和软件由德尔福公司负责，摄像头技术由Mobileye公司负责。在投放该辅助驾驶系统后，通用汽车将强化自动驾驶技术的开发，并计划在21世纪20年代初期（2020年）引进“采用自动驾驶EV的汽车共享服务”。“Super Cruise”系统以后将用于Chevrolet等品牌车型上。2018年5月31日，通用汽车宣布，软银愿景基金将对通用旗下的自动驾驶汽车初创公司GM Cruise Holdings（简称通用Cruise）投资22.5亿美元。随着愿景基金资金的注入，通用汽车自动驾驶汽车有望在2019年实现规模商业化。

在操作系统上，通用汽车采取分品牌、分应用系统的策略。在集团层面，参与Google开发汽车联盟。在产品层面，雪佛兰品牌采用苹果CarPlay系统，凯迪拉克品牌使用自行研发的CUE系统，并在CUE系统上集成苹果Siri Eye-Free功能。

为了继续保持领先地位，通用汽车在巩固传统市场、保持产品与技术领先的同时，将投资增长型市场，并加速开拓车联网、车辆共享、自动驾驶等业务领域。

通用汽车自动驾驶技术开发重点：

1）低速行驶时自动制动系统，用于减轻与前方车辆的碰撞危险。这是基于摄像头的低成本驾驶辅助系统技术，属于 L1 级水平。该项技术摄像头采用以色列 Mobileye 产品，软件采用德尔福产品。2015 年装备在雪佛兰迈锐宝等车型上。

2）前方行人制动系统，车辆与前方行人即将发生碰撞等危险时发出警示，或是启动自动制动，规避碰撞。是基于摄像头的低成本驾驶辅助系统技术（L1 级水平）。该项技术摄像头采用以色列 Mobileye 产品，软件采用德尔福产品。2015 年装备在雪佛兰迈锐宝等车型上。

3）驾驶辅助组件，包括应对全车速的自适应巡航（ACC）、倒车盲点警示系统、自动前后制动、前向碰撞警示等多项安全驾驶辅助技术的组件，属于自动驾驶 L1 级水平。其中，雷达与传感器采用德尔福产品，摄像头采用以色列 Mobileye 产品。该项技术最先搭载在凯迪拉克 ATS2013 年款车型上。

通用汽车认为，完全自动驾驶汽车必需的要素有：高精度 GPS、车辆侧面各两个激光雷达传感器、前摄像头、数据连接、超声波传感器、包含软件的中央电子控制单元、测距传感器和雷达传感器。

通用汽车自动驾驶技术开发进展与计划，如表 6-1。

表 6-1　通用汽车自动驾驶技术开发进展与计划

时间	自动驾驶 /ADAS 技术
2012 年	车间距测试
	远光灯辅助
	前方碰撞警报
2013 年	主动巡航控制
	后自动制动
	前自动制动
	倒车预警
	泊车辅助
2014 年	车道变更辅助
2015 年	车道偏离预警
	环绕视觉

（续）

时间	自动驾驶 /ADAS 技术
2016 年	后置摄像头后视镜
	夜视仪
	低速前自动制动
	带行人感知功能的前自动制动
	夜视摄像头
2016 年以后	车车间通信
	高速公路的自动驾驶
	拥堵时自动驾驶
	基于图像的主动巡航控制
	智能栓
	后行人感知 360° 数字摄像头

（2）运行方面　通用汽车在汽车互联、智能化领域，已经有超过 200 万辆搭载 4G LTE 的汽车行驶在欧洲、亚洲和北美。按照计划，到 2016 年年底，通用汽车有 1 200 万辆搭载安吉星系统的车辆在世界各地行驶。到 2020 年，通用汽车全球销量的 75% 将实现互联。在智能驾驶方面，通用汽车为 2017 年在美国上市的凯迪拉克 CT6 搭载具有多项自动化驾驶技术的超级巡航系统。2016 年，通用汽车在密歇根州沃伦技术中心园区投放配备了自动驾驶技术的雪佛兰沃蓝达车队，为自动驾驶的实际应用提供数据和经验。

（3）电气化方面　通用汽车 2017 年 10 月宣布，计划 2030 年将新投放 20 款纯电动汽车。其中，2019 年春季投放 2 款车型。BEV 版车型计划基于 2016 年年末上市的雪佛兰 Bolt 技术和制造方式实施开发和生产。对于电动汽车专用平台，计划于 2021 年完成第 2 代 EV 专用平台的开发，其制造成本比原来的雪佛兰 Bolt 车型减少 30%。

（4）路试方面　2016 年 12 月，通用汽车开始在密歇根州进行自动驾驶公路行驶试验，2017 年年初在 Orion Township 工厂投产下一代自动驾驶试验车辆。目前，通用汽车在加利福尼亚州获得 104 辆测试自动驾驶汽车资格，有 407 名注册安全驾驶员。

6.2.2 福特汽车自动驾驶技术开发重点和运行现状

（1）自动驾驶汽车技术方面　福特汽车已经与密歇根大学工程团队合作，为汽车开发了可以在干燥天气使用的3D地图，使其辅助汽车正确行驶在公路上。2016年1月，福特汽车宣布启动无人驾驶汽车的冰雪路面测试。在研发上，福特汽车持谨慎态度，侧重研发投资收益，计划在中型级别车中增加自动驾驶技术应用。2016年3月，福特汽车成立子公司——智能移动技术责任有限公司，重点专注于设计、构建并且投资诸如汽车通话和自主科技等一系列技术。2016年5月，福特汽车向云计算软件公司投资1.822亿美元，继续尝试和硅谷科技企业开发更多的汽车智能化技术。福特汽车预计2021年在汽车共享/网约车领域开始量产达到L4级的自动驾驶车辆。并与大型出行企业来福车（Lyft）公司和使用驾驶汽车的达美乐比萨（Domino' s Pizza）等厂商开展合作。

在操作系统上，福特汽车在2007年便推出了与微软合作的SYNC系统。SYNC兼容几乎所有移动操作系统，包括苹果和安卓。福特汽车的策略是在自有的SYNC系统上整合CarPlay平台，与其他科技公司保持合作，改进车载操作系统，优化体验。

福特汽车正加速将ADAS系统及车联网等新技术引入中国。2015年11月，投放市场的金牛座（Taurus）搭载了盲区监测系统BLIS、车道保持辅助系统LKA、坡道起步辅助系统HAS等先进的驾驶辅助系统。在车联网方面，福特汽车与腾讯联手，在福特AppLink车载互联平台上加入腾讯车联APP，在AppLink平台上，可以使用包括QQ音乐、考拉FM、豆瓣音乐、蜻蜓FM等在内的17款应用。2016年面向中国市场推出最新一代车载互联系统SYNC3，支持语音、手写输入和CarPlay连接。

（2）福特汽车自动驾驶技术开发重点　2017年，福特汽车实现了L2级自动驾驶在Ford Fusion上的实际应用。主动低速起停系统装配紫外线激光传感器、摄像头，在车速低于30km/h行驶时起动。自动制动系统（AEB）陆续在林肯Continental、林肯MKX、福特Fusion、福特锐界上搭载。单目前视摄像头最初搭载在福特锐界2015年款上。在欧洲，于2017年搭载在S-Max、Galaxy上。2016年年初公布的自动驾驶示范车型Fusion混合动力车的数量从年初的10辆增加到年底前的30辆，2017年达到120辆，2018年增至140辆。

（3）智能网联方面　福特汽车计划为2019年在美国销售的所有汽车安装智能网联功能。在中国，计划2019年年末为福特及林肯品牌的全部新车安装智能网联功能。计划到 2020 年为其全球销量 90% 的车型安装智能网联功能。

（4）运行方面　福特汽车自动驾驶汽车技术进入 L4 级。为了搜集更多道路环境信息、提高自动驾驶的判断能力，2016 年福特汽车增加 20 辆的油电混合自动驾驶汽车的自动驾驶道路实验，加快自动驾驶汽车技术研发。这些车辆配有最新一代激光雷达传感器，可提高描绘 3D 周围环境所需的高精准度、具备 200m 长距离感测范围、搜集更多的环境数据资料。

在 2017 年 CES 上，福特汽车展示了测试车辆 Fusion 混合动力自动驾驶汽车，搭载激光雷达、摄像头和雷达。其中，2 个激光雷达安装在左右两侧 A 柱上，6 个雷达安装在车辆四角（近程雷达）、前方和后方（远程雷达）；共有 7 个摄像头，1 个在前方和雷达整合为一体，6 个安装在行李架上；使用英特尔 i7 和英伟达 PX2 系统。目前，测试车辆正在有驾驶员乘坐的状态下推动 L4 级的自动驾驶测试，2018—2020 年为过渡期，力争到 2021 年开始量产没有转向盘、制动、节气门等零部件的全自动驾驶汽车（L4 级）。为 2021 年年初实现自动驾驶汽车的商业化，福特汽车计划 2019 年上半年实现拥堵时自动驾驶、自动泊车技术的实际应用。

（5）合资合作方面　福特汽车大举开展投资合作。如传感器方面，与百度公司一起向激光雷达传感器巨头 Velodyne 出资 1.5 亿美元，快速实现激光雷达的量产。福特自动驾驶测试车搭载 Velodyne 传感器，实现了在黑暗中的自动驾驶。与经营机器视觉产品的美国公司 Nirenberg Neuroscience 签订了独家授权协议。该公司的计算机能收集并过滤传感器获得的信息，并以最佳方式传达给处理器。在图像技术方面，收购以色列 AI 与计算机视觉相关的初创公司 SAIPS，获得该公司持有的图像识别和处理技术。投资美国 3D 地图公司 Civil-Maps，以获得绘制高精度的 3D 地图技术。2017 年 2 月，福特汽车决定在未来 5 年内向经营自动驾驶相关业务的 Argo AI 公司出资 10 亿美元，与其共同开发虚拟驾驶系统。

除一直在内部大力开发自动驾驶技术外，福特汽车还进行了大量战略投资。福特汽车对位于密歇根州的 Flat Rock 组装工厂投资 7 亿美元（约合人民币 48 亿元）。Flat Rock 有能力生产具备 L4 级自动驾驶功能的汽车。

（6）电气化方面　福特汽车计划到 2021 年投放 13 款电动汽车。在美国将致力于扩充混合动力汽车。从原来的以紧凑型 / 中型车为主，向跑车、CUV、厢式车、皮卡等领域扩展。在欧洲，2019 年将投放全顺 Custom PHEV 插电式混合动力车型。在中国，计划2025年为占中国销售产品70%以上的车型安装电动动力总成，并已经与众泰汽车就成立合资基地达成最终协议，计划以自主品牌形式销售低价纯电动车型。

6.2.3 菲亚特克莱斯勒自动驾驶技术开发重点

（1）自动驾驶技术方面　菲亚特克莱斯勒的自动驾驶技术落后于其他企业，目前，也在计划与谷歌 Alphabet 等其他 IT 企业合作。Alphabet 启动自动驾驶技术研发 7 年来，已在公路驾驶上收集数据，推进深度学习算法开发。菲亚特克莱斯勒将 100 辆新款 MPV Chrysler Pacifica Hybrid（PHEV）提供给 Alphabet。双方工程师团队将共同开发安装于 Pacifica 的感应器和软件等产品，并开展公路测试。测试数据归 Alphabet 所有。

2017 年，菲亚特克莱斯勒参与了宝马、英特尔、Mobileye 主导的自动驾驶汽车联盟，计划到 2021 年投放 L4 级驾驶水平的自动驾驶汽车。在智能网联方面，与高通、安波福合作开展研发与验证实验。

（2）电气化方面　计划 2025 年使电动车和插电式混合动力车达到 10 款，2030 年达到 20 款。48V 轻型混合动力汽车将投放多款车型，最多扩大占销量的 80%。

（3）共享出行方面　在美国旧金山市与从事汽车共享业务的 Kango 合作，提供了 Pacifica Hybrid 车型。可能向谷歌自动驾驶业务提供自动驾驶车型。

6.2.4 特斯拉汽车自动驾驶技术开发重点

特斯拉汽车自动驾驶功能是通过在现有的驾驶系统外配置自动驾驶仪（Autopilot）来实现的。Autopilot 是基于 Mobileye 技术，用一只小巧的摄像头实现前方碰撞预警、车道偏离预警、行人碰撞预警等。Autopilot 是准自动驾驶，车辆随时可以切换到人工驾驶模式。特斯拉在现有部分车型上配置的自动驾驶系统包括自动转向、防撞、辅助变道以及自适应巡航功能等，能够借助对前车的自动跟随、车道自动变更等驾驶辅助功能，实现初步自动驾驶。并且通过不断的系统升级，完善自动驾驶功能。

2016 年 8 月，特斯拉宣布更新现有的 Autopilot 辅助驾驶系统，推出新版本 Autopilot8.0。新版本的自动驾驶系统在检测到驾驶员手离开转向盘一段时间后，汽车将发出警报，如果没有在警告发出 15s 内做出回应，Autopilot 系统会自动停用。在 Autopilot8.0 中，特斯拉不仅会在警告无效的情况下停用 Autopilot，甚至还会在自动停用后禁止驾驶员再次启用该功能，直至车辆完全制动并将挡位挂入停车挡后，才能重新激活 Autopilot。

特斯拉的自动驾驶理念和传统整车厂不同。特斯拉走的是“重算法、轻硬件”的路线，即借助较少的、成本较低的硬件设备，通过更先进，更复杂的算法来实现自动驾驶。以 ModelS 为例，包括摄像头、毫米波雷达和超声波传感器在内，ModelS 可用于自动驾驶的传感器共有 14 个，相比之下，奔驰新 S 级配备了多达 26 个各类传感器。特斯拉通过自行开发先进的算法来充分利用传感器取得的信息，以实现自动驾驶。同时由于算法掌握在自己手里，也就掌握了自动驾驶的核心技术。相比之下，传统整车厂更多依赖于供应商提供的解决方案。

特斯拉于 2015 年 10 月推出自动驾驶 L2 级水平的技术，在 ModelS 上增加了 Autopilot 功能。主要特点有：通过网络（Over-the-air）升级软件，车辆可以具备自动驾驶功能。在高速公路识别车道功能：当在中控面板显示时按两次操控杆，转换成自动驾驶模式，这时转向信号灯显示，识别周围车辆变更车道。当踩下制动踏板或左右转动转向盘时，解除自动驾驶模式。特斯拉对 Autopilot 进行功能升级，自 2018 年启用“完全自动驾驶”模式。

特斯拉自动驾驶硬件是属于前装类型，2014 年 9 月以后生产的车型都预先安装硬件，之前的车型未安装硬件的无法后装。2016 年 1 月，特斯拉在空间下载技术（OTA）升级的最新版 version 7.1 上引入了安全措施。升级安全性后，具有如下性能：通过落座传感器和转向盘操作等确认驾驶员手握转向盘，对双手离开转向盘进行了限制。新升级的安全措施增加了转弯时车速变低功能。2016 年年末，增强了自动驾驶功能。通过引入自动驾驶 L2 级水平的高速公路自动驾驶增强版，实现了启动自动驾驶功能时，可以根据交通状况调整车速，不偏离车道行驶；另外，不需要驾驶员操作即可实现变更车道、切换高速公路、在目的地附近下高速。自动驾驶功能硬件的关键零部件从 Mobileye EyeQ3 换为英伟达的汽车用计算机 Drive PX2，可以使用一个处理器处理 ADAS。

特斯拉已开始研发全自动驾驶技术。除了制造汽车硬件外，特斯拉还基于 Linux 系统为旗下车型开发专有操作系统。但从数量规模上看，难以形成生态链。未来，特斯拉在自动驾驶汽车上的规划是，2 年内在技术上可以实现自动驾驶 L4 级水平，在法规允许下，可以实现从西海岸到东海岸，跨越全美的自动驾驶。

在路试方面，特斯拉在美国加州注册车辆 39 辆，注册安全驾驶员 92 人。

6.3 欧洲车企自动驾驶技术开发现状

6.3.1 奔驰汽车自动驾驶技术开发重点和运行现状

2015 年，戴姆勒公司推出了世界上首款自动驾驶概念载货汽车。作为豪华车生产商，奔驰旗下的车型也早已配备了多种半自动驾驶功能（类似特斯拉 Autopilot 的车道保持和车距保持等功能）。

梅赛德斯－奔驰已经在 2016 年款 S 级车型上提供半自动高速公路和交通堵塞行驶模式，在 E 级车上部署了这两种模式的升级版。

2016 年 1 月，戴姆勒与 Uber 达成合作协议，戴姆勒提供自动驾驶汽车，Uber 提供软件服务。2017 年，戴姆勒和德国知名工业企业博世计划组建开发联盟，目标是在 2020 年推出自动驾驶汽车。两家公司会推出一个庞大的城市自动驾驶共享汽车系统，用户只需要用智能手机就能够定位并且使用这些汽车。合作开发的自动驾驶汽车属于第四级和第五级。前者需要配置一名驾驶员在紧急情况下操控汽车，后者是完全无人驾驶。

戴姆勒的战略支柱 CASE 有四个方面：连接、自动驾驶、共享、电驱动系统。奔驰汽车策略是以不断升级完善的汽车软件和服务获得领先。

在自动驾驶方面，戴姆勒计划在 2018 年开发 L3 级的部分自动驾驶技术并投入量产。在高精度地图方面，2015 年年末参与了宝马、奥迪成立的联盟，以 26 亿欧元收购诺基亚地图业务 HERE。

在智能网联方面，与宝马、奥迪、爱立信、诺基亚、高通和英特尔等厂商一起，正在推进高速通信网络 5G 的实际应用。致力于扩充与用户之间的双向沟通，依托旨在与用户构建关系的数字化平台 Mercedes Me，提供因人而异的信息配送服务、紧急情况下的 24h 应对服务等数字化服务。

在电气化方面，正在增强研发 48V mHEV 在内的内燃机车、插电式混合动力汽车、纯电动汽车、燃烧电池汽车的动力总成。计划 2020 年销售 10 万辆电动汽车，包括插电式混合动力汽车。

在服务方面，2013 年戴姆勒为了扩大出行服务业务，在财务服务事业总旗下设置了子公司，开展汽车共享业务 CAR 2 GO 与能够检索最佳出行方式的移动应用程序 Moovel，积极收购和出资于新兴企业。

在奔驰汽车智能化运行现状方面，奔驰 Car to X 智能云端交互系统将首先应用在长轴距E级车上，未来奔驰其他车型也将配备该交互系统，并将该功能开放给其他厂家使用。开发Car to X系统的主要任务是扩展现有车辆传感器的视野，通过与其他同样具有该功能车辆的“沟通”，提前掌握车辆前方的道路状况。

奔驰已经在量产车上应用智能科技。在新E级车上，奔驰配装了新一代的智能驾驶系统，其融合了更多的电子系统，它可以让车辆在道路上与其他车辆保持安全车距，并可以主动进行转向、识别限速标识，在高速路上自动跟随前车并调节车速，跟随车速最高可以达到近200km/h。主动制动辅助系统可以监测到前后方静止或者移动的车辆和行人的情况，在必要情况下进行最合适的制动。最新的避让转向系统则可以帮助车辆在转向中避开行人，并在避开行人之后自动纠正行车方向。手机遥控自动停车将配备到新一代E级，这套功能可以通过手机让车辆自动向前或者倒退进入到窄小的车库，并可以对车辆遥控进行转向操作来躲避障碍物。

6.3.2 宝马汽车自动驾驶技术开发重点和运行现状

在汽车自动驾驶技术开发方面，宝马通过强化与博世、大陆集团的合作，从自动泊车系统切入到自动驾驶，与奥迪、奔驰一起收购了地图数据商HERE。重点涉及高精度数字地图、传感器科技、云科技、人工智能等关键的科技领域。

2016年7月1日，宝马集团与英特尔、Mobileye公司联合，在未来的自动驾驶汽车开发中使用两家公司的芯片，计划2021年发布具备L3、L4级自动驾驶功能的车型。BMW iNEXT车型是宝马集团自动驾驶战略的蓝本，为一系列全自动驾驶车辆打下基础。这些车辆不仅用于高速公路，还能以自动驾驶汽车共享的形式为城市通勤提供解决方案。

宝马对在汽车中采用自动驾驶技术一直很谨慎，首先在高端车型中采用自动驾驶技术，然后再在其他车型中普及，例如宝马7系中的远程泊车助手功能。

在中国，宝马选择和百度合作，双方各司其职，宝马主要负责车辆及硬件方面的改造和研究工作，百度更多负责精度10cm级别的高精度地图方面的研发。宝马和百度都在做路径规划算法的研究。同时宝马和中国道路研究院合作，共同推进高度自动驾驶的法律法规。

在智能网联方面，宝马拥有车载Connected Drive、智能手机应用程序BMW Connected等技术。

在电气化方面，宝马计划到2025年投放25款电动车，其中12款为纯电动汽车。

目前，宝马已经在量产车型上推出了半自动驾驶技术。全新 BMW 7 系配备了高级驾驶辅助系统，包括领先的转向辅助系统、车道偏离警告系统以及带有 Stop & Go 的主动巡航控制系统，能够在 0 ～ 210km/h 的速度范围内实现半自动驾驶，并可通过创新的遥控自动泊车功能自动进出车库。

宝马在概念车上也应用了先进技术。在 2016 年 CES 上，宝马发布的 BMW i Vision Future Interaction 概念车，配备了抬头显示系统、组合仪表，用来提供一些车辆状态。浮空控制技术允许用户的手指在空中做出动作来控制显示器，还允许驾驶员在智能手机、智能手表或智能“魔镜”上，实时查看车辆电池状态或提供导航路线。

宝马 VISION NEXT 100 概念车支持“悦驾 Boost”模式，增强常规驾驶体验，提供智能化支持，比如将最优驾驶线路投影到风窗玻璃上。如果切换到“悦享 Ease”，可以伸缩转向盘和中控台、调整座位、在风窗玻璃上播放娱乐内容。数字智能伙伴“Companion”，可以从驾驶员及其驾驶习惯中深度学习，当对驾驶员的偏好足够了解时，就可以自动执行一些常规任务，并向驾驶员提供建议。

2018 年，宝马把自动驾驶汽车测试车队的规模加倍扩大到 80 辆左右。总测试里程达到 2.5 亿 km。其中 2 000 万 km 在实时道路上进行，而其余 2.3 亿 km 在巨型超级计算机模拟的虚拟交通环境下进行。

6.3.3 大众汽车集团

在自动驾驶技术开发方面，大众汽车内部从几年前就开始了对自动驾驶技术的研发，为这项技术的投资累计达数亿欧元。2016—2019 年，大众汽车大规模投资开展 ADAS 系统及车联网等新技术的研发。2020 年前后在每个细分市场都将推出全自动驾驶汽车。

大众汽车在 2025 战略中，确立自己开发自动驾驶系统和人工智能技术，开发累计投资额几十亿美元，计划将软件开发人员增加至 1 000 人。到 2020 年开发 SDS（Self-driving system），2021 年投放市场，并且在汽车共享、智能移动出行服务方面和按需运输方面提供自动驾驶车辆。

2016 年 4 月，大众汽车在北京设立亚洲未来中心，作为全球第三家未来中心，进行数字化和自动驾驶技术开发，并将该中心开发的产品与技术投放中国市场。在国产车型上全面引入 ADAS 技术。2016 年 7 月 3 日，大众汽车和韩国科技巨头 LG 电子签订协议，共同创建一个基于云技术的互联汽车服务平台。在汽车操作系统方面，奥迪与谷歌合作，利用其开放的安卓平台，定制个性化操作系统。

比如，奥迪推出的智能屏幕（Smart Display）车载平板计算机便使用了完全自主定制的 UI 界面。

奥迪汽车与英伟达等供应商合作，开发了可模拟人脑处理新信息方法的车载计算机。

2016 年 5 月，大众汽车与网约车软件开发企业签订战略合作伙伴协议，在定制服务和自动驾驶汽车领域展开合作。英国共享出行服务商 Gett 公司技术具备按需出行所需的正确预测消费者需求的算法，大众汽车与其合作，将能够正确理解消费者需求，提供符合消费者需求的定制服务。

2015 年年底，大众汽车新成立了数字化战略部门，主导自动驾驶、智能网联技术。在 AI 领域，向德国 DFKI（人工智能）公司和以色列（网约车软件）公司出资，并与美国 Pivotal（软件开发）公司合作。继德国沃尔夫斯堡、慕尼黑和美国旧金山后，2016 年 10 月，在柏林成立了 IT 技术的先行研究以及负责研发和软件内制的数字化实验室，大众汽车的软件工程师与美国 Pivotal 合作开发数字化生态系统。

在智能化汽车运行方面，奥迪于 2015 年 1 月从美国硅谷到拉斯维加斯进行了自动驾驶长距离测试。在该次自动驾驶实证实验中，利用深度学习技术对形状识别十分有效。大众汽车的首款搭载自动驾驶技术的量产车型全新一代 A8 于 2018 年 3 月正式上市。新车上搭载的自动驾驶系统包含长波雷达、一系列超声波传感器、激光扫描仪以及多个摄影机，可以在高速公路上以 60km/h 的时速自动行驶。2018 年 4 月，大众汽车在德国汉堡的多层停车场测试自动泊车功能。在测试场景中，用户利用一款应用程序，预定停车位，将车开至停车场入口，完成车辆自动泊车操作。车辆可以自行搜索空闲停车位，还会自动充电。驾驶员取车时，可以向手机应用程序发送一条简短消息，从停车位召唤汽车，也不用排队等待支付停车费，这一系列操作可以在应用程序内完成。

6.3.4 沃尔沃汽车集团

2017 年 1 月 3 日，瑞典沃尔沃汽车集团与其供应商瑞典奥托立夫公司合营成立致力于汽车软件系统研发的公司，与全球各大高端汽车制造商以供应商和协作开发形式合作，研发先进的驾驶辅助系统以及自动驾驶技术。公司开发的先进驾驶辅助系统以及自动驾驶技术不但会被沃尔沃汽车集团推出的新款车型采用，而且还会通过奥托立夫公司的渠道销往全球各大汽车制造商。

2017 年，沃尔沃发布了搭载 Drive Me 应用的自动驾驶系统的 XC90 车型。

测试用的 XC90 除了装有自动驾驶用的摄像头外，还装有 7 个用于研究的摄像头，目的是监视驾驶员及获得数据。此外，还有 12 个超声波传感器，140° 激光雷达安装在进气格栅下方，雷达安装在车辆四角。

沃尔沃计划 2021 年投放符合 SAE 要求的 L4 级自动驾驶汽车。

作为全世界最大的“汽车乘员保护系统”生产商，奥托立夫公司在 2017 年 CES 上展示了“学习型智能汽车系统（LIV）”。该系统能够和驾驶员进行协作，共享操控，以实现更安全的驾驶。LIV 的初代版本会利用人工智能技术，之后会发展嵌入式 on-line/off-line 机器学习技术，通过大数据资源帮助建立汽车和驾驶员的共生关系。LIV 的开发理念是以“人类驾驶员为主”，建立机器和人互相信任、协同工作的机制，以实现汽车在自动驾驶、无人驾驶下的行车安全。

6.3.5 标致雪铁龙集团

目前，标致雪铁龙集团（PSA）仅提供 L1 级的自动驾驶辅助功能，包括自适应巡航控制系统、自动紧急制动和车道保持等辅助功能，标致 208、标致 308、标致 2008、标致 3008 跨界车和标致 Traveller 已具备上述功能。此外，雪铁龙旗下类似车型雪铁龙 C3、C4 Picasso 和 Spacetourer 也配有上述功能。

2017 年 4 月，PSA 公布自动驾驶研发的具体时间表，2018 年年初开始推出自动泊车等自动驾驶功能，PSA 旗下高端品牌产品 DS 7 Crossback 也将搭载自动泊车功能。

PSA 的 L2 级自动驾驶辅助系统除了有自动泊车功能外，还包括 Connected Pilot 系统，该系统能够使车辆保持车道并和其他车辆保持距离。

PSA 将在 2020 年之后推出 L3 级的相关功能，目前欧洲尚未允许具有 L3 级自动驾驶功能的车辆上路。5 种配有高级自动驾驶功能的 PSA 原型车具有道路测试权。

除了与大学研发机构合作之外，PSA 还与博世、法雷奥、采埃孚 / 采埃孚天合和法国赛峰集团拥有合作关系。

2017 年 5 月，PSA 宣布与麻省理工学院的分支机构 nuTonomy 在自动驾驶领域展开合作，将 nuTonomy 研发的自主驾驶技术软件整合到标志 3008 中，搭载 nuTonomy 软件系统的标志 3008 自动驾驶车将会在新加坡进行路测。自动驾驶路测的范围不会局限于新加坡，后期测试评估范围将逐步扩展到其他大城市。

6.4 日韩系车企自动驾驶技术开发现状

为增强自动驾驶领域的控制权，日本企业在 2017 年加大了研发费用投放，推动自动驾驶的安全技术开发。丰田汽车将在 5 年内投资 10 亿美元，用于研发机器人技术和人工智能技术。

6.4.1 丰田汽车自动驾驶技术研发重点和运行现状

2017 年 9 月，丰田汽车发布了《自动驾驶白皮书》，表明其在自动驾驶领域首要考虑的是汽车安全问题。丰田汽车将与驾驶员互为伙伴、相互合作，以提高行车安全性作为自动驾驶理念。

在汽车自动驾驶技术研发方面，丰田汽车以加利福尼亚州硅谷为中心，强化自动驾驶技术的研发。在硅谷投入 10 亿美元，设立丰田研究院，召集自动驾驶研发人员，从基础研究做起，力争获得 AI 和深度学习技术。并与美国史丹佛大学、麻省理工学院合作进行研究。丰田汽车成立研究院的四大目标是加强开车的安全性、让年长者或行动不便的人士也能开车、开发照护机器人、将人工智能与机器学习技术应用至材料科学领域。丰田研究院的研发团队现已着手进行约 30 项自动驾驶汽车技术的研究。

丰田汽车将在智能化的监控系统（辅助驾驶系统）方面下功夫，例如汽车在行驶过程中遇到问题时，不仅仅会提出警告，还会纠正驾驶员的不正当操作。

丰田汽车在连接智能手机方面，没有使用谷歌或者苹果的平台工具，而是采用 Telenav 公司的产品。Telenav 公司提供在数字地图、电话通话、音乐播放等服务方面融合智能手机和车载平台的工具，也在开发类似谷歌的软件。2016 年 4 月 5 日，丰田汽车宣布成立 Toyota Connected 数据公司，并与微软公司合作，进一步拓展互联汽车解决方案。Toyota Connected 即将开发或拓展的服务包括：根据驾驶员的实际驾驶模式进行保险覆盖和费率核算；能共享交通和天气信息的互联汽车网络；针对驾驶员的习惯和偏好订制信息服务，例如跟踪心率水平、血糖水平，以及其他个人健康数据。Toyota Connected 的最终目标是帮助提供人性化的驾驶体验，把技术推向后台。

在智能汽车运行方面，丰田自动驾驶车已经达到从高速公路入口到出口可自动变道或超车行驶的水平。2017 年 3 月，丰田美国研究院公布了丰田旗下新一代自动驾驶汽车。新款丰田自动驾驶汽车是由丰田研究院打造的第一款自动驾驶测试平台，平台上集成了线控驱动的接口、分层式激光雷达、毫米波雷达和相机阵列。该汽车可以不必依赖高精度地图而实现自动驾驶，此外，实现了传感器模块化，当传感器升级时，丰田汽车可以随时改进、随时更换。

丰田汽车在自动驾驶领域有两个产品规划：Chauffeur和Guardian，其中Chauffeur将达到L4级的自动驾驶，此时汽车在城市道路或省际公路上可以实现自动驾驶。Guardian是一个高级辅助驾驶系统，装备Guardian的汽车在行驶过程中可以监测车辆周围的环境，警告驾驶员潜在的危险，并在必要时介入以避免碰撞。

2017年5月22日，丰田研究院宣布与包括麻省理工学院（MIT）媒体实验室在内的5家科技公司达成合作，将共同为自动驾驶车辆研发区块链技术。该项目不仅能够帮助公司或消费者分享测试或驾驶数据，还能促进利用汽车共享或使用等业务的数据制定保险费率。车辆可通过自带传感器收集驾驶数据，并将数据储存在区块链中。车主可为保险公司提供更为透明的数据，或可因此降低保险费用。

丰田汽车自动驾驶规划：在2020年以前，丰田汽车计划向市场投放自动驾驶系统“Highway Teammate”，可在驾驶员的监视下实现高速公路自动驾驶。在高速公路行驶时，该系统可以根据交通状况做出判断，并采取必要的操作，包括高速公路汇流、并线、车道变更、车距保持及分流等功能。在2025年前实现商业化的自动驾驶系统“urban Teammate”，在普通道路实现与Highway Teammate同样的功能。除了可以感知车辆周边的人、自行车之外，还可以利用地图数据、十字路口标识、交通信号等视觉信息，按照当地交通规则行驶。

6.4.2 本田汽车自动驾驶技术开发重点

与其他汽车厂商的自动驾驶技术一样，本田汽车也将重点放在自动驾驶和下一代环保型汽车等新领域，利用自有技术加强与美国谷歌在完全自动驾驶方面的共同研发。2016年2月开始与Waymo公司探讨共同研究完全自动驾驶汽车。本田汽车与外界企业高校也基于共同研究的技术领域展开广泛合作。

在2014年的智能交通系统（ITS）大会上，本田汽车展示了自动驾驶研究成果，并在底特律的一条高速公路上进行了实地演示，演示的内容包括在高速公路上通过自动驾驶进行的汇合、分离及车道变更等操作。

本田汽车的自动驾驶技术主要依靠单目摄像头和毫米波雷达来获取信息。通过单目摄像头对前方路况信息的获取，能让汽车时刻保持在行驶线上。一旦车辆开始靠近行人，这套系统将会较为缓和地制动，如果驾驶员依然没有意识到即将撞人，系统将会大力制动，同时会向相反的方向打转向盘，并提供声音和视觉上的警告。在底特律高速公路上的演示中，本田自动驾驶汽车完成了转向、自动制动、车道汇合与变更等操作，并且全程时速保持在129km/h。

针对驾驶员在行车过程中可能突发疾病或遭受人身伤害的情况，本田汽车引入了“虚拟牵引”技术。它是通过车联网技术实现的，通过信号使两车建立联系，让后车获取前车的信号信息，跟随前车到达目的地。当发生问题时，处于困境的驾驶员将求救信号发出，收到信号的车辆提供类似于“向导车”的帮助，引领发出信号车辆驶向急救中心等应急服务场所，从而让需要帮助的人第一时间得到救助。本田汽车通过车联网技术，还可以时刻提醒驾驶员道路前方的信息，以便尽早做出准备，防止出现剐蹭、追尾等事故。

在汽车与人、自行车的互联上，本田汽车使用了Wi-Fi的通信形式，对处在驾驶盲区的行人或自行车的位置做出判断，并将信号反馈至车辆传感器，汽车会自行减速或者制动，防止意外发生。

目前，本田汽车的一些自动驾驶系统技术已经运用到第九代雅阁以及讴歌的RLX上，并且逐步投放到像飞度这样的小型车上。预计2020年本田汽车实现自动驾驶技术在高速公路上的应用，其后，将在普通道路上实现实际应用。力争到2025年左右确立面向个人车辆使用的L4级标准的自动驾驶技术。

在互联技术上，本田汽车与软银集团于2016年7月开始共同研究人工智能技术，2017年11月，探讨共同开发互联汽车，从2018年开始共同研究5G网络技术。

在共享出行领域，2017年2月，本田汽车与睿驰达中国公司签署出资协议，致力于汽车共享事业。在AI领域，2017年2月，本田汽车与商汤集团共同开发用于自动驾驶汽车的AI技术。运用商汤集团的图像识别技术，开展根据道路状况的风险预测等。未来还将在人工智能机器人方面展开技术合作。2017年5月，本田汽车与美国波士顿大学在AI信息安全领域展开共同研究。

本田汽车自动驾驶规划：本田汽车自动驾驶理念是实现零事故，以及让所有人享受自由移动的乐趣，强调为顾客提供可放心托付的信任感。2020年实现在高速公路上的L3级自动驾驶技术，实现通常状态下自动驾驶、紧急状态下驾驶员操作，实现多车道自动驾驶、无须驾驶员指示的自动变道功能、拥堵条件下驾驶员无须留意周围环境的自动驾驶。其后，力争在普通道路上应用自动驾驶技术。

2025 年确立面向私人用户的 L4 级自动驾驶技术，包括紧急状况在内的所有操作均由系统自动执行的自动驾驶技术。未来，通过与 Waymo、商汤集团等合作，开发高度人工智能技术，实现完全自动驾驶。

6.4.3 日产汽车自动驾驶技术开发重点和运行现状

在自动驾驶技术开发上，日产公司在 2016 年 3 月发布了自动驾驶汽车开发战略《日产智能移动》，以日产智能驾驶为主题，进一步提升现有安全驾驶辅助系统。日产自动驾驶技术“ProPILOT”是由驾驶员负责操作的驾驶辅助系统，即是一款手动版驾驶员辅助系统，具有车道保持、制动、保持车速和与前方车辆保持一定车距的功能。ProPILOT 的精髓在于会学习驾驶员的个人习惯，实现在设定范围内反映个人习惯的行驶。日产 ProPILOT 系统在 2016 年日本市场发售的 Serena MPV 中最先运用。后来应用于其他全球销售的车型，包括纯电动汽车日产聆风、欧版逍客、美版 Rogue 和在日本市场销售的 X-Trail 车型，以及 2019 款全新日产 Altima。ProPILOT Park 能够全面自动控制转向盘、节气门、制动器、换挡和泊车。通过 4 个高清摄像头进行实时图像处理，再配合 12 个声呐信息，确认车辆周边情况。基于检测到的信息，使节气门、制动器、转向盘、变速杆联动，对车辆进行控制，进而自动泊车，包括纵向泊车、并排泊车和入库。新一代 ProPILOT 搭载 12 个摄像头、9 个毫米波雷达、6 个激光扫描仪、12 个声呐及 HD 地图。通过综合使用，能够掌握车辆周围 360° 信息和车辆的准确位置，在大流量交通路口可以顺利通行。

日产汽车从美国国家安全局（NASA）引进一套自动驾驶汽车集成平台，开发了日产无缝自动出行技术（SAM）。该平台突出人机协助工作，人工智能与人工远程控制结合，当遇到突发路况，自动驾驶传感器无法应对，就由人工介入。双方将以新的方式合作到 2019 年，SAM 技术平台将继续在硅谷内进行测试，直到推出在普通道路上通过测试的改进版。

在无人驾驶汽车方面，日产与 DeNA 宣布 2017 年共同启动无人驾驶汽车的实证试验，计划在 2020 年之前在日本首都圈和地方城市实施包括验证出行服务技术在内的实证试验。

日产在研发智能交通技术的同时，和清华大学共同开展研究汽车驾驶实验项目，主要分为四大领域。第一大领域是关于自动驾驶技术，针对日产汽车研发的自动驾驶技术能否适应中国市场的需要所开展的一系列研究实验。第二大领域主要针对电动汽车（EV），对电池以及其安全性能进行研究。第三大领域是新的移动方式，对今后在中国的汽车市场需要什么样的交通移动设备进行研究。第四大领域是针对中国未来的社会变化和国家政策进行预判，然后在此基础上探讨并制定一些技术标准来适应未来发展。

在智能汽车运行上，2016 年，日产在欧洲公共道路上进行自动驾驶示范运行，预计到 2020 年在日美欧中市场投放自动驾驶车辆。在 2016 年洛杉矶车展上，日产展示了自动驾驶汽车 IDS Concept，计划 2020 年前在国内引进自动驾驶技术。东风日产于 2016 年实现主力车型 80% 普及 NISSAN i-SAFETY 安全技术。

日产将于 2022 年实现完全自动驾驶。2018 年扩大仅通过开关操作就能自动控制停车时必需的所有操作的“ProPILOT”系统的装配。

在智能出行业务方面，从 2018 年 1 月起，日产启动汽车共享业务。2018 年 3 月 5 日，与日本游戏巨头 DeNA 合作，在横滨地区进行一项名为 Easy Ride 的自动驾驶出租车服务测试试验。在智能出行动力系统解决方案上，日产的目标是采用电动车，通过提高电池能量密度和性能，缩短电池充电时间，提高利用各种燃料发电的燃料电池汽车技术。

日产自动驾驶路线规划分三步走：一是 2016 年自动驾驶 1.0 引进单行道控制，装配辅助转向、制动、加速技术，使汽车可以在高速公路上自动驾驶。二是 2018 年投放适用于高速公路多条车道自动行驶的 ProPILOT。自动驾驶 2.0 使汽车能够在没有驾驶员参与的情况下，避免危险并变换车道。三是自动驾驶 3.0 在 2020 年实现，日产自动驾驶汽车将能够在城市交通中实现自动驾驶。2020 年以后，力争将能在普通公路和高速公路等线路自动行驶的新一代 ProPILOT 投入实际应用。2022 年计划为 20 款车型搭载 ProPILOT，并计划投放 20 个市场。ProPILOT 的年销量预计将达到 100 万套。雷诺、日产、三菱计划在 2022 年在 40 款车型上装配不同水平的自动驾驶技术。日产自动驾驶技术的最终目标是实现零伤亡、零事故、零排放。

6.4.4 现代汽车自动驾驶技术开发重点

在 2016 年的洛杉矶车展上，现代首次公开展示了自动驾驶版 IONIQ 概念车。现代以 IONIQ 车型为平台的自动驾驶汽车，使用了低成本传感器以及更少的计算设备。IONIQ 自动驾驶汽车分别在车身的前方和侧面使用了 3 个价格便宜的 IBO LIDAR 激光雷达，在车身的前后安装了中程和远程雷达，在风窗玻璃上的后视镜附近安装了四摄像机阵列。这些技术配置保证了现代自动驾驶技术的可靠性。现代的自动驾驶原型车仅仅在美国拉斯维加斯进行了测试，未来公司计划继续在美国和中国等海外市场进行测试。

现代最初推出的自动驾驶系统可在较长时间范围内控制车辆加速、制动、转向、变换车道以及自动识别障碍，但上述功能只在高速公路行驶时才可生效。现代的目标是到2020年实现高速公路自动驾驶，到2030年实现城市道路环境下的自动驾驶。

在辅助驾驶系统层面，现代目前已成功融合了车道偏离警示系统（LDWS）、车道保持辅助系统（LKAS）、盲点监测系统（BSD）、先进智能巡航控制（ASCC）、自动制动系统（AEB）等基础性自动驾驶技术，而且这些辅助驾驶功能不仅应用在中高级车上，甚至已经应用在北京现代领动等紧凑型车上。

在自动驾驶方面，2015年11月，现代摩比斯开始向现代高级品牌劳恩斯（Genesis）供应自主开发的高速公路行驶辅助系统。该系统除了具备以最高速度100km/h自动行驶最长17s的功能外，还能自动控制车间距离、保持车道、速度等。现代摩比斯计划2020年实现完全自动驾驶技术的商业化运营。

6.5 我国主要自主品牌汽车企业的智能汽车开发现状

6.5.1 上海汽车

2015年3月，上汽与阿里巴巴共同宣布设立10亿元的互联网汽车基金，共同打造跑在互联网上的汽车。荣威RX5是上汽与阿里巴巴共同打造的互联网汽车，具备智能化功能，但还不具有自动驾驶功能。

在2016年4月的车展上，上汽展出自主开发的第二代自动驾驶SUV“MG iGS”，该车基于量产车型名爵锐腾（MG GS）打造，搭载自主开发的自动制动技术和各种传感器。目前，已经完成了1.4万km的试验场道路模拟测试和高速公路实车测试。实现了远程遥控泊车，在时速60～120km/h范围内实现自动驾驶，并具备主动避让V2X紧急制动、自适应跟随、车道保持、自动变更车道和自主超车等功能。

2018年4月，上汽与全球著名的智能驾驶控制核心技术提供商奥地利TTTech Computertechnik AG签署合资经营合同，双方以50.1∶49.9的股比成立合资公司，加快推进智能驾驶中央决策控制器（iECU）集成开发，提升在智能驾驶领域的核心技术能力。根据规划，合资企业将从事开发、制造和销售高级驾驶辅助系统、自动驾驶的电子控制单元以及相关组件。合资企业生产的智能驾驶中央决策控制器，将搭载在上汽集团国内首款量产智能驾驶汽车上。

目前，上汽已经开展了封闭试验场、高速公路、特定园区及城区、地面及地下停车场等应用场景下的智能驾驶技术研究，整车测试累计里程超过 5 万 km。

在智能驾驶汽车规划方面，上汽的智能驾驶技术从 L3 级起步，以自动控制、人工智能、视觉计算等技术为核心，将驾驶员从传统“人 - 车 - 路”闭环使用体系中解放出来。上汽计划到 2020 年实现高速路上的自动驾驶，2025 年实现全环境下的自动驾驶。

6.5.2 一汽集团

在智能化汽车路线上，一汽已建立了五大技术支持平台，包括：基于“互联网 +”的设计、制造、服务一体化技术平台；节能与新能源汽车动力总成与底盘机电一体化技术平台；整车和总成电子控制嵌入式软件技术平台；汽车智能移动技术平台；D-Partner+ 信息服务技术平台。

从一汽“挚途”战略看，目前，一汽“挚途”1.0 已应用到红旗轿车上，具备主动巡航控制系统（ACC）、先进紧急制动系统（AEBS）、车道偏离预警系统（LDW）等驾驶辅助功能，为客户提供辅助驾驶。到 2018 年，一汽将发布红旗品牌互联智能乘用车和解放品牌互联智能商用车，具备单任务短时智能托管、D-Partner2.0 的车辆智能服务功能，完成智能互联生态圈布局。2020 年将发布高速公路代驾产品及深度感知和城市智能技术，具备多任务长时间托管和智慧城市解决方案提供功能。2025 年最终实现智能商业服务平台运营，高度自动驾驶技术整车产品渗透率达 50% 以上。

6.5.3 长安汽车

在智能汽车技术路线及研发方面，长安汽车通过配备自适应巡航雷达和前置摄像头，在车身四角加装探测雷达，实现对路况的感知和决策。对 L3 级的自动驾驶，长安汽车已经确定了技术路线并选定供应商资源、突破多源异构传感融合算法、局部路径与速度规划算法、纵向控制算法、功能调度算法等关键技术，并转入量产开发，计划 2020 年上市具有 L3 级标准的自动驾驶汽车。对 L4 级的自动驾驶，长安汽车以实现智能化、电动化、网联化和共享化示范运营为目标，目前正在进行性能测试。

长安汽车美国研发中心主要承担智能驾驶及智能网联技术的开发工作，具体负责工程化的先期技术开发。此外，长安汽车还将在美国硅谷建立办事处，负责长安汽车在智能化领域最新的概念设计；在印度的班加罗尔建立软件中心，负责智能驾驶相关软件的开发。

在智能汽车运行方面，长安汽车在2016年车展上展出了大型SUVCS95自动驾驶汽车。目前已经完成2 000km的自动驾驶路测，定位为自动驾驶量产车型，具备起停功能的ACC、沿单车道自动驾驶、驾驶辅助等功能。2016年内投放具备ADAS功能的睿聘、CS、逸动系列车型。

在智能化规划方面，2015年长安汽车制定“654”智能化战略，拟打造六大体系平台、五大核心技术，分四个阶段逐步实现汽车从单一智能到全自动驾驶。具体时间表为：2015年年底完成具备驾驶辅助功能的产品量产上市，2018年完成半自动驾驶技术的开发及产业化，2020年完成高度自动驾驶，2025年达到全自动驾驶。

6.5.4 北汽集团

北汽集团的智能网联汽车研发起步于2013年，对车联网的应用也较早在E系列乘用车上安装，2014年分别与百度、乐视达成战略合作伙伴关系，共同推进汽车智能化和网联化。通过自主创新，北汽集团着力构建智能网联汽车核心技术。

在智能网联汽车战略上，北汽集团发布了NoVA-PLS战略，即三位一体的全方位智能化技术路线，包括：智能驾驶NOVA-Pilot、智能互联NOVA-Link、智能驾驶舱NOVA-Space。通过智能网联汽车实现北汽集团由制造型企业向制造服务型和创新型企业转型，由传统汽车制造商向出行解决方案服务提供商转型。同时，构建三大技术平台：车辆关键技术平台，包括环境感知、智能决策和控制技术；车联网关键技术平台，包括车载平台、V2X、云平台和大数据；基础支撑技术平台，包括地图定位、信息安全、法规标准和测试评价。

在智能网联汽车阶段规划上，北汽集团分为四个阶段实现完全自动驾驶。

第一个阶段是2016—2017年实现辅助驾驶（L1级）。在实现智能驾驶NOVA-Pilot1.0（L1级）方面，实现全速自适应巡航控制、自动紧急制动AEB、半自动泊车；在实现智能互联NOVA-Link1.0上，实现车机一手机互联、在线语音导航和信息娱乐等；在实现智能驾驶舱NOVA-Space1.0方面，包括多屏互动、自然语音控制的友好HMI。

第二个阶段是2018—2019年实现半自动驾驶（L2级）。在实现智能驾驶NOVA-Pilot2.0（L2级）方面，实现集成式自适应巡航控制IACC、高速公路辅助

HWA、全自动泊车 APA；在实现智能互联 NOVA-Link2.0 上，建立车联网生态圈、实现车辆远程控制；在实现智能驾驶舱 NOVA-Space2.0 方面，包括用语手势等多种方式控制、电子后视镜、健康和疲劳在线监测。北汽集团的自动驾驶平台合作伙伴是百度，双方在自动驾驶、车联网、云服务等领域全面打造“人工智能 + 汽车”生态。自动驾驶技术以百度 Apollo 开放平台为基础，借助百度人工智能核心技术，实现 L3、L4 级别自动驾驶车辆量产。在车联网方面，百度 Apollo 将 DuerOS、车辆信息安全、图像识别等产品和技术与北汽集团车载系统深度融合，共同打造一站式车联网产品。

第三个阶段是 2020—2025 年实现有条件自动驾驶（L3/L4 级）。在实现智能驾驶 NOVA-Pilot3.0（L3/L4 级）方面，实现高速公路引导 HWP、高度自动驾驶 HA、一键泊车 One-Touch APA；在实现智能互联 NOVA-Link3.0 上，实现大数据应用和高精度地图 ADAS Map；在实现智能驾驶舱 NOVA-Space3.0 方面，包括可配置智能驾驶舱、开发和利用智能材料和功能。

第四个阶段是 2025 年以后实现完全自动驾驶（L5 级）。在实现智能驾驶 NOVA-Pilot4.0（L5 级）方面，实现城区自动驾驶和全自动驾驶；在实现智能互联 NOVA-Link4.0 上，实现 V2X 数据融合和车辆 ECU 远程升级；在实现智能驾驶舱 NOVA-Space4.0 方面，实现汽车作为移动的家和办公室的多种功能。

6.5.5 广汽集团

在汽车智能化技术路线上，广汽集团从新能源纯电动汽车起步，做智能新能源汽车。广汽集团智能新能源汽车开发采取分阶段推进的方式。第一阶段主要研发自动驾驶关键技术，包括感知系统、决策系统、线控执行系统和系统集成技术。第二阶段将在新能源智能汽车研发平台上开发自动驾驶综合路试，实现部分自动驾驶子技术产业化，开发智能车联网技术，开发车 - 网充电技术。第三阶段将实现示范运营以及产业化，包括建立“信息云”及“能量云”平台、建立结构化的智能汽车示范区、建立智能汽车关键零部件产业集群。根据自动化程度，分为手动、半自动和自动驾驶三种模式，目前，广汽集团正在研发三种模式的新能源智能汽车。通过人机界面、驾驶员动作等进行各模式之间的切换。

在智能化汽车研发方面，广汽集团已经开发了 WIT-STAR 无人驾驶概念车。开发了基于增程式混合动力的自动驾驶功能样车，并以此为平台开发包括智能感知、智能决策与线控执行的智能驾驶技术。

在ADAS方面，广汽集团正在研发自动驾驶子技术模块开发。该模块由一个单目摄像头、一个毫米波雷达及若干超声波雷达实现自适应巡航、车道保持/偏离报警、转向辅助、前碰预警和自动泊车等功能。而根据车型需要，该套系统既可以集成，也可以裁剪成各个子系统。此外，广汽集团还建立了自主嵌入式硬件平台（XCU）作为控制策略开发基础。并依托XCU平台，开发了智能控制器SCU、自主泊车系统、自适应巡航系统等。

在车联网技术方面，广汽集团自主研发了车载T-BOX，其系统设计以汽车为主、手机为辅，多网协助的多样化体验形式，将车载网络、手机网络、互联网网络结合，实现三网合一。

6.5.6 吉利汽车

在智能化汽车路线开发上，吉利汽车同步加强电动车和智能化研发。在智能化研发方面，吉利汽车经过5年的产品智能化实践，于2017年5月10日发布了全新的吉利技术品牌“iNTEC人性化智驾科技”。

在研发模式上，吉利汽车采用合作方式，与爱立信深度合作，在其Connected Vehicle Cloud的基础上，研发车联网系统。通过V2V、V2I，为用户提供安全系统，通过合作方式实现自动驾驶目标。吉利汽车计划通过“智能驾驶技术G-Pilot”分四个阶段实现智能驾驶。G-Pilot1.0阶段是以高级驾驶辅助功能为特点，通过ACC自适应巡航、AEB自动紧急制动、LDW车道偏离预警等功能实现车辆加减速控制和信息预警。G-Pilot2.0阶段是将实现车辆纵横向动力学的联合控制，通过多传感器的数据融合提高车辆对环境的感知精度和可靠性，进一步扩大智能驾驶的适用范围并达到部分自动驾驶的能力。G-Pilot3.0阶段是吉利正在全力研发的下一代高度智能驾驶平台，G-Pilot4.0阶段是实现完全自动驾驶的“人车合一”。

2016年吉利汽车实现单功能自动化，技术应用主要有半自动泊车系统、全速自适应巡航和G-Netlink2.0。2017年实现组合功能自动化，技术应用有全自动泊车、集成自适应巡航系统、G-Netlink2.0+。2020年实现高速全自动驾驶，技术应用有一键泊车系统、高速全自动驾驶、G-Netlink3.0。2025年以后实现全自动驾驶。

6.5.7 奇瑞汽车

奇瑞汽车除了在智能语音交互方面应用科大讯飞技术外，还积极打造智能网联汽车示范基地建设项目。2017年9月30日，奇瑞汽车建设完成一条V2X示范道路，也是安徽省首条建成的V2X示范道路。示范道路实现的V2X应用场景包括 V2V、V2I 和 V2P 场景。在 V2V 场景中，可以实现车辆的无红绿灯交叉口碰撞预警、换道辅助 / 盲区监测、前向碰撞预警、车队间视频传输和前方事故车辆提醒。V2V 场景通过邻近车辆间的通信，相互发送车辆的位置、速度等基础安全信息，能大幅减少汽车碰撞事故的发生并缓解交通拥堵。在 V2I 场景中，实现车辆绿灯信号提醒、车速引导、隧道提醒和施工路段提醒。V2I 场景通过车与路侧设备间的通信，及时提醒驾驶员前方道路信息和路口红绿灯信息，能有效提高交通通行效率。在 V2P 场景中，实现路口行人提醒。V2P 场景能在驾驶员有视野盲区时，及时侦测到行人并提醒驾驶员，进而减少交通事故的发生。

奇瑞汽车 V2X 示范场地建设分为三期，目前奇瑞汽车已完成一期 V2X 示范道路建设，二期项目已经开始动工，二期项目建设一块面积为 2.5km^2 的小规模示范区，主要目的是在网联化协同控制方面做些探索，将建成 V2X 系统生态化示范区，主要场景应用包括区域（RSU）交通管理，路侧及车载信息采集传输，云平台搭建实现区域显示及策略控制等，同时还会把 V2X 技术与无人驾驶车辆全面融合，实现智能召唤、自动泊车、动态路径规划等一系列典型应用场景。奇瑞汽车已和芜湖市政府接洽三期 V2X 生态小镇项目。2019 年，奇瑞将在芜湖市城东建设生态小镇与城市示范区，预计建设面积 70km^2，改装开放道路行驶车辆 1 000 辆，加装路口及路边单元 110 个，提供更加全面的移动出行服务，建立无人驾驶的车间网络系统。如图 6-2 所示。

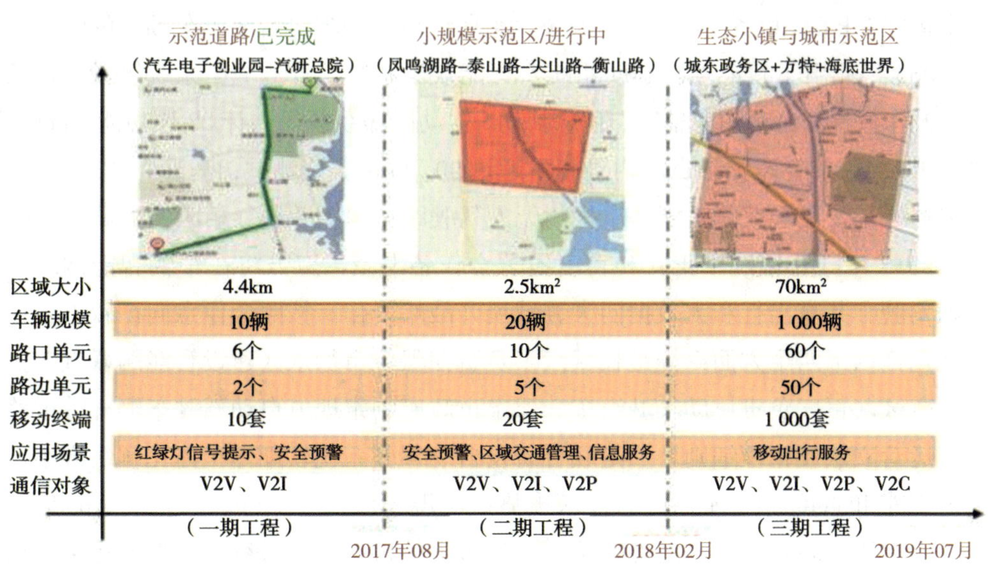

图 6-2　奇瑞汽车 V2X 示范场地

在 2017 年 9 月 10 日的世界物联网大会上，奇瑞携其最新智能网联技术成果——第二代奇瑞智能网联车以及无人车亮相，在现场演示了超车预警、红绿灯路口提醒、追尾预警、自动跟车、施工预警、限速预警和紧急制动等智能应用场景。

6.5.8 长城汽车

长城汽车智能化技术路线是先期采取辅助驾驶、后期实现完全替代人的无人驾驶。

在智能驾驶领域，长城汽车于 2017 年推出了“智慧导航 i-Pilot 系统”，将自动驾驶分三个阶段实现。第一阶段是 i-Pilot1.0 ～ 2.0 时代，通过嵌入式系统开发平台，实现高速公路自动驾驶，尤其针对中国高速公路行驶工况，相当于部分自动驾驶 L3/L4 级。第二阶段是 i-Pilot2.0 ～ 3.0 时代，实现城市道路无人驾驶，具有共享出行服务、包裹快递服务和手机远程召车功能，相当于高度自动驾驶 L4 级。第三阶段是 i-Pilot3.0 ～ 4.0 时代，实现全时无人驾驶，具有支持 V2X 介入、支持共享出行、支持远程召车功能，相当于完全自动驾驶 L5 级。第四阶段是 i-Pilot4.0 及以后，采用全新传感器，达到成本更低，系统更优化、更安全、适应性更强。

长城汽车自主研发的“i-pilot”系统采用了北美、印度、中国三地协同开发的模式，目前已经达到 L3 级标准。2020 年，长城汽车计划率先在 WEY 品牌车型上搭载 i-Pilot1.0 系统。此外，长城汽车通过募资加强对智能汽车领域的研发，将 50.33 亿元用于智能驾驶辅助系统、智能娱乐系统、舒适健康系统等领域，具体涉及车联网、自动泊车辅助、紧急制动、主动降噪系统等共计 23 项功能。目前，“i-Pilot1.0”的样车已经在国内进行了超过 50 万 km 实路测试；基于“i-Pilot2.0”打造的样车，已经获得美国密歇根州无人驾驶路试牌照并进行相应的测试。

2018 年，长城汽车正式和百度签署合作备忘录，双方将在车辆智能网联、自动驾驶、共享出行和大数据四大领域展开战略合作。按照合作意向，双方合作领域包括以下四个方面：一是长城汽车负责在保定市徐水区建设智能网联汽车试验示范区，百度负责协助长城汽车、保定市政府制定地方自动驾驶车辆开放道路测试运营立法及管理细则。二是联合研发自动驾驶系统软硬件一体化解决方案。长城汽车和百度将发挥各自的技术优势，实现长城汽车 i-Pilot 和百度 Apollo 平台深度对接，联合打造开放性、符合车规级别的自动驾驶系统软硬件一体化应用平台。三是共享出行领域合作。基于长城汽车电动车平台，为用户提供安全、高效、便捷的出行体验。四是大数据、人工智能、车联网领域合作。长城汽车将和百度共同打造具备数据收集、存储、分析能力及商业应用价值的大数据平台，构建全新自然语言交互车载系统。

6.6 主要企业的自动驾驶汽车路试情况

6.6.1 Waymo

2017 年 11 月，从谷歌旗下独立的自动驾驶汽车公司 Waymo 宣布开始在驾驶座上不配置安全员的情况下进行自动驾驶汽车路上测试。Waymo 自动驾驶汽车已经在美国的亚特兰大、旧金山、底特律、凤凰城以及华盛顿州柯克兰等 25 个城市进行过测试，甚至对当地的交通模式和人类驾驶习惯进行针对性的考察研究。截至目前，Waymo 整个自动驾驶测试车队已经行驶了 644 万 km。Waymo 在美国加州已经获得路试注册车辆 51 辆，拥有注册安全驾驶员 339 人。

6.6.2 美国创业公司 Embark

美国创业公司 Embark 已成功完成一项旗下自动驾驶载货汽车横跨美国东西海岸的测试驾驶。Embark 的自动驾驶载货汽车将伊莱克斯牌冰箱从洛杉矶送到佛罗里达州的杰克逊维尔市，行驶约 3 870km，并且在高速公路上没有依赖任何驾驶人。到 2018 年年底，Embark 希望为其车队购买 40 辆载货汽车，以开展进一步测试和长途运输。

6.6.3 沃尔沃

2013 年，沃尔沃启动了无人驾驶项目 Drive me，随后还在瑞典哥德堡市区及周边 50km 的通勤道路上投放了 100 辆自动驾驶汽车进行测试。同时，与 Uber 开展自动驾驶方面的研发合作。2017 年 11 月，Uber 宣布 2019—2021 年向沃尔沃采购 24 000 辆 XC90 SUV，用于自动驾驶车队的组建。

6.6.4 捷豹路虎

由捷豹路虎领导的 AutopleX 项目旨在使自动驾驶汽车检测到普通汽车看不到的盲点和障碍。AutopleX 将车联、自动化和实时地图技术结合在一起，能够将更多的信息及时地提供给自动驾驶汽车，有效地识别障碍和其他道路使用者，使车辆在环形路等复杂的路况下安全地行驶。

AutopleX 项目耗资 470 万英镑（约合人民币 4 137 万元），用于模拟驾驶和在西米德兰兹测试自动驾驶汽车。自 2017 年起，捷豹路虎已在真实的道路上测试其自动驾驶汽车。

6.6.5 丰田汽车

在构建自动驾驶生态方面，丰田汽车将与亚马逊、滴滴出行、必胜客、马自达及 Uber 等公司合作，构建车辆及其硬件和软件支持，开发互联移动性产品。

2018 年 10 月，丰田汽车在密歇根州 Ottawa Lake 的密歇根技术资源园区（MITRP）开设自动驾驶汽车测试中心。该中心将在 MITRP 现有测试椭圆车道内构建，并模拟密集城市区、公路交会处和平滑行驶路面，更真实、全面地测试智能汽车。

6.6.6 宝马汽车

2018 年 5 月，宝马正式获得上海市智能网联自动驾驶测试牌照。在获得牌照授权后，宝马在上海的自动驾驶研发团队将基于实际交通的系统反馈，收集丰富的实际路测数据，用于模拟研发、后期处理以及机器学习，并推进面向 L4 级自动驾驶的路试。

BMW 7 系是执行路试的最新原型测试车辆，并已经针对中国路况进行了升级改造，2018 年 5 月投入使用 2 辆，到 2018 年年底陆续增至 7 辆。该车此前已在国家智能网联汽车（上海）试点示范区进行了为期一个月的试验，测试项目整体通过率超过 99%。

截至 2017 年下半年，宝马在全球共投入 40 辆自动驾驶测试车辆。

6.6.7 苹果公司

自从 2017 年 4 月从美国加州 DMV 获得许可后，苹果一直在扩大其自动驾驶车辆测试，使其能够在加州公共道路上测试先进技术。苹果公司在加利福尼亚街头测试的自动驾驶车辆已增至 62 辆，而驾驶员已达 87 名。

6.6.8 长安汽车

在智能驾驶路测方面，长安汽车正在搭建形成从零部件级、系统级到整车级的智能驾驶全链条测试评价体系，支持产品开发测试，满足未来 L3 级及以上的开发测试要求。中美两地正同步在专用测试场、公司园区、重庆公共测试道路进行道路测试，已累计采集数万公里的测试数据。

第7章

主要零部件、互联网、IT及新科技企业在智能汽车领域的进展

7.1 汽车零部件企业在智能汽车领域的进展

7.1.1 德尔福公司

在自动驾驶汽车技术方面，德尔福侧重在电子领域的开发投资，与竞争对手博世集团、大陆集团、电装公司展开竞争。与以色列 Mobileye 公司、Intel 共同开发应对自动驾驶水平为 L4 ～ L5 级的中央传感定位与规划系统（CSLP）自动驾驶模块。该模块系统中，Mobileye 提供的道路管理系统具备能够进行图像实时处理的 EyeQ4/5 芯片，并能够进行实时映射。德尔福提供通过 2015 年收购 Ottomatika 所获得的自动驾驶软件系统以及多域控制器（MDC）等产品。该模块 2019 年前实现量产准备，为难以单独开发自动驾驶系统的中小规模汽车企业提供整套系统的即时供货。各制造商搭载该项技术的量产车型有望在 2021 年投放市场。

2017 年 4 月，德尔福与以色列车联网云端平台 Otonomo 合作。2017 年 5 月，加入包括 Mobileye 在内的宝马与英特尔组成的自动驾驶开发联盟，作为系统集成供应商，提供综合性自动驾驶解决方案。2017 年 8 月，与激光雷达传感器制造商以色列 Innoviz 公司就开发自动驾驶技术达成协议。模式是将 Innoviz 的激光雷达技术嵌入德尔福自动驾驶系统，作为系统集成商向汽车制造商供应 L3 级和 L4 级自动驾驶系统。德尔福计划 2019 年上半年发布装配 Innoviz 的激光雷达系统的量产样品。

德尔福与高德公司合作，联合研发自动驾驶技术，集中于高精度地图、精准导航、高精度定位、LBS 服务等方面。德尔福在自动驾驶技术方面已经拥有一整套先进技术和功能，包括碰撞缓解系统、一体化雷达和摄像头系统、正面碰撞和车道偏离警告系统等。高德公司拥有自动驾驶所必需的高精定位等方面的相关软件算法技术；在对自动驾驶尤为重要的云端技术和服务方面，高德的云服务平台和大数据技术可以对道路图像数据、GPS 轨迹数据等多元化数据源和天气、事故、交通管制、施工等实时动态环境信息进行大众化收集、分析、处理和发布，为自动驾驶云服务和高精度自动驾驶地图数据生成、制作提供了技术积累和基础。

2017 年 4 月，德尔福展示了与合作伙伴 Mobileye 共同开发的“中央传感定位与规划”（CSLP）自动驾驶系统。该系统是业内首个可立即启用的、完全集成的自动驾驶解决方案，配备了行业领先的感知系统和计算平台。CSLP 采用 Ottomatika 的自动驾驶算法。该自动驾驶算法集成了路径与移动规划功能以及包含摄像头、雷达和激光雷达全套组件的德尔福多域控制器（MDC）。

2018 年 3 月，德尔福将公司内部的电气和电子、电子和安全部门组建成致力于自动驾驶事业的新公司，取名“Aptiv”。新公司提供自动驾驶汽车的软件和计算平台开发、网络架构业务，专门从事自动驾驶、安全辅助驾驶、网联、信息娱乐、电气零部件及电子相关领域业务。

在自动驾驶汽车测试方面，2015 年 4 月，德尔福完成了自动驾驶车辆（Robot car）横跨美洲大陆的旅程。自动驾驶车辆基于 AudiQ5 改装，搭载雷达、摄像头、自动驾驶辅助系统、拥堵辅助和自动汽车等先进技术。行驶距离 5 470km，其中 99% 的里程采用完全自动驾驶模式。

2016 年 8 月，德尔福在新加坡启动自动驾驶出租车测试试验。德尔福投放 6 辆搭载了基于云计算打造的按需出行软件的电动出租车用于试验，计划 2020 年开始运营。

2017 年 6 月，德尔福与法国大型公交运营企业 Transdev 就开发完全自动驾驶的定制化（AMoD）运输系统缔结商业合作伙伴关系。在法国开展实证试验。

2019—2020 年，德尔福将转向无须驾驶员乘车的自动驾驶。当车辆发生故障时，可自动停于路边，防止事故发生。

在智能网联方面，2017 年 1 月，德尔福开始与美国电话电报公司（AT&T）、福特共同开发 V2X 交流平台。包括内容为：通过 AT&T 的 LTE 网络进行技术研究，构建信托 V2X 的安全智能的交通基础设施；德尔福负责开发车载 V2X 模块、AT & T 负责开发软件、福特负责将系统整合至车辆；2017 年 4 月，与国际顶端无线射频和光纤通信技术制造商德国罗森伯格公司开展技术合作，开发汽车以太网解决方案。

此外，德尔福开发的 V2X 通信系统于 2017 年搭载在通用 Cadillac CTS 车型上。V2X 系统搭载在半自动驾驶 Super Cruise 之中，能够实现 V2V（车车通信）、V2P（车与人通信）、V2I（车与基础设施通信）等。

7.1.2 采埃孚

采埃孚在驾驶辅助领域具有明显的优势，尤其在自动化制动和转向系统方面，拥有一系列能通过传感和数据分析、对行人和骑行者的事故风险做出反应的技术。

在自动驾驶方面，采埃孚与英伟达合作开发控制自动驾驶汽车的 AI 系统，与中国的百度、北汽、奇瑞汽车合作。

采埃孚与英伟达合作开发了全新的人工智能系统——ProAI，为乘用车、商用车以及其他工业应用提供自动驾驶技术服务，2018 年进行量产。

ProAI 这套全新的人工智能系统，基于英伟达 DRIVE PX 2 AI 高性能运算平台打造，将应用在乘用车以及商用车的自动驾驶领域。通过深度学习处理来自汽车传感器和摄像头的数据，能够清晰地识别周围环境，在高清地图上精确定位，为车辆规划出一条安全的前行道路，进一步适用于高速公路自动驾驶。

2016 年 8 月，采埃孚收购 Lbeo 汽车系统有限公司 40% 的股份。Lbeo 对激光雷达、雷达和摄像等技术有很透彻的研究，这对于自动驾驶汽车所需的环境识别更为有利。双方合作依靠 3D 激光雷达技术，研发更为先进的驾驶辅助系统，实现高度的自动驾驶。

在 ADAS 领域，采埃孚主要生产两类硬件产品。一个是摄像头系统。2017 年开始针对乘用车进行摄像头系统开发，力争 2020 年实现量产。具体模式是由采埃孚提供硬件和相关零部件，由海拉及其子公司 HellaAglaia Mobile 公司进行系统集成和软件开发。产量规划是扩大摄像头系统产品，用于搭载自动驾驶汽车、商用车和越野车。另一个是雷达系统。采埃孚在系统和构建架构阶段与海拉进行合作，开发结合海拉的 360° 环视雷达系统与采埃孚的中长距离雷达系统的新产品。

在自动驾驶汽车内饰系统方面，采埃孚与佛吉亚合作。2017 年 5 月 4 日，法国汽车零部件企业佛吉亚表示将与德国采埃孚股份公司签署合作协议。双方将在无人驾驶汽车内饰以及安全技术领域展开颠覆性和差异化的技术合作，目标是“2025 未来驾驶舱”，实现从辅助驾驶到 L3 级或 L4 级甚至更高水平的自动驾驶。

采埃孚与中国百度的合作范围包括自动驾驶、车联网和移动出行领域。合作方式是百度提供 AI、大数据和云技术等，采埃孚提供与英伟达共同开发的 ZF ProAI 车辆控制系统。同时，采埃孚还向奇瑞汽车提供 ZF ProAI 车辆控制系统，双方合作开发中国市场专属的 L3 级标准自动驾驶汽车。

在移动出行领域，采埃孚与欧洲最大的共享出行公司 BlaBlaCar 汽车公司合作。

7.1.3 博世集团

1. 自动驾驶领域

博世与中国地图供应商百度、高德、四维图新进行合作，共同开发中国自动驾驶汽车用的高精度定位服务“博世道路特征（Bosch Road Signature）”。博世道路特征采用高精度地图及博世最新的摄像头及毫米波雷达传感器技术，通过连接至云端的众多具备ADAS功能的智能网联汽车，将博世毫米波雷达和摄像头识别并生成的道路特征数据集中于云端，在补充现有地图信息的同时，实时更新道路交通信息，即使在恶劣气候条件下也可向自动驾驶汽车提供精确的位置和道路交通信息。2017年，包括博世道路特征在内的高精度地图集成于自动驾驶汽车内，完成精准定位。同时，作为一项开放且标准化的产品解决方案，基于博世道路特征的定位服务有可能被各种汽车企业推广应用。

2017年4月，博世与百度签署了基于高精度地图的自动驾驶汽车战略合作。同期，采用百度高精度地图的自动驾驶汽车在苏州路试。测试样车是由博世中国团队研发，配备5个博世自主研发的中距毫米波雷达传感器、多功能摄像头、防侧滑装置、电动助力转向以及百度高精度地图、AR、HMI等。同时，博世与戴姆勒建立开发联盟。两公司将共同为自动驾驶系统开发软件及算法，目标是在2020年推出适合城市道路的完全自动驾驶（L4级水平）及无人驾驶（L5级水平）系统。无人驾驶系统计划用于自动驾驶出租车。

吉利、长城、WEY和长安等国内24个自主品牌在其车型中搭载了博世的驾驶员辅助系统。此外，博世已经开始与国内主机厂在二级自动驾驶上进行合作。除电气化和自动化技术以外，博世还开发了领先的自动泊车技术、V2X互联控制单元等创新技术和互联解决方案。

在互联交通领域，博世与全球领先的通信技术供应商华为及英国移动网络运营商沃达丰联合，在德国对车联网通信技术LTE-V2X进行路测，以实现车辆之间数据的交换，为互联和自动驾驶提供技术准备。同时，博世与华为的合作也已拓展到中国本地化的紧急救援开发及测试。博世智能网联事业部致力于拓展未来更适合中国现状的生活和交通出行场景，以及满足消费者需求的出行解决方案。目前，新一代智能泊车等项目已经启动，未来博世还将致力于打造和提供一系列基于博世物联网组件的数据深度挖掘、先进的车队管理等适用于中国市场和消费者的出行服务。

2018年年初，博世成立了全新的智能网联事业部，借此持续推动向智能交通服务供应商的业务转型。在国内，博世也与中国主机厂、互联网公司在智能网联领域展开合作。2018 年 3 月 18 日，博世与斑马正式签署战略合作谅解备忘录，双方将在汽车多媒体软硬件及智慧出行解决方案相关领域展开合作。此外，博世也参与了百度的 Apollo 平台。除了不断增强自身创新能力，博世也开始关注优秀初创企业。2018 年，博世在中国首次启动汽车人工智能加速器项目。创业方向涉及辅助驾驶、无人驾驶、智能出行领域等解决方案。截至 2017 年年底，博世汽车与智能交通技术业务在中国共有超过 34 000 名员工，拥有 23 个生产基地，超过 4 600 名技术人员分布于 12 个技术中心。

2. 开发 V2X 互联控制单元技术，让交通服务成为可能

博世 V2X 互联控制单元（如图 7-1 所示），融合了自动化与互联的关键技术，使汽车通过与周围环境的通信来感知视线之外的物体。通过增加 V2X 功能，强化了车载互联控制单元（CCU）现有的车联网功能以及基于呼叫中心的服务功能（如紧急呼叫），从而提高驾驶员对危险驾驶情况的意识，进一步保障行车安全。

图 7-1　博世 V2X 互联控制单元

博世卫星定位智能传感器（如图 7-2 所示），集成了卫星定位、星基 / 地基增强服务、惯性定位以及高精度定位引擎的系统解决方案，为车辆提供准确和可靠的位置和姿态信息，使高度自动驾驶成为可能。

图 7-2　博世卫星定位智能传感器

7.1.4 大陆集团

大陆集团在自动驾驶领域发布了自动驾驶系统、摄像头等数字化产品。

1）L3 级自动驾驶系统。2017 年 10 月，大陆集团发布了 L3 级高度自动驾驶技术，预计 2020 年开始生产。大陆集团 L3 级自动驾驶系统可以实现的功能有：在高速公路上以 50 ～ 80km/h 的时速工作。由中央控制单元 ADUC 分析通过摄像头、雷达、激光雷达等传感器获得的数据，基于这些数据，可以识别车辆周围 360° 的情况。可以实现高速公路上的自动变更车道及超车等。当车辆接近高速公路出口时，催促驾驶员接管驾驶；在驾驶员没有反应时，通过光和声音、强烈摇晃座椅等发出警告；如驾驶员仍没有反应，则将车辆强制停靠在安全的路肩。

2）大陆第 5 代单目摄像头。大陆集团 2017 年 5 月发布的第 5 代单目摄像头，通过模块化结构，可以灵活扩展至高端和低端车型平台，具有优异的夜间光视效能和 800 万像素的高分辨率；镜头的角度可扩大到 125°，可以在交通复杂路况下及早发现物体；除使用传统的计算机视觉外，还使用了神经网络，可以检测从侧面靠近的车辆等。

3）大陆汽车网络安全系统。2018 年 2 月，大陆集团发布了使用以色列 ArguS 的网络安全技术的最新汽车网络安全系统。可以提供检测与防御入侵车辆，攻击面保护、监控与管理安全运营中心的车队网络安全等多层面的端到端汽车网络安全系统与服务，还可提供软件 OTA 更新等。

4）大陆第 5 代毫米波雷达。2018 年 1 月，大陆集团发布了第 5 代近程 / 远程 77GHz 毫米波雷达，计划 2019 年量产。第 5 代毫米波雷达可检测更小体积的目标物体，如前车掉落的备胎及排气管。远程雷达的最大探测距离为 300m，视角范围为 ±60°。可为车企提供不同版本的产品，应对车企多变的款式要求以及 E/E 架构的模块设计。

大陆集团 2018 年 1 月收购高精度地图、位置信息服务公司 HERE 5% 的股权，布局地图领域。

2016 年大陆集团汽车事业部营业收入 236 亿欧元中的 60% 来自于传感器、电子产品及软件。尤其在 ADAS 用车载雷达领域拥有较高的市场份额。2016 年 ADAS 营业收入同比增长 36%，达到约 12 亿欧元。大陆集团计划 2020 年实现与 ADAS 相关的雷达、激光雷达、摄像头、ECU 以及内饰相关的内饰镜、HUD、V2X 通信技术等自动驾驶辅助技术产品的营业收入提高到 30 亿欧元。在 ADAS 产品方面，大陆集团于 2017 年 1 月开发使用 3D 闪光式激光雷达掌握周围 360°

状况的环保产品，计划2020年之前开始量产3D闪光式激光雷达。同时，在自动驾驶汽车控制系统方面，与耐世特设立从事用于自动驾驶的运动控制系统及执行器元件的研发合资公司。

2017年4月，大陆集团中国总部与中国联通合资子公司联通智网科技签署战略合作协议。双方以50%∶50%出资成立合资公司，致力于成为世界依靠的ITS解决方案提供商，目前已经获得了第一批ITS产品订单。合资公司的一款汽车服务新产品是Fleet+，为汽车制造商提供端到端的按需共享平台。

大陆集团预计2020年自动驾驶市场规模将达200亿欧元以上。以零排放为目标，提供各种技术。其中：识别技术有MFL、SRl、ARS、SRR、MFS、智能电池传感器、踏板角度传感器和轮速传感器等；判断技术有车辆位置传感器、安全域控制单元、底盘域控制单元；介入技术有MK CI等电动制动系统、卡钳、电动驻车制动。

7.1.5 奥托立夫

2016年9月，沃尔沃与奥托立夫确定共同研发无人驾驶技术，共同成立了无人驾驶公司Zenuity，将各自的无人驾驶软件开发和知识产权迁移到一起，同时抽调双方的自动驾驶研发人才，组建了一个数百人的工程师团队，进行自动驾驶方案的研发。其中，奥托立夫主要作为其软件系统的独家供应商，沃尔沃向该公司采购自动驾驶方案。双方计划在2019年推出L3级驾驶辅助技术，2021年推出L4级自动驾驶系统。

AI软件领域：2017年6月，奥托立夫、沃尔沃、Zenuity开始联手英伟达，共同开发自动驾驶AI软件。英伟达的车载平台DRIVEPX能够通过实时摄像头识别车辆周边360°全景情境、与高精度地图相对照，从而正确掌握车辆位置，预测潜在风险，确定出安全路线。双方力争在2021年实现L4级标准级别自动驾驶系统的商业化。

激光雷达领域：2017年7月，奥托立夫与Velodyne LiDAR达成合作，以实现激光雷达的商业化。奥托立夫利用Velodyne的3D软件技术以及LiDAR ASIC引擎，研发、销售车载激光雷达传感器。用户定位在无人驾驶出租车细分市场。为了巩固在电子领域的领导地位，2017年9月，奥托立夫收购瑞典Fotonic i Norden激光雷达（LiDAR）和飞行时间法（ToF）摄像头业务，获得了自动驾驶必需的两项技术。

算法领域：2017年10月，奥托立夫与MIT AgeLab签订研发协议，合作研发自动驾驶算法。合作期限 2 年，重点在于研发深度学习算法及测试评估，目的是实现人机间高效的通信及驾驶控制权的切换，如自动驾驶向半自动驾驶的切换。研究合作成果或将提供给 Zenuity 公司。在 2017 年 12 月的 CES 展会上，奥托立夫推出第二代学习智能车辆（LIV2.0）。LIV2.0 可通过传感器追踪记录驾驶员或乘客的声音或手部动作，从而懂得驾驶员或乘客的指示，通过传感器，感知驾驶员的视线、认知负荷、困倦、手的位置和姿势，再活用深度学习算法，并结合外部环境数据，提供最佳驾驶方案。

高精度地图领域：2018 年 1 月，Zenuity 联合通腾导航公司（TomTom）就研发自动驾驶系统名为“Zenuity Connected Road View”的项目达成协议。通过一款针对自动驾驶车辆或搭载 ADAS 车辆的地图数据投递系统 TomTom AutoStream，将 TomTom 的高精度地图数据发送给 Zenuity 的自动驾驶软件，从而可得到最新的定位并确定路线。截至 2018 年 1 月，TomTom 的高精度地图已覆盖美国、西欧、日本等地 38 万 km 的高速公路。

7.1.6 日立集团

日立集团汽车部件业务包括三大事业群：日立汽车系统公司、歌乐和日立有限公司。日立汽车系统公司主要专注在汽车电气化，并和歌乐共同开发自动驾驶相关技术。歌乐依靠在车载信息娱乐方面的优势，联合日立汽车系统公司和日立有限公司，共同开发自动驾驶领域的认知、决策、控制等相关技术。日立有限公司重点在车联网业务。

日立汽车系统公司以实现安全安心的自动驾驶系统为目标，进一步开发运用立体摄像机、雷达等周边环境识别传感器的组合来检测周边状况的具有融合性的 360° 探测系统，并开发可依据实时信息来执行瞬间加减速、道路变更等判断的自动驾驶控制单元。

2017 年 10 月，日立汽车系统公司开始开发 L3 级自动驾驶相关技术，可以在 ADAS/AD 核心零部件被破坏时将驾驶权限平稳移交给驾驶员，该技术即将于 2020 年实现商业化。

7.2 互联网、IT 企业在智能汽车领域的进展

7.2.1 谷歌（Waymo）公司

谷歌 2009 年启动了自动驾驶车辆开发项目。谷歌自动驾驶车辆使用照相机、

雷达感应器和激光测距机来判断交通状况，并且使用高精度地图为前方的道路导航。

在车载操控系统上，谷歌公司与车企开放合作，以 Android 为平台，获得用户流量和数据。汽车企业更易于用开源的 Android 平台开发定制的汽车企业操作系统，但会受制于谷歌 Android 系统的应用和服务。

2014 年 12 月，谷歌发布了无转向系统、加速踏板的自动驾驶汽车试制车型（Google Car）。到 2016 年 5 月，谷歌用于公共道路上试验的车辆共有雷克萨斯 RX450h（24 辆）和谷歌原型车（34 辆），累计自动驾驶行程 265 万 km。为加快测试数据收集，谷歌从菲克采购 100 辆新款微型厢式车，在该车型上安装自动驾驶系统、感应器等，在 2016 年年末用于公共道路测试，测试数据所有权归谷歌。

2016 年 12 月，Waymo 公司从谷歌独立出来，2017 年 11 月，开展无人驾驶汽车测试，并已完成 1 287 万 km。除了在实际公共路面进行无人驾驶测试以外，Waymo 还利用基于人工智能的无人驾驶系统进行虚拟测试，其虚拟道路无人驾驶测试总里程已经超过了 80 亿 km。

目前，Waymo 已经在美国凤凰城启动了无人驾驶服务，当地大约 400 名居民获得了参与无人驾驶服务测试的资格。通过手机端应用，呼叫 Waymo 无人驾驶车提供接送服务。

7.2.2 苹果公司

苹果公司切入自动驾驶汽车技术领域采用的策略是：通过发布 CarPlay 系统，让车企使用这套系统，形成平台入口的生态链，然后统一硬件规格，掌控软件控制权。

CarPlay 汽车操作系统可以让用户直接在中控显示屏上打电话、听音乐、导航以及上网等，还可以通过 Siri 语音来实现声控操作。CarPlay 需要将用户的苹果手机接入插接器中，才可以操作 CarPlay 系统应用。CarPlay 一推出就迎来第一批 16 家合作者，包括奔驰、宝马、捷豹路虎等豪华车品牌以及日系、美系、韩系的主要车企。各大合作车企均推出携带 CarPlay 操作系统的车型产品。

在自动驾驶汽车研制方面，苹果公司侧重于电动智能汽车，并研发电池技术。2017 年 4 月，苹果获得了美国加州机动车管理局的许可，可以在加州公路上测试自动驾驶汽车，如图 7-3 所示。

图 7-3 苹果公司研制的自动驾驶汽车

7.2.3 百度公司

百度从 2013 年起着手进行自动驾驶汽车开发。

2014 年，百度成立车联网事业部，面向汽车厂商提供包括 CarLife 手机 - 车机互联、MyCar 车辆私有云、CoDriver 智能语音副驾、CarGuard 汽车卫士在内的不同层级的解决方案，同时面向各种车载智能硬件提供商和第三方内容与 APP 提供商提供接入合作方案，最终形成百度车联网平台与生态。

在数据服务方面，百度通过“智慧服务”，使车厂和第三方系统供应商可以通过车辆联网后产生的数据，对车主进行用户画像，分析用户的消费习惯。百度同时在做的 O2O 服务，未来可接入车主系统中，并主动推送给用户。

2015 年 12 月，百度成立自动驾驶事业部，继承百度深度学习研究院（IDL）的研发及自动驾驶产业化，在北京、深圳、硅谷都拥有研发团队，致力于车道感知、交通标志识别、信号识别、障碍物识别、行人感知等技术，也正在推进 3D 高精度地图及 SLAM（即时定位与地图构建）技术的研发。百度计划 2021 年前开始量产自动驾驶汽车。目前的试制车是基于宝马 3 系 Gran turismo 开发的，装配激光和传感器、喷射及深度学习技术。试制车的核心技术是百度汽车大脑“Baidu car brain”，包括高精度地图（厘米水平精度）、定位、感知、智能决策与控制四大模块。2016 年 5 月，百度与安徽省芜湖市达成协议，在芜湖建设自动驾驶示范运行区，从奇瑞汽车采购自动驾驶汽车，并在上海、浙江省乌镇等地进行自动驾驶试验。2016 年 9 月，百度获得美国加州的无人驾驶汽车测试牌照。2016

年 12 月，百度掌握了与自动驾驶相关的周围环境感知、高精度地图、位置推测、智能控制和深度学习等技术。

百度的无人驾驶路线是高精地图 + 传感器。百度无人驾驶汽车车顶上装有 64 线束激光雷达，通过持续圆周旋转，对车身 60m 半径内的路况进行全景扫描。车辆两端和后方分别装有 3 个激光雷达，用于扫描附近区域，弥补车顶雷达的视角盲区。通过高分辨率的激光雷达，构成无人车的“复眼”，对整体路况有了透彻的俯瞰，有助于实现在复杂交通环境下的自主驾驶。特别是针对交通拥堵、狭窄道路、小区和停车场等特殊场景，实现跟车、换道和交叉路口通行。另外，在车顶上方装有两个视觉识别摄像头，精准识别交通信号灯、路面交通线和交通标志，弥补了激光雷达在雨、雪、雾等特殊天气条件下的“无助”，提高了车辆对路标和信号牌的识别率。

2016 年 3 月 31 日，百度正式发布“智慧汽车”战略，并与长安汽车签署战略合作协议。百度正在成为汽车智能化解决方案的提供商。2016 年 6 月，百度进军商用车车联网领域。2016 年 7 月，百度车联网与深圳市益光实业有限公司合作，基于百度智慧汽车生态中的 CarLife 及 CoDriver 两款产品，打造更加智能化的汽车。

2017 年 4 月，百度发布阿波罗（Apollo）计划，向汽车行业及自动驾驶领域的合作伙伴提供开放、完整、安全的软件平台，包括车辆平台、硬件平台、软件平台和云端数据服务四个部分。在 2018 年国际消费电子产品展上，百度发布了新版自动驾驶开放软件平台“阿波罗 2.0”。

在车载应用上，百度 Apollo 智能网联系统与一汽奔腾合作，打造“懂你”的语音助理。搭载 Apollo 小度车载系统的一汽奔腾 SENIA R9 于 2018 年 5 月正式上市，Apollo 小度车载系统为 SENIA R9 打造了行业领先的语音助理，具有非常强大的语音识别和语义分析能力，真正做到“听懂你、理解你”。同时，SENIA R9 车主还能享受到 Apollo 小度车载系统功能强大的车载地图、海量地点和路网覆盖，以及最新升级的随心听功能，覆盖千万量级的音乐和有声资源，充分满足驾驶时的收听需求。

此外，百度 Apollo 和一汽在自动驾驶、车联网、信息安全等方面展开多方位的合作。此前，一汽作为重要战略合作单位，与百度一起成立 Apollo 信息安全实验室，共同研究智能驾驶信息安全方面的相关课题，加速中国智能驾驶信息安全发展。未来，双方还将推出更多智能网联及自动驾驶合作车型。

Apollo 与北汽合作，打造智能化达尔文系统。在 2018 年北京车展上，北汽集团和百度等合作打造的全新 EU5 车型亮相。EU5 主打整车人工智能概念，搭载与百度 Apollo 合作的达尔文系统，可达到更智能、更人性化的体验。未来，双方还将以百度 Apollo 开放平台与北汽集团车辆平台为基础，借助百度人工智能核心技术，加快 L3 及 L4 级别自动驾驶车辆的量产。

2018 年 3 月 22 日，百度获得北京市首批自动驾驶测试试验用临时号牌。500 辆百度 Apollo 自动驾驶汽车取得北京市自动驾驶路测号牌。

7.2.4 阿里巴巴公司

2015 年 3 月，阿里巴巴与上汽集团共同投资 10 亿元，设立互联网汽车基金，促进互联网汽车的开发和运营。

2016 年 1 月，阿里巴巴旗下高德地图与德尔福建立战略合作关系，双方在高精度地图、汽车导航、定位服务等领域进行合作。

上汽与阿里共同开发的首款互联网汽车荣威 RX5 于 2016 年 7 月上市，该车搭载了车载专用自主操作系统 YunOS，具有智能驾驶辅助及碰撞预警功能。

目前，阿里汽车团队正在研发自动驾驶技术，选取的技术路线为 L4 级全自动驾驶，即行驶由机器主导，在绝大多数场景下，都不需要人为干预。在测试车辆方面，阿里无人驾驶路测车辆改装自林肯 MKZ，并且已对车辆进行了常态化路测，具备了在开放路段测试的能力。

2017 年 9 月 27 日，阿里巴巴整合原 YunOS 移动端业务，发布 AliOS 物联网系统品牌，面向汽车、IoT 终端、IoT 芯片和工业领域提供物联网平台。AliOS 与汽车企业合作，首先援手斑马网络与神龙汽车合作，推出搭载 AliOS 的智联网汽车；2017 年 12 月 7 日，与福特汽车公司合作，共同推进智联网汽车、人工智能、智能移动服务和数字营销等的研发。2018 年推出搭载 AliOS 的福特翼虎汽车，目前已有超过 50 万辆搭载 AliOS 的智联网汽车跑在路上。

7.2.5 腾讯公司

作为一家互联网公司，腾讯积极进军智能汽车制造和服务产业。2015 年 3 月，富士康、腾讯及和谐汽车共同签订“关于‘互联网 + 智能电动车’的战略合作框架协议”，三方共同出资 10 亿元成立新公司，生产新一代智能电动汽车。

在技术研发上，2016 年下半年，腾讯成立了自动驾驶实验室。该实验室由国内外知名专家组成，在 360° 环视、高精度地图、点云信息处理以及融合定位等方面有深厚的技术积累，承担了腾讯在无人驾驶领域积累全套核心技术、牵引产学研合作的任务。腾讯自动驾驶实验室聚焦于自主驾驶车辆和地面自主机器人的核心技术研发。2016 年 12 月，腾讯和上海国际汽车城在北京签署战略合作框架协议，双方将借助各自的优势，在自动驾驶、高清地图和汽车智能网联标准制定等战略性领域进行深层次合作，共同推进自动驾驶的技术发展和商业化推广应用。

在战略性投资上，2017 年 3 月 16 日，腾讯汽车领投蔚来汽车总计 6 亿美元募资。2017 年 3 月 17 日，腾讯通过全资子公司黄河投资有限公司购入 8 167 544 股、占比达 5% 的特斯拉股权。2017 年 9 月 5 日，腾讯领投著名飞行汽车公司 Lilium 总金额为 9 000 万美金的 B 轮融资，该公司产品 Lilium jet 是一个 5 座的、纯电动的、垂直起降的飞行汽车。

在与国内汽车企业合作方面，2017 年 9 月 18 日，腾讯与广汽集团在车联网服务、智能驾驶、云平台、大数据、汽车生态圈、智能网联汽车营销和宣传等领域开展业务合作，在汽车电商平台、汽车保险业务以及移动出行和新能源汽车领域开展资本合作。

2018 年 4 月 12 日，腾讯公司与长安汽车正式签署智能网联汽车合资合作协议。双方将在车联网、大数据云等领域共同打造面向行业的开放平台，为汽车行业提供成熟、完善的智能车联网整体方案，促进智能网联汽车快速发展，为车主提供更加便利、智能的出行体验。

2018 年 4 月 15 日，腾讯公司与中国一汽正式签署战略合作框架协议，展开全方位战略合作。双方将基于腾讯车联“AI in Car”智能解决方案，打造具有差异化竞争力的智能网联产品，共建基于数据运营和增值服务的联合体，加速推动汽车行业迈入智能网联新时代。

腾讯与车企协同打造智能网联生态平台，为车企提供一个更为包容、创新和具有可持续性的智慧解决方案，让汽车成为未来生活的智能终端。腾讯车联 AI in Car 智能解决方案可以为车主提供社交服务、网络安全、场景化服务。如 AI in Car 依托腾讯内容生态，为车主提供专属私人定制内容，车主可以在车上使用 QQ 社交、QQ 音乐、智能车控、企鹅 FM、服务找人、天气、百科、事件提醒等功能。在不同场景下，AI in Car 能够智能识别感知多种出行场景，包括通勤、约会、机场接送、购物停车和自驾出游等。根据不同的场景，它可以主动提供智能停车、智能订餐、智能家居等线上线下服务。除此之外，腾讯还将贡献更多云计算和大数据上的能力，和车企既有的平台做无缝连接，帮助车企给车主提供更极致的驾乘交互体验。

7.3 科技及创业企业在智能汽车领域的进展

7.3.1 英特尔

英特尔预计自动驾驶相关市场规模在2030年将达到700亿美元，因而计划通过收购等方式全面进入自动驾驶领域。2015年收购了从事FPGA业务的美国Altera公司；2016年相继收购了专门从事loT与软件开发的美国Arynga公司、经营自动驾驶用车载半导体解决方案的意大利Yogitech公司、从事计算机视觉技术的俄罗斯Itseez公司以及掌握深度学习技术的美国初创企业Nervana Systems公司；2017年3月，英特尔以153亿美元收购以色列Mobileye——一个在自动制动和车道保持等自动驾驶及安全驾驶辅助系统必需的摄像头识别系统方面占据世界首位市场份额的公司。英特尔以中长期为发展目标，通过并购获得技术实力的提升，力争形成与高通、英伟达等竞争对手相抗衡的事业体制。英特尔自动驾驶研发总部设在以色列，自动驾驶技术研发核心仍由Mobileye掌握主导权，英特尔以Mobileye为中心增强研发实力。

在自动驾驶领域，英特尔致力于承担车载系统、数据处理、数据中心管理和相关服务等工作。英特尔预计2020年自动驾驶汽车将每天产生4 000GB的数据量。其中，摄像头数据使用量为20～40MB/s，雷达数据使用量为10～100KB/s，声呐数据使用量为10～100KB/s，GPS数据使用量为50KB/s，激光雷达数据使用量为10～70MB/s。针对大容量数据处理，英特尔有将高性能计算和网络相结合的优势。

2016年7月，英特尔与Mobileye和宝马集团宣布展开合作，力争到2021年实现自动驾驶汽车的市场投放。根据合作，宝马集团的整车将搭载英特尔与Mobileye技术。英特尔负责机械学习、深度学习以及包括AI人工智能相关技术在内的半导体研发，Mobileye负责基于摄像头图像识别系统的物体识别技术。三方将共同致力于相当于L3～L5级自动驾驶系统的开发。Mobileye在自动驾驶技术方面以感知、高精度制图技术、Driving Policy——用于判断驾驶过程中操作方式的状况预测技术为中心。自动驾驶主力产品为摄像头系统EyeQ。EyeQ是Mobileye开发的图像处理算法半导体，最新产品EyeQ5于2018年下半年供应样品，采用10nm节点以下的FinFET技术，搭载8个多线程CPU核心、18个Mobileye视觉处理器核心，性能达到 EyeQ4 的 8 倍，1s 内能计算处理 12TB 以上字节，电力消耗小于 5W。截至 2016 年年末，AEB 自动紧急制动系统已面向马自达、日产、标致雪铁龙、雷诺、上海汽车和双龙 6 家公司配套。

英特尔在 2017 国际消费电子产品展上展示了自动驾驶汽车开发平台 Inter GO。Inter GO 结合汽车与车联网、云技术，是一款面向自动驾驶汽车的解决方案。英特尔不仅供应下一代处理器 Atom、Xeon，还将提供开发者需要的、可根据性能扩展的多个开发套件，以及专门面向自动驾驶汽车业界的首款 5G 开发平台。

Inter GO 由四部分构成。第一部分是面向自动驾驶的开发平台（Inter GO Development Platforms for Autonomous Driving），英特尔通过 Atom、Xeon 等负责对自动驾驶车辆的周围环境进行识别并整合相关信息。基于各种信息，为实现包含决策在内的自动驾驶车辆必需的功能，完善了运算能力。第二部分是 Intel GO Autonomous 5G Platform，是业界首款用于自动驾驶汽车的 5G 开发平台，英特尔承担了广泛的应用软件、用途测试及开发职能。第三部分是 Inter GO Automotive Software Development Kit（SDK）软件开发套件，包括深度学习用工具套件等软件在内，是一款自动驾驶车辆的开发支持工具。第四部分是数据中心，数据中心将成为开发自动驾驶汽车的核心。存储着由传感器检测到的大量数据，再通过机械学习与深度学习反映到算法的研发工作中去，数据中心为了实现以及熟练掌握自动行驶算法的开发和模拟，承担着庞大的运算处理任务。

在智能汽车领域，英特尔和阿里巴巴共同研发了基于英特尔 Apollo Lake 架构和 AliOS 系统的下一代电子座舱解决方案，将更多数字化内容引入座舱内。

7.3.2 Uber

作为第三方出行服务公司，Uber 通过收购、与研究机构合作，进军自动驾驶技术领域。2016 年 12 月，Uber 收购一家位于纽约的人工智能初创公司 Geometric Intelligence，目的是提升交通预测水平、研发自动驾驶汽车。在研发方面，2017 年 5 月 8 日，Uber 在多伦多建立了一支新的人工智能团队，负责开发自动驾驶技术。

Uber 自动驾驶系统是统合雷达、相机、感测器等情报进行处理的系统，不包含车体、电池。

在测试方面，2016 年 8 月，Uber 在美国宾西法尼亚州西南部城市匹兹堡推出无人驾驶汽车。该车是基于福特 Fusion 二级半自动驾驶汽车，添加了 Uber 一些额外的硬件设计。Uber 自动驾驶汽车在车顶部装有激光雷达，在车身前后部装有无线电波雷达，车顶部还有长短距离光学摄像机，拍摄行驶过程中完整的画面场景。

目前，Uber 已经与沃尔沃和戴姆勒展开了自动驾驶技术的合作，增加实验车辆，借此对抗 Waymo 等自动驾驶技术公司。未来，Uber 的目标是实现完全的无人驾驶。

7.3.3 nuTonomy

美国风投企业 nuTonomy 成立于 2013 年，公司的目标是开发无人驾驶出租车，提供更便捷的交通运输服务，同时改善交通拥堵、降低碳排放污染等。公司 2017 年在美国波士顿进行自动驾驶 EV 测试。用于测试的车辆是基于雷诺 ZOE 的自动驾驶汽车。通过试验收集多项实际行驶数据，用于开发自动驾驶软件，力争以此加快公司完全自动驾驶汽车的开发，定制 On-Demand 叫车服务。

2017 年 5 月，法国 PSA 集团宣布与 nuTonomy 合作，两家公司将携手在新加坡测试全自动驾驶汽车，并在新加坡开始自动驾驶服务。

2017 年 6 月，nuTonomy 与 Lyft 合作，推出 nuTonomy 的自动驾驶共享汽车。nuTonomy 的自动驾驶车辆将是 Lyft 平台上的第一个自动驾驶车辆。Lyft 与 nutonomy 公司的合作重点是自动驾驶的安全问题。

7.3.4 Zoox

Zoox 是一家成立于 2014 年的开发全自动驾驶技术的初创公司，致力于为现代城市提供下一代“移动即服务”（Mobility-as-a-Service）技术，提供的不单纯是自动驾驶汽车，而是集合了叫车、租车的汽车共享服务以及城市交通解决方案。并与其竞争对手 Uber 和 Lyft 竞争，预计 2020 年之前推出全自动出租车的运行。目前，Zoox 已经在美国加州拥有自动驾驶汽车路测资格。

Zoox 原型车配备有激光雷达、摄像头、超声波传感器，汽车每个轮子上都装有一个可双向行驶的电动机。Zoox 汽车使用新的材料，可提供结构支撑并可当作电缆、导管的泡沫绝缘框架。车辆的外部会覆盖柔性织物，汽车的内部没有驾驶员座位和控制台，有面对面设计的 4 个座位，充分提供乘客在车内娱乐的空间。Zoox 车辆可以以无人为干预的方式进行操作，如果发生意外事故或者陌生情况，每个车辆都能够通过远程操控。在安全性方面，Zoox 开发的一套 AI 算法可以估计附近汽车驾驶员、骑自行车的人或者行人不合理行为的可能性，并调整车辆轨迹避免意外的发生。当有行人闯入规划好的行驶路径后，汽车会将闪烁的灯光或光束投射到他们身上，以此来警告。如果意外不可避免，车身上的外部气囊会迅速充满空气以缓冲冲击。

7.3.5 AutoX

AutoX 成立于 2016 年 10 月，是位于加利福尼亚州圣何塞的一家自动驾驶汽车创业公司。主要研发方向是将人工智能技术应用在自动驾驶领域。该公司目前的解决方案涵盖了环境感知、路径规划以及系统对机械的控制。AutoX 的解决方案旨在使自动驾驶技术平民化，采用几个 15 美元的 Logitech 摄像头、1 个 Android 手机，就可实现自动驾驶。由于无须采用雷达、激光、超声或者特殊的导航设备，所以能够大幅降低自动驾驶的实现成本。

AutoX 只使用了相机，没有雷达、声呐或者 GPS，自动驾驶原型车完美地完成了夜间、雨天和连续弯路等不同情况的驾驶。采用相机系统的最大优点是其成本要比用激光雷达低得多，最大缺点是用于决策的数据比较少。

AutoX 在未来的技术迭代中，将支持超声波传感器和激光雷达以增强驾驶员的安全性。但是目前 AutoX 专注于研发最便宜、最方便的自动驾驶汽车系统。

7.3.6 其他初创企业

在智能驾驶汽车领域涌现了一些有独特优势的初创企业。他们在智能网联共享出行领域的技术导向如表 7-1 所示。

表 7-1 美国一些初创企业在智能网联共享出行领域的技术导向

领域	公司名称	基地	技术导向
V2X	21GigaWatts	以色列佩塔提科瓦市	负责汽车行驶管理，V2X 通信与 GPS 等交通管理
检测预测软件	Acerta	加拿大安大略省	通过云服务提供软件技术，该软件平台可以通过机器学习检测出误操作，可以实时预测车辆故障等情况
电池改善技术	Advano	美国路易斯安那州	提供锂电池增加能量密度、降低成本的技术，可使电池容量成本降至 100 美元/(kW·h)
智能汽车风窗玻璃	Alchemy	加拿大安大略省	开发用于自动驾驶车辆的新一代风窗玻璃
智能语音控制	Apollo	美国俄勒冈州波特兰市	提供会话型语音控制系统

（续）

领域	公司名称	基地	技术导向
监视系统	Caaresys	以色列特拉维夫市	开发乘客监视系统，用于测定乘客心率和呼吸频率
	Stroma Vision	土耳其伊斯坦布尔市	提供驾驶员监视系统技术，监视驾驶员的公路行驶状况，依靠图像处理算法，感知驾驶员疲劳程度与注意力分散等状态
3D 地图	Carmera	美国纽约州纽约市	提供用于自动驾驶车国内的实时 3 D 地图，收集行驶数据和道路解析数据
AI 技术	Derq	阿拉伯联合酋长国	开发基于 AI 技术的 V2X 软件应用程序，用于自动驾驶车辆
AI 技术	iSee	美国马萨诸塞州	开发针对 AI 领域的自动驾驶系统
位置技术	Drive Spotter	美国内布拉斯加州奥马哈市	提供位置信息等
	Spatial.ai	美国俄亥俄州辛辛那提市	提供位置信息，收集分析各种数据
语音开发软件	LISNR	美国俄亥俄州辛辛那提市	使用先进的超声波技术，开发以语音传输数据的通信协议
区域自动驾驶技术	May Mobility	美国密歇根州	提供在城市区域和内部道路行驶的不需驾驶员的运输系统技术
驾驶辅助系统	Make My Day	以色列特拉维夫市	提供使用 AI 技术的行驶辅助技术，规划行驶路线方案
数据	Mighty AI	美国华盛顿州西雅图市	为自动驾驶汽车开发提供数据，辅助机器学习
导航	PathSense	美国加利福尼亚州	提供控制汽车耗电量和 GPS 精度的技术

第 8 章

智能汽车对车联网系统应用的推进

8.1 汽车企业以两种模式进入车联网系统

2010年以来，随着互联网、智能化概念的渗透，各主要汽车制造商，苹果、诺基亚、HTC、黑莓等智能手机制造商，电信运营商以及互联网公司都纷纷进入汽车移动互联网领域。他们采取的主要模式为双向合作或多向合作，借用合作伙伴在各自领域的优势，开发以娱乐、导航、互联网应用为主要内容的车联网汽车，进而向互联网汽车方向发展。

8.2 主要车企在车联网领域的进展

8.2.1 美国通用汽车公司

1. 车联网方面

（1）开发通用安吉星（OnStar）平台　1995年，由通用（GM）、EDS公司（Electronic Data Systems）休斯电气（Hughes Electronics Corporation ）应用各自专业领域内的技术和经验共同开发出一套汽车安全信息服务系统——OnStar系统。目前，OnStar已经发展到了第8代，全球用户超过500万个。经过11年的技术发展，OnStar系统的功能从最初在数字碰撞信号、车载免提呼叫、按需诊断筛选、情境信息认知、无间断数字虚拟现实技术、紧急援助和逐向道路导航等技术的基础上，又扩展了应急反应数据利用、电邮月度诊断、危机时刻路线选择、多种嵌入式语言等多项新技术。

（2）发布通用IntelliLink系统　2012年2月，通用汽车发布了最新的IntelliLink系统。这款系统与智能手机无线连接，并提供声控接入电话和音响功能。IntelliLink透过蓝牙或USB的连接，能让包括iPhone以及安卓系统的智能手机配合车上全彩触控式屏幕的多媒体娱乐系统联动，除了可以显示行车资讯以外，导航功能、接收网路广播电台甚至是无线上网搜寻娱乐资讯等一应俱全，丰富的功能也大幅度提高了多媒体娱乐系统的实用性。

（3）与苹果合作，应用iOS7系统　2013年7月5日，苹果宣布与通用、奔驰、日产及现代等汽车制造商合作，将其iOS7操作系统应用于汽车中。这款名为“iOS in the Car”的操作系统能使汽车操控屏幕如 iPhone 屏幕一般，通过 Siri 语音控制导航，选择娱乐方式、打电话、开启暖气和空调等功能。车主也可将喜爱的应用从 iPhone 导入到汽车操控屏幕上，还可连接 3G 或 4G 网络，以购买或下载音乐，甚至可以在亚马逊上下订单。

（4）开发超级巡航系统，目标是无人驾驶汽车　通用汽车于 2013 年 10 月发布了“超级巡航”系统，该系统支持半自动驾驶功能，包括自动车道追踪、在特定情况下的自动制动和控速等。无人驾驶汽车有望在 2020 年开始商用。

2. 车载娱乐信息系统方面

通用汽车扩充现有车载信息娱乐服务 OnStar，再植入 IBM 提供的能够理解、学习、预测语言的认知计算机（人工智能型）功能，为驾驶员提供作为个人辅助功能的全新服务 OnStar Go。OnStar Go 系统识别出油量不足时，可以向驾驶员传递需要加油的信息，能够提供到达最近加油站的路线导航，并且能在车内完成所有支付。使用 OnStar Go 服务订餐，可以在车内完成下单、支付，到达店时里，餐饮也已经准备完毕。在支付功能方面，通用汽车与万事达（Mastercard）合作，实现在线支付。力争与停车百科（Parkopedia）合作，使 OnStar Go 一次性实现车位空置信息查询和支付等功能。到 2017 年年底，约有 200 万辆可以连接 4G LTE 的汽车使用 OnStar Go 服务。

3. 网联化方面

通用汽车计划在网联汽车领域构建能够提供多样化服务的业务基础。通用汽车就 OnStar 服务与 AT&T 展开合作，同时，通过 OnStar At Your Service 与各企业合作，提供互联网服务。在 OnStar 系统上，还能提供智能手机应用程序 Remote Link。该程序可远程执行钥匙开关、发动机起动，还可确认数据流量的用量、发送目的地住所数据、胎压、燃料剩余量、机油余量等信息。

2017 年 3 月，上汽通用发布的“2025 车联网战略”中提到，推动以“云”为中心的车辆应用与服务，推出 OTA 在线系统更新，引入最先进的 Super Cruise 智能驾驶技术；推动 V2X 技术开发；推进 5G 超高速网络、AR 增强现实技术、高级人工智能等前沿技术开发。

8.2.2　美国福特汽车

1. 与微软合作，开发 SYNC 技术

2007 年，福特与微软合作开发名为 SYNC 的声控技术，具备影音播放、拨打电话、语音朗读短信等基本功能。目前，该技术已在福特的汽车上得到广泛应用，在北美已经有 14 款福特轿车搭载了该系统。

2010 年，福特推出了 SYNC AppLink 开放接口，为消费者提供实时交通路况、逐向导航、商务搜索、新闻、体育赛事结果以及影院信息等多项信息。SYNC AppLink 可以将 SYNC 多媒体通信娱乐系统和智能手机联系在一起，因此，在安装了 SYNC AppLink 的福特车上，驾驶员可以通过发出声音指令来控制智能手机上的第三方应用程序。

2013 年 1 月 8 日，SYNC AppLink 新增 9 款应用，并同时向 iOS 和 Android 开发者免费开放 Applink API，开发者可以自由为汽车开发各种应用。

2. 福特新一代应用开发平台 AppLink 2.0

2013 年 6 月 3 日，福特发布了新一代应用开发平台 AppLink 2.0，大幅改进了手机应用与车载设备的双向沟通。福特的思路是基于庞大的智能手机市场，集结 iOS、Android 平台众多的开发者，整合智能手机和汽车车载设备的应用开发。AppLink 2.0 的特色首先是声控启动，利用云端技术为开发者提供了完整的平台。其次，AppLink 2.0 还能保存车辆信息，在用户统一的前提下，开发者从车辆感应器中收集信息。再次，开发者还可以透过音响和屏幕，实现 push 信息的功能。目前，首批入驻福特 SYNC AppLink 平台的有个性化网络电台 Pandora、在线电台 TuneIn 和语音资讯应用 Kaliki。福特并不准备在苹果 APP Store 和 Android 官方市场之外再搭建一个新的市场，仅仅提供了一个名为 AppLink Catalog APP，里面出现的应用图标只是一个快捷方式，用户仍然需要到相应的市场去下载。

3. 与搜狗合作，进军车载语音设备领域

2004 年 1 月，中国搜狗与美国福特在车载语音通信设备上展开合作，共同进军车联网市场。搭载福特 SYNC AppLink 的搜狗语音助手，能够通过车载语音控制设备开启和操控应用中的功能，大幅度提升驾驶体验，是一款能与福特汽车完美适配的车载语音助手。用户将搜狗语音助手与福特汽车相连后，可通过转向盘上的语音按钮向搜狗语音助手发出语音命令，比操作手机更加快捷和安全。同时可通过车载音响设备及显示屏实现语音拨打电话、发短信、来信播报及快捷回复、查天气、聊天。

4. 与百度合作，研发车载应用系统

2014 年 1 月 27 日，百度与福特联合发起“车载云疯狂 Hackathon”编程马拉松活动，共同挖掘车载联网应用的市场潜能。工程师们基于百度云、百度 LBS 平台和福特 AppLink 平台，开发出了 26 个车载云应用，功能涵盖导航、天气、资讯、视听、分享、娱乐等多个方面。

2014 年 5 月 7 日，福特扩大与百度和高德现有的 SYNC AppLink 合作关系，使其在开源的框架下共同参与 Smart Device Link（SDL）的研发和标准化工作。

至此，已有 8 家公司（包括 12 款应用）与福特合作，分别是：百度、高德、中国移动、豆瓣、蜻蜓 FM、新浪、搜狗和腾讯。

5. 在智能网联方面，福特汽车与亚马逊启动合作服务，推动未来智能生活服务

2017 年 1 月，福特启动了从自家住宅操作汽车的“Home to Car”服务。这项服务可以掌握发动机等汽车保养状况。福特与亚马逊的合作基础是基于福特与 AT&T 公司合作开展的为车内信息娱乐系统安装 4G 的 Sync Connect 应用程序。福特为了建立智能手机应用程序和汽车连接的 SDL 行业标准，与丰田汽车建立联盟。SDL 采用了福特 2013 年开发的连接智能手机应用程序与车载设备的 AppLink 系统。2017 年 4 月，福特在中国市场推出“福特派”（Ford Pass）车载互联服务系统，为中国用户提供无缝对接的移动出行服务。“福特派”可以帮助车主查找停车场、加油站。一键呼叫或线上联系专业的“福特大使”，可以与车主进行一对一交流，为车主查找路线、联络经销商，获取车辆维修记录及车辆保修信息、制订未来保养计划等。配备嵌入式调制解调器的福特车辆还具备远程起动、上锁和油量查询等控制功能。“福特派”在美国、加拿大以及欧洲拥有 60 多万个用户。

8.2.3 美国克莱斯勒汽车公司

1. 与移动电话运营商的合作

克莱斯勒是较早提供车内互联网接入技术的汽车公司。2008 年 7 月 4 日，克莱斯勒发布了支持手机、Wi-Fi 及蓝牙三种无线技术的车载系统产品系列“U connect”，配备在 2009 年款车型上。

U connect 品牌的车载系统包括“U connect web”“U connect phone”“U connect tunes”“U connect GPS”及“U connect studios”的功能。

U connect web 通过使用手机网络的高速数据通信服务，可使汽车“成为热点”，可以利用 Wi-Fi 接入互联网。

U connect phone 通过蓝牙连接手机与车载系统。通过室内镜中内置的传声器拾取的语音命令，除了可以操作电话簿和语音邮件之外，还可进行收音机调频以及语音笔记录制等。部分车型配备有美国苹果便携媒体播放器“iPod”用接口，可通过车载系统进行控制。语音命令支持 3 国语言。

U connect tunes 具有将 MP3、AAC、WMA 格式的音乐文件、照片、影像文件复制到存储容量为 30GB 的硬盘中供车内欣赏的功能。U connect GPS 是可利用语音命令及触摸屏操作的 GPS 系统。U connect studios 支持卫星广播“SIRIUS Satellite”和卫星电视“SIRIUS Backseat TV”。U connect 的使用费为每月 17 ～ 70 美元。

2. 与电信运营商 Sprint 合作，无须车载智能手机

2012 年 8 月，克莱斯勒推出最新版本 U connect 信息娱乐系统，可以在无须车载智能手机的情况下连接移动网络。该技术装配在 2013 款车型上。这些车辆使用与克莱斯勒合作的 Sprint 网络。消费者需要支付克莱斯勒入网费，功能包括利用语音控制来进行 Bing 网络搜索、读写短信以及无须多个提示就可以键入导航目的地。此外，配备该系统的汽车还可以作为移动热点。对于克莱斯勒而言，Sprint 为其提供了一种一站式服务，抗衡于其他制造商在连接、应用程序以及智能手机整合方面所取得的进展。

8.2.4 德国奥迪汽车

1. 与谷歌合作，开发 Audi connect

自 2005 年以来，奥迪就开始与谷歌展开合作，开发 Audi connect”，奥迪在此基础上继续发展，不断地将新型的网络功能纳入旗下，以此来扩大其产品范围。在此过程中，Audi connect 被用于汽车在线网络、汽车与车主交互、汽车与基础设施以及与其他车辆的交互等领域。

Audi connect 已经被用于奥迪 A8、A7 Sport back 和全新一代奥迪 A6 等车型中，并将很快被用于奥迪 A1 中。这些车型可安装选配的通用移动通信系统（UMTS）模块，实现车辆与网络世界的连接。这些连接使汽车内很多新概念变为现实，例如，将谷歌地球（Google Earth）整合到汽车导航系统的地图显示器中，使导航功能操作起来更加简单。不仅如此，由于与谷歌的搜索引擎相连接，驾驶员可以根据自己的兴趣及时获得最新的选择性信息，将诸如天气、旅游资讯及新闻等信息提供给驾驶员。

奥迪在线交通信息以及语音命令控制已经于 2011 年夏季在欧洲面世。它用于通过谷歌搜索特定的目的地。奥迪在线交通信息基于实时路况数据，提供给驾驶员所选择路段的精准路况预报，这要比之前任何的交通信息服务都更快、更精确。此外，将来某些国家的奥迪客户还可以使用谷歌街景（Google Street View）

作为一个新的在线服务，客户可以用第一视角进行 360° 的路段实地查看。

2. 与电信运营商 AT&T 合作，搭载内建网络

自从 2014 年美国拉斯维加斯消费电子展（CES）上，奥迪宣布与北美最大的运营商之一 AT&T 达成合作后，从 2014 年 6 月开始，北美销售的奥迪 S3 运动版将内建 AT&T 的 LTE 网络，奥迪 A3 系列也将搭载内建网络。

3. 奥迪车用平板计算机

2014 年 1 月 9 日，奥迪与 German 共同发布了一款汽车专用平板 Audi Smart Display，采用 10.2in 显示屏，Android 操作系统，英伟达 Tegra 4 CPU。这台平板与车载 Wi-Fi 连接后，能够控制车载导航、收音机，甚至可以发动汽车。Audi Smart Display 按照汽车行业对耐用性和可靠性的要求来打造——其生产标准相比普通消费级产品要更加严格。这款基于 Android 的平板计算机，能让乘客接入 Android 阵营进行社交、聊天、日历、多媒体等应用，还能进行更加深度的整合。出于安全考虑，如果这款平板离开汽车超过 30 天，系统就会自动锁住，要想解锁只能重新放回汽车。

4. 与谷歌合作，基于安卓软件，开发车载娱乐和信息系统

2014 年 1 月，在 CES 上，Google 和德国汽车制造商奥迪宣布，双方将基于 Google Android 软件，开发车载娱乐和信息系统。

5. 与苹果公司合作，计划推出支持苹果 CarPlay 系统的车型

2014 年 6 月 26 日，德国汽车制造商奥迪表示，公司未来的车型将同时支持苹果 CarPlay 以及谷歌 Android Auto。消费者可于任何时间在两个平台之间选择。未来，消费者可以通过车载系统使用智能手机功能。

6. 奥迪研发“Online”道路信号灯信息系统

2014 年 3 月，奥迪推出新一代网络技术成果“奥迪 Online”道路信号灯信息系统。当车辆即将到达路口时，车载驾驶信息系统 DIS 就会将路口的红绿灯情况告知驾驶员，并向驾驶员提供建议车速，以便于减少停车的情况发生。如果车主还是不得不停车等待，那么该系统则会自动进行绿灯的倒数计时，并自动关联至汽车的发动机起停系统，以达到精确控制发动机点火时间，节省燃油消耗的目的。

7. 奥迪与华为合作，进军智能车联网

2018 年 7 月 10 日，华为与奥迪在柏林签署战略合作谅解备忘录，双方将在智能车联网领域开展深入合作；将联袂推动自动驾驶和数字化服务的发展。继

2017年奥迪携手华为与中国相关机构共同在无锡进行了LTE－V车联网项目的公共道路测试后，2018年9月在中国无锡开展LTE－V车联网通信标准试点项目。

8.2.5 德国奔驰汽车

在车机操作系统及服务应用上，奔驰利用两个模式打造自有应用服务品牌，以获得最终的数据控制权。一个是利用苹果CarPlay平台，一个是利用谷歌的Android平台，推出定制的智能操作系统。同时，奔驰打造的Mercedes Me服务品牌，将整合奔驰现在及未来为消费者提供的各种服务，通过网络平台面向消费者，包括车辆使用、保养、互联、租赁和金融等。

1. 车载娱乐系统查看移动APP，与百度搜索、新浪微博建立合作

奔驰通过车载娱乐系统整合APP，在内置4G网络SIM卡后，实现车主不用手机直接在车上浏览自己的社交网络和查找相关信息的目的。

车载娱乐系统整合APP的基本逻辑是各个互联网公司向奔驰提供API接口和数据，由奔驰自己的研发部门完成对其的迁移和再开发。这些互联网公司更像是单纯的内容提供商，整个生态系统并非是开发平台模式。上述车载应用的开发和质量仍是由汽车企业控制。目前，奔驰在国内已与百度搜索、新浪微博等建立了合作。

2. 与谷歌合作，扩展COMAND Online系统功能

2013年，奔驰推出COMAND Online。该套全新的COMAND Online系统可随时与网路连结，支持Facebook等多项功能。该款系统在Google的帮助下，能够协助驾驶员寻找加油站以及餐馆，而乘客则可以利用该系统自由搜索观看电影。还能够开启Google所提供的街景服务等多项功能，使驾驶员能透过车辆来互动。此外，奔驰也在与谷歌联手开发谷歌眼镜导航系统，实现汽车与IT相融合。

3. 与Pebble合作，推出智能手表

2014年7月，奔驰与硅谷创业公司Pebble合作，推出了一套基于Pebble智能手表。Pebble智能手表是由硅谷创业公司Pebble Technology公司设计的一款兼容iOS和Android手机的智能手表。此次奔驰与Pebble的合作旨在通过Pebble智能手表中的核心功能，使其产品能够在与奔驰汽车相连接后实现功能提醒、解车门锁、开启导航等一系列动作。Pebble智能手表和汽车关联后，可以显示汽车燃油的续驶里程，提醒车主是否应该加油。Pebble还可以通过振动的形式来提醒驾驶员前方的交通事故、道路修缮以及抛锚车辆等实时路况信息。振动的频率和力度车主都可以进行自主设置。

4. 与百度合作，推进 MBUX 在车联网应用

在 2018 年 CES 上，奔驰全新智能人机交互系统 MBUX 发布。MBUX（Mercedes-Benz User experience）体现以用户体验为本的理念，基于人工智能的学习能力实现个人定制化的系统设置，并主动学习和适应用户的需求。目前，MBUX 系统已拥有可触屏操作的高清双大屏、应用增强现实（AR）技术的车载导航，以及自然语音识别功能的智能语音助手。MBUX 在 2018 年奔驰 A 级车上量产。2018 年 7 月 25 日，戴姆勒与百度就深化自动驾驶和车联网领域战略合作签约，百度车联网技术将逐步搭载在奔驰 MBUX 智能人机交互系统中，进一步增强车联网应用的广度和深度。

8.2.6 德国宝马汽车

1. 联手谷歌，开发、升级 Connected Drive 系统

2006 年，宝马公司就联手谷歌，开发联网驾驶服务 Connected Drive，实现了 BMW 助理、BMW 在线、BMW 导航、BMW 电话服务和车内互联网接入，使驾驶员体验最大化的安全、舒适和驾驶乐趣。

宝马公司在 2007 年 5 月首次在新款宝马中搭载此系统，不过仅限于 Google 搜索。2007 年 12 月，宝马公司将此项服务扩展推出了 Google 导航和 RSS 服务。配置了 Connected Drive 配件后，可以获得网站发来的 10 款不同 RSS 定制新闻信息，包括天气预报等。

该智能网络系统，能把驾驶员、汽车、周围环境和网络连通起来。它选用了 GSM 增强型数据传输技术（Enhanced Data Rates for GSM Evolution，EDGE）作为进入英特网的接口。

在 2010 年巴黎车展上，宝马公司展示了新的 Connected Drive 系统。Connected Drive 系统不仅拥有蓝牙和文本 - 语音功能，可以让驾驶者轻松地从黑莓手机获得短信、备忘录和电子邮件，更特别的是，它也将支持苹果 iOS4。新加的 ipod out 功能，用来最大限度地发挥苹果音乐播放器的车内播放功能。宝马公司在 Connected Drive 中还提供了一个移动热点系统，使乘客可以更加方便地浏览网页。

2. 宝马公司联手联通公司，在中国推广宝马互联

2011 年 12 月，宝马公司在中国通过合作方式推广 BMW 互联驾驶业务。联通将为 BMW 互联驾驶业务提供基于 WCDMA 3G 网络的移动通信服务和呼叫中心服务、系统集成服务以及内容整合服务。

2016 年 12 月，宝马公司在中国推出 BMW 云端互联。BMW 云端互联是基于开放的云平台构建而成的，为客户提供“一站式”的数字化出行体验。客户只需使用一个账户，通过智能手机、智能手表、移动语音助手、计算机、智能家居等多种智能终端，将车辆与数字化生活连接起来。BMW 云端互联还提供一系列专为中国客户量身定制的服务，如：维修和保养服务预约、机场特约服务、代客泊车、油卡充值、车辆违章查询和支付等。BMW 云端互联可同时提供 iOS 和安卓两个版本。目前中国用户已经突破 100 万个。

3. 宝马公司和微软公司展开合作

2017 年 7 月，宝马公司和微软公司展开合作，宝马公司使用微软 Azure 云技术，通过共同开发的“开放移动”平台，为宝马公司连接合作伙伴提供支持。

4. 宝马公司联手百度，举行开发轻应用系统比赛

2014 年 7 月 18 日，宝马公司联手百度在上海举办了“车载轻应用编程马拉松大赛”。大赛开发出基于 HTML5 的车载轻应用，探索百度轻应用在车联网领域的无限应用可能。在 2018 CES 上，宝马公司与百度签署协议，BMW 云端互联将与百度车联网开展远程服务合作。通过这一智能互联服务，客户坐在家中便可通过自然语音获取车辆信息，甚至对车辆的相关功能进行远程操控。比如，客户可以查询车辆的油量或通过 BMW 远程控制闭锁车门，还能查询到 BMW 云端互联存储的出行信息，

在互联驾驶方面，宝马公司在上海设立了宝马互联驾驶中国研究院，除了最基础的音乐、导航、电话等功能，还为中国本土研发集成车载 APP。宝马公司在 35 个月内推出了 23 款本土化应用程序。从 2015 年 6 月份开始，宝马公司确定了互联驾驶的战略目标。首先是让互联驾驶百分之百覆盖每一辆车，其次的重点在于宝马公司的互联驾驶商店。类似于苹果的 APP Store，用户可以在互联驾驶商店选择他们所需要的应用服务，宝马公司实现了国内第一个车内在线支付、订购商品的购买平台，这种支付能力让动态运营服务成为可能性。

8.2.7 德国大众汽车

1. 收购黑莓手机研发中心，开发车联网技术

2014 年 7 月，大众汽车宣布收购手机制造商黑莓设在德国的欧洲研发中心，并将其并入新设立的大众信息娱乐系统部，加强车联网技术的发展。此外，大众汽车已经加入了由谷歌牵头的“开放汽车联盟”。

2. 自行研发车载系统

大众汽车表示，未来将独立开发车载系统平台，不仅可兼容安卓系统，未来

还将兼容苹果 iOS 系统。2020 年前，大众汽车在中国市场投放的所有车型均搭载车联网技术，并与百度合作。在车机一手机互联方面，2017 年百度 CarLife 搭载了大众车型。大众汽车与腾讯就智能手机车载互联技术展开合作，大众车型支持腾讯车联 APP。

3. 与韩国 LG Electronics 合作

在网联化方面，大众汽车与韩国 LG Electronics，在新一代智能网联汽车平台和用于智能网联汽车的信息娱乐系统开发方面合作。

8.2.8 丰田汽车

1. 推出互动式移动互联网服务 G-Book

2012 年，丰田汽车推出面向车载网络终端的互动式移动互联网服务。服务名为 G-Book。其功能有：驾驶员可利用车载移动互联网，把行驶里程等技术数据从车载终端发送给网络中心，汽车服务中心为每辆车定制的维护信息传给汽车终端；用于收发电子邮件，与计算机联网，向用户提供新闻、气象、股价、交通安全信息和购物等服务，以及地图、音乐和电影的下载服务；通过公司服务中心管理的汽车数据，提供特定的修理服务。G-Book 的适用车型已扩大到 50 款左右。

2. 与微软公司合作，推出丰田网站 Gazoo.com

2011 年 4 月，丰田汽车同微软达成协议，共同致力于汽车信息技术或网络技术的发展。2013 年 5 月 30 日，应用微软公司基于云计算的操作系统 Windows Azure，强化版丰田网站 Gazoo.com 在日本率先运营。这是将微软 Sharepoint 的技术第一次用于公司网站运营。网站内容涵盖了电子游戏、购物网链接、虚拟会议及一个可聊汽车话题的社交网站。另有一款智能手机应用程序可通过电子人声向驾驶员提供 250 条路线上的 3 万个目的地导航。同时，网站还将提供超过 3 000 款的新老车型信息，其中还包括对工程师的访问。

3. 与英特尔公司联合开发车载、移动设备互联的车载信息娱乐系统

2011 年 11 月，英特尔公司与丰田汽车联合研发下一代车载信息娱乐系统，实现车载移动设备互连全新使用模式。双方研发的重点是用户交互技术，其中包括为驾驶者提供的触控、手势与语音技术以及信息管理功能。英特尔还利用英特尔®凌动™处理器系列提供的高性能，对这些特性和服务进行优化。

4. 与微软合作，推出车联网平台 Entune，以手机为终端

2012 年 1 月，丰田汽车推出基于微软公司合作的车联网平台 Entune。它是一款提供了 Bing、Pandora 等应用的车载导航、娱乐与信息体验系统。只要消费者购买了新的支持 Entune 的丰田汽车，便可以在手机端安装 Entune 应用并进行蓝牙匹配，之后就可以通过 Entune 使用 Bing 搜索、Pandora 语音功能、MovieTickets 订票、OpenTable 订餐厅座位，车主可以即时获得交通状况，天气以及生活类应用等。

5. 与通用汽车和密歇根大学合作，建立自动驾驶实验设施

丰田汽车和美国通用两大车企与美国密歇根大学合作，合建用于自动驾驶车辆应用实验的设施，以积累规避事故的技术经验。

6. 与北京四维合作，提供车载导航服务

2012 年 6 月 20 日，北京四维图新科技股份有限公司与丰田汽车成立合资公司，提供中国车载导航地图信息传输服务以及车辆远程综合信息服务。

7. 与诺基亚合作，提供地图及社区服务

2013 年 1 月，诺基亚和丰田汽车欧洲公司合作，将诺基亚的 HERE 地图服务集成到汽车中去，诺基亚还将本地搜索服务集成到丰田汽车欧洲分部的 Tough & Go 导航与娱乐系统中，提供综合的高质量地图数据及社区化服务。

8.2.9 本田汽车

本田汽车基于苹果 Siri，开发 Siri Eyes Free。本田汽车位于 Google 总部所在地 Mountain View 的实验室，主要从事车联网、人机交互、大数据和安全四个方面的研究。2013 年 1 月，本田汽车旗下三款新车 2013 Accord、Acura RDX、ILX 完成 Siri 的集成。本田汽车旗下有几款车型已经完成了 Siri Eyes Free 的集成。

2018 年 1 月，本田汽车与阿里巴巴旗下地图信息公司高德软件联手开发“车联网”服务，目标是以高德地图为基础，研发在停车场、加油站等地均可实现车内支付功能的互联网汽车。高德提供阿里巴巴旗下的支付宝系统以及酒店预订等服务，本田提供车载系统以及软件应用。

8.2.10 日产汽车

2016 年 9 月，雷诺 / 日产与微软计划共同开发全球规模的下一代网联技术。双方共同开发基于 Azure 平台的、面向乘用车的下一代智能网联服务。包括先进的导航功能、实施预防性维护的车辆管理功能、远程监控、通过外部移动设备进行操作、空中升级（OTA）等。

2018 年，日产开始独立选装下一代智能网联技术，搭载在新款 B 级车上。日产基于 NASA 技术自主开发的“无缝自动出行 SAM（Seamless Autonomous Mobility）”系统是采用了能够使用机器人视角进行监视的 NASA 的“VERVE”技术。

当自动驾驶汽车遇到未知事态时，位于日产指令中心的人能够辅助功能不全的自动驾驶汽车 AI 系统。NASA 的“VERVE”技术能在不可预测环境下出现机器人丧失自动驾驶判断能力时，构建了诸如制作 NASA 管理人员所希望的指引路线等方面的支撑体系。

在智能网联方面，日产汽车使用的是微软车载人工智能助理 Cortana 技术。通过安装 Cortana 的语音解析等功能，提高车载语音识别技术实力，强化 HMI。安装 Cortana 的汽车能够选择满足自身喜好的设定，在多人使用的共享汽车上能理解不同驾驶员的喜好。Cortana 能掌握车辆状况、远程接人、远程诊断和预防维护等。

2018 年 6 月，日产劲客智联版上市，搭载东风日产全新智行 + 车联系统。该系统可实现在线导航、在线影音、在线支付、远程升级和迭代；系统支持 200 多种在线语音识别，可升级基于位置信息的在线服务，基于 AI 将导入智能私人助理，实现基于社交生活的智能网联。

8.2.11 现代汽车

现代汽车建立了研发中心开发车载系统。现代起亚汽车集团的韩国研究所设立了汽车 IT 研发中心，目前已拥有几百名研发人员。该研发中心是一个专门负责开发支持信息通信技术（利用无线网可在车内检索邮件、音乐等各种信息的技术）的“智能汽车”的机构。

在车联网方面，北京现代的 Blue Link 车载信息系统，已经在多款量产车型中应用。Blue Link 多媒体系统支持 Apple CarPlay 和 Android Auto，实现了包括选择通讯录、读取短信、使用部分 APP、播放音乐和使用手机导航等功能，还能完成远程起动发动机、开关车灯、设置温度等操作。至今为止，现代集团已完成开发的 APP 有支持现代银行卡金融服务 APP 和提供驾驶路径跟踪信息服务 APP。

现代汽车通过与世界最大的互联网企业思科（Cisco）合作，构建车载超高速通信网络，以控制车载数据传输；现代汽车研发的车内高速通信网络，可以将车内所有通过摄像头感应器操控的设备指令变得更为简洁快速，使得车内系统更有条理。比如客户只需通过慢速行驶来锁上车门。

现代汽车自主开发车联网运营体系（Connected Car Operating System，CCOS）。现代汽车公司研发的 car-to-home 车联网系统于 2019 年上市，让客户通过声音控制家电设备，比如电灯和室温等。2018 年 7 月 6 日，百度 Apollo 车联网与现代汽车将基于小度车载 OS 展开深度合作，共同开发语音语义、地图、内容个性化推荐等多种车联网核心技术。

8.2.12 沃尔沃汽车

1. 与爱立信合作开发“车联云”

2014 年 1 月，沃尔沃与爱立信合作开发“车联云”云技术。“车联云”基于爱立信服务实现平台（Service Enablement Platform），驾驶员和乘客可直接从车内屏幕访问各类应用，例如检测车辆维修问题、自动预约服务、订阅车载 Wi-Fi 及点播信息娱乐，还能够从卫星广播内容提供商、公路主管部门和城市政府网站等第三方生态系统成员处收发信息。

2. 结盟苹果 CarPlay

2014 年 3 月 20 日，沃尔沃开始将苹果 CarPlay 应用于沃尔沃基于 SPA 可扩展整车平台生产出的新车型上。

3. 自行研发 Sensus 系统

2014 年 7 月 2 日，沃尔沃在中国推出 Sensus 创新科技子品牌及相应的智能车载交互系统，这一系统应用到沃尔沃的所有车系之上。

Sensus 是提供包括互联、服务、娱乐、导航、控制在内的车载互联功能的交互系统。以 Sensus 为平台，沃尔沃现阶段已联合了爱立信、百度、联通、高德、豆瓣和博泰等多家科技企业，实现了概念与功能的对接，并成为业内唯一可同时与苹果 CarPlay 和谷歌 Android Auto 系统兼容的车载交互系统。目前，沃尔沃升级 Sensus 智能车载交互系统的随车管家（Volvo On Call）服务功能，可以实现与 Apple Watch 和 Android Wear 的无缝连接，沃尔沃车主可调节车内设置、开关车门等。通过 Cortana 智能辅助系统对 Windows Phone 平台的多项功能进行语音控制，驾驶员可以更为便利地使用移动设备在线查找并发送目的地信息至车辆导航。

4. 与阿里合作，实现云端对接

2018 年 4 月 9 日，沃尔沃与阿里巴巴人工智能实验室合作，实现与天猫精灵智能音箱在云端的对接。通过和天猫精灵对话，沃尔沃汽车用户可以足不出户通过语音查询车辆状态，扩展了使用场景。除天猫精灵外，沃尔沃汽车与阿里巴巴的合作还包括导航、天气（空气质量）、停车场等在线服务。

8.2.13 法国雪铁龙汽车

1. 与高德全面合作，提供电子导航

从 2013 年开始，高德为标致雪铁龙集团旗下所有车型提供导航电子地图数据和引擎一体化解决方案，并且在 2013 年 3 月上市的东风雪铁龙加长版 C4 轿车上首次亮相。

2. 与 IBM 合作，发布 CITROEN CONNECTED

2014 年 3 月，标致雪铁龙集团利用 IBM 大数据分析和 IBM MobileFirst 解决方案为驾驶员提供车联网定制服务。IBM MobileFirst 是集安全、分析和 APP 应用开发软件于一体，并拥有以云为基础的服务和深厚的移动专业技术，企业可以借此实现员工移动设备管理，以及全新移动商务应用开发事物流程的合理化。它不仅拥有完善的信息服务，还能利用互联网与车内网络的整合，提供气囊弹出报警、一键救援、被盗定位等实用的安防功能，通过让汽车全时在线的方式，提供 24h 的完善防护。在 2014 年成都车展上，标致雪铁龙集团推出了 CITROEN CONNECT 车载互联系统的车型。

3. 与华为合作，创新移动出行

2017 年 11 月，标致雪铁龙集团宣布携手华为在车联网领域开展长期合作，面向消费者提供新型移动出行服务解决方案。标致雪铁龙集团利用华为物联网平台构建 CVMP 平台，为最终用户提供创新的移动出行服务。平台基于华为公有云实现全球化部署，支持亿级车辆联网，提供跨行业互联能力，支撑车联网业务与智慧家庭、智慧城市融合发展，实现人、车、生活和社会的综合服务。

8.2.14 上汽集团

1. 上汽集团 inkaNet3.0

2013 年 11 月，上汽集团推出全新升级的“车联网”系统方案——inkaNet3.0 版本，应用于上汽集团自主品牌乘用车。上汽集团自主品牌率先在国内开启 inkaNet 车载信息服务。而搭载于新荣威 550 的上汽 inkaNet3.0 版已由在线导航及信息娱乐服务向兼容车辆远程诊断和安防服务发展，实现三屏一云的车内外多屏互动，把计算机屏、手机屏和车机屏整合，实现信息云共享，并开始向车主的生活圈发展。

2. 阿里巴巴与上汽集团推出“互联网汽车”

2014 年 7 月 23 日，阿里巴巴与上汽集团签署“互联网汽车”战略合作协议。阿里将与上汽集团开展在“互联网汽车”和相关应用服务领域的合作，主要侧重大数据和互联网资源整合，共同打造面向未来的“互联网汽车”及其生态圈。2017 年 2 月，上汽集团首款互联网轿车荣威 i6 正式上市。荣威 i6 搭载了全球最领先的 YunOS Auto 智能操作系统，通过云端操作，就可实现手机登录 ID 身份账号、远程定位汽车、远程起动空调、预约保养、语音调节空调、语音开天窗和双盲定位等功能。

3. 上汽集团和中国电信强强联手

2014 年 7 月，上汽集团第一辆搭载“InteCare 行翼通”车载信息系统的校车正式下线。这一集物联网、云计算、3G 等技术于一身的“InteCare 行翼通”陆续应用在上汽集团其他商用车上。“行翼通”是由上汽集团与中国电信共同开发的一套车载信息系统，通过装置在车辆中的各种传感器、高清摄像头、3G 通信模块，车辆行进中的每个“动作”都能准确地显示在学校和政府的监控平台上，同时，客服人员提供 24h 在线的人工服务，以响应驾驶员随时提出的服务需求。

4. 上汽集团联手中国移动、华为

2017 年 6 月 28 日，上汽集团联手中国移动、华为，签署“共同推进智能出行服务暨下一代车联网合作框架协议”，以共同推进智能出行服务暨下一代蜂窝车联网（C-V2X）产业的发展。2019 年可规模化预商用的智能出行产品解决方案与应用服务为合作目标，布局 2020 年智慧城市智慧交通系统的商业服务，充分发挥各方的技术、产业、市场优势，共同构建基于 C-V2X（包含现阶段 4G 和未来 5G）技术的智能出行服务系统和产业生态，促进通信产业与汽车产业的跨产业合作。通过三方合作，近距 / 超车告警、前车透视、十字路口预警、交通灯预警、行人预警、交叉路口碰撞避免提醒、十字路口车速引导、交通灯信息下发、绿波带、“最后一公里”等智能出行场景都将逐步实现，车联网系统的反应速度也将由目前的秒级提升至毫秒级。

8.2.15 一汽集团

1. 与大唐电信携手共建联合实验室

2011 年 3 月 16 日，一汽启明与大唐电信携手共建联合实验室。大唐电信拥有通信接入、通信终端、通信应用与服务等领域的技术优势和技术积累，一汽启明在汽车电子产品化、工程化以及市场方面具有优势，双方共同开发以中国自主知识产权为核心的高可靠性、高集成度、超低功耗智能化的汽车电子产品，将汽车与移动通信网络有机地结合，为打造更智能、更安全、更便利、更环保的新型汽车提供技术和产业支持。

2. 一汽奔腾采用 Intel 芯片，自主研发 D-Partner 系统

一汽 D-Partner 在国内率先采用 Intel 车载芯片并提供面向互联网的汽车信息服务，D-Partner 类似一台计算机，有本地硬盘、USB 接口等，能实现一般计算机的基本功能。同时对软件平台完全开放，任何开发人员都可以为其开发软件。

3. 与中国移动合作

2011 年 7 月 13 日，一汽集团和中国移动合作，共同打造中国车联网产品及服务基地、无线数字化城市产品及服务基地。

4. 与百度、华为合作车联网技术

2017 年 7 月 3 日，百度与一汽集团签署合作协议，一汽集团作为战略合作伙伴加入 Apollo 生态。在车联网方面，百度 DuerOS、CarLife 等智能网联解决方案与一汽集团车载系统融合，为用户提供车内一站式服务。2018 年 10 月 23 日，一汽轿车股份有限公司与百度合作，建立百度 - 奔腾 DuBest 智能网联联合实验室，在语音、语义、图像、AR 导航等车载产品领域开展基于量产的深度研究合作，为奔腾车型打造专属的车联网系统。华为 OceanConnect 车联网平台与一汽集团合作，在连接、数据、生态及车车通信等方面助力企业转型。

5. 与腾讯合作，致力生态安全

2018 年 4 月 15 日，一汽集团与腾讯签署战略合作协议，双方基于“AI in Car”打造具有差异化竞争力的智能网联产品。腾讯科恩实验室为一汽集团提供车联网安全方案，包括车联网生态、云平台及大数据。车联网生态是依托腾讯社交、地图、娱乐、支付等资源构建服务生态；云平台及大数据是在 AI、精准营销和大数据分析等领域探索研究应用。

8.2.16 东风集团

东风汽车开展校企合作，开发车联网技术。2013 年 12 月 9 日，东风汽车与合肥工业大学签署战略合作协议。双方将以长期战略合作的思维，优化配置双方的研发、设计、产业化资源，在新能源汽车、军用汽车、轻量化技术、车联网技术、汽车环保技术以及智能化装备等重点方向及领域，共同开展核心、关键技术研究。东风汽车 2013 年 8 月加入“车联网产业技术创新联盟”。

2015 年，东风启辰推出的“智慧车管家”，可实现基础信息呈现，如 Wi-Fi、驾驶习惯跟踪、智能同步、状态提醒、车况检测、缴费查询及保养预约等八大功能。智慧车管家的推出，标志着启辰品牌进入了车联网 1.0 时代。

2017 年 8 月 14 日，东风启辰与高德地图合作，在车联网领域开展包括在线服务生态（位置服务、地图平台、互联网金融等）、高精度地图与 ADAS 及自动驾驶、大数据应用以及联合精准营销等板块的合作。

2018 年 9 月 6 日，湖北省首个 LTE-V/5G 车联网基站示范区在东风公司建成。东风 LTE-V/5G 远程无人驾驶样车在东风汽车公司成功演示。

8.2.17 长安集团

1. 搭载联通 3G 上网业务

2010 年 11 月 3 日，搭载 3G 系统的长安 CX20 宣布上市。CX20 搭载的 3G 技术为与联通共同开发，可以实现上网、电台等功能。

2. 与江苏中科天安合作研发车载信息服务

2012 年 2 月，江苏中科天安智联科技有限公司与重庆长安汽车股份有限公司签订“车载信息服务平台研发合作协议”。合同双方约定重庆长安将开放某在研车型平台，采用中科天安所提供的 TSP 平台进行研发，双方将为上述在研车型对 TSP 平台的接入提供相应支撑与服务，中科天安承诺提供 6 个月的试用期，并为已接入 TSP 平台的车辆提供相应的车载服务。

3. 长安汽车自主研发 In Call 车载信息系统

2012 年 2 月，搭载 In Call 车载信息系统的悦翔 3G 版，交付给重庆首批用户，实现了 3G 移动通信技术的商品化。长安 In Call 系统提供了 20 多种功能，可以通过人工语音识别，并建立了完整的呼叫服务中心，可通过“一键拨号”拨打至呼叫中心获得服务。

4. 与法国源讯公司开展合作

2014 年 2 月，长安汽车与法国源讯公司开展合作，在重庆设立研发中心。研发中心形成以车联网为核心的车生活中国云平台，为长安汽车提供 6 项中心业务模式，即运营中心、研发中心、结算中心、对外合作中心、呼叫中心及互联网数据中心 6 大业务功能中心。

5. 联手百度，深度合作车联网技术

2016 年 3 月，长安汽车与百度签署“智能汽车战略合作协议”。长安汽车将从百度导入 CarLife（手机与车载设备的互联解决方案）、MyCar（车辆私有云服务 PF）、CoDriver（智能语音副驾系统）3 大核心技术。CarLife 应用上，长安汽车将规模化植入百度 CarLife 手机 - 车机互联解决方案，与此同时，在现有车型搭载的基础上，百度将不断更新产品功能与体验，满足长安汽车的定制化需求，长安汽车则在更多车型上实现量产搭载，推广相关产品。MyCar 的应用上，由百度投资为长安车型搭载 TBOX（初步预计 20 万台），长安汽车与百度合作开发百度 MyCar 车辆私有云应用，帮助车厂整合线下资源，共同探索智能互联与智能交互生态的建设运营，实现量产搭载。CoDriver 智能语音系统方面，双方在百度智能语音副驾基础上，共同开发车辆语音控制技术，并实现长安车型的量产搭载，增强长安车型智能交互体验。百度与长安汽车共同开发车辆语音控制技术，并实现该技术在长安车型上的量产搭载，以及定制化车型应用。

8.2.18 北京汽车集团

1. 与京东集团合作

2014 年 3 月 12 日，北汽集团旗下的北京新能源汽车有限公司与国内知名电商京东商城达成战略合作协议。

根据协议，北京汽车与京东商城未来将共同推进新能源汽车的相关政策与办法，在新业务、新技术领域共同进行投资，共同建立合作平台，共享客户资源展开联合营销等。

2. 与现代 IT 技术平台合作

2014 年 3 月，北汽集团和现代汽车旗下的 IT 技术平台 AOTUEVER 签约合作。

3. 北汽福田公司牵头成立了“北京汽车物联网产业联盟”

北汽福田联合优势龙头企业，牵头成立了“北京汽车物联网产业联盟”，共同建立我国最大的商用车物联网平台。目前，北汽福田的金融服务车辆管理系统和物流车辆管理系统已经投入使用。

4. 与百度战略合作

2017 年 10 月 14 日，北汽集团与百度战略合作，主要在自动驾驶、车联网、云服务等领域，全面打造“人工智能＋汽车”生态。在车联网方面，百度 Apollo 将 DuerOS、车辆信息安全、图像识别等产品和技术与北汽集团车载系统深度融合，共同打造一站式车联网产品。到 2018 年年底，北汽集团自主品牌全面搭载百度 Apollo 车联网产品，到 2019 年，搭载百度车联网产品的北汽集团旗下车辆将突破 100 万台。

8.2.19 广汽集团

1. 与钛马信息网络技术有限公司进行深度合作

2012 年广州车展上，广汽集团与钛马信息网络技术有限公司进行深度合作，帮助广汽车主更好地实现“人车交互”“人车对话”，在运动中享受互联网带来的方便与快捷，尽享驾驶的乐趣。

2. 与中国移动联合发布车载终端业务“悦行 100”

2012 年 4 月 20 日，中国移动和广汽集团谋求“跨界融合发展”，联合发布了全新车载终端业务——“悦行 100”，为国内所有车主、准车主开展行车智能系统的后装服务。中国移动和广汽集团联合推出的车载智能信息服务，除了能够帮助安全驾驶、提升行车便利、助力低碳出行外，还可以让车主将车上的设备都接入移动互联网，实现汽车的随时移动互联，以后还可与其他车辆、云计算，交通流量、天气等各种实时数据连接，逐步实现“悦行天下幸福路，畅享移动新生活”的目标。

3. 广汽集团自主研发车联网系统

在车联网产品方面，广汽集团自主研发的Injoy交互系统拥有远程控制、车况定位、紧急救援等18项强大功能，已实现自主驾驶、自主泊车功能。应用在GS8车型上的人机交互系统，能够实现远程操控、自动跟车、远程开空调和起动发动机等功能，拥有接近20项先进技术。

4. 广汽集团与腾讯合作项目

2017年9月18日，广汽集团与腾讯签订战略合作协议。双方将在车联网服务、智能驾驶、云平台、大数据、汽车生态圈、智能网联汽车营销和宣传等领域开展业务合作。广汽项目的腾讯车联智能服务方案包括搭载腾讯地图车机版、腾讯叮当语音助手、腾讯我的车、腾讯车载电台等服务。

8.2.20 吉利汽车

1. 吉利 G-NetLink 系统和吉利 GKUI

2010年吉利汽车发布了G-NetLink系统，2012年年末首次搭载在量产车型帝豪EC8上。系统使用快捷键操作，内置3G语音及通信模块，包括导航、上网、“I-Call一键呼叫”和“E-Call紧急救援”等功能。

吉利汽车最新车联网系统是与BAT三家合作：“高德地图”包含车内支付功能，“腾讯我的车”包含腾讯地图、集结、轨迹等功能，“百度地图”目前在数据层面合作，可使用百度在国外的地图数据，同时增加一账户通行、智能家居互联等功能。

2. 与中国移动车联网战略合作

2012年6月29日，中国移动与吉利控股集团就车联网业务进行战略合作。双方将共同打造新一代行驶更安全、驾乘体验更舒适、科技感更强的智慧型汽车。吉利汽车的车联网项目将分为几个阶段进行，第一阶段，吉利汽车将会把车联网系统安置在旗下的帝豪EC-7和EC-7 RV车型上进行试点，而该系统的功能主要包括一键导航、新闻资讯、地图等功能。目前生产的这两款车型已经加装了该系统。第二阶段将会加入道路救援、交通信息和车辆诊断等功能。

3. 吉利汽车与京东合作车联网解决方案

2018 年 3 月 15 日，吉利汽车与京东宣布建立战略合作伙伴关系。基于双方的优势资源和经验，吉利汽车将联合京东在智能互联、车载电商、信息服务等方面展开战略合作，为用户提供极致的车联网服务，共同探索车联网领域。未来，吉利汽车自主品牌的全新产品将全面集成京东智能车联网解决方案，并接入京东 Alpha 智能服务平台上人工智能、物联网、大数据等方面的多种能力，通过整合京东汽车服务等资源为用户提供语音控制，位置服务、智能提醒、车辆管家、数据分析和云托管等一系列智慧出行服务。

8.2.21 奇瑞汽车

1. 与韩国 SK 电讯联合组建“车联网技术联合实验室”

2011 年 12 月 13 日，韩国 SK 电讯和奇瑞汽车联合组建的“车联网技术联合实验室”落成。“奇瑞 -SK 车联网技术联合实验室”将 MIV（手机远程操控汽车服务）概念变成了现实，实现了智能手机、车辆、服务平台的无缝连接，为奇瑞汽车的智能化、网络化提供了开发平台。

2. 与东软签订 31 亿元 Telematics 业务意向书

2012 年 3 月 19 日，东软集团与奇瑞量子汽车有限公司签订意向书。双方约定自签订之日起至 2019 年期间，东软向奇瑞量子销售车载娱乐信息系统，将共计增加主营业务收入约 31 亿元；同时东软向阿尔派电子（中国）有限公司采购该系统相关硬件及平台，预计将共计增加主营业务成本约 29 亿元。

3. 奇瑞汽车“特马服务”（Telematics）

2012 年 1 月，奇瑞汽车推出的智能车联网系统命名为 Telematics，展示在新能源电动汽车 M1EV 上。产品搭载在奇瑞新 A3、风云 2、瑞麒等部分车型上。Telematics 结合了全球卫星定位系统和最新 3G 无线通信技术的车载智能通信，区分为车前座系统、车后座系统以及车况诊断系统，其中，车前座系统提供的服务包括通信、导航、行车安全监视、联网资信、路况和天气等；车后座系统的服务包括在线下载影音资讯、在线网络游戏等；车况诊断系统的服务包括保养通知、车况预警等。

4. 与中国科技大学合作研制基于车联网的主动安全系统

2014 年 6 月 19 日，中国科技大学物联网与信息安全实验室研制的“基于车联网的主动安全系统”，攻克了车车实时可靠通信、位置信息的误差纠正、基于位置的安全预警等一系列关键技术，基于车联网的主动安全系统集成了多个行车安全预警应用，包括追尾碰撞预警、前车紧急制动预警、交叉路口碰撞预警和弯道速度预警等多项功能。这一系统安装在奇瑞 A3 试验车上的实地测试结果表明，该系统能提前 3 ～ 5s 对上述行车危险进行预警，有效地提高了行车的安全性，使得可视与非可视环境下均适用的主动安全产品向实用化迈出了重要的一步。

5. 奇瑞汽车发布智能品牌“CHERYLION 奇瑞雄狮”

2018 年 4 月 11 日，奇瑞汽车发布智能品牌“CHERYLION 奇瑞雄狮”。作为智能化技术平台，“奇瑞雄狮”旗下有雄狮智驾、雄狮智云、雄狮智造、雄狮智赢和雄狮智行五大业务平台，涵盖了奇瑞在研发、制造、营销和服务等全生命周期的数字化、智能化布局。

奇瑞汽车在 2017 年和 2018 年上市的新车型上搭载与百度合作开发的最新车联网系统，可实现智能语音交互、人脸识别及其他互联娱乐功能。

8.2.22 比亚迪汽车：从 I 系统到 DiLink 智能网联系统

2011 年，比亚迪推出了在 e6 电动车上加载的第一款自主研发的车联网产品 —— 比亚迪云服务。

2012 年，比亚迪发布了自主研发的 i 系统并搭载于比亚迪思锐车型上。车载网络平台 i 包括：i · 安全、i · 效率、i · 乐享、i · 无限四大设计理念，进而可以实现人车救援、车辆定位、音乐下载、云服务、远程监控和咨询服务等功能。

2018 年 9 月 5 日，比亚迪推出了 DiLink 智能网联系统，定位为“智能、开放的软硬件平台及生态服务”，由 Di 平台、Di 云、Di 生态和 Di 开放四大部分组成，推出智能自动旋转大屏 Di 平台，将手机生态的海量应用载入其中，并且通过在全球率先开放汽车的 341 个传感器和 66 项控制权，全面丰富汽车生态。Di 云是基于移动互联网、车联网、大数据和 AI 所打造，通过强大的云平台，为用户提供全面的网联应用。用户通过手机上安装比亚迪云服务 APP，即可实现丰富的远程控制、车况监测、位置查看和数据应用等诸多功能。

8.2.23 华晨汽车

华晨汽车在 2015 年与中国惠普签署战略合作，进行名为“Bri Air”的车联网技术的研究和开发。Bri Air 车联网平台主要由多媒体系统、车载智能终端、手机 APP、数据中心和语音识别系统组成，可实现车辆远程控制、车辆监控、定位、故障提醒、防盗报警、语音控制、娱乐资讯、车载 Wi-Fi 和实时交通等一系列功能。目前 Bri Air 车联网平台已经搭载在 2017 年 11 月上市的华晨中华 V6 车型。这套云端智能系统同时联手科大讯飞、美行科技、高德地图，构建云端万物互联。

8.2.24 长城汽车

1. 长城汽车开发车联网服务

长城汽车 2009 年开始布局车辆智能化技术的研发。2015 年 11 月 2 日，长城车联网服务正式上线。长城车联网主要通过“车机 — 手机 — 网站”三种设备间的互联体验，为用户提供安全、智能、便捷的服务。长城车联网具有车辆定位、车友在图、新闻语音播报、天气预报查询和酒店航班票务餐饮预订等服务功能。2017 年年初，长城发布“i-Pilot 智慧领航”自动驾驶系统。目前 i-Pilot1.0、i-Pilot2.0 自动驾驶系统已经在国内进行了超过 50 万 km 实路测试；基于“i-Pilot2.0”打造的样车，已经获得美国密歇根州无人驾驶路试牌照并进行相应的测试。

2. 长城汽车联手四维图新，定制车联网

2016 年年底，长城汽车就自动驾驶项目与四维图新签署了合作协议。2017 年 4 月，长城 WEY VV7 系列配备的 WEY 智享互联系统由四维图新与长城共同设计，基于四维图新 TSP 云端服务，将传统的导航、内容与呼叫中心服务作为基础配置，在车辆监控、远程控制等方面，针对 WEY 车主专项定制。四维图新为长城提供客户信息管理系统与车载信息服务运营支撑系统。

3. 长城汽车与百度就智能网联深度合作

2016 年，长城汽车与百度在高精度地图定位技术领域展开合作，共同研发高精度地图定位技术。2018 年 4 月 9 日，长城汽车和百度合作，主要包括车辆智能网联试验示范区建设、联合研发自动驾驶系统软硬件一体化解决方案、开展共享出行、大数据、人工智能和车联网领域合作。

8.3 车企车联网技术进展特点

随着互联网技术的发展，传统汽车向车联网乃至智能化领域发展是汽车产品业态发展的必然。根据 Gartner 的数据，预计到 2020 年，超过 2.5 亿辆汽车将拥有在线连接功能。汽车企业只有加快技术合作，推出智能型产品，在应用中不断完善，不断创新，才能真正实现车联网的普及和智能化汽车的商用。

8.3.1 跨国车企的车联网技术发展较快

从以上各主要车企的互联网技术开发和应用动向看，在互联网汽车产品上，最早开发的车企是通用汽车。1995 年，通用汽车开发第一代 On-star 系统，侧重汽车安全信息。目前，第 8 代 On-star 系统全球用户超过 500 万个。

随着智能化手机的普及，汽车车联网技术以智能手机为媒介，将智能手机功能移植到汽车上，开发车载移动终端，实现汽车与智能手机的互动，完成以通信、导航为主的多种信息服务。所以，目前基于智能手机系统开发的车联网技术中，微软系统占先，苹果应用系统占多。

在功能配置上，为车企提供语音服务的供应商有搜狗语音助手、苹果SIRI语音服务等。像福特等汽车企业延伸了车载应用程序开发，而不是停留在智能手机目前的应用程度。未来，汽车作为移动终端，将具有比智能手机更为庞大的数据存储、智能软件应用、更完善的功能使用等。

在车联网领域，目前，比较领先的是福特汽车。福特汽车正在规划移动的车与固定的车之间的互联，包括移动的车与固定在车库的车、路边的车的互联，借助互联网，实现车、物、人的信息时时共享，包括安全、娱乐、付费、停车和休息等。

在车联网直接应用上，无须中间媒介（智能手机）开发服务应用系统的企业是克莱斯勒汽车。克莱斯勒通过与电信网络连接联网汽车，实现车载计算机的网络应用。这对有中间媒介的服务商和车企是个挑战。

就如同互联网技术在美国兴起和发展一样，欧洲汽车企业在车联网技术及应用上稍显迟缓，但也步步紧随。奥迪发展车联网模式是与谷歌合作，利用谷歌搜索功能实现导航及实景、信息查询等功能服务于车主，在服务上也实现了基于电信运营商的车载计算机功能。相对于智能手机，奥迪更有平板计算机与汽车互联，反向实现对汽车的控制。

在车联网方面，奔驰除实现与谷歌、苹果的合作外，更是致力于车身外系统的开发，如开发谷歌眼镜导航、智能手表信息服务。宝马相对缺少特色，定位于从众应用。

在自主开发车企中，大众汽车致力于应用安卓或苹果系统，自主开发车载平台，步伐略显迟缓。沃尔沃自主开发SENSUS智能车载交互系统，仅实现普通车联网功能。

在互联网方面，日本汽车企业属于中间地位，基本实现了车联网的大众化应用。韩国和法国车企的车联网技术步伐较慢。

8.3.2 国内自主品牌车企车联网技术加快发展，但受阻因素较多

目前，国内自主车企推出的车联网系统基本原理大致相同，主要是实现远程连接，为车辆提供实时路况及通信等基本功能，同时提供其他多种交互及娱乐功

能。在便捷性及生态圈服务方面，受益于互联网及IT企业的发展，应用功能达到了多样化、便捷化、实用化。但国内的车联网仍处于较初级至中级发展阶段，还未形成清晰的产业链条和业界标准。大部分企业仍处于完善应用及车联网产品和服务的开发、建设中。在“互联”方面，自主品牌企业仍与跨国车企在理念、设计、产品定位及软硬件开发上有一些差距。在竞争力上，自主品牌汽车配置不落后，但在软件及服务应用的竞争力上仍弱于跨国汽车企业。从某种程度上说，在V-V通信、V—X方面，我国汽车企业车联网发展还受到国内交通、道路基础设施环境等的建设及完善程度的影响。

按目前发展趋势，国内车联网系统应用一方面由汽车企业联合电子、互联网企业合作研发，主动权及数据所有权归汽车企业。另一方面，六大自主品牌汽车企业都与BAT中的一家或几家建立合作关系。面对我国汽车用户需求趋同及几乎相近的使用环境，这些合作开发的车联网、智能网联解决方案，最终会趋向相近功能。很少的差异化部分仅体现在与不同品牌的汽车硬件的结合，外观、使用方式等方面。最终，会形成软件商、服务商主导的寡头垄断式的车联网系统及服务。随着用户使用量的增加，在数据所有权与使用权方面还存在着挑战。没有车联网系统的逐步完善和应用，汽车企业的自动驾驶、智能网联相关功能的实现也会受到相应阻碍。

8.4 国外电信、互联网、手机企业纷纷进军车联网服务领域

8.4.1 德国电信进军车联网服务

德国电信在从传统电信到新兴电信转型过程中，主打包含了能源、健康、个人娱乐到PC的智能网络，其中汽车行业是重要的领域。德国电信提供车联网的服务，先后整合了大众和奔驰公司IT部分。

8.4.2 高德结合传统车载导航业务

高德在移动互联网领域取得阶段性胜利，并将其移动互联网的成果与其传统车载导航业务进行创新结合。2014年6月，高德地图增加“Send2Car”（分享到汽车）新功能，打通手机和车载两个屏端的服务，且已在别克、雪佛兰、荣威、MG和比亚迪的多款量产车上实现。

高德导航、高德交通则作为首批应用程序入住福特 SYNC AppLink；采用全新 A-Link 技术的高德导航，在国内率先实现手机屏与汽车屏的跨界融合，并已在广汽本田理念 S1 和凌派两款车型上得以应用。

高德为全球汽车厂商及车载电子设备厂商提供精确度高、信息量丰富、覆盖全面的高端导航电子地图数据及导航应用软件一体化解决方案。高德的导航电子地图被奥迪、宝马、奔驰、上海大众、上海通用、广汽本田、丰田等国内外十多个汽车品牌、100 多个车型采用。同时，其基于地图数据库自主研发的导航应用软件供应给捷豹、路虎、沃尔沃、标致、雪铁龙、上汽、广汽、长安、北汽、吉利和比亚迪等多家国内外主流汽车厂商。

8.4.3 谷歌建立车联网联盟，成为车联网服务商

2014 年 1 月 6 日，谷歌宣布正式成立 Open Automotive Alliance（OAA），奥迪、通用、本田、现代及英伟达首批加盟。其中，谷歌将作为车载操作系统和互联网服务的提供商，英伟达则代表供应链负责提供处理器芯片。在 2014 年 6 月谷歌开发者大会上，谷歌车载系统 Android Auto 正式发布，标志着谷歌正式入局汽车科技。

8.4.4 苹果公司进军车联网服务

苹果在 2013 年推出的 iOS in the Car，已与本田、日产、法拉利、奔驰、雪佛兰、现代、英菲尼迪、沃尔沃、讴歌、欧宝、捷豹和起亚在内的 12 家汽车厂商建立了合作，在其 2014 年款车型中运用苹果的车载 iOS 技术。

由于接口的问题，目前 CarPlay 系统只支持 iPhone5/5S/5C。已有 29 家汽车制造商表示愿采用苹果 CarPlay 车载系统，其中法拉利、本田、现代、梅塞德斯-奔驰和沃尔沃 5 家车企于 2014 年推出应用 CarPlay 系统的车型。

第9章

汽车共享消费模式变化对智能汽车的要求和影响

9.1 未来智能生活理念

9.1.1 智能生活

随着信息科技的发展和大数据、云计算、互联网在各行各业的广泛应用，人们离理想中的智能生活越来越近。目前，智能手表、智能家居、智能家电、智能眼镜及人体健康方面的智能测量和保健等已经走进人们的生活。未来，新一代信息技术，如智能机器人、智能汽车等将在衣、食、住、行、日常生活、金融、医疗服务等方面进一步改变人们的生活方式和生活理念。

衣 —— 未来将有可变温度和性能的材料出现。

食 —— 人们将更方便、更快捷、更简单地饱食美味。

行 —— 人们将有更便利、畅通、高效的出行空间和出行方式。各种点到点的运输机器，提供联网化的信息传输、智能化的出行服务；便捷的购物选择及交付，使人们的生活圈越来越大。

住 —— 人们将有更加智能的家居和家用设备满足生活需要。如自动空调温度调节、自动开关门、自动开灯、自动拉窗帘等。

在生活的方方面面，如健康、娱乐、生活本身都将有更好的体验与高效率的服务软件，减少人们的劳动付出，增强对安全的实时监控。

9.1.2 智能生活三要素

未来智能生活的三要素：大数据、云计算、物联网。这是实现智能生活的关键。

大数据通过对人们生活信息的收集、分析、运算和预测，达到精准推送各种有关服务等功能。

云计算是以极快速的计算决策，对人们生活变化的大量数据进行计算、分析，主要应用于商品零售、健康医疗、金融、治安、天气、智慧城市管理、智能交通和智能家居管理等领域。如京东智能云、阿里智能云、苹果智能家居平台等。通过云计算，人们可以实现智能手机对家居设备更便捷的控制，通过云平台实现家居设备共享，实现更好地利用设备、更好地服务居家人员、更好地防护家居安全。

在互联网、移动互联网的快速发展下，物联网技术和应用也逐渐展开。未来物联网将生活中的各个方面，通过传感器和控制器，将物与物、物与人联接形成网络，万物互联，将使工作、生活及劳务更加融为一体、更加便利。通过物联网，人们最终实现智能化生活。

9.2 消费者的需求和偏好变化

智能生活伴随着消费者需求的变化和偏好发生改变，由原来的重产品性能、品牌，到未来的重视产品体验以及性能的个性化满足和实用性功能。

9.2.1 消费者需求模式变化

未来消费模式向着数字化、智能化、社交化、娱乐化和平台化方向发展。数字化体现在人们利用网络、智能设备的消费规模将超过实体店购买规模，数字模式超过实物模式。中国 70% 的消费者已经使用 O2O 服务。社交化体现在人们每天花费在社交媒体上的时间越来越多。据研究，目前，中国人平均每天花在社交媒体上的时间为 78min，美国是 67min。花费在社交媒体的时间中，用于网络购物占 38%，用于视频占 23%，用于听音乐、分享图片、朋友聚会各占 11%。随着社交时间的增加，中国消费者的大趋势消费、个性消费与攀比消费需求会越来越明显。线下零售模式向展示店模式转变。据调查，实体店 30% 的消费者会在实体店内研究、对比，其中，16% 的消费者最终在门店购买，29% 的消费者选择在零售店的网上店面进行线上购买，45% 的消费者直接从其他网店购买。

9.2.2 消费者偏好变化

在互联网时代，产品与商品的多样性、购物的便利性及低成本趋势，使消费者偏好由统一的趋同型、大众型向快捷、个性和价格偏好与敏感型两个极端转变。

总体上，消费者偏好变化呈现两个趋势：

1）全球主力消费者均体现出中产阶级主导的消费结构，追求豪华消费模式，对豪华品牌及高档商品的追求成为主流。如日本中产阶级占比达到 61%，美国中产阶级占比为 68%，但他们的网购消费规模相当于中国总人口 31% 的规模。其中 80 后、90 后占中国网购人群的 73%。

2）更加追求个性化的消费理念，强调个性定制。从消费主力的不同年龄段上看，70 后主要偏好在家居生活，如健康、品味、高档；80 后为实用主义者，主要偏好在实用、优惠、二手精品；90 后更加注重个性，对移动数据产品、美颜产品更加偏好，接受新产品意愿强，注重社交性和便利性、娱乐性。调查显示，不同性别、年龄的受访者对于自动驾驶汽车的看法也各不相同。男性一般要比女性更容易接受使用自动驾驶汽车，千禧一代要比婴儿潮一代（1946—1964 年出生的人）更容易接受自动驾驶汽车。

9.3 消费模式变化对智能汽车的要求

目前，汽车消费模式仍以拥有私家车为主。未来，随着 95 后及千禧一代的快速成长，汽车消费模式将向共享、共用及强调服务方面转变。对汽车产品、品牌、功能、软件应用和服务都会提出更高的要求。

9.3.1 汽车产品向重体验、轻品牌方向发展

在智能汽车时代，汽车产品主要分为两类，一类是为私家车主提供个性化定制的智能汽车；产品本身更加重视消费者体验，通过电子技术实现远程操控、实时信息传送、更高级的自动驾驶程度及更多智能化生活领域的应用。在智能功能开发上，将会增加情感识别类应用。另一类是用于共享出行的公用化的智能汽车。这类汽车更强调小巧、便捷，在娱乐性体验方面更加突出。

对汽车品牌的认知，也将分为两类，一类是追求品牌情结，固守成长过程中形成的强烈的品牌认知，追求个性化和差异化的高端品牌。一类是强调产品性能及便利性体验的轻品牌意识。这类消费者更多从经济、成本角度出发，追求消费的实用性。在共享汽车时代，对汽车品牌根深蒂固的理念将受到一定程度的冲击。反之，原有的汽车品牌影响力受共享出行增加带来的影响而变化。

9.3.2 汽车功能更便利和安全、可记忆性强

在共享汽车消费模式下，消费者首先追求远程操控的便利性，因而需要快速搜寻汽车。其次，追求驾乘舒适性，更看重车内前排，对后排乘坐空间没有特别要求。再次，追求娱乐性，强调车载信息系统提供的互联娱乐和安全救援服务体验。消费者愿意因为共享汽车某一方面的体验而成为忠实粉丝，如汽车系统对不同使用者的个性化选择有记忆功能，消费者更乐于选择同一品牌的同一款汽车。

9.3.3 对智能软件应用的要求变化

在共享模式下，智能汽车除对自动驾驶系统应用的传感器硬件和各种算法软件有要求外，更增加对智能汽车所附加的智能化生活应用软件要求。消费者更需要软件商开发更便利的第三方服务，连接生活、工作及社交场景。智能化软件实

现车辆作为最后的移动终端带来的外延的车载应用。

9.3.4 对汽车服务的要求变化

消费者对体验的重视，引发汽车服务更朝向基于大数据分析客户特点、针对消费者提供个性化服务以及利用先进的电子技术实现真实的应用场景。在产品认知方面，网络是首选渠道，口碑次之，消费者购车、用车更加忠于内心的声音。在购车服务方面，消费者更注重体验式营销，未来 VR、AR 技术在营销领域的应用会增加。同时，销售业态也由过去的单一展示、试驾试乘，向展示、体验、提车、服务等多元化发展。在消费者用车服务方面，消费者不用关注个别车的售后维修保养等服务，而是由共享汽车企业或服务公司以售后外包的形式提供整体服务。消费者更关注在租赁、共享、使用汽车过程中的快捷、便利、贴心、安全和娱乐等服务。在智能生活服务方面，要求与汽车生活相关的企业提供拥有与汽车应用软件互联互通功能的产品，开启快捷的智能化生活体验。

9.4 共享出行模式

9.4.1 共享模式的 3 种类型

从车辆位置看，汽车共享分为两种类型，一种是基于停车场的往返式的汽车共享，一种是自由移动的单程的汽车共享。基于停车场的共享需要建设专用的停车场，对很多地区来说，这是一个约束。

从共享出行模式的双向受用点来看，共享出行模式分为 3 种。

第一种是 B2C 模式，是共享发展的 1.0 阶段。即个人和企业之间的模式，是由机构统一采购管理并将商品以服务的模式出租或销售给个人，没有实现所有权的转移，只是实现了使用权的阶段性转移。

这类模式的代表有提供车辆共享的 Zipcar 公司。Zipcar 公司采用会员制的运营模式，汽车停放在居民集中区。会员可登录网站或电话搜寻需要的车，网站根据车与会员所在地的距离进行判断，通过电子地图排列车辆的基本情况和价格，会员选择汽车、进行预约取车。使用完后在预约时间内将车开回原来的地方，用会员卡将车上锁。截至 2012 年年底，公司拥有会员 76.7 万个，拥有汽车 1 100 辆。2013 年 1 月，Zipcar 公司被安飞士巴吉集团收购。Zipcar 公司的 B2C 模式需要获得更好的用户体验，需要大量的采购用车以弥补传统出租汽车高峰时的缺口以及在多个网点布局车辆，提高不同人群的可获得性，同时需要签约大量停车地点，进行车辆保养。B2C 模式仍是以企业为中心，重资产，扩展能力有限，竞争力不够强大。在车辆使用上，还存在不足和闲置，不能充分利用起来的问题。

提供停车位共享的Park Tag公司，通过Park Tag软件实现社会化停车位共享。2011年，宝马公司通过旗下总额1亿美元的IVentures基金投资了一家做共享停车场的网站Parkatmyhouse.com，该公司后来改名为JustPark公司。JustPark公司旗下注册超过20万个停车场所，近50万名驾驶人在使用其服务。2014年，宝马公司在其新的MINI系列中集成了JustPark公司的移动应用，驾驶人可以很方便地找到停车场所并进行支付。

第二种模式是P2P模式，是共享发展的主流模式。这种模式是个人（企业）与个人（企业）之间的点对点，通过第三方平台，将闲置的商品或服务进行交易。每个个体既是供应者也是消费者。如提供出行服务的Uber公司、滴滴快车。

截至2014年年底，Uber公司每天接送乘客100万人次，年度累计1.4亿人。全球营业收入29亿美元，净收入4.1亿美元。除此以外，Uber还利用共享平台，提供UberChopper共享直升机服务、UberRush自行车同城快递和UberCargo货运服务等。Uber的优势体现在两个方面：一是费用，在美国UberX出行比搭乘出租车节约近40%的费用；二是基于大数据的动态定价算法，这是基于不同价格点的供求关系历史数据库以及行车数据，Uber的价格随时间点的不同以及打车者附近车辆的数量状况会实时变化，而且这一算法还能定位并通知到能够快速到达打车地点的车辆。

2017年，网约车平台滴滴出行为全国400多个城市的4.5亿用户服务74.3亿次。

car2go服务是奔驰汽车从一家制造型公司向提供各类交通出行产品与服务公司的转变，即将之前生产后欲销售的产品作为服务的形态分享给消费者，并提供更多的附加值（如方便停车、车载信息等），为消费者的出行创造更多的价值。car2go服务每辆车一般在投入使用1.5～2年的时间内即能收回成本（包括门店运营、人力招聘、市场营销和折旧）。car2go服务平均每辆车每天被出租的次数是4～8次，市中心车辆甚至会达到14～15次的日出租次数，平均单次的出租时间为20～60min。car2go服务已经推广到全球29个城市。car2go服务目前以戴姆勒智行交通服务集团的全资子公司方式独立运作。在其最先开展业务的数个城市已经盈利。2015年1月，car2go服务正式进军中国重庆市场。

P2P模式实现了资源使用权在个体之间的分享或交换。代表性企业有成立于2008年的RelayRides公司。RelayRides公司经营模式是作为第三方平台，获取服务费。每次交易中承租人所支付费用的分配比率是出租车主获取75%、RelayRides公司获取25%。运营模式是私家车主可以在自己的车闲置的时候在RelayRides网站发布其车辆信息，确定每小时出租价格，客户可以登录RelayRides网站，浏览车辆情况，选择需要的车辆。对租车的选择，网站有一套严格的规则核查出车人的信息，符合要求的租车人可以与车主联系，最后由车主决定租给哪位承租人。美国通用汽车对RelayRides公司不仅投入了300万美元的资金，还将OnStar系统安装在RelayRides产品上，用户通过OnStar系统完成远程解锁、监控、定位和交付功能。从2014年开始，RelayRides还与Facebook达成合作，用户在RelayRides没有覆盖的城市，也可通过Facebook来租车。

第三种模式是C2C模式。这是企业与企业之间在产品、服务等方面的共享租用模式。

9.4.2 共享模式的经济利益

共享收益模式有4种类型，包括按交易收费、会员制、免费模式以及其他模式。4种类型又具体分为11种盈利模式，包括按交易收费、普通会员制、会员制+使用收费、层级式会员制、免费+升级、免费+衍生品、免费+广告/电子商务、转售、价差交换、分成及向用户收取管理资源所需要的费用。具体模式见表9-1。

表9-1 共享收益模式的4种类型和11种盈利模式

类型	占比	盈利模式	说明
按交易收费	63%	按交易收费	平台向用户对每一笔交易进行收费，可以分为：单边与双边收费；按比例或按固定金额收费；按固定比例或浮动比例收费
会员制	21%	普通会员制	用户在一次性按年、按月或按其他时间段支付会员费用或订购费用后，即不用支付其他费用便可获得商品或服务
		会员制+使用收费	在普通会员制模式上，提供额外收费的增值服务，收费主要按使用进行
		层级式会员制	不同等级的会员支付不同的费用，可以享受不同的服务或得到不同的商品
免费	10%	免费+升级	用户加入及普通使用为免费，通过附加服务与增值服务收费
		免费+衍生品	不向用户的共享行为收费，但利用用户共享的信息、知识、经验等开发出衍生品，通过衍生品收费
		免费+广告/电子商务	不向用户的共享行为收费，但通过引入广告等形式向广告主收费，或者直接开展电子商务业务，获取收入

（续）

类型	占比	盈利模式	说明
其他	6%	转售	通过转售，获取供应方出价与需求方报价之间的差额
		价差交换	将商品价值转换为平台内部积分，供应方资源与需求方资源之间的差价需要通过购买平台内部的积分获得
		分成	当用户的创造获得成功后，平台参与获得利益分成
		管理费	向用户收取管理海量资源所需要的费用

9.5 我国出行服务市场竞争现状

出行服务模式的竞争点在于，每个产品是通过一款打车软件 APP 支持的，通过资本竞争占领消费者入口，从而获得对消费者的高频消费行为、支付入口及地理位置等信息使用收益。

在我国共享出行市场方面，据易观智库报告，到 2015 年第二季度，滴滴快车、Uber 和神州专车分别以 82.3%、14.9% 和 10.7% 的比例占据中国专车服务活跃用户覆盖率的前三名。另外，易到用车占 2.7%、AA 租车占 2.4%。BAT 在汽车出行共享经济中的行业布局见表 9-2。

表 9-2 BAT 在汽车出行共享经济中的行业布局

分享经济领域	腾讯	阿里	百度
出行	Lyft、滴滴快车	Lyft、滴滴快车、接我云班车	Uber 中国、天天用车、51 用车

汽车制造商在欧洲的汽车共享事业分类见表 9-3。

表 9-3 汽车制造商欧洲汽车共享事业分类

种类	点到点	自由组合	短期租赁
移动形态	起点与终点相同	A 地点移动到 B 地点	无具体规定
使用车辆	专用车；个人保有车	各公司的专用车	
共享服务企业	福特汽车共享、欧宝汽车联盟、法国雪铁龙公司出资的 P2P 租车服务提供商 Koolicar 公司	宝马汽车共享计划“DriveNow”、戴姆勒汽车共享“car2go”、大众“Greenwheels”、雪铁龙共享服务 Multicity 公司、菲亚特 ENJOY 公司	奥迪精选、奥迪联合服务；标致租赁

9.6 国外共享出行市场及服务现状

汽车共享业务在信息技术与自动驾驶技术发展的推动下，随着消费者认知模式、需求焦点的转变，正在以欧美为中心日益扩展，在日本也快速扩张。各整车厂商正在为正式普及共享业务而加大扩充服务，提早准备应对汽车共享浪潮的来临。

9.6.1 各方力量争占共享出行市场

在争夺市场方面，整车企业间加强在共享出行领域的合作，零部件企业也积极推进共享汽车事业，出行服务公司也加强与整车企业的合作，地图企业也向出行服务领域扩展。

1. 在整车企业合作方面

2018 年 3 月 28 日，宝马集团与奔驰母公司戴姆勒集团签署协议，以 50∶50 的投资共同在共享出行领域携手打造一站式的城市出行服务。宝马与戴姆勒将旗下已存在的共享汽车、网约车服务、停车服务、充电网络、多模式联运等业务进行合并和扩充，打造一个独特的数字化生态系统。

2. 在零部件企业方面

大陆集团积极进军共享出行服务市场。大陆集团 2014 年发起 ITS（Intelligent Transportation Services）业务单元。从车辆、基础设施和云端提供信息，开展共享服务，使用 eHorizon 和 Road Database 的服务。eHorizon 从基于导航系统的安全、低油耗驾驶辅助系统，向利用云端的更为安全、舒适、高效的驾驶辅助系统推进，到 2016 年 1 月，已有 5 家汽车企业计划采用新一代的 eHorizon 系统。Road Database 是一项使用从车载硬件传感器获得的实时信息，辅助可预判驾驶的云端技术，在 2016 CLEPA Innovation Awards 上获得很高评价。

3. 在出行服务公司与整车企业合作方面

Uber 已经向沃尔沃采购了 2.4 万辆 XC90，组建世界上最庞大的无人驾驶共享出行车队，并将于 2019 年投入运营。而老牌车企通用的计划是在 2019 年正式启动基于自动驾驶的打车服务。

4. 在相关企业扩展服务方面

2018 年 3 月 27 日，高德地图宣布推出顺风车业务，已在成都和武汉先行上线，并将陆续在北京、上海等城市推出。作为行业后来者，高德顺风车采用零抽成模式，承诺不打补贴战，而是基于其长期积累的自驾出行用户及出行调度能力，在不增加城市道路压力的情况下，以科技手段提升运力，从而提升社会出行效率，缓解城市交通拥堵。

9.6.2 欧洲汽车制造商积极拓展本土共享市场

在欧洲，各汽车制造商均致力于逐步推进汽车共享事业扩大。各汽车制造商从事的汽车共享事业主要以自由流通（Free Float）形态为主，分单位计费方面，多包括燃油费、保险费和通行费等。截至 2016 年 6 月，开展城市、会员人数较多的当属宝马的 DriveNow 与戴姆勒的 car2go。两者均属于与租车公司的合资事业，DriveNow 在 5 国 9 大城市、car2go 在 6 国 13 大城市开展事业（仅限欧洲内）。大约花费 30 美分 /min 便可利用 C 级以下车型。相同类型的还包括大众的 Greenwheels、雪铁龙的 Multicity、菲克的 ENJOY 等。Greenwheels 作为大众出资 60% 的荷兰汽车共享事业经营商，在荷兰与德国的 120 余个城市开展事业。大众独立的汽车共享事业 Quicar 曾于 2011 年在汉诺威成立，但是未能在其他城市开展事业，2016 年 4 月与 Greenwheels 事业合并。

作为新动向，各汽车制造商已进入出租私家车的 P2P 中介业务。欧宝于 2015 年 6 月在德国境内开始了私家车出租服务 CarUnity。还可以使用 OPEL 品牌以外车型。福特于 2015 年 6—11 月在英国伦敦以福特车主为对象，实施了 P2P 的实证试验。标致雪铁龙虽未直接经营上述事业，但是除了面向法国的初创企业 Koolicar 出资以外，还通过与法国的 Tripndrive 合作等方式积极参与 P2P 服务。有些制造商正在搜寻多样化的汽车共享形态。奥迪在德国柏林推出在限定 6 个月内，可以自由选择租赁 Ducati 与 Audio 车型的，能够变更出租车型的 Audi Select 租赁移动服务。在瑞典斯德哥尔摩还面向个人小集团 （最多 5 人）推出了租赁 Audio 品牌车的微分享事业 AudiUnite。

大众集团在智能化出行领域的未雨绸缪始于 2016 年 Moia 品牌的发布。作为大众集团旗下第 13 个品牌，Moia 将拥有自己的电动乘用车，服务于移动出行领域，未来市场将集中在中国、美国和欧洲。集团计划到 2023 年在出行、电动车、自动驾驶等方面投资 340 亿欧元，为城市化出行提供解决方案。福特则推出了面向城市居民使用的限乘 4 ～ 10 人客车的汽车共享服务 Dynamic Social Shuttle。各汽车制造商在欧洲开展的汽车共享事业概要见表 9-4。

表 9-4 各汽车制造商在欧洲开展的汽车共享事业概要

制造商	事业名称	形态	范围	使用车型	会员人数	使用费	备注
宝马	DriverNow	Free Float	5 个国家 9 个城市	BMW2 系列 Active Tourer、1 系列、X1、i3、MINI、MiniConvertible、Clubman、Countryman	60 万人	31 美分 /min 起	与租赁公司 Sixt 合资，2016 年在比利时布鲁塞尔启动事业。2016 年 4 月，宣布收购 RideCell，使用其车队管理软件用于共享解决方案
戴姆勒	car2go	Free Float	6 个国家 13 个城市	Smart fortwo，M-benz A 级、B 级、GLA、CLA	120 万人	29 美分 /min 起，14.99 欧元 /h，79 欧元 /d	与租赁公司 Europecar 合资；除欧洲以外，还在北美与中国开展事业
大众	Greenwhells	Free Float	2 个国家 120 多个城市	Up ！ Golf Variant、Caddy		6 欧元 /h，80 欧元 /d	由大众出资 60% 的荷兰公司运营；Quicar 于 2016 年 4 月终止事业
奥迪	Audi Select	租赁	德国 30 家经销商	Audi 品牌 11 款车型		1 个月 999 欧元	
雪铁龙	Multicity	Free Float	德国柏林	C-zero		28 美分 /min	2012 年开始
标致	Peugeot Rent	Hub	欧洲内 22 家经销商	Peugeot 品牌 20 款车型		39 欧元 /h	Peugeot MU 更名而来
	Koolicar		法国 40 个城市		6 万人		投资 1 800 万欧元收购汽车共享风险企业 Koolicar

（续）

制造商	事业名称	形态	范围	使用车型	会员人数	使用费	备注
菲克	ENJOY	Free Float	意大利 Roma、Firenze、Milano、Torino、Catania	500、500L	10 万人	25 美分 /min	与意大利碳化氢公司、铁道公司合作
欧宝	CarUnity	Hub	英国 20 家经销商	Fiesta （GE/Electric）	2 000 人	17 便士 /min	实验阶段
福特	Ford Carsharing	Hub	德国 67 个城市 135 家福特经销商	Ka、B-Max、Foucs、Kuga、C-Max、Mondeo、S-Max、Galaxy		1.5 欧元 /h，50 欧元 /d	与德国国铁子公司合作；还可利用 Flinkster 的服务
	GoDrive		英国 20 家经销商	Fiesta1.0 EcoBoost 及 Focus Electric EV	2 000 人	17 便士 /min	处于实施阶段。预计 2020 年全球汽车共享规模扩大至 60 亿美元
	Ford Credit Link		美国得克萨斯州开始，面向小规模集团租赁				智能手机完成车辆信息、支付等
通用	Maven	共享	从密歇根州开始，至全美城市				2016 年 1 月成立，通过智能手机完成操作及结算
	Express Driver Program	租车或约车					

9.6.3 日本汽车共享业务快速增长

日本汽车共享业务发展正处于快速增长阶段。在日本国内，消费者通过智能手机的APP功能，方便借出汽车出行，使日本国内汽车共享服务逐步普及。截至2016年，日本共享汽车注册会员数量在过去5年内增加了10倍。在汽车共享市场方面，Times Car Plus、欧力士租车、CarSharingJapan在营业网点和会员数量方面已经先行一步，赶超竞争对手。

1. 丰田汽车

丰田汽车Rent-A-Lease 2010年开始启动了汽车共享服务rakumo，使用的车型为丰田AquaKVitz。截至2016年3月，丰田汽车建有12家营业网点，拥有20辆车。会员人数为918人。用户登记为会员后，就可以在网上预约，通过手机操作开关车门，通过车内开关打开发动机。这种模式属于往返式，车主用完车还需归还至出发地。丰田汽车共享模式付费方式是第1小时1 080日元，其后每15min增加270日元、每行驶1km花费16日元。丰田汽车分别在爱知县丰田市、东京都、冲绳县及法国格勒诺布尔开展使用超小型EV的单向式（起点与终点不同）的汽车共享服务Hs:mo，使用车型为1座4轮小型EV的COMS（T·COM）与2座小型EV的COMS（P·COM）两款车型。营业网点数量不一：在丰田市拥有51家；东京都201家，其中100家与Park24合作开展业务，101家面向东京都内沿岸高级公寓内居民提供服务。用车方式是从Ha:mo RIDE应用程序预约的地点出发驶出，结束服务后必须将车辆归还至目的地营业网点，属于单向式。收费标准是，以丰田市使用COMS（P·COM）车型为例，最初10min为200日元，其后每1min增加20日元。在购物等需要暂时离开汽车的情况下，每分钟需花费2日元。

丰田汽车计划在共享事业上加大开拓力度。计划2020年以前，为日美销售的几乎全部汽车安装信息通信模块（TCM）收集信息。计划与汽车共享出行服务商合作，加快构建方便提供出行服务的移动出行服务平台。在美国，丰田汽车为了率先开展汽车共享服务，正积极与美国投资企业开展合作。2016年5月丰田汽车与拼车公司Uber Technologies签署了资本业务合作协议，2016年10月丰田汽车还向美国提供个人之间汽车共享服务的风投企业Getaround出资数亿日元。

在提供共享汽车的应用装置方面，丰田汽车在2016年11月宣布开发出Smart Key Box（SKB），该装置能够通过智能手机打开或关闭共享租赁汽车的车门以及起动发动机。使用此功能时，使用者通过智能手机应用程序获得暗号钥匙，在接近汽车时就可以开关车门。从2017年1月开始，丰田汽车与美国加州的 Getaround 合用，启动了使用 SKB 装置的实车试验，并考虑导入日本。

在共享业务方面，丰田汽车致力于对共享停车场的投资。从 2016 年 12 月起，丰田汽车与提供共享停车场服务的大阪市的 akippa 公司就服务领域开展合作。使用者不仅通过丰田的通信服务 T-Connect 检索和预约 akippa 停车场，还能依托 akippa 的服务预约丰田汽车租赁业务所有的停车场。

2. 本田汽车

2013 年 11 月，在东京都中心部，本田汽车启动了汽车共享业务 Honda Cars：Smooth Rent-A-Car。截至 2016 年 6 月，本田汽车已具备 Honda Cars 东京中央销售店和停车场等 30 家营业网点，配备了约 60 辆本田车。注册会员人数达到 4 500 人。本田汽车共享服务的模式是，消费者登记注册为会员后，就可以在网上预约，通过带有 IC 芯片的驾驶证打开并借出停车场等地的本田车。不过，借出的汽车需要归还至出发地。本田汽车提供的车型有轻自动车 N 系列、紧凑型车 Fit、MPV Freed、福利车 N-BOX+。采取的收费模式是，最短 12h 3 980 日元，月会费免费。本田汽车的意愿是请客户长期使用，进而推动本田汽车的销售。2016 年 6 月，本田汽车扩大该项共享，除了东京都外，还在大阪市、横滨市、神户市和福冈市等地开展共享业务。本田汽车扩大城市用车的目的是增加车主方便使用本田车的机会，开发潜在用户。本田汽车还为推进短期使用共享业务进行调查，以决定短期业务的方针和规划。

本田汽车今后还会扩大共享用车试验服务。2017 年 1 月，本田汽车全球首发安装有人工智能与自动驾驶功能的小型 EV 概念车 NeuV。该款车主要用于个人间的共享，并设想在获得所有者许可之后，能在所有者不使用的时间内自动驾驶移动，共享收费模式是以拼车方式获得收入。本田汽车的该项服务没有明确投入应用时间。此外，本田汽车在 2016 年 12 月与东盟经营摩托车拼车业务的 Crab 公司签署合作协议，除加快摩托车共享业务外，还有意合作开展汽车共享业务，以便更大程度地发展本田海外汽车共享业务。

3. 日产汽车

日产汽车最初在 2013 年 10 月至 2015 年的 2 年内，使用 2 座的 EV 车型，采用单向式服务的汽车共享试验。由于使用者很少，远远低于预期，导致成本不能回收。因此，2015 年试验项目中断。2017 年 3 月，在神奈川县横滨市重启了使用超小型 EV 的汽车共享服务。由原来的单向式运营转向往返式运营。日产在横滨市的汽车共享试验为 Choimobi Yokohama，使用 New Mobility Concept 车型，采用一种将汽车可以归还至借出服务网点的往返式服务模式。目前，日产共享服务在日本横滨市内建有 14 家营业网点，拥有 25 辆汽车。试验期限是 2 年。日产该项共享试验目的是为了检验超小型交通工具的实用性和商业化可能性。日产同时在横滨市内建有能够免费使用的 12 家停车场。自 2017 年 4 月开始，将服务范围扩大至由领队车带领的旅行团、长期借给企业使用等。日产汽车共享服务的收费标准是，起价为 200 日元，每 15min 增加 250 日元，设定最高费用为 3 000 日元 /d。

日产汽车对汽车共享的规划是，未来将涉足利用社交媒体开展个人之间汽车共享业务的领域，并与欧美企业在该领域展开竞争。日产汽车在 2016 年年末创立的该项业务，2017 年 4 月开始提供服务，首先在法国巴黎开始。该项服务的模式是，消费者在网上确认汽车空置情况后，选择想要乘坐的时间。收费模式是根据消费者使用频度每月向用户收费。

4. 日本其他汽车企业在汽车共享业务方面的状况

Park24 公司的子公司 Times Car Plus：2016 年 12 月，由日本国土交通省和 Park24 公司等机构组成的社会实验协议会在东京都内，将国内首条公路作为营业网点，启动了汽车共享社会实验。该项目设置了能够停放 3 辆单座 EV 的专用车位，能在 Park24 经营的东京都内 89 家网点任意还车，属于单向式汽车共享服务，并且在地铁站方便换乘的出口附近的道路上设置了营业网点。项目实施到 2017 年 12 月。同时，Times Car Plus 还参加了日本国土交通省实施的高速客车汽车共享社会实验。使用者在 Park24 的停车场上离开高速客车，转而换乘预约的汽车驶向旅游目的地。项目试验期限为 1 年。截至 2016 年 12 月，Times Car Plus 共建有单向式汽车共享服务网点 89 家，配备了 60 辆车，在 2017 年年初增加到 100 辆，并且还逐步扩大了营业网点数量。

欧力士租车：2016 年 4 月宣布，计划与百神电气铁道合作，在该铁路公司 30 多家车站设置汽车共享基地，目的是接火车站下来的乘客，转换汽车到达目的地。截至 2016 年 4 月，欧力士已经在该铁路公司的 20 家车站周边设置了总共 25 个汽车共享服务基地。2017 年年末，以首都圈、关西、爱知县为中心，将用于汽车共享的汽车数量扩大至 3 000 辆。

三井不动产子公司 CarSharingJapan：2017 年 1 月开始在关西地区提供汽车共享服务。2017 年 4 月在关西地区配置 100 辆共享汽车。2017 年年末在东京都、神奈川县、千叶县和埼玉县配备 3 000 辆汽车用于共享业务。

9.6.4 美国汽车共享市场现状

美国与日本有所不同，由福特、通用等汽车制造商自主推出新的移动出行服务业务，称为 Mobility-as-a-Service（MaaS），提供车辆拼车服务。

通用汽车正在增强自动驾驶共享业务服务。2016 年，通用汽车宣布对打车服务 Lyft 投资 5 亿美元（约合 34.5 亿元人民币），并与后者联合开发采用自动驾驶汽车的打车服务。通用汽车于 2017 年春季开始开发自动驾驶汽车原型。作为汽车共享业务，通用汽车将定位继雪佛兰和凯迪拉克后，为汽车共享业务的新品牌，力争扩大个人出行服务品牌 Maven 的服务地区。

福特汽车开发用于通勤的汽车共享业务。将在北美、欧洲和中国等地导入具备检索停车场等功能的智能手机应用程序 Ford Pass。福特汽车提出，今后将出行服务作为主业而不是补充事业去发展。福特汽车预计 10 年后，营业收入的 30% 将通过会员费及服务事业获得。在美国旧金山，不持有车辆而是采用汽车共享的生活方式已经以年轻人为中心开始渗透，强烈地助推了拼车服务这种商业模式。

宝马公司在美国开展的共享事业是 ReachNow，于 2016 年 4 月启动。2016 年，ReachNow 新业务从西雅图起步后扩展到俄勒冈州波特兰和纽约市布鲁克林区等城市。2017 年将服务城市增加至 7 个。在美国境内共有 10 个城市提供服务。宝马公司在美国采用与初创企业 RideCell 合作的模式，软件和平台的开发由 RideCell 公司负责，宝马公司向其提供内容多样的服务。截至 2016 年 12 月，宝马 ReachNow 会员达到 3.2 万人。使用费用模式，分为行驶过程和停车过程，行驶过程为 49 美分 /min，停车时为 30 美分 /min，会员注册费为 39 美元。使用车辆为宝马 3 系三厢车、X1、i3、MINI、Clubman 共 620 辆。

宝马 ReachNow 采用的是自由移动（单程）的系统。ReachNow 服务是一种基于云技术的服务。使用者需要智能手机应用程序，使用 GPS 搜寻车辆位置，找到最近的车辆，通过虚拟钥匙管理使用者上下车。

作为宝马旗下子公司，ReachNow 从宝马公司购买车辆，面向终端用户提供出行服务。RideCell 为 ReachNow 实施的服务开发应用软件，从事云服务，让全部后端程序正常工作。还进行大数据分析，预测客户在完成车辆落客后，下一步会做什么，会发出什么需求指令。根据用户行为分析下一步行动，提前做出拼车用车储备。RideCell 建立了智能化、新型移动出行、平台的云计算智能服务，提供全面的综合性的端到端服务。

RideCell 的盈利商业模式是通过提高车辆运行效率，积累客户百分比，通过提高百分比，汽车企业有利可图，RideCell 服务公司也就有盈利希望。

ReachNow 并不限于汽车共享服务，还力争向移动出行方向拓展服务事业。除汽车共享业务外，还包括拼车业务。ReachNow 采用的模式是白天以汽车共享方式借出车辆，晚上再雇佣驾驶员开展拼车服务。宝马公司使用一个车队、一款手机应用软件，同时经营两种业务，是汽车业内率先开展该种模式的企业。与 Uber X 不同的是，宝马 ReachNow 使用与宝马公司签约的专业驾驶员驾驶，提供拼车服务，而 Uber X 使用私家车驾驶人服务，而不是专职驾驶员。除此之外，ReachNow 还开展多种业务，如出资 Scoop 公司，在西雅图提供被称为 Car Pool 的多人合乘服务。

9.7 共享出行的发展趋势

9.7.1 共享意愿趋势

随着超大型城市聚集着大量人口、城市承载的资源压力增大，城市运营效率变低。同时，人们面临着道路交通拥堵、停车困难、环境污染加剧等问题。为解决这些问题，未来城市将以发展公共交通和提高交通工具利用率为原则。为此，共享出行模式是解决大城市交通问题的主要手段。未来在下述因素的促进下，共享出行模式将得到更完善的发展。如，新生一代消费者对拥有与分享的不同偏好，将导致消费者更看重及时使用而非长久拥有，更注重短期体验和使用效率。据尼尔森公司的一份调研报告《共享是新的购买方式吗？》中显示，全球平均有 68% 的人愿意共享他们的财产，有 66% 的人愿意接受共享财产。在消费者的共享意愿中，中国排在第一位，有 94% 的受访者愿意与他人进行共享。其次是印度尼西亚，有 87% 的人愿意共享他们的财产。

9.7.2 共享经济规模趋势

据统计，2015 年中国共享经济规模约为 1 644 亿美元，占 GDP 的 1.59%，全球市场交易规模约 8 100 亿美元。据 Companies 统计，2008—2015 年，全球共享经济企业融资交易次数达到 800 余次，融资总规模近 270 亿美元，年融资规模翻 40 倍。在行业细分上，全球共享经济各领域融资额中最多的是出行领域，达到 175.8 亿美元；其次是空间领域，达 46.2 亿美元；第三是金融领域，达 20.7 亿美元；第四是服务领域，达 13.8 亿美元。

在参与共享经济的人口规模上，中国是英美两国的两倍，总规模近 3 亿人。从共享经济参与者占总人口比重来看，中国只有 22%，低于英国和美国，远不及加拿大的 39%。

到 2014 年，全球有提供各类服务的共享商业平台 7 500 个，而且每个平台以年均 35% 的速度增长。2015—2020 年，我国共享经济年均增长速度约为 40%，到 2020 年共享经济规模占 GDP 比重将达到 10% 以上。2014—2025 年，我国共享出行市场规模预计增长 23%。

此外，为共享经济平台提供服务的外围企业也会增加并有好的发展趋势。第一类如为共享提供用户“信用数据”的企业。如 TrustCloud 公司（提供打通不同平台间的个人信用数据）、Checker 公司（专门招募自由职业者的企业）、Instacart 公司及 TaskRabbit 公司（为共享服务平台提供个人背景调查服务）。第二类如提供所谓 WHITE LABEL 的企业。为企业提供各类模板与框架，帮助各类平台经济企业迅速搭建平台。如专注平台通用性的 NearMe 公司、专注交通出行行业的 Jugnoo 公司。第三类是应用物联网相关技术的企业。如自行车共享公司 BitLock 公司、汽车共享 Car2go 公司等。

9.7.3 汽车共享趋势

未来汽车智能化技术的普及和应用，将对汽车共享从使用方式、使用效率、使用安全及服务质量等方面推进共享模式发展。在自动驾驶模式下，通过智能手机呼叫无人车代步后，无人车自动回到基站，共享汽车的范围将更加广泛。交通商业模式的创新、互联网技术的应用及智能交通的发展，都有助于共享模式越来越完善。

共享汽车以不同的方式和服务满足了不同人群的出行需求，这种趋势将以每年 30% 的速度发展。据传媒与公关企业 CNW 集团在美国 2011 年的调查，在 18 ～ 24 岁的驾驶人中，有 46% 的人愿意租用而非拥有自己的汽车。据尼尔森 2014 年对全球 60 个国家的调查，人们最愿意使用分享的有形商品分别是书籍、汽车、服装、度假公寓、CD 与 DVD、珠宝首饰、手机 / 计算机 / 平板计算机等消费类电子产品、家具、玩具及儿童用品。汽车排在第二位。据普华永道咨询公司一份研究报告，截至 2016 年年初，汽车分时租赁共享市场约有 30 家上规模企业，市场总车队规模约 3 万辆。整个市场以超过 50% 的增长速度飞快发展。

9.8 汽车共享趋势推动汽车产业变革

9.8.1 汽车共享出行模式对汽车企业带来挑战

（1）新车销量受到汽车保有量中共乘车辆的普及程度影响　如果共乘车量的使用量超过新车需求时，汽车企业新车销量一定有削减的危机。

汽车企业新车销量削减程度受到以下几个因素影响：

第一个是拥有车辆对消费者的吸引力。我国现有汽车拥有者一定还是偏好拥有。这部分数量由现在的乘用车车辆保有量决定，他们是换新车的人群，未来需要拥有更高级的、更私人化的、可偏好定制的汽车。因此，这是一部分潜在的汽车换代需要定制的人群。

第二个是共乘可以获得高端车的使用享受。这提供了共享出行的用车代步产品定位，一定是高端化的产品且更适宜共享使用。

第三个是使用成本与租用成本的差距。目前，从长租来看，租车成本比拥有汽车加上使用费的成本相对偏高。因此，短租市场好于个人长租市场。但是，随着长租成本的下降，汽车租车的比例将提高，汽车租车增量来自于没有汽车而又有一定消费能力的人士。因此，租车市场应看重长租行为。产品本身要注重内在竞争力，如乘坐舒适性、触感、气味、居住性、视野、易停性、通过性、加速性和实际油耗等方面，尤其是使用的经济性。

第四个是年轻消费者的不同消费观。在我国，城市年轻消费者购买中高端汽车，农村消费者选择价格便宜的自主品牌汽车；在国外，如欧洲、日本的年轻消费者选择使用成本低，首付款可以购得的二手车、小型车。在租车方面，年轻消费者更侧重在使用成本低、共享联网及汽车娱乐性上。

（2）自动驾驶和互联的发展对汽车企业的冲击和影响大　未来自动驾驶汽车的发展将更利于汽车共享使用，使租用共享的用户超过购买拥有汽车的人数。据德国咨询公司 Dececon 在 2016 年 3 月发布的调查问卷显示，希望购买自动驾驶车辆并拥有的消费者仅占整体的 34.8%，而希望通过共享在日常生活中尝试使用自动驾驶车辆的消费者比重接近其两倍，为 67.5%。

9.8.2 汽车共享出行模式为汽车企业带来新机会

（1）通过提高车辆乘坐体验提高产品竞争力　未来，汽车共享的普及将对车辆的乘坐舒适性、整体感受（包括触觉、气味、居住性、视野、易停车、行驶性、通过性、加速性和实际油耗等）提出更高的要求，汽车企业要利用这些要素，提高产品竞争力。

（2）汽车企业要增加产品线上高端车辆供给　未来，汽车产品高端化、价格低端化是大趋势。在共享模式下，同等成本支出，消费者更倾向于使用高端车辆。据罗兰贝格的《汽车 4.0 时代》，未来，汽车共享及按需出行的普及，使消费者对汽车需求呈现高端化趋势。现有高端汽车企业如奔驰、宝马公司可以凭借其高端产品优势增加对消费者的吸引力。合资汽车企业会利用其规模优势，增加高端产品投放，以及针对细分市场开发有竞争力的车型，增加市场份额。

（3）汽车共享、共乘服务将成为企业新的利益增长点　欧美汽车企业重视共享商业模式。通用汽、福特在 2015 年进入共享领域，奔驰借助 IT 强化共享业务内容，雪铁龙宣布把共享商业模式作为新的支柱。因此，增加共享领域投资，希望获得新的利益增长点是汽车企业的共识。

9.8.3　共享出行推动智能汽车企业加快转型

移动出行的业态发展受自动驾驶汽车技术发展影响极强。未来自动驾驶技术进入移动出行服务事业领域，汽车的操作使用成本将降至传统汽车时代的一半。移动出行业务与汽车自动驾驶技术的发展是相互支撑、相互推进的。全面移动出行和汽车自动驾驶的发展将会使汽车研发设计、汽车经销和服务模式产生根本的变化。在汽车设计方面，目前汽车内饰主要以家庭版为主。在汽车共享情况下，为了保障乘坐人员的隐私，今后驾驶舱可能会加装类似飞机商务舱那样的屏幕，使汽车设计发生改变。在营销方面，随着拼车业务的增加，经销商也可能开展移动出行服务，利用良好的维修优势，与汽车企业争夺市场。对于汽车行业新进入者，可能不需要建立自有的维修保养网络，更加减少了进入壁垒。艾媒咨询（iiMedia Research）发布的《2016—2017 中国互联网汽车分时租赁市场研究报告》预计，到 2020 年整体市场规模将达 92.8 亿元。

2017 年 6 月 1 日，交通运输部会同住房和城乡建设部制定的《关于促进汽车租赁业健康发展的指导意见》（以下简称《指导意见》），从国家层面鼓励分时租赁发展、提升服务能力，对汽车共享产业发展是利好。共享出行的发展趋势稳步向前发展，给汽车制造商带来转型机会，但多数共享企业还没有真正从服务事业中获利，他们的金融能力是共享事业的根本。因此，只有加快共享事业的效率提升，找到合理的营收模式，才能形成成熟的商业模式，从而实现盈利。

第 10 章

未来城市化趋势对智能汽车发展的推动

10.1 未来城市化发展趋势

10.1.1 城市化率提升带来超大型城市快速增加

根据联合国《世界城市化展望 2014》报告，从全球来看，目前，城市化率最高的地区是北美，城市化率达到 82%；其次是拉丁美洲及加勒比地区，城市化率达到 80%；第三是欧洲，城市化率达到 73%。非洲和亚洲城市化率很低，仍分别有 40% 和 48% 的人口居住在农村地区，预计到 2050 年，非洲和亚洲城市化率有望达到 56% 和 64%。未来，全球城市化率将由 2014 年的 54% 上升到 2050 年的 66%。

1950—2014 年，世界城市人口增长迅猛，由 7.46 亿人增加到 39 亿人。亚洲城市人口占全球的 53%，欧洲、拉丁美洲及加勒比地区分别占 14% 和 13%。

到 2050 年，城市人口将达到 64 亿人左右。其中，由持续的人口增长和城市化带来的城市人口增长会达到 25 亿人，几乎 90% 的增长集中在亚洲。2014—2050 年，约 37% 的城市人口增长来自于印度、中国和尼日利亚，分别有 4.04 亿人、2.92 亿人和 2.12 亿人的新增城市人口。

同时，城市规模发生显著变化，超大型城市快速增加。1955 年只有 2 个城市人口过 1 000 万人，到 2015 年有 8 个城市人口超过 2 000 万人。东京以 3 800 万人居世界第一，上海以 2 374 万人排列第三，北京以超过 2 000 万人排名第七。1995 年，世界十大城市为东京、纽约、大阪、伦敦、巴黎、上海、布宜诺斯艾利斯、莫斯科、芝加哥和洛杉矶；到 2015 年变为东京、德里、上海、圣保罗、孟买、墨西哥、北京、大阪、开罗和纽约。预计到 2030 年，全球会有 41 个人口超 1 000 万人的大型城市。排名前两位的依然是东京和德里。

10.1.2 全球新增城市人口流向发展中国家城市地区

根据《世界移民报告 2015》，全世界有 2.32 亿国际移民和 7.4 亿国内移民。约占一半的国际移民居住在 10 个高度城市化、高收入的国家，例如澳大利亚、加拿大和美国，以及法国、德国、西班牙、英国、俄罗斯、沙特阿拉伯和阿拉伯联合酋长国等。到 2050 年，增加的 25 亿新增世界城市人口将主要集中在中低收入国家的城市地区，特别是非洲和亚洲国家的城市地区。东亚、南非、巴西和印度等快速发展的新经济中心吸引着越来越多的，尤其是中低收入国家的人口迁移。在这些国家，国内移民的数量也在增长，带来大城市的集聚以及二级城市人口的增加。

我国城市流动人口将呈增加趋势，由中西部小城镇或城市流入东南沿海大中城市的流动人口规模庞大，约占全部流动人口的 25%。随着区域经济一体化的加速和要素流动的活跃，城镇流动人口规模还会进一步增长。据预测，到 2020 年，我国城镇流动人口规模将增加到 7 000 万人左右，年均增加 120 万～ 150 万人。到 2030 年，城镇流动人口规模将达到 8 000 万人，年均增加 80 万～ 120 万人。

10.1.3 全球老龄化趋势加剧

随着城市人口的增加，全球人口老龄化趋势也在加速。在欧洲和北美洲，老年人占比已经达到 28% 和 26%；预测到 2050 年前，全球老人所占比例将上升到 19%，儿童所占比例将下降到 22%。

我国总人口将继续保持上升趋势，并在 2026 年前后达到高峰后下降，2050 年下降为 13 亿人。在人口结构中，人口的老龄化程度正在加速加深。2017 年，全国人口中 60 岁及以上人口有 2.41 亿人，占总人口的 17.3%，其中 65 岁及以上人口有 1.58 亿人，占总人口的 11.4%。预计到 2020 年，老年人口将达到 2.48 亿人，老龄化水平达到 17.17%，其中 80 岁以上老年人口将达到 3 067 万人；2025 年，60 岁以上人口将达到 3 亿人，老少比将达到 128.9∶100，老年人口远远超过少年儿童的数量，我国将成为超老年型国家。到 2040 年，我国人口老龄化进程达到顶峰，之后，老龄化进程进入减速期。到 2050 年，60 岁及以上人口增加至 4.92 亿人，占总人口的比例将达到 37.88%；65 岁及以上老年人口增加至 3.75 亿人，占全部人口的比例将达到 28.81%。

10.2 未来城市规划导向

10.2.1 未来城市变迁

随着时代变迁，城市发展经历着由农业文明时代的城市，向工业文明、向智慧城市演变的进程。在农业文明时代，农耕的小规模、个体化、单一生产机制特点，使拥有数十万人的城市被称为大城市。而在工业文明时代，由于工业大生产对资源和劳动力的吸引，造成人口的集聚和协作，形成了数百万人乃至千万人聚集的城市规模。20 世纪五六十年代初计算机技术的飞跃发展，20 世纪 90 年代后期互联网技术的普及应用以及 21 世纪初智能技术的应用，使得城市生活方式发生改变，人口规模 2 000 万人以上的大城市及超大城市在全球达到十几个。由县到市，由市到直辖市，数百万人口聚集的城市不断增加。同时，信息化、智能化时代的到来，使得城市也朝着智能化、多元化、智慧化方向发展。

10.2.2 未来的城市规划导向

未来城市规划将更加智能化、数字化，依靠大数据、信息技术、人工智能进行城市治理成为必然。城市功能规划更加以人为本，注重人性化、可视化及便利化。在城市基础设施的建设上更加注重全方位考虑人们的出行、生活需要，以及不同人群特征的需求，强调人与城市共同发展，共同参与城市治理与环境建设、维护。城市通过实时的信息监控，对各类人群进行大数据信息采集与分析，实现对各类人群的分析、分类，更好地规划治理，为教育、医疗、旅行、交通和安全等问题提供更好的解决方案。同时，城市的共享将更加扩展，更加便利，全社会以城市为中心的消费模式也将形成各自特色，城市即客户的理念将改变以单个消费者为中心的营销思维。

未来城市规划将从经验型向模拟、动态、智慧型转变，从对大数据的应用中进行模拟城市规划，实时进行动态研究。数字化、智能化的城市地球概念将促进未来的城市规划。

10.2.3 智慧城市

伴随着物联网技术、云计算等信息技术、人工智能及智能设备技术的快速发展和应用，传统的城市也将在信息网联技术的融合下，成为智慧城市、智能城市。城市功能更加完善，智慧城市与大数据信息技术、智能交通、人类智能生活紧密相连。

不同文献资料对智慧城市的定义也不同。

2012 年美国国家情报委员会发布的《全球趋势 2030：可选择的世界》研究报告中对智慧城市的定义是：利用先进的信息技术，以最小的资源消耗和环境退化为代价，实现最大化的城市效率和最美好的生活品质而建立的城市环境。

在《智慧的城市在中国》一书中，对智慧城市的定义为：能够充分运用信息和通信技术手段感测、分析、整合城市运行核心系统的各项关键信息，从而对于包括民生、环保、公共安全、城市服务、工商业活动在内的各种需求做出智能的响应，为人类创造更美好的城市生活。

2014 年 8 月，国家发改委等部委印发的《关于促进智慧城市健康发展的指导意见》中，对智慧城市的定义是：智慧城市是运用物联网、云计算、大数据、空间地理信息集成等新一代信息技术，促进城市规划、建设、管理和服务智慧化的新理念和新模式。

2015 年，“中国智能城市建设与推进战略研究”项目组对智慧城市的定义是：科学统筹城市三元空间（CPH），巧妙汇聚城市市民、企业和政府智慧，深化调度城市综合资源，优化发展城市经济、建设和管理，持续提高城市发展与市民生活水平，更好地服务市民的当前与未来。

总体上，智慧城市建设包括“四化”：一是信息化，主要是基础设施的信息化与信息化基础设施；二是互联网化，包括生活、生产、服务、政务的互联网化；三是智能化，在信息化、互联网化、互联互通的基础上增加智能功能，运用大数据、云计算、深度学习、人工智能手段实现基础设施智能化，提升城市治理效率；四是智慧化，包括智慧生活、智慧服务、智慧信用、智慧决策、智慧治理和智慧创新等。

10.2.4 主要国家智慧城市建设

新加坡是建设智慧城市较早的国家。1992 年提出“IT2000 年智慧岛计划”，2005 年提出建立智慧型国家设想。2006 年公布了“智慧国家 2015 计划”。目标是利用信息技术建立资讯、通信生态系统，加强港口与外界的贸易合作，将新加坡打造为一个智慧国家，一个全球化城市。其中智能交通系统通过各种传感数据、运营信息及丰富的用户交互体验，为市民出行提供实时、适当的交通信息。在电子政务、服务民生及网络互联方面充分打造智慧城市带来的便利、高效的城市环境。

欧盟国家在 2007 年便提出一系列的智慧城市建设方案。2010 年出台的欧盟 2020 战略、欧洲数字化议程、2012 年启动智慧城市和社区的欧洲创新伙伴关系项目，重点是通过发展最新通信技术、网络服务，建设智慧交通等。据维也纳理工大学区域科学中心的一项研究，欧盟城市中智慧城市的比例高达 51%。智慧环境和智慧移动是欧盟多数智慧城市普遍重视的两大要素。因此，欧洲智慧城市重点是缓解交通拥堵和提升城市环境。

美国智慧城市建设是以 IBM 为代表。2008 年 11 月，IBM 推出“智慧星球”计划，其中包括“更智慧的城市”建设项目。国际金融危机后，美国政府通过发布经济复苏计划，重点建立城市智能电网，2012 年开始以大数据为契机，进行宽带基础设施建设。2015 年美国国家经济委员会与白宫科技政策办公室联合发布的 2015 版《美国国家创新战略》，提出在建设智慧城市、及时识别城市隐患等重点领域取得突破。白宫提供了一系列的资金扶持，同时举办了各类相关活动，鼓励全国积极参与到智慧城市的发展建设中来。

日本在 2009 年提出 I-Japan 战略，内容包括关注智慧政府、智慧医疗和电子商务等。日本的智慧城市建设目标是更新城市基础设施、可持续发展和低碳化的能源消耗，以电力、煤气、水道等基础建设和能源供给为基础，通过信息技术统合建筑、道路、交通和物流的智慧管理，以及行政、医疗和教育等的智慧公共服务。

日本智慧城市建设有 5 个方面：一是不动产开发，主要是针对城市设计、应用传感器建设、空间信息的获取和利用。二是基础设施建设，主要针对电力供给系统、燃油供给系统、净水系统建设、通信网络建设和高速路网建设。三是智慧基础设施，主要是地域能源管控系统建设、兆瓦级太阳能发电设备开发与应用、系统稳定化解决方案、智能交通信息系统；四是生活服务，主要是需求响应、老年人远程看护服务、需求响应式交通、面向民众的商品供应及智能卡应用。五是生活方式与文化艺术，主要是智慧生活方式宣传、社区活动的创造和传统文化的传承等。

韩国 2014 年提出 U-Korea 战略，2016 年启动首尔智慧城市建设，重点进行物联网基础设施建设，强化未来信息通信技术，利用无线网络进行城市设施、安全、交通、环境等的智能化管控。

我国智慧城市建设伴随着互联网技术的发展和大数据的应用，在 2006 年启动“数字区域地理空间框架建设示范”基础测绘项目。2011 年，选出 120 个城市地区进行试点建设，目标是形成城市交通管理、市政服务、地下管网、公交安全、人口管理及土地管理等一系列城市服务的管理信息系统。2010 年，以宁波为代表，形成我国首个智慧城市建设案例。随后，北京、上海、广州、天津、深圳、武汉和佛山等城市纷纷出台智慧城市建设方案。湖北、湖南等省份的其他城市也提出了各自的智慧城市建设目标。2012 年，我国智慧城市建设试点已经达到 120 个。2014 年，国家发布的《关于促进智慧城市健康发展的指导意见》推动了我国智慧城市的快速发展。

10.2.5 未来的人工智能城市建设趋势

腾讯认为，在智慧城市的建设过程中，一个重要主线是大数据的采集、分析和储存，从政府到企业可能都会在云端通过人工智能来处理大数据。智慧城市从某种程度上讲就是城市管理的数字化、云端化和智能化的过程。

未来的城市规划将由智慧城市转向人工智能城市。据艾瑞咨询的《2017 年中国人工智能城市展望研究报告》，人工智能城市是形成大量以数据驱动的决策机制，根据实时数据和各类型信息，综合调配和调控城市公共资源，最终实现自动智能化，达到运作效率最优化。

人工智能在城市的应用场景广泛，例如，在社会管理层面，有人工智能安防、人工智能交通和人工智能能源；在公共服务层面，有人工智能医疗、人工智能政务和人工智能服务机器人；在产业运用层面，有人工智能农业、人工智能楼宇和人工智能零售；在个人应用层面，有人工智能生活、人工智能教育和人工智能移动设备等。

随着互联网、大数据、云计算、通信基础设施建设的不断完善和技术升级，城市管理也朝向智能化改进。未来，人类参与管理与决策将会逐渐减少，人工智能技术在城市管理上将越来越重要，最终实现城市智能管理、发展和调节的目标。

10.3 智慧城市建设案例

智慧城市建设包括对交通系统、能源利用、信息及通信设施、城市安防及城市各种功能的规划、治理和调节等。目的是为了使城市更清洁、更便利、更安全、更智能。

全球著名的一些城市在智慧城市建设方面很有代表性，形成了不同的特点和功能特色。

10.3.1 全方位的智慧城市

美国纽约市建立了全市网络连接，运用智能技术进行城市管理，实现了数据信息全方位政府采集，并将便捷的信息应用于民生，以提高人们的生活水平和质量。在网络连接方面，纽约市采用 LinkNYC 系统建立了广泛的城市 Wi-Fi 网络，可提供 1 万个千兆速度的公共 Wi-Fi 网络、电话、充电设备等功能。2016 年已经安装了 7 500 多个高科技公共通信设备，为纽约市民和游客提供免费服务。政府门户网站数据包括商业、政务、教育、环境、医疗、住建、公共安全、交通、娱乐和社会服务等，可提供实时查看和下载服务。联网数据可以向市民提供准确的交通用时、停车信息和智能停车收费等。在智能技术运用方面，纽约政府投资 300 万美元用于传感器领域，并与美国交通部共同投资 2 000 万美元用于联网车辆试点建设。在城市管理上，在曼哈顿城区建立城市综合管控系统，在很多大厦前安装电子探测仪，利用数码技术实时侦测区内交通、能源和空气质量等数据。

10.3.2 传感器技术应用的智慧城市

芝加哥市通过在路灯杆上安装传感器获取城市运行多项数据，包括城市路面信息、检测环境数据（如空气质量、光照强度、噪声水平、温度和风速等）。灯柱传感器运行后，能使城市每年平均节约用电成本 15 美元左右。巴塞罗那市在圣家族大教堂建立了完善的停车传感器系统，以引导大客车停放。在草地上铺满了湿度传感器，感知地面的湿度，以确定何时应该给草地浇水。在垃圾箱上铺设传感器能够检测到垃圾箱是否已装满，垃圾箱上装有气味传感器，检测气味，如果气味不正常，传感器就会自动发出警报提醒。

10.3.3 智能化应用的智慧城市

美国迪比克市政府与 IBM 合作，利用物联网技术收集水、电、油、气、交通和公共服务数据资源并联网，通过监测、分析和整合各种数据，降低城市的能耗和成本。例如，在水电资源数据建设上，全市住户和商铺均安装数控水电计量器，记录资源使用量，以便进行分析、整合和展示。低流量传感器技术还可预防水资源泄漏，实现良好管控。

10.3.4 绿色的智慧城市

英国伦敦市贝丁顿社区通过建筑结构提高能源利用率。例如，社区楼顶建有一种自然通风装置“楼顶风帽”，装置设有进气和出气两套管道，室外冷空气进入和室内热空气排出时会在其中发生热交换，从而节约供暖所需的能源。由于采取建筑隔热、智能供热、天然采光等设计，综合使用太阳能、风能、生物质能等可再生能源，与普通社区相比，该社区可节约 81% 的供热能耗以及 45% 的电力消耗，成为世界上第一个二氧化碳零排放社区。

10.4 智慧城市解决方案

10.4.1 华为智慧城市解决方案

华为智慧城市建设计划方案采用“一云、二网、三平台”的整体架构，建立智慧城市生态圈，提供智慧政务、平安城市、运营中心、智慧教育、智慧医疗、智慧交通、智慧园区和智慧社区等领域的实际应用场景服务。

“一云”是建立城市“云数据中心”。基于开放的云数据架构，为城市建设提供融合、开放和安全的云数据中心。通过云数据中心整合、共享和利用各类城市信息资源，提高政府信息收集的准确性和运用的高效性，提升政府服务与决策的效率和合理性。

“二网”是建立城市通信网和城市物联网。利用有线和无线宽带网络，使城市实时、无线连接网络数据，为城市公共服务提供便利。华为为城市网络建设提供轻量级物联网通信操作系统 LiteOS，具有多种类型网关接入，提供物联网平台，为城市各行业应用提供物联网数据服务。

“三平台”包括 ICT 能力开放平台、大数据服务支撑平台和业务应用使能平台。华为通过 ICT 能力开放平台，将 ICT 能力进行封装、打包提供给业务应用开发者，使其更便利地调用 ICT 接口，共同为客户提供智慧城市整体解决方案。华为还与合作伙伴联合提供大数据服务支撑平台、业务应用使能平台，为城市智慧应用提供资源获取自动化、软件开发自动化和运维管理自动化等服务。如图 10-1 所示。

图 10-1　华为智慧城市解决方案整体架构图

此外，华为为智慧城市建设提供端到端的信息安全解决方案，包括物理安全、网络安全、主机安全、虚拟化安全、应用安全及数据安全等方面的产品与解决方案。

基于华为“一云、二网、三平台”架构， 华为与生态圈合作伙伴进行了联合开发，以促进智慧城市生态圈与城市的共同发展。目前，华为已经与国家信息中心、国泰新点、海克斯康、广通软件等 20 多家合作伙伴进行联合解决方案开发。

10.4.2 海信的“应用导向型”智慧城市解决方案

为了促进城市治理精准化、民生服务便捷化和助力城市可持续发展，海信提出“应用导向型”智慧城市建设方案。方案框架包括五个层面：最底层是物联网感知层，再上层是专业智慧应用层，中间是智慧城市中心，上层是服务对象，最上层是服务效果。海信城市建设解决方案核心包括以云计算为支撑的智慧城市中心，交通、公共安全、医疗、建筑、社区和家庭等领域的专业智慧应用以及物联网感知三大部分。海信城市建设解决方案框架图如图 10-2 所示。

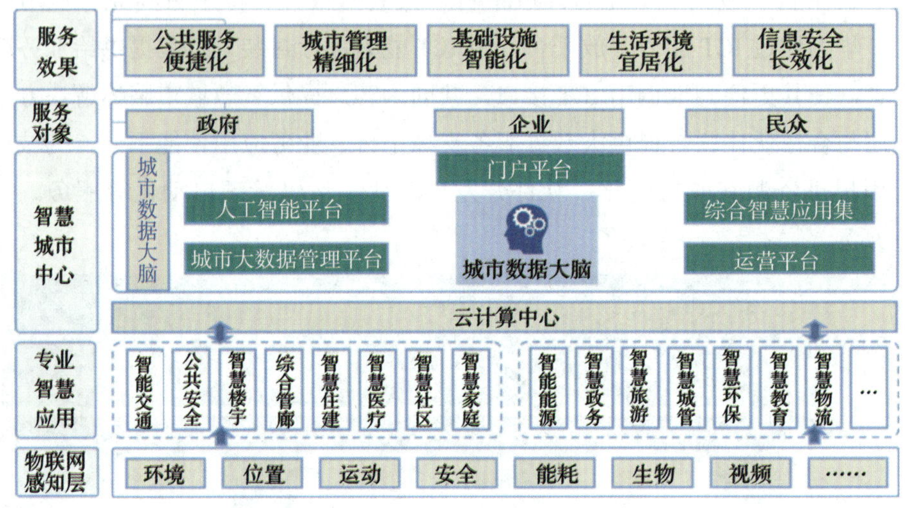

图 10-2 海信城市建设解决方案框架图

海信智慧城市建设方案运行机制是以建立云计算中心为核心，对城市数据进行处理，包括门户平台、人工智能平台、城市大数据管理平台、运营平台和综合智慧应用集。通过建立物联网感知层，将环境、位置、运动、安全、能耗、生物及视频等信息形成专业智慧应用，包括智慧交通、公共安全、智慧楼宇、综合管廊、智慧住建、智慧医疗、智慧社区、智慧家庭以及智慧能源、智慧政务、智慧旅游、智慧城管、智慧物流、智慧教育等专业的应用场景分类。这些智慧应用与云计算中心形成交互信息传递与加工，为政府、企业及社会民众提供基于数据管理的智慧城市服务，包括公共服务更便利、城市管理更精细、基础设施更智能、生活环境更宜居及信息更安全等。

10.4.3 中兴基于 5G 的智慧城市解决方案

中兴通讯作为全球领先的综合通信解决方案提供商，在智慧城市建设上，采用以“ 5G ”通信网络为基础，打造“ 5G 时代的智慧城市云网生态”。通过 5G 以及物联网连接世界，连接万物。中兴通讯通过与合作伙伴共建云网生态圈，为城市管理者提供更加高效的管理平台，为城市市民提供更加便捷的生活方式。中兴通讯的智慧城市项目有四大方向：基于 5G 技术的大连接、基于大数据的大智能、旨在打造平安城市的大安全以及秉承开放合作精神的大生态。

中兴通讯已在全球 45 个国家的 160 个城市落地实施智慧城市建设。在未来，中兴通讯将通过智慧城市 3.0 的建设，与生态圈合作伙伴携手，利用多维数据的优势，借助大数据和人工智能技术，提供前所未有的更智慧的城市服务，打破产业的物理空间局限，推动产业升级与转型，创新城市发展新模式。中兴通讯智慧城市方案在实践中已步入 3.0 阶段，得到了全球业界认可并开始得到推广，中兴通讯已与德国的 3 个城市进行智慧城市合作。

中兴通讯自主研发的智慧城市平台及服务包括四个层面：最底层是感知网络层，包括运用相机、物联网、网络等获得感知信息。其上层是云计算中心；再上层是城市各业务系统数据，包括质检、工商、地税、卫生、教育、国土、民政、公安和计生等几个方面。各类政务信息汇集形成城市基础数据库，通过数据共享交换平台将数据信息用于城市政务服务。政务服务形成以业务流程支撑、展现支撑、数据支撑三个领域的能力支撑平台。如图 10-3 所示。

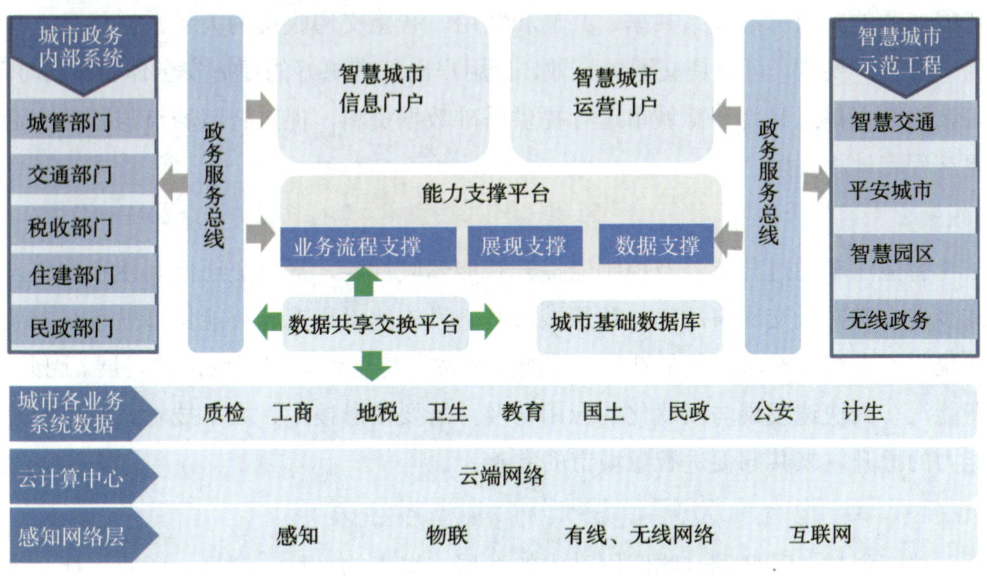

图 10-3　中兴智慧城市建设解决方案框架图

10.5 未来城市发展对智能汽车产业的推动

10.5.1 大城市发展趋势推动汽车使用更环保、便捷

随着大城市增多，对环保用车的比例要求更高。未来，环保指标更加严苛是汽车行业必须面对的问题。一方面，新能源汽车数量不断上升；另一方面，企业整体排放标准日趋严格，都要求汽车企业在节能环保上必须持续创新，以满足法规及人们社会生活的需要。

10.5.2 城市用车供给比例将增大

未来，随着城市化率提高，新增城市人口将集中在亚洲、非洲的发展中国家。因此，城市用车需求以及适合城市快捷、便于停车的相关车型比例需求将逐步提升。这要求汽车企业开展国际化业务、研发国际化产品的定位要更加聚焦和有针对性。

10.5.3 智能交通建设将伴随智慧城市建设

智慧城市建设有助于智能交通及智能汽车的发展，二者是相辅相成的关系。智能汽车的发展离不开智能交通，智能交通又是智慧城市建设和治理的重要方面。

全球信息网络技术、云计算、大数据、人工智能技术共同推进全球智慧城市的建设和健康发展，共同推动智能交通系统的运行和完善，共同推进智能汽车与智能交通的应用标准体系共享、共通和共用。智慧交通收集的大量数据信息，作为一个生产要素，可以使交通更高效，让用户出行有更好的便捷安全体验。同时，海量的数据信息又为智慧城市运行提供基础数据资料，促进智慧城市与智能交通更深程度地相互融合。

10.5.4 智能汽车发展需要智慧城市加快智能基础设施建设

智能汽车通过传感器及控制器提升智能驾驶性能，提高交通便利性和效率，减少伤害和降低交通事故率。智慧城市基础设施建设程度和智能化管理水平发展如果跟不上智能汽车发展的速度，智能汽车发展将受限于智慧城市的发展。因此，智能汽车的快速发展与网联化的应用普及，需要信息技术、数字技术、城市治理能力的提升，来共同促进智慧城市的完善。

10.5.5 智能汽车发展促进城市科技系统发展

伴随科技、互联网、物联网技术的发展，城市的人群、信息、商业、社会文明和基础设施等都会通过各种传感、感知技术形成彼此连接、共享、共通的网络，

共同推进资源的合理高效利用，推动城市发展。同时，基于云服务的城市管理治理体系，也将城市交通管理网络化、互联化、智能化、实时的定位和传导系统，与智能汽车形成互动互联的动态运输系统。因此，城市科技发展促进智能汽车的加快应用。

10.5.6 为智慧城市和人口老龄化趋势提供适合的智能汽车产品

未来智慧城市的发展和人口老龄化趋势，将促进汽车产品设计朝着更加简洁、实用、多功能、有利于共享使用的方向发展。第一，在汽车产品定位上，满足乘客更多追求体验而非追求单独性能的需求。定位在中小车型、车内空间布局有利于休息、娱乐，设计满足大部分乘车人需求的乘坐环境。第二，在产品使用上，目标客户是为网约车用户提供便捷的交通工具，汽车企业关注重点应从驾驶员转向乘客。在技术开发上，自动驾驶汽车、无人驾驶出租车就是专门针对未来共享出行使用而开发的。第三，为消费者设计的汽车更加定制化，符合驾驶员的需求和做为共享用车的乘客需求。未来，汽车企业在产品设计方面的定制化将是体现不同品牌价值的主要因素。第四，针对全球人口老龄化趋势，汽车企业要改变产品结构，开发满足老年人驾驶习惯、降低汽车使用及维护成本的小型电动汽车。据预测，到 2025 年，低价、低运营费用的小型汽车需求将大幅增加。

第11章 智能交通对智能汽车发展的推动

11.1 智能交通系统

11.1.1 智能交通系统界定

智能交通系统（Intelligent Transportation System，ITS），是指将先进的传感器技术、信息技术、网络技术、自动控制技术和计算机处理技术等应用于整个交通运输管理体系，从而形成的一种信息化、智能化、社会化的交通运输综合管理和控制系统。实现更大范围、更全面、实时、准确、高效的综合交通运输管理，是未来交通系统的发展方向。

智能交通系统通过人、车、路的和谐、密切配合，提高交通运输效率，缓解交通阻塞，提高路网通过能力，降低交通事故发生率，减少能源消耗，减轻环境污染。智能交通系统是目前世界各国交通运输领域竞相研究和开发的热点。随着大数据技术、云计算、物联网、人工智能、智能网联汽车与智慧城市建设的共同推进，ITS 技术也将越来越完善与智能化，最终实现在智能交通系统中智能汽车与智能交通系统的一体化运行。

11.1.2 智能交通系统发展程度及内容

智能交通系统在世界各国都有不同程度的发展。美国在 20 世纪 60 年代提出研究建立智能交通系统。20 世纪 80 年代以后，日本、美国及欧洲许多国家纷纷开展了对智能交通系统的研究，并在道路交通系统中实施测试，发布未来 ITS 及支持自动驾驶汽车发展的规划及目标。目前，智能交通系统应用最广泛的地区是日本，其次是美国及欧洲等地区。我国智能交通系统发展迅速，在北京、上海、广州等大城市已经建设了先进的智能交通系统。

智能交通是一个综合性体系，按照 1995 年 3 月美国交通部出版的《国家智能交通系统项目规划》，智能交通系统包括 7 大领域和 29 个用户服务功能。7 大领域包括先进交通管理系统（ATMS）、先进驾驶员信息系统（ADIS）、先进车辆控制系统（AVCS）、运营车辆调度管理系统（CVOM）、先进公共交通系统（APTS）、先进乡村交通信息（ARTS）以及电子不停车收费系统（ETC）。随着信息技术的发展，智能交通系统已经实现不停车收费、交通信号灯智能控制和智能抓拍违章车辆等功能。

智能交通体系建设一般包括四个层面：ITS 建设标准、ITS 开发的逻辑架构、ITS 实施的物理架构及 ITS 为用户提供的各式服务。

11.2 主要国家智能交通系统的发展现状

11.2.1 美国智能交通系统发展现状

1. 美国智能交通系统重点项目

2014 年 5 月，美国交通部发布了《智能交通系统（ITS）战略规划 2015—2019 年》，确定了智能交通建设的主要内容，包括 5 个方面。第一，安全性。通过开发更好的车辆防撞系统，进行更优的风险管理，提高驾驶监控系统性能，建立预警机制，加强商务车安全措施，建立基于基础设施的合作安全系统，打造更加安全的车辆和道路。第二，提高交通流动效率。通过探索管理办法和战略，提高系统效率，缓解交通压力，增强交通流动性。第三，环保追求。通过对交通流量、车辆速度和交通拥挤的优化管理，解决车辆和道路问题，达到保护环境的目的。第四，不断研究创新。推动智能交通系统的技术进步和创新，持续开展探索性研究，全面促进技术研发与运用，从而满足未来交通需求，推动创新。第五，信息共享追求。通过建立系统构架和标准，应用先进的无线通信技术，实现汽车与各种基础设施、便携式设备的通信交互，促进交通系统信息共享。

在重点项目中，车联网项目是美国智能交通系统的重要内容之一。美国交通部重点关注车联网系统的研发和运用部署以及研发与测试进展。车联网的研发及运用主要涉及两个方面：一方面是在轻型车辆中运用车对车（V2V）通信技术；另一方面是车对车（V2V）安全信息方案。推动车联网项目是以车对车（V2V）通信的专用短程通信（DSRC）技术为基础的。

企业数据管理方案项目是在管理与运营交通系统时，需要采用新的方式收集、转换或传输、分类、储存、集成、融合、分享及运用这些数据信息。企业数据管理主要关注如何从智能交通系统技术（包括普通车辆、运输车及商务车的车联网技术、移动设备及基础设施）中获取有效的数据，同时保护用户的隐私；这些方案也关注增强数据环境创新，即从多种资源中集成数据用于交通研究、管理和绩效测量。

互通性项目重点在于使车辆、设备、基础设施及应用软件内的智能交通系统元素可以在任何时间、地点与系统的其他部分有效地沟通。随着车联网系统的实施及自动交通系统的运用，系统互通性将变得越来越重要。相关标准及体系结构需要不断更新，确保技术的不断进步，并维护所需的后向兼容性和互通性。

2. 美国 ITS 体系

美国 ITS 体系设计以开放、公平、适应多层次系统集成为原则，强调互联性和信息安全性。体系框架包括用户服务、逻辑框架、物理框架及 ITS 标准。

其中，用户服务包括 8 个部分：出行和交通管理系统、公共交通管理、电子收费、商用车运营、紧急事件管理、先进车辆控制和安全管理、信息管理、维护和建设管理。

逻辑框架是基于各类服务主体向管理部门发出的请求，通过数据流、信息流多向回馈，实现信息交互。

物理框架由中心系统、外场设备系统、车载系统和远程访问系统构成。其中，中心系统由商用车管理系统、快速货运管理系统、收费系统、运输系统、应急管理系统、尾气管理系统、计划系统、交通管理系统和服务信息提供管理系统组成。外场设备系统由外场设备、收费管理系统、停车管理系统和商用车核查系统组成。车载系统实现一般车辆、过境车辆、商用车辆、应急车辆之间，与其他系统之间的信息交换。远程访问系统基于有线广域、无线广域、局域通信及车 - 车通信系统实现旅行者及个人的信息访问。

ITS 标准内容包括：商用车辆的安全和资质认定；短程通信技术；数据无线电传输；微波通信、数据字典、车流和路边通信等；功能层面交通控制中心通信；综合性标准规范，涉及小汽车和公共汽车等多种交通工具的数据传输等。

3. 美国智能交通系统现状

目前，智能交通在美国的应用已达 80% 以上，相关的产品居全球前列。智能交通系统的相关技术已经产生了显著的效益，如电子收费、付费系统，大大提高了道路的使用效率。在环境方面，运输效率的提高意味着减少车辆废气排放。例如，在美国广泛使用的交互式导航系统能使车辆废气排放量减少 5% ～ 16%。

美国在智能交通系统相关产品在各领域的应用占比如下：在车辆安全系统方面的应用占 51%，在电子收费系统方面的应用占 37%，在公路及车辆管理系统方面的应用占 28%，在实时自动定位系统方面的应用占 20%，在商业车辆管理系统方面的应用占 14%。如图 11-1 所示。

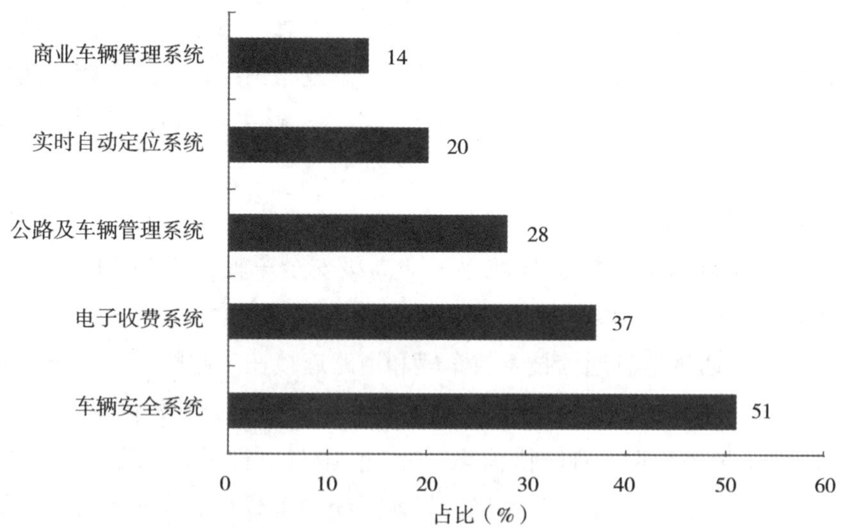

图 11-1 美国智能交通系统产品在各领域的应用占比

11.2.2 日本智能交通系统发展现状

日本是较早对智能交通系统ITS领域进行研究的国家之一。在智能交通建设方面，日本在20世纪80年代推动了“路车间通信系统”和“先进汽车交通信息通信系统”建设，开发并投入运行了“车辆信息与通信系统（Vehicle Information & Communication System，VICS）”。

1. 日本VICS实时交通信息服务系统

VICS是连接驾驶员车载导航系统和交通管理部门信息中心的一套实时交通信息服务系统。由日本都道府县的警察部门及道路管理者采集的各类交通信息、其他如天气等相关信息，首先汇集到日本道路交通信息中心，随后传输至VICS中心。VICS中心经过信息综合和整理，形成通过信号塔或广播等多种方式向汽车驾驶员等相关人员发布的各类信息。1996年4月，“车辆信息与通信系统VICS”在东京都地区正式投入运营，截至2012年年底，日本已累计销售超过3 700万台VICS车载终端，覆盖了其国内超过半数的车辆。

2003年，日本新交通系统管理协会（UTMS）负责开发和实施的路车协调系统，是把铺设或者安装在道路设施上的各类检测器和装置采集到的信息，通过车载装置，向车辆发布各种驾驶员难以用肉眼识别或者识别困难的信息，以避免驾驶员做出危险的举动，并防止事故发生的系统。这些信息包括交通控制信息（信号和交通标志等）和驾驶员难以识别区域的机动车、自行车、行人以及各种检测器的信息（位置和速度等）。系统主要包括交通信号信息发布系统、盲点区域图像提供系统、接近车辆检测信息系统、道路标志信息发布系统、低速车辆检测信息系统、路面信息发布系统和过街行人检测信息系统。路车协调系统于 2006 年在日本爱知县开始实施。

2. 日本的智能公路

在日本，由高级公路辅助导航系统和高级安全车辆、VICS、ETC 融合产生的日本“智能公路”，2003 年在一条高速公路上实现。

智能公路是通过信息通信技术将车辆和道路连接在一起的平台，主要由车辆、通信和道路构成。智能公路平台能够实现多种应用，包括信息服务、安全驾驶支持、道路管理、停车设施和灾难预防措施等。2007 年 10 月进行了智能公路的示范工作。

日本智能公路的关键是高速路辅助导航系统与车载智能导航系统。智能公路可以向汽车提供实时的关于前方障碍、途经十字路口、需要在路上停车以及路面状况等信息。智能导航可以为驾驶员提供帮助，包括帮助驾驶员作出更快决定、错误判断警告、纠正误操作、追尾警告和路面信息提示等。

在自动驾驶方面，2017 年，日本政府联合汽车制造商在高速公路和人车流量较低的区域进行自动驾驶汽车测试，计划 2020 年实现该服务的商业化。目前，日本正在加紧对车联网及自动化技术的研发，目标是在 2020 年前建立全球领先的智能交通系统。

日本政府希望为自动驾驶规则建立覆盖面极广的国际化通用标准，并与此配套推出一个智能交通网络。传感器和通信站的电网不仅能帮助汽车看到道路周围的死角，避免交通堵塞，甚至还能发现隐藏的行人并发出紧急信息提醒。日本计划在 2030 年拥有全球最安全的道路交通系统。

3. 日本 ITS 框架体系

日本 ITS 体系的总体设计原则强调体系的适应性，信息和通信基础设施与道路、车辆、交通、行人的相容性和关联性。强调社会信息化下的智能交通信息的共享。

在日本 ITS 体系结构中，用户服务由九大系统构成：先进的导航系统、自动收费系统、安全驾驶、交通管理最优化、道路管理高效化、公共车辆运营、运营车辆高效化、行人引导和紧急车辆支援。

逻辑框架是通过对 ITS 建立抽象模型，形成各项控制关系。包括四个部分：信息模型、控制模型、子服务的信息处理表、子服务和逻辑框架关系表。

物理框架由高低两个层次表达：最高子系统包括车辆、道路、中心、人员和外部环境；最低子系统包括个体物理模型、整体物理模型、服务执行表、逻辑框架与物理框架关系表、子系统表及子系统相互关系图。

11.2.3 欧洲智能交通系统发展现状

1. 欧洲智能交通研究开展的主要项目

欧洲智能交通研究始于20世纪70年代，以道路交通为主。1988年，欧共体开展了“欧洲汽车安全专用道路设施”项目（DRIVE）。DRIVE项目研究包括人的行为、交通控制、远距离通信和数据库、出行规划、多功能路边设备的开发、通信标准、实施的经济与财政问题、需求管理、交通旅行信息、城市综合交通管理、驾驶支援协调、货物车队管理、公共交通管理等与智能交通建设相关的内容。1995年后，欧洲开展了电信应用项目，将先进的信息通信技术更多地用于道路交通，提高交通效率，保障安全。

企业方面，1986年，以汽车为主体，奔驰汽车联合多家汽车公司实施了“欧洲高效安全道路交通计划”。开展了车载人工智能处理器、各种传感器和处理装置、实时模式识别、数字通信技术等基础研究以及车辆偏离检测、障碍物检测、驾驶辅助系统、车车间通信、车路间通信等应用研究。1995—1999年，欧盟委员会开始建立包括公路、铁路、航空、水运在内的、以多方式信息服务为目的的欧洲交通信息服务网络建设。2000年9月，欧盟制定ITS体系框架。2011年3月，欧盟确定了2020年智能交通系统建设三大目标：交通可持续、竞争力和节能减排。2014年2月，欧盟开展“合作交通系统”的研究项目，并成功完成车辆信息互联基本标准的制定。目前，欧洲各国已经进行Telemetics的全面应用开发工作，在全欧范围内建立专门的交通无线数据通信网，并且加强在远程信息与通信技术的应用和示范，包括道路与指挥中心的通信系统、电子收费系统、交通信息发布系统以及人机对话界面系统等方面的研究。

2. 欧洲ITS体系结构

欧洲ITS体系建设原则强调形成开放、精练而稳定可靠的体系结构，实现多种路面交通模式。

ITS框架体系架构中，可提供的服务包括基础设施的规划和维护、法律约束、财政管理、支付、紧急事件服务、旅行信息和导航、出行方式、导航、交通、事故和需求管理、商用车和车队管理、公共交通管理等。

ITS实现的逻辑框架是将车辆交通事故信息、车载信息、车辆位置和货物等信息形成数据流图。数据流图显示出如何将不同的数据库联系在一起，将数据流与终端联系在一起。

ITS 物理框架采用一个数据信息服务系统开放平台，将周围环境、紧急事件处理系统、操作者、相关道路系统、车辆、外部服务商及行人等信息与数据平台进行交互。

目前，欧洲的智能交通处于国际领先水平，至今已有相当一部分的研究成果投入到实际应用当中。欧洲智能交通系统技术已经应用的有信息通信技术、计算机及互联网技术、卫星导航技术、电子及传感器技术，以及节能减排和新型推进器技术。欧洲积极在欧盟范围内全面部署和督促落实智能交通系统技术的研发及应用。

11.2.4　我国的智能交通系统现状

1. 我国智能交通系统主要研发工作

我国在 20 世纪 80 年代后期，开始了 ITS 基础性的研究和开发工作，包括优化道路交通管理、交通信号采集、驾驶员考试系统和车辆动态识别等；90 年代开始建设交通控制中心或交通指挥中心，并开展了驾驶员信息系统、城市交通管理的诱导技术等方面的应用研究。研究工作包括：交通信号控制系统、交通监视系统、交通管理系统、交通信息动态显示系统、交通诱导系统、交通运输安全报警系统、闯红灯违章监测系统、驾驶员考试系统、交通事故快速勘查系统和电子收费系统。

2. 我国智能交通系统政策及规划

近几年，我国先后出台了若干关于智能交通系统建设的相关支持文件和规划，以促进智能交通发展。2006 年 2 月，国务院出台的《国家中长期科学和技术发展规划纲要（2006—2020 年）》将“交通运输业”列为我国 11 个重点领域之一，在交通运输业中，将“智能交通管理系统”确定为重点项目。提出重点开发综合交通运输信息平台和信息资源共享技术，现代物流技术，城市交通管理系统、汽车智能技术和新一代空中交通管理系统。2012 年 7 月，交通部发布《交通运输行业智能交通发展战略（2012—2020 年）》，提出到 2020 年，基本形成适应现代交通运输业发展要求的智能交通体系，实现跨区域、大规模的智能交通集成应用和协同运行，提供便利的出行服务和高效的物流服务，为 21 世纪中叶实现交通运输现代化打下坚实基础。2016 年 7 月 30 日，国家发展改革委和交通运输部发布的《推进“互联网 +”便捷交通　促进智能交通发展的实施方案》，明确提出“优化城市交通需求管理，完善集指挥调度、信号控制、交通监控、车辆管理、信息发布于一体的城市智能交通管理系统”，建立智能化的交通信号控制系统和公安交通指挥集成平台项目，增加交通感知和车路协同设施应用。2016 年 4 月，《交通运输信息化“十三五”发展规划》发布，提出我国智能交通系统建设在基础设施智能化、生产组织智能化、运输服务智能化、决策监管智能化等方面的 12 个重点任务。此外，国家相关部门还发布了《“十三五”现代综合交通运输体系发展规划》《“十三五”交通领域科技创新专项规划》等，都对智能交通的发展进行了相关的部署和支持。

3. 我国 ITS 体系构架

2000 年，我国交通部、建设部、公安部联合全国各大科研院所和多家高校制定了《国家 ITS 体系框架》。体系框架中，用户服务部分包括交通管理、电子收费、交通信息服务、智能公路与安全辅助驾驶、交通运输安全、运营管理、综合运输、交通基础设施管理、ITS 数据管理 9 个服务领域的 1 799 项服务。

逻辑结构是采用美国国家 ITS 体系结构（UNIA）的数据流图模式，将 ITS 管理的多项职能进行功能树分解。顶级数据流图包括 9 项功能：交通管理、商用车管理、车辆监视与控制、公交管理、紧急服务管理、驾驶员与旅行者服务、电子收付费、自行车与行人支援、历史数据服务。

物理结构形成了 4 个子系统，即中心子系统、路侧子系统、车辆子系统和出行子系统，通过无线广域通信、有线通信、车车通信和专用短程通信将信息互联。

应对未来交通发展趋势，我国正加快进行智能交通设施的建设，包括先进的感知检测系统、构建下一代交通信息的网络以及强化交通信息的开放与共享。提升智能化水平建设包括几个方面：一是在基础设施建设方面，包括互联网、云计算、大数据等基础设施建设上将会加大力度；二是在 V2X 研发方面，通过建立 LTE-V 车联网示范区，采用华为车载 LTE-V 通信单元与网络技术，进行有关车与车（V2V）、车与道路基础设施（V2I）、车与行人（V2P）、车与云端（V2C）的互联互通示范。

4. 我国智能交通系统发展现状

我国智能交通主要是围绕公路建设，尤其是高速公路建设而起步，进入了以高速公路收费为代表的智能化交通建设初期。随着城市车辆增多，带来的交通拥堵以及环保压力加大，开展城市智能交通建设成为当前智能交通系统的主要内容。

1999 年，我国成立国家智能交通系统工程技术研究中心。经过多年的研究发展，智能交通技术已经基本成熟。例如，在城市交通信号系统、公交调度系统、公众出行信息系统方面，自主研发交通信息采集与处理、新型定位系统技术，智能车路系统等。随着GPRS、CDMA网络的逐步成熟与完善，国内智能交通产业也在不断发展，智能交通覆盖面逐步扩大。国家科技攻关重大专项“智能交通系统关键技术开发和示范工程”率先在北京、上海、广州、杭州、深圳等地展开，并逐渐带动全国大多数的大中小城市，在道路交通控制、公共交通指挥与调度、高速公路管理、紧急事件管理4大类ITS系统，30多个子系统交通管理与公交运输等方面推广使用。各大中型城市的物流信息平台、交通信息共用主平台、静态交通管理系统等智能交通系统的主框架基本完善。公路智能交通系统也建立了高速公路监控系统、收费系统和安全保障系统等。一系列新技术也得到应用，如：车辆检测器、监控地图板等多种专用设备的使用；公路地理信息系统、遥感和GPS为主的空间信息技术，公路管理电子地图的建立；高速公路电子不停车收费（ETC）系统的广泛应用。随着全球范围智能交通系统研究的兴起，我国已取得了包括智能导航技术、先进的交通管理系统（ATMS）等一系列智能交通技术新成果。

据深圳智能交通行业协会统计，2012—2016年我国ETC市场规模高速增长，从5亿元上升到22亿元，年复合增长率为45%。截至2017年2月底，全国29个联网省份（西藏、海南除外）累计建成ETC专用车道14 285条；建成自营服务网点1 115个、合作代理网点37 502个，县（区）级已全部覆盖；ETC用户数突破了4 767.44万个，日均交易量810万笔，占高速公路通行量的31.17%。“十三五”末，全国客车ETC用户使用率将不低于50%。

在国家政策的大力支持以及社会需求、技术的大力推动下，近年来我国智能交通行业发展迅速，行业市场规模从2010年的109.2亿元上升至2017年的515.9亿元，2010—2017年行业年复合增速达24.8%。

智能交通作为一个新经济增长点的战略性新兴产业，具有良好的经济效益和社会效益。未来随着智慧城市、城镇化建设等的持续推进，我国智能交通行业市场将持续保持高速增长，到2023年，行业市场规模有望超1 300亿元。

5. 我国智慧公路建设现状

（1）政策推动我国智慧公路建设　2016年下半年，我国交通运输部就已经将推进智慧公路建设列为“十三五”信息化规划和“两部委”实施方案，将以企业为示范实施主体，目前，已经开始进行示范工程设计。同时，交通部着手进行新一代交通控制网示范的总体方案已经通过评审。2018年2月，《交通运输部办公厅关于加快推进新一代国家交通控制网和智慧公路试点的通知》发布，决定在北京、河北、吉林、江苏、浙江、福建、江西、河南和广东9省、市试点新一代国家交通控制网和智慧公路。

（2）我国新一代交通控制网和智慧公路试点工作重点　新一代交通控制网和智慧公路试点工作主要有6个方面：一是基础设施数字化。应用三维可测实景技术、高精度地图等，实现公路设施数字化采集、管理与应用，构建公路设施资产动态管理系统；选取桥梁、隧道、边坡等，建设基础设施智能监测传感网，实现交通基础设施安全状态综合感知、分析及预警功能。在北京、河北、河南和浙江重点实施。二是路运一体化车路协同。基于高速公路路侧系统智能化升级和营运车辆路运一体化协同，利用5G或者拓展应用5.8GHz专用短程通信技术，提供极低延时宽带无线通信，探索路侧智能基站系统应用，选取有代表性的高速公路，以及北京冬奥会、雄安新区项目，开展车路信息交互、风险监测及预警、交通流监测分析等。在北京、河北和广东重点实施。三是北斗高精度定位综合应用。建设北斗高精度基础设施，实现北斗信号在示范路段（含隧道）的全覆盖，在灾害频发路段实施长期可靠的监测与预警；探索开展基于北斗高精度定位的高速公路通行费收费应用研究，强化技术储备。构建基于北斗的高速公路应急救援一体化管理系统，实现车辆人员的迅速定位与救援力量的动态调度和区域协同。在江西、河北和广东重点实施。四是基于大数据的路网综合管理。构建基于大数据的高速公路运营与服务智能化管理决策平台，应用于区域路网综合信息采集、运营调度、收费、资产运维养护、公众信息服务和应急指挥。利用无人机等移动手段，提高运行监测和应急反应能力。利用新媒体、公众信息报告等渠道，实现互动式现场信息采集。开展智能养护、路政和路网事件巡查智能终端示范，融合互联网数据和行业相关数据开展路网运行监测系统建设。在福建、河南、浙江和江西重点实施。五是“互联网+”路网综合服务。利用“互联网+”技术，探索基于车辆特征识别的不停车移动支付技术。开展基于移动互联网的服务区停车位和充电设施引导、预约等增值服务。探索开展高速公路动态充电示范，实现新能源汽车动/静态充电。开展低温条件下精准气象感知及预测，以及车路协同安全辅助服务等。在吉林、广东重点实施。六是新一代国家交通控制网。建设面向城市公共交通及复杂交通环境的安全辅助驾驶、车路协同等技术应用的封闭测试区和开放测试区，形成新一代国家交通控制网实体原型系统和应用示范基地。在江苏、浙江先行研究推进。

（3）我国智慧公路实施阶段划分　我国智慧公路实施分为三个阶段。第一阶段是基于目前情况，加强现有道路基础设施和信息化基础设施。技术和设备应用重点是：云计算、物联网、移动互联网、大数据、3G/4G 网络、直流路灯控制器、北斗卫星定位（米级）、三维地理信息系统、建筑信息模型化、高级辅助驾驶、在线交通仿真、动态交通分配、智能交通管控和新能源。在这一阶段，支持个性化出行信息服务。第二阶段是基于近期加强自动驾驶专用或通用车道基础设施和 V2I 基础设施。技术应用主要有新型路面材料、LTE-V、5G、IPv6、北斗卫星定位（厘米级）及高精度地图、智能路侧终端、信息安全。这一阶段支持 L3 标准级的自动驾驶。第三阶段是基于远期进行自动驾驶基础设施和 V2X 基础设施。技术应用包括智能道路诱导、人工智能、智能硬件、北斗高精度定位（厘米）及高精度地图、自动驾驶。这一阶段支持 L5 级标准的自动驾驶和人工驾驶混行、车队运行。

11.2.5　智能交通系统发展趋势

1. 更加安全和缓解拥堵

美国（2015—2019 年）的发展计划三个主要的侧重点均把安全和缓解拥堵作为主要的发展指向。包括建立车辆安全的集成、交叉口的协同防撞、智能车辆的一体化。欧洲“地平线 2020”计划中，提到在智能、绿色和综合交通运输领域增加 63.39 亿欧元投资，增强欧洲运输行业的竞争力，实现资源节约型、气候与环境友好、对所有公民、经济和社会安全和无缝衔接的欧洲运输系统。2014—2020 年，智能、绿色和综合交通运输领域的四个关键目标是：制造更清洁更安静的飞机、车辆和船只；开发智能设备、基础设施和服务；改善城市地区的交通和出行条件；减少运输系统对气候和环境的影响。

2. 加强人、车、道路和设施的协同

日本未来建立协同式 ITS。强化碰撞预警、车速引导、人车协同及车车协同等的市场化。

3. 与互联网、智能运输工具的互通、融合、信息共享

我国在“十三五”规划中除加强对车联网协同式智能交通基础技术研究的支持外，还启动智能交通的专项加强智能网联汽车研发与应用。

4. 标准逐步完善与统一

交通信息服务系统将整合科技、汽车企业、IT 服务商，将来自交通、城市基础设施、车辆自身及道路等的信息进行实时传递与互联，为智能交通体系与未来智能汽车协同提供智能的信息决策服务。

11.3 交通大数据应用对智能汽车的推动

目前，全球已经进入大数据时代。据统计，到 2013 年全球存储的大数据有 1.2ZB（2^{70} 字节）。交通大数据来源于汽车车载传感器、导航设备应用、路网监控、物流公司及第三方软件和信息服务公司等。交通大数据可以用于解决城市交通拥堵，根据大数据判断行人行为规律，决策交通建设方向。智能汽车的发展、车路协同将带来更广泛、详尽的数据信息。同时，精准的信息处理也会改善交通环境，提高车辆智能化应用所需的基础设施建设和交通管理水平。

11.3.1 我国在交通大数据建设、应用方面的进展

1. 百度大数据应用进展

百度公司主要从百度地图软件应用上获得来自物、组织、人三个层次的大数据信息，用于智能交通管理和智慧城市建设。当前，百度地图的慧眼平台、出行云平台、交通云平台正共同推动交通数据交换共享，为政府企业改善城市交通、为用户个人提高出行效率提供数据支持。

百度地图致力于建立一个交通大脑，记忆着数百亿次用户出行旅程，经过分析、归纳和总结，为用户提供高效出行方案。百度地图实现了智能路线规划、实时路况、路况预测，提供实时路况查询。数据来源除了政府合作、公众数据、行业合作外，还利用红绿灯路口图像识别（AI 路况）等智能化手段进一步提升路况准确性。

百度地图搭建以日期、时间、天气、实时路况、区域路况为核心的路况预测模型，采用深度学习算法等人工智能技术，打通多个合作方交通数据，大幅提升路况和出行时间预估的准确率，路线规划也因此更加智能。为了提高出行效率，百度地图还引入“度秘”智能交互，通过自然语言处理、全网数据挖掘、机器学习等 AI 技术智能化理解用户需求，选取个性化内容进行表达。百度地图多维数据表达体现在 3D 化数据表达能力、室内图能力建设、AR 能力建设及一图到底的全景体验等。

2. 四维图新借助位置大数据平台拓展全行业业务

四维图新利用地图的位置获得来自于人群、物流、商业、政企及车联网的各类数据。数据渠道包括覆盖全国及港澳地区的导航数据、现场资料、深度数据和 340 余座城市的道路实况等自有数据，还有来自合作伙伴的多种数据。目前，四

维图新的数据总量已经超过 4PB，日增 2.8TB。

2017 年 6 月 13 日，四维图新发布了名为“MineData”的位置大数据平台。基于 MineData 位置大数据平台，四维图新面向车厂、室内地图、交通、物流、互联网、银行、保险、电信、规划、政府、商业等垂直行业提供交通信息服务、出行服务和位置服务。

MineData 平台将四维图新旗下所有子公司、所有产品线数据和合作伙伴数据进行充分整合，利用自身数据、算法和技术优势推出位置信息 SaaS 平台。MineData 专注于构建位置云服务，主要包括数据蜂巢（MineCatalog）、地图可视化（MineMap）和实验室（MineLab）三大基础，为用户提供一整套数据汇聚及分发、可视化、科研、工程化和商业服务的大数据解决方案，从而形成大数据生态闭环，最终实现全面服务各垂直领域的企业用户。例如，世纪高通与西安交警互联网服务中心联手共建的“西安交警互联网 + 路况大数据平台”为西安交警提供数据地图产品、交通信息发布、动态交通信息、数据应用及网站、微信 APP 平台对接等多种创新服务，满足交通管理部门合理指挥调度、引导公众出行、疏导城市交通等需求。

11.3.2 交通大数据在智慧出行领域的进展

随着智能技术的发展，智能设备和新型数据采集装备的普及使用、大数据的深入应用，能够用更多的数据来描述交通现象和问题，交通设计和管理决策的难度将越来越低。随着即时通信和物联网、大数据技术的进步，交通逐步从一个不可控、不可测、不可知的系统，逐步变得可测、可知。交通系统组织将发生从原有固定线路的组织模式向以骨干路网为主的自组织的模式变革。大数据信息可随时掌控，对个人出行、公共交通运行、智能汽车交通路线选择及交通管理部门决策提供交通信息应用。同济大学与滴滴出行利用双方大数据和技术的资源和优势，共同成立的“同济 - 滴滴智慧出行联合实验室”，将建设成为面向智慧出行领域基础理论、前沿技术和公共政策的技术研发、人才培养、行业交流和成果转化的校企联合实验基地。

11.3.3 智能汽车发展推动交通大数据及应用

智能汽车从位置、用车数据、驾驶员行为和路线轨迹等几个维度收集大数据信息，对推动智能交通建设及管理起到很大的推动作用。谷歌无人驾驶汽车每秒产生约 1G 的数据，相当于每秒发送 20 万封纯文本电子邮件或用计算机上传 100 张高清数码相片，形成庞大的数据库。

同时，智能交通对车、行人、城市管理系统等集成的大数据被智能汽车研发企业、第三方数据服务公司、IT企业等加以利用，对促进智能汽车硬件和软件研发都极有必要。

目前，对交通大数据的收集与应用主要还是以企业自行投入、采集及运用为主。以汽车企业为例，谷歌、宝马、沃尔沃等汽车企业纷纷在中国进行实际道路测试，以获得原始数据库。百度、四维图新等以地图为主的企业借地图、路线规划获得实时数据并进行加工整理。城市智能交通管理平台的数据信息收集、管理以政府管理部门为主，还没有向企业及社会服务机构开放，因此，这一部分交通大数据对智能汽车企业的研发、加强智能汽车尽快普及与应用是相当重要的。

11.4 智能汽车对道路交通系统发展的推动和要求

11.4.1 智能汽车要求汽车交通系统的智能化

智能汽车与智能交通是相互关联、互相促进的。智能汽车是智能交通系统的一部分。智能交通系统包括先进的道路交通管理系统、快捷的通信信息服务系统以及车辆自动控制与安全系统。智能汽车的应用要求并推动智能交通系统进一步完善。

目前，我国道路基础设施建设还远远不能满足智能汽车运行的需求。我国智能交通体系建立还处于初级阶段。随着智能汽车的发展，我国在智能交通体系建设方面，要加强法规、标准体系以及国家智能交通系统规划；加强车-车、车-路通信协议标准建立，加快发展新一代网络通信技术；采取有力措施加强交通环境治理，如完善规范的道路交通标识、加强对机动车和行人的道路交通管理等，为智能汽车运行提供规范的交通条件。

11.4.2 智能交通解决方案的实施促进智能汽车应用

智能交通系统促进智能汽车更规范、更好地实现车路协同，促进智能汽车技术和应用，促进共享用车模式的普及，降低道路交通事故率，提高道路通行效率。

智能交通系统促进大数据、云平台技术应用，对智能汽车信息服务提供支撑，也对智慧城市的建设和发展提供支撑。

海信网络科技采用大数据、人工智能、云计算等技术来满足城市交通的智能、安全、高效、便捷和绿色需求。海信网络科技的解决方案由一个中心、三大平台和十个子系统组成。海信智能交通建设方案整体框架如图11-2所示。

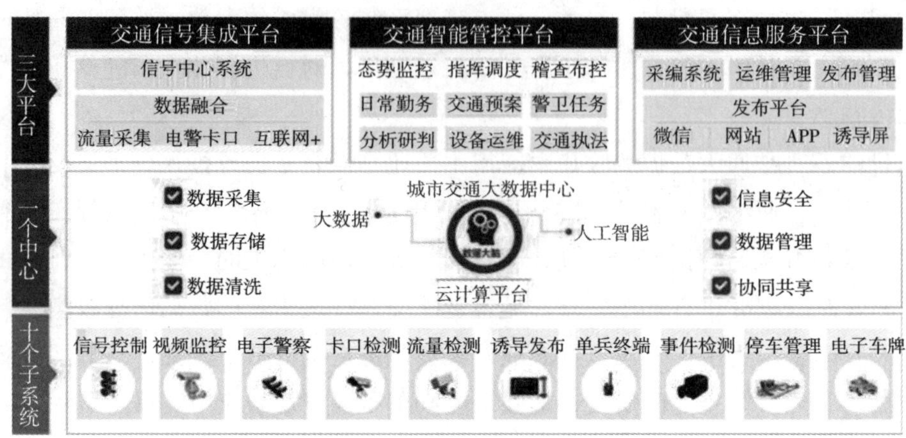

图 11-2 海信智能交通建设方案整体框架

一个中心是城市交通大数据中心，包括数据采集、数据存储、数据清洗、信息安全、数据管理和协同共享等功能。三个平台是指建立在大数据中心之上的交通信号集成平台、交通智能管控平台和交通信息服务平台，实现基于平台信号管理、交通态势监控、分析、调度、执法和交通服务等功能。十个子系统是完成交通管理的信号控制、视频监控、电子警察、卡口检测、流量检测、诱导发布、单兵终端、事件检测、停车管理和电子车牌等服务。

智能汽车对智能制造的推动和要求

人类生产制造，从最初的农业手工业的家庭作坊式的劳动，到以小团队为组织单位的集体生产，再到工业化时代的流水线生产作业，大大提高了生产效率。随着产量规模的增大，成本逐渐下降。生产能力与生产方式、生产规模是伴随着需求的变化而改变适应的。进入互联网、移动互联网时代，消费者个性化、灵活性、多样性需求的变化带来制造业的变革，由大规模生产向小批量、多样化再向大批量定制转变。传统制造业向智能制造转变是定制化时代对生产制造的必然需求。

12.1 智能制造简介

20 世纪 80 年代，人工智能开始初步在制造领域中应用；20 世纪 90 年代，随着信息技术和人工智能的发展，美日工业界积极致力于智能制造技术和智能制造系统研究；21 世纪初，随着互联网信息科技高速发展，信息化与工业化深度融合，产业规模迅速扩大。目前，智能制造产业链已涵盖智能装备、工业互联网、工业软件、3D 打印以及相应的自动化控制及生产系统集成等。2016 年，我国智能制造行业产值规模达 12 233 亿元，全球智能制造产值规模约 8 687 亿美元。

智能制造要实现智能设计、智能供应、智能物流及智能数据控制和服务的一整套流程，通过建立数字化的设计、研发、供应、采购、生产、质检体系，提升运作效率、产品质量和降低生产成本，实现生产动态跟踪，满足消费需求的多样化，提升企业整体竞争力。最重要的是智能制造形成了消费者直接与生产者的联系，实现信息实时传递。

12.1.1 智能制造是多种先进技术的融合

智能制造是将信息技术、人工智能技术、网络技术及传统制造技术进行整合，依靠机器设备的智能化控制，替代人的操作，进行信息收集、传输、分析、判断和决策等，达到更精确、更快捷、更方便，将制造从自动化扩展到柔性化、智能化和高度集成化。

2011 年 6 月，美国智能制造领导联盟发表的《实现 21 世纪智能制造》报告明确：智能制造是先进智能系统强化应用、新产品快速制造、产品需求快速响应以及工业生产和供应链网络实时优化的制造。

实现智能制造需要建立以下几个必要的支持体系：第一是产品设计与制造一

体化的知识支持体系；第二是采购供应与制造协同的一体化物流体系；第三是基于柔性生产管控的制造管理体系；第四是建立以智能机器深度学习能力的人工智能知识体系。

12.1.2 智能制造包含产品、装备、车间、工厂和供应链的智能化

从要素上看，智能制造包括开发智能产品、应用智能装备、建立智能生产线和智能车间、打造智能工厂、进行智能研发、建立智能物流和供应链体系、进行智能管理和智能服务、进行智能决策。

智能产品开发包括实现自主决策、自适应工况、人机交换和产品的个性化定制与服务；如智能汽车、车载智能硬件以及各种智能装备。智能装备是将专家的知识和经验融入感知、决策和执行的环节，赋予产品制造在线学习和知识进化能力。例如高精度智能数控机床具有智能在线检测及补偿功能。

智能生产线，如汽车整车和零部件制造的自动化生产线，依靠传感器或射频识别自动进行数据采集，电子看板实时显示生产信息。依靠机器视觉等自动进行质量检测，并对质量问题进行分析，借助工业机器人，实现柔性自动化生产。

智能车间是通过生产线上的传感器对生产状况、设备状态、能源消耗、生产质量、物料消耗等信息进行实时采集和分析，进行高效排产和合理排班，显著提高设备利用率（OEE）。

智能工厂包括实现智能的加工中心和生产线、智能化生产控制中心、智能化的仓储/运输和物流以及智能化生产执行管控四个部分。智能工厂不仅要生产过程自动化、透明化、可视化、精益化，同时，产品检测、质量检验和分析、生产物流也应当与生产过程实现闭环集成。通过人机互动，一个工厂的多个车间之间要实现信息共享、准时配送、协同作业。通过自动化立体仓库、无人引导运输车（AGV）、智能吊挂系统、智能分拣系统、堆垛机器人、自动辊道系统、仓储管理系统（WMS）和运输管理系统（TMS）的应用实现智慧物流与供应体系。

智能生产采用智能工厂管理平台，提供生产制造信息化、自动化、智能化的软硬件整体解决方案。智能工厂需依赖无缝集成的信息系统支撑，主要包括产品生命周期管理（PLM）、企业资源计划（ERP）、客户关系管理（CRM）、供应链管理（SCM）和生产执行系统（MES）五大核心系统，通过自动仓储、自动搬运、自动化生产设备、自动化检测设备与信息化软件进行集成，对整个生产过程实现数据采集、过程监控、TPM 设备管理、质量管理、生产调度以及数据统计分析，

从而实现生产现场的信息化、智能化和柔性化的智能制造管理。

12.1.3 智能制造与个性化生产紧密相连

智能制造是实现满足未来需求的个性化定制的必要条件。个性化消费需求促进智能制造。

我国汽车市场从20世纪80年代的老三样为主，发展到今天，全球各大汽车品牌齐聚中国市场。中国自主品牌也走过了最初的低端、低质阶段，转向具有正向研发设计、高水平、高质量，并逐渐加大品牌影响力的阶段。随着消费者个性化时代的到来，对性能、外观、娱乐、互联系统的个性化汽车的追求和消费将成为年轻一代都市消费者、成功人士打造独特风格的主要诉求。因此，满足新一类消费者的个性化汽车需求是打造智能化制造的主要推动因素之一；因素之二是全球汽车行业经历了一百多年的历史，从单件小批量到大规模流水线作业，再到产品共线的柔性化生产，都是随着汽车产品需求的不断变化而改变组织生产模式。生产水平也从简单的车间生产到准时制生产方式演进，再到自动化、信息化融合的智能生产。

12.1.4 智能制造未来将形成云制造生态模式

智能制造将催生大量的新模式、新业态及新产业形成。重点是以“智”对生产、运营及产品和服务进行多重赋能。在生态模式上，未来，智能制造向云制造生态系统演进。智能工厂通过GPS物理信息系统采集实时制造信息，并通过云端聚集、与云端相连接的计算系统进行运算、处理，生成相应的决策指令和信息传送。

企业各个工厂之间形成基于云端的信息收集、分析、决策。不同企业的制造信息、实时制造控制也是基于云端，形成共同的基础云制造生态平台。这个计算平台将工业设备中分散的子系统，如多个机器控制器、PLC（可编程逻辑控制器）、HMI（人机界面）、机器视觉设备、数据采集设备和安全控制器等整合起来，管理工业设备多个应用。英特尔和华为共同开发了自适应柔性制造平台，将其共同开发的边缘计算服务器引入机器人，通过软件定义机器人，实现快速部署，大幅缩短产线切换时间，实现柔性制造。

12.1.5 智能制造需要持续建设

智能制造不是一步实现，而是循序渐进的过程，是数字化、网联化、智能化三个同步的过程，互相交叉，互相促进，而不是分步骤、严格区分的。首先，企业建立智能制造数据信息库，对研发、生产等一系列大数据信息进行集中、运算、处理等。其次，在各个流程链上，通过供应、物流系统，生产管理系统进行产品生产，逐步提高人工智能导向的自动化、智能化程度，以达到更好的质量、速度、精度保证，实现产品的智能制造。智能制造的核心在于智能控制、数据信息的处理及智能设备的使用。

12.2 智能制造核心技术

智能制造融合了信息技术、先进制造技术、自动化技术和人工智能技术。从价值链上看，智能制造涉及产品、研发、采购、生产执行系统、销售及服务全价值链，智能制造技术实现需要信息传感与测量、算法计算与分析、智能决策、智能控制等要素。因此，智能制造涉及 10 项核心技术：射频识别、实时定位、无线传感网络技术、物联网与信息物理融合系统、大数据应用、云计算技术、人工智能技术、虚拟现实技术、3D 打印技术和机器人技术。

12.2.1 射频识别技术

射频识别（RFID）通过射频信号自动识别目标对象并获取相关数据，识别工作无须人工干预，可工作于各种恶劣环境中。射频识别技术可识别高速运动物体并可同时识别多个标签，操作快捷方便。

常见的工作频率有低频 125kHz、134.2kHz 及 13.56MHz 等。低频系统一般指其工作频率小于 30MHz，典型的工作频率有：125kHz、225kHz、13.56MHz 等。基本特点是电子标签的成本较低、标签内保存的数据量较少、阅读距离较短、电子标签外形多样（卡状、环状、纽扣状、笔状）、阅读天线方向性不强等。高频系统一般指其工作频率大于 400MHz，典型的工作频率有：915MHz、2.45GHz、5.8GHz 等。基本特点是电子标签及阅读器成本均较高、标签内保存的数据量较大、阅读距离较远（可达几米至十几米），适应物体高速运动性能好，外形一般为卡状，阅读天线及电子标签天线均有较强的方向性。

射频识别技术在供应链管理领域的主要应用是：通过自动化数据收集和数据传输，降低劳动力成本；减少发货错误、库存迷失和数据重复读取，减少盗窃和物品丢失，利用远程进行产品维护、保修和调用预警。在产品制造领域的主要应用是：减少返修、保证制造精度、提高生产率、加快零部件定位和正确检索；降低生产成本，消除手动条码读取，实现零部件自动化跟踪、零部件库存连续供给，减少生产中断。

12.2.2 实时定位技术

实时定位技术是通过无线通信技术，对零部件、产品、工具、设备进行实时跟踪。实时定位系统由无线信号接收传感器和标签无线信号发射器等组成。室内实时定位系统常采用超声、红外线、超宽带、窄频带等技术，目前应用较多的是超宽带技术的实时定位技术。

12.2.3 无线传感网络技术

无线传感网络技术是在生产现场，通过传感器的连接，以及与控制器组成传感器网络，对生产数据及信息信号进行获取、识别、综合处理，通过大量多功能传感器的运用，以及无线技术连接，达到对不同位置的物理及环境状态如温度、声音、振动、压力、运动或污染物等进行实时监控。针对不同功用，可采用不同的无线网络技术，如无线局域网（WLAN）、射频识别（RFID）、紫蜂（ZigBee）、通用分组无线技术（GPRS）、超宽带（UWB）等。

12.2.4 物联网与信息物理融合系统

物联网技术通过基于射频识别技术与智能传感器的信息感知过程、基于无线传感器网络与异构网络融合的信息传输过程、基于数据挖掘与图像视频智能分析的信息处理过程实现制造过程的生产过程控制、生产环境监测、制造供应链跟踪、产品全生命周期监测等，帮助企业更好地掌握与利用地方资源，在智能制造的全球化进程中发挥着不可替代的作用。

信息物理融合系统通过“3C”技术——计算机技术、通信技术与控制技术的有机融合与深度协作，实现制造过程的实时感知、动态控制与信息服务。作为一个智能且有自主行为的系统，信息物理融合系统不仅能够从制造环境中获取数据，进行数据处理与融合提取有效信息，而且可以根据控制规则通过工业机器人等设备作用于制造过程，实现信息技术与自动技术的交互融合，是智能制造的关键领域。

12.2.5 大数据

全球化物联网的出现，源源不断地产生了海量数据。

这些数据具备四个特征：一是数据规模的海量性。据互联网数据中心报告预测，到 2020 年，全球数据量将扩大 50 倍。二是多样性。体现在数据结构多样化，数据承载形式多样化，包括网络日志、社交媒体、互联网搜索、手机通话记录及传感器网络等形成的各式数据类型。三是数据传输的高速性。数据创建和移动、处理及分析等呈现的快速性和时效性。四是不稳定性。由于大数据的多种结构、多种形式造成大数据的易变性、不规则性与模糊性，与传统业务数据分析不同，需要从复杂的数据中分析价值。

大数据对于智能制造流程及管理是必不可少的。对这些数据进行处理与融合，实现生产制造过程的透明化，从中获取价值信息，并依靠智能分析与决策手段提高应变能力，是提高制造过程“智能”水平的关键所在。

机器学习和数据挖掘技术是大数据应用的关键技术。机器学习和数据挖掘相互促进的过程是：机器通过计算机系统掌握学习能力，实现人工智能，通过不断积累经验，对数据进行分析、处理，实现数据挖掘，再带来更深层的数据应用和分析。

12.2.6 云计算技术

经历电厂模式、效用计算、网格计算后，云计算成为互联网时代越来越普遍应用的商业模式。据美国国家标准与技术研究院（NIST）定义，云计算是一种按使用量付费的模式，这种模式提供可用的、便捷的、按需的网络访问，进入可配置的计算资源共享池（资源包括网络、服务器、存储、应用软件和服务），这些资源能够被快速提供，只需投入很少的管理工作，或与服务供应商进行很少的交互。

云计算基于资源虚拟化技术与分布式并行架构，将基础设施、应用软件、分布式平台作为服务提供给用户，实现分布式数据存储、处理、管理与挖掘。通过合理利用资源与服务，云计算为实现智能制造敏捷化、协同化、绿色化与服务化提供了切实可行的解决方案。

云计算具有超大规模、虚拟化、高可靠性、高扩展性、高可用性、支持虚拟技术及服务多样性等特点。

12.2.7 人工智能技术

据百度百科的解释，人工智能（Artificial Intelligence，AI），是研究、开发用于模拟、延伸和扩展人的智能的理论、方法、技术及应用系统的一门新的技术科学。人工智能是计算机科学的一个分支，它企图了解智能的实质，并生产出一种新的能以人类智能相似的方式做出反应的智能机器，该领域的研究包括机器人、语言识别、图像识别、自然语言处理和专家系统等。

12.2.8 虚拟现实技术

虚拟现实技术（Virtual Reality，VR），是利用计算机模拟产生一个三维空间的虚拟世界，为用户提供关于视觉、听觉、触觉等感官的模拟，让用户如同身临其境一般，可以及时、没有限制地观察三维空间内的事物。用户进行位置移动时，计算机可以立即进行复杂的运算，将精确的三维空间视频传回，产生临场感。该技术集成了计算机图形、计算机仿真、人工智能、传感、显示及网络并行处理等技术的最新发展成果，是一种由计算机技术辅助生成的高技术模拟系统。

12.2.9 3D 打印技术

3D 打印（3DP）是快速成型技术的一种，它是一种以数字模型文件为基础，运用粉末状金属或塑料等可黏合材料，通过逐层打印的方式来构造物体的技术。

3D 打印通常是采用数字技术材料打印机来实现的。常在模具制造、工业设计等领域被用于制造模型，后逐渐用于一些产品的直接制造，已经有使用这种技术打印而成的零部件。该技术在珠宝、鞋类、工业设计、建筑、工程和施工、汽车、航空航天、牙科和医疗产业、教育、地理信息系统、土木工程以及其他领域都有所应用。

在汽车行业，2014 年 9 月在美国芝加哥举行的国际厂商技术展上，第一辆车身一体成型 3D 打印汽车 Strati 问世。Strati 是由美国 Local Motors 公司用 3D 打印技术耗时 44h 打造的。动力传动系统、悬架、电池、轮胎、车轮、线路、电动机和风窗玻璃采用传统技术制造。底盘、仪表板、座椅和车身在内的 40 个部件均由 3D 打印机打印，共有 212 层碳纤维增强热塑性塑料。制造该轿车的车间里有一架超大的 3D 打印机，能打印长 3m、宽 1.5m、高 1m 的大型零件。

奥迪德国 Ingolstadt 工厂设有金属 3D 打印中心，将可熔性金属打印出形状复杂的各种产品，提高产品刚性和轻量化程度。打印时，首先将金属粉末制成薄层，再将薄层堆叠后，根据 CAD 数据利用激光进行熔融成型。

零部件 3D 打印包括薄板或金属加工、量产化与快速原型制造、新型个性化零件。

宝马用 3D 打印少量水泵轮。2010 年宝马将原来用塑料制作的水泵轮改为金属制作的一体型水泵轮，并用选择性激光焊接（SLM）方式 3D 打印出来，用于 Z4 赛车上，目前已经生产和使用 500 个。用 3D 打印技术可提高产品精密度，并且不需要复杂的工具与焊接工序，能够实现按需生产。

通用汽车使用 3D 打印技术打造按需零件。通用汽车与设计软件公司 Autodesk 开展 3D 打印相关合作，计划利用 Autodesk 的设计软件实现 3D 打印电动汽车轻量级部件。通用汽车已经利用 Autodesk 技术研发的 3D 打印不锈钢座椅支架。按照传统生产技术，生产座椅支架需要 8 个部件以及数家供应商，而利用 Autodesk 技术生产的座椅支架只需要一个部件，并且重量减轻 40%，强度增加 20%。现在 3D 打印的零件也可以发送给供应商进行批量生产，安装 3D 打印设备 2 年以来已为通用汽车省下 30 万美元。

12.2.10 机器人技术

机器人是靠自身动力和控制能力来实现各种功能的一种机器。美国机器人协会认为机器人是一种可编程和多功能的操作机，或是为了执行不同的任务而具有可用计算机改变和可编程动作的专门系统。机器人一般由执行机构、驱动装置、检测装置、控制系统和复杂机械等组成。

机器人的关键技术包括：人机交互技术、软体机器人控制技术、液态金属控制技术、机器人生物行走技术、机器人透视技术、敏感触控技术、机器人用可伸缩电线和机器人可自行组队技术等。2017 年 7 月，大众汽车研发中心与库卡（KUKA）机器人开展合作，研发用于自动驾驶汽车、调查和服务的机器人技术。

未来，智能制造将更加侧重在以下几个方面：一是在基础理论与技术方面，加强行业统一标准与规范、关键智能基础共性技术、核心智能装置与部件、工业领域信息安全技术等；二是在智能装备方面，研制典型行业数控机械装备、智能工业机器人、智能化高端成套设备等；三是在智能系统方面，加强信息物理融合系统、智能制造执行系统、智能柔性加工成形装配系统、绿色智能连续制造系统、3D 生产系统等的应用与提升；四是在智能服务方面，加强数据分析与决策支持、智能监控与诊断、智能服务平台、产业链横向集成等。

12.3 智能制造协同流程

从产业链上说，智能制造不是生产制造一个流程的事情，它需要从设计研发、采购供应、生产、销售服务一体化的流程支持。

智能制造涉及基于个性化定制的研发设计、到全价值链协同的生产制造体系。主要流程如下：

1. 打造个性化定制流程

未来，汽车产品的个性化需求体现在消费者通过线上平台选择所需要的外观、配件、内饰及发动机等产品模块，由汽车企业组织人员对模块进行系统采购，通过线上或线下门店生成订单，完成付款后，用户即可实时跟踪个性化订单进程，完成个性化定制流程。

2. 进行与个性化定制协同的研发设计

为配合个性化定制业务的实施，缩短研发时间，减少研发成本，VR 技术和实验设计（DOE）平台研发将在汽车研发中加以应用。例如，在应用 VR 实验室研发中，设计师运用 VR 技术在计算机模拟环境中检查汽车的整个外观与内饰设计，查看中控台与内饰板等特定细节，提升设计水平。

为支撑个性化定制业务，汽车设计转向平台的模块化。模块化平台设计分为以下三个阶段：第一阶段为普通整车平台，特点为共用底盘，横向协同，具有相似底盘结构的同系车型共用一个生产平台。用户仅可以选择不同车身，无法选择配件搭配，个性化程度低。第二阶段为模块化平台，特点为共用底盘，零件部分模块化。在此阶段，具有相似底盘结构的同系车型共用一个生产平台，部分零部件生产可实现通用化，如变速器、空调系统和发动机等，用户可以进行选择。第三阶段为深度模块化平台，特点为可调底盘，零件深度模块化，此阶段可调节的底盘使得同一生产平台可以生产不同系的车型，几乎全部零部件生产实现通用化，如后悬架设计、内饰等，用户可以自己选择搭配上百种车型。同时，还要求零件通用化设计。为使不同配件可按用户需求配置到不同款车型上，需要使模块内不同种类的配件拥有标准化的特性。不同的模块可用于不同的解决方案，实现基于共同底盘框架下不同零部件的多元组合。对于发动机模块，可减少发动机和变速器种类，标准化设计发动机安装位置（标准化安装角度）或标准化排气、驱动轴、变速器位置。对于电子电器平台，可统一 SW/HW 接口，模块化设计接口、测试和工具。

3. 建立与个性化定制相适应的销售模式

个性化时代，线上线下结合的销售模式是必然的。线下渠道方面，企业可引入 VR 销售技术对现有 4S 店进行改进，用户可利用 VR 技术体验汽车个性化定制。同时，可新建线下数字化展厅，以配合个性化定制业务推广。线上渠道方面，应搭建线上定制平台，整合线上销售资源。

4. 建立与个性化定制协同的生产制造体系

智能制造生产管理环节，重点实现智能计划排产和厂内物流能力升级。在智能计划排产方面，优化业务顶层设计，实现 ABC 订单管理，建立日排产体系，实现一体化管理，并与供应商即时联动，同时需要相应的 IT 系统支撑。相应的 IT 系统建设则需要在现有 IT 系统的基础上增加精准预测、减少库存和全局协同功能。在厂内物流方面，采用智能化物流技术，具体包括条码识别技术、射频识别技术、机械视觉识别技术和网络通信技术，有效提高物流效率，提高物流递送的准确度。除此，还需要实现 ERP 系统、MES 系统、WMS 系统及现场 PLC 控制器、现场传感器的互联互通。整体 IT 系统共分为五个层级：最顶层的管理层级、管理系统、操作级别、控制级别及现场级别。

5. 建立数字化智能工厂

在自动化、标准化基础上，建立配合个性化定制业务的智能化生产体系。具体可分为以下几个方面：第一，实现高效维护。自动监控设备监控发现问题后，系统专家可高效地获取信息并采取措施，智能评价系统可用于纠正偏离特定流程的情况。第二，运用大数据生产。联网后，所有车辆组装过程的大数据被“大数据”后台分析和监视。第三，零部件标签数字化。所有零件标签参数化，系统根据生产情况自动配备不足的零件。第四，实现机器监控。系统可自动监控设备技术的全部安全参数，取代原来耗时的人工监控。第五，定位系统组装零件。用数字化连接车辆生产号码和移动工具，精确定位车体在生产线的位置。

12.4 美国、欧洲、亚洲汽车智能制造发展现状及趋势

12.4.1 美国汽车智能制造发展现状

从国际上看，美国、德国、日本等不同国家都先后将智能制造作为推动产业变革和科技创新的主要方向，以物联网、大数据、人工智能等新一代信息技术，通过虚拟结合，开创新的制造方式。

1. 美国以不同时期的计划项目推进智能制造

20 世纪 90 年代，美国提出制造业信息化后，1993 年开始实施“先进制造技术（AMT）计划”，目的是提升美国制造业竞争力。1995 年提出“敏捷制造使能技术战略计划”，增加对制造业智能化投资。2004 年开始“下一代制造技术提升计划”，实质提升制造技术水平。2011 年美国确定智能制造的 4 个行动计划内容，即搭建工业建模与仿真平台；建立工业数据采集和管理系统；改善业务系统、制造工厂和供应商集成的供应链效率；加强智能制造领域的人才培养、培训和教育。

在智能设备研发方面，美国拥有不同组织和机构进行的基础研究和应用研究。例如，高校实验室及工业企业联合进行智能制造数控机床、集成电路及可编

程序控制器的研究；美国艾默生、霍尼韦尔及一些中小企业进行智能制造基础元器件领域研究开发；美国MAG、哈挺、哈斯、格里森等企业进行数控机床的研制；美国American Robot等企业进行工业机器人的研制；大批研发机构进行工业软件包括研发设计软件、管理软件和生产制造软件的研发；美国IBM、思科、GE、AT & T等企业研发智能制造系统软件用于改造传感制造业，推动智能制造发展。

2. 汽车企业智能制造采用机器人技术

美国通用汽车为加速进入“工业4.0”，提高生产力、提高质量与安全性，正在开展生产工厂智能制造创新计划。智能制造方案核心是安装协作机器人和预测性机器维护技术，在最适合、最需要的地方，将新技术与现有技术结合起来。通用汽车目前正与工业机器人制造商发那科（Fanuc）合作开发协作机器人。其中一项应用是协助操作人员瞄准大灯，并校准雷达以适应巡航控制，机器人的雷达装置校准只需3s即完成。通用汽车在单一装配工厂使用800～1 200台机器人，包括车身机器人。

为了减少装配厂员工的重复性伤害，通用汽车正在测试与美国国家航天总署（NASA）共同开发的机械手套Robo-Glove。由于重复抓取工具的工作，即使短时间执行也很容易使工人感到疲劳，机械手套可以赋予手部强大的抓取力，让使用上更加安全舒适。在设备检查方面，通用汽车使用无人机进行设备检查，在发生泄漏事故后，员工被派往清理之前，无人机也可以先测试空气质量，提高人员作业的安全性。

12.4.2 欧洲汽车智能制造发展现状

欧洲智能制造是在整体经济衰退、美国高端制造业回归及新兴国家大量承接制造业转移的背景下，提出以英国和法国为主的再工业化、以德国为主的“工业4.0”战略为主导，加强先进的互联网信息技术应用于欧洲较好的工业基础和制造技术，形成有竞争力的、先进的、智能化的工业体系。

近年来，欧洲企业纷纷进行先进制造技术研制。德国西门子、瑞士ABB、法国施耐德电气等公司已将部分人工智能技术应用到工业控制设备与系统中。由欧盟资助的“智能制造系统IMS2020计划”聚集意大利、德国、瑞士、美国、日本、韩国等多个发达国家与思爱普、美国国家机器、西门子、宝马、麻省理工学院、剑桥大学等多家企业与高校，针对可持续制造领域、节能制造领域、关键技术领域、标准化领域、创新培训领域五个关键领域进行研发。“地平线2020”

（2014—2020 年）科技发展规划重点推进先进、智能制造技术及工业技术成长，提升欧盟工业竞争力。

1. 英国

英国从提升产品在全球的高附加值角度，推出了“高价格制造”策略，促进制造业发展。在“英国制造 2050”项目中，提出建立“服务再制造（以生产为核心的价值体系）”，计划主要致力于 4 个方面：更快速、更灵敏地回应客户的需求；把握新的市场机遇；可持续发展；加大力度培养高素养的劳动力。

2. 德国

德国从制造业升级、信息化社会、创新角度设立“制造 2000 计划”、《2006 年德国信息社会行动纲领》《德国高科技策略》和“数字德国 2015”等项目。加强通过信息化、数字化进行智能电网、电动车、智能交通体系、工业云计算技术的研发。德国借“工业 4.0”战略，整合传统制造业、电信业，促进西门子、思爱普、博世等大公司并带动小公司发展，保持德国本土智能制造的竞争优势和市场地位。《数字化议程：2014—2017》借助新的高科技策略，指出科研结果要加快市场化和产品化，重点在数字经济、可持续经济与能源、创造工作与医疗、移动智能设备和公民安全领域。

3. 法国

法国通过提出“新产业政策”，进行再工业化的工业转型。在《新工业法国》战略中，主要解决能源、数字革命和经济生活三大问题。在“未来工业”战略中，强调通过信息化改造现有产业模式，包括新型物流、新型能源、可持续发展城市、生态出行 / 未来交通、未来医疗、数据经济、智慧物体和数字安全等。

欧洲在 3D 打印技术的研发应用上已实现数字化规模生产，法国、德国、比利时都拥有技术较强的 3D 打印企业。

在工业软件方面，德国企业资源管理（ERP）、制造执行系统（MES）、产品生命周期管理（PLM）、可编程序控制器（PLC）等核心工业软件、硬件在全球都处于领导地位。一批欧洲、德国企业在汽车电子、机械电子、机床电子和医疗电子等领域引领着全球相关领域的发展。

12.4.3 亚洲汽车智能制造发展现状

亚洲智能制造主要是以日韩为先导，我国也积极推出《中国制造 2025》等战略规划。

1. 日本

1989年，日本通产省发起的国际合作项目“智能制造系统”计划，吸引了美国、加拿大、澳大利亚、欧共体及欧洲自由贸易联盟等国家和地区组织的参与。项目从1992至1994年进行可行性研究，1995—2005年为实施阶段。项目投资10亿美元，包括“流程工业洁净制造”“全球化制造同步工程”“21世纪全球化制造”“全方位制造系统”“快速产品开发”“知识系统化”“可变结构物料储运系统”“快速产品开发”“人机共存系统组织”“创新和智能型现场工作建设”“数字化模具设计系统”“智能综合生产”“人类感觉对产品全生命周期的影响”和“全球分布式企业设计、规划、运行建设与仿真环境”等项目。其中重点是开发全球化制造、数字化制造技术。

在智能制造的研究中，1996年日本文部省发布为期5年的未来计划，对智能制造等17个制造领域进行研究，如下一代加工制造技术、智能信息与先进信息控制技术、微机电与软机电技术、生化集成技术等。2004年，日本启动了“新产业创造战略”，为制造业寻找未来战略产业，并将信息家电、机器人、环境能源等7个领域作为重点发展对象，努力提高日本制造业在国际上的产业竞争力。

2. 韩国

1991年年底，韩国提出了由韩国科技部、工商部、能源部和交通部联合实施的“国家高级先进技术计划（HANP）”，即G-7计划。计划包括七项先进技术及七项基础技术，即先进制造系统、新能源、电气车辆、人机接口等七个项目。其中先进制造系统是指将市场需求、设计制造和销售集成在一个系统的先进制造体系。项目目标是到2000年把韩国的技术实力提高到世界第一流发达国家的水平。项目周期为10年，从1992年12月开始实施。分为三个部分：一是基础技术，包括开发集成化的开放式系统、标准化技术及系统性能评价。二是下一代加工系统，包括开发下一代加工设备、机械技术与生产工艺技术。三是电子产品的装配和检验技术，包括开发下一代印刷电路板装配和检验技术、高性能装配机构和制造系统、系统操作集成技术和智能技术等。为占领智能化生产技术的制高点，韩国目前又将智能制造技术列入“国家高级先进技术计划”之中，重点研究智能化生产技术。

3. 中国

我国从进入工业化历程以来，经历了模仿、追赶，制定“863”国家计划和国家重点基础研究发展计划（“973”计划），到目前的“中国制造2025”，制造业已经从低成本、大规模向高精尖的完整产业链发展，向增加劳动附加值、提高技术含量和科技水平的方向发展，由“中国制造”向“中国智造”及“中国创造”提升，最终目的是实现“制造强国”。通过不断技术创新，提升我国整体制造业水平。我国大飞机的制造就充分验证了我国的制造实力和未来在智能制造领域的潜力。

1993 年，国家自然科学基金重大项目研究了“智能制造系统关键技术”。1999 年，开展了“支持产品创新先进制造技术若干基础性研究”。2012 年，出版了“中国机械工程技术路线图”。在智能制造的企业应用方面，有部分企业的智能工厂将智能传感器技术、工业无线传感网技术、国际开放现场总线和控制网络的有线 / 无线异构智能集成技术、信息融合与智能处理技术等融入生产各环节，通过与现有的企业信息化技术融合，实现了复杂工业现场的数据采集、过程监控、设备运维与诊断、产品质量跟踪追溯、优化排产与在线调度、用能优化及污染源实时监测，开发了工业现场分析与装备健康运行监测平台、大型离散制造过程的可视化系统与智能工厂应用的云计算平台。汽车生产企业通过实施制造企业生产过程执行系统，实现了信息系统与业务管理的集成，物流过程的流程化、标准化与指标化，集成了精益制造与准时化生产，提高了零部件入库检验到制造过程的衔接效率，最终达到了打造透明工厂、实现智能制造目标。“十二五”期间我国制造业取得了长足进步。

从 2014 年 12 月，我国首次提出“中国制造 2025”概念到 2015 年 5 月 8 日，国务院正式印发《中国制造 2025》，标志着我国制造业进入一个新的阶段。中国制造 2025 分阶段实现我国制造业强国的目标。第一步：力争用 10 年时间，迈入制造强国行列。到 2020 年，基本实现工业化，掌握一批重点领域关键核心技术。制造业数字化、网络化、智能化取得明显进展。到 2025 年，制造业整体素质大幅提升，创新能力显著增强，全员劳动生产率明显提高。形成一批具有较强国际竞争力的跨国公司和产业集群，在全球产业分工和价值链中的地位明显提升。第二步：到 2035 年，我国制造业整体达到世界制造强国阵营中等水平。创新能力大幅提升，重点领域发展取得重大突破，整体竞争力明显增强，优势行业形成全球创新引领能力，全面实现工业化。第三步：综合实力进入世界制造强国前列。制造业主要领域具有创新引领能力和明显竞争优势，建成全球领先的技术体系和产业体系。

经过近四年来的发展，我国智能制造在国家顶层设计层面不断完善，系统推进格局基本形成。我国智能制造走出了一条以试点示范为引领，通过供需两端合作，以线带面，多方协同推进的中国特色的智能制造发展之路。

我国智能制造取得初步成效。在智能制造新模式上，创新了流程型、离散型、网络协同、大规模个性化定制、远程运营服务等不同的制造模式。工信部与地方政府在2014—2018年共遴选305个智能制造试点示范项目，涉及92个行业类别，覆盖全国所有省份。初步建成了潍柴动力重型高速柴油机数字化车间、九江石化智能工厂、海尔集团空调互联工厂等92个数字化车间和116个智能工厂。通过智能化改造，生产效率平均提高37.6%，最高达到了3倍以上。能源利用率平均提高了16.1%，最高达到了1.2倍。大规模个性化定制模式在纺织、服装、家居、家电等行业加快推广；网络新型制造模式在汽车、航空等领域逐步兴起；远程运维服务模式在工程机械、电力设备、风力发电等行业快速发展。

在智能制造供给能力上，创新应用了一批关键技术装备、工业软件及系统解决方案。在关键技术装备和工业软件方面，2014—2018年来已经突破并应用近6 000台（套）关键技术装备，推广应用了2 000多套工业软件，申请专利1 600余项。如奇瑞汽车研制的工业机器人焊接自动化生产线应用在北汽南非工厂。在系统解决方案方面，培育形成了一批了解行业需求，具有较强系统集成能力及行业推广经验的智能制造系统解决方案的供应商，目前主营业务收入达10亿元以上的系统解决方案供应商已达到35家。比如新松机器人在一汽、华晨、海信、创维等数十个行业龙头企业，实施了基于自主工业机器人的生产线，覆盖汽车、家电、工程机械等十多个行业；石化盈科的智能制造解决方案已成功运用于中国石化、中煤集团、神华集团等60余家企业；青岛红领集团承担了服装鞋帽、机械、电子等20多个行业的70多项智能化改造项目。

在智能制造标准体系建设上，2014—2018年来应用了163个智能制造综合标准化项目，初步建成了188个智能制造标准验证平台。共制定国家、行业、企业等各类标准草案近千项。发布了无线通信技术、WIA-FA标准等7项国际标准，智能制造标识要求等215项国家标准、157项标准草案获得国家标准立项。部分标准已在行业实践中发挥了重要的指导作用，如石化行业智能工厂公共技术要求和评估规范，已经成功应用到燕山石化、茂名石化、九江石化等智能工厂的建设实践中。

在行业和区域应用推广上，加强引导行业骨干企业、科研院所积极投入数字化车间、智能工厂建设。如石化行业生产数据自动化采集率均达到90%以上，外排污染源自动监控率达到了 100%，劳动生产率提高 20% 以上，万元产值能耗降低了 6%。民爆行业通过实施智能制造，较好地完成了用机器人更多代替人的工作。据统计，仅 2017 年全行业共投入 68 亿元，减少危险行业操作人员 7 425 名。同时，新产品、新业态、新模式加速涌现，如家电行业中智能家电市场增速超过 25%，服装行业增速达到 30% 以上。浙江新昌县对县内 100 多家中小企业进行了智能化改造，设备利用率平均由 58.7% 提高到 80%，大幅度提升了生产效率。江苏昆山市在 2016—2017 年共实施智能化改造项目 532 个，总投资超过 280 亿元。广东东莞市在用工荒的背景下，依托本地优势的电子信息产业大力推进机器换人，3 年累计投资达到 3 800 多亿元，重点产品合格率提高了 5%，单件成本平均降低了 9%。

我国智能制造产业园区建设取得很大进展。据《2016—2017 中国智能制造年度发展报告》显示，我国正在形成珠三角、长三角、环渤海和中西部四大产业集聚区，将进一步提升智能制造的发展水平。其中，智能制造装备产业的研发和生产企业主要分布在环渤海地区、长三角地区及西北地区，其中以辽、鲁、京、沪、苏、浙和陕等地区最为集中。此外，关键基础零部件及通用部件、智能专用装备产业在豫、鄂、粤等地区也都呈现较快的发展态势，其中以洛阳、襄樊、深圳最为突出。同时，工业机器人将是未来智能装备发展的一个新热点，京、沪、粤、苏将是国内工业机器人应用的主要市场。

2016 年，我国在建或者已经建成的智能制造产业园区的数量为 158 个。园区的优势在于其可构建集“科技研发 + 产业苗圃 + 孵化器 + 加速器 + 推广应用”于一体的服务体系，并且能提供风险投资、融资等公共服务平台。

从机器人产业园区来看，目前，我国已有超过 40 个机器人产业园在建或已建成，许多省份更是有多个产业园落地，如江苏昆山、张家港、南京、常州及徐州 5 个城市“配备”机器人产业园。有 28 个省市将机器人及关键零部件作为重点行业。

在智能设备方面，工信部发布的《智能制造发展规划（2016—2020 年）》提出，到 2020 年，研制 60 种以上智能制造关键技术装备，达到国际同类产品水平，国内市场满足率超过 50%。《智能制造工程实施指南（2016—2020）》等产业扶持政策的陆续颁布，也不断推动我国智能制造产业加速发展。

12.4.4 汽车企业智能制造发展现状

响应《中国制造 2025》，我国汽车企业每年都申请国家智能制造试点，进行机器人技术、自动化技术提升应用。在合资企业，更是可以采用先进的跨国企业智能制造方案，提升生产制造水平和效率。

1. 上汽通用汽车打造全业务链智能制造集成创新与应用

上海通用汽车将智能制造作为公司五大战略核心业务之一，在全业务链上开展智能制造和工业互联网规划建设并予以推进。首先，上汽通用汽车成立了智造创新工作室，通过这个跨部门平台，协同全业务链，充分调动和集中内部资源，整合并协同来自政府、行业、高校等外部优质资源和支持，开展智能制造、互联互通前瞻布局并制定发展路线图，构建适合智能制造运行的机制，推动在生产效率、能源利用率、运营成本、产品研制周期、产品不良率等多个环节飞跃式优化。同时，通过系统互联互通、数据价值驱动、制造服务转型、组织生态创新等新理念的引入和实践，深入推进物联网、大数据、工业云等技术的应用探索。

上海通用汽车在智能制造领域采用的新模式、新机制有：

（1）数字化虚拟仿真技术在开发 / 制造领域的集成应用　应用数字化虚拟仿真技术，不仅能够显著提升工作效率和质量，缩短项目交付的周期，降低物理验证成本，更能够提高项目的整体质量。已被广泛应用于工艺设计优化、产线布局、设备性能 / 瓶颈工位精确分析、三维厂房管路结构干涉检查、人机安全评估、项目进度 / 交付质量有效监控等工作领域。此外通过不断集成，完善数字化资源环境，提升数字化开发能力，推动“数字化双胞胎”的实施，最终实现虚拟和现实的高效融合，使得在线设备运行数据与离线计算机仿真数据能够实时互通。

（2）智能协作机器人应用　除了传统工业机器人大量应用外，上汽通用汽车也在不断深化智能机器人的研究和应用，挑战复杂精密的自动化装配，提高场地利用率，降低运营成本。在上料准备工位应用智能协作机器人（FANUC 绿色机器人），取消了传统的安全围栏，实现自然、安全、高效的人机互动协作。此外，在新工厂变速器装配线上正在试点应用带力反馈的库卡智能机器人完成复杂的精密装配作业。

（3）能源大数据智能管理系统　进一步完善制造现场数据（设备、工艺、能源、人机互动等）的收集，将制造全过程数字化、透明化、目视化，形成虚拟现实融合的制造系统；通过全方位整合、优化现有的能源计量监控系统，实现能源计量电子化、能源管理系统化、能源使用科学化；指导节能减排，挖掘节能减排潜力。

（4）工厂物流人机料一体化　通过全局数字化系统平台的搭建，采集全过程多元实时数据，构建工业局域互联网。运用大数据分析、厂内定位技术和智能调度算法等手段，优化厂内物料运送路径，提升人员效率，最大化设备利用率，精益厂内库存，有效支撑数字化工厂构建。

（5）入厂物流智能集成平台　借助手机智能终端、北斗导航、电子围栏等工具，通过与供应商、承运商信息的互联互通，实现入厂运输全过程的实时动态监控，精准定位运输各环节风险，进而实现实时监控、智能预警、路线优化等功能，提升入厂运输运作效率，降低运输成本。

（6）全生命周期质量大数据分析预警平台　通过覆盖产品全生命周期和全业务链的质量大数据分析，提高产品质量，提升客户满意度。通过主机厂和供应商的数据共享，及时调整供应商过程参数，实现联动和预防。通过拓展售后大数据研究范围至保修期外，同时兼顾互联网舆情分析，实现售后质量问题提前预警，提前解决。通过经验教训管理系统将制造过程和售后相关问题导入产品开发阶段，实现产品设计质量的稳步提升。

2. 长安汽车智能制造试点

重庆长安汽车股份有限公司（简称长安汽车）积极推进“互联网 +”建设。包括推进信息化工程建设和智能制造项目；探索建立电子商务平台；与华为进行信息化领域、车联网、智能汽车合作。

2014 年 11 月 10 日，华为和长安汽车签下合作协议，双方将在车联网、智能汽车、国际化业务拓展、流程信息化、信息化建设等领域协同创新，展开跨界合作。2015 年 10 月，与汽车之家联手打造个性化定制。在“汽车之家”大数据和用户调研基础上，长安汽车开启消费者大规模定制模式。方式是消费者在网上对多个配置自行选择和组合，汽车之家车商城作为定制汽车独家销售平台。未来，长安汽车不仅要利用互联网大数据进行汽车设计，还要请消费者通过互联网帮助长安汽车“设计”汽车。

长安汽车与百度 Car Life、My Car 以及 Co Driver 应用平台深度合作。2016 年 4 月，长安汽车与百度签署智慧汽车战略合作。涉及 Car Life、My Car 以及 Co Driver 应用平台：Car Life 是车机与手机互联服务平台；My Car 是车主服务、车后服务和云计算数据的私有云服务平台；Co Driver 是人机语音交互平台。通过三大技术平台，长安汽车智能化场景应用将从车机智能互联、远程车辆操控、智能语音交互等方面，全方位覆盖驾驶全过程。

12.5 汽车智能制造工厂案例

12.5.1 戴姆勒智能制造

1. 戴姆勒构建使生产工序网络化的智能工厂

戴姆勒通过导入“工业 4.0”措施，加快推进生产工序的数字化。通过生产工序数字化提高生产灵活度的同时，缩短从产品开发到投放市场的时间。生产工序数字化包括将产品、生产设备在内的全部环境因素接入互联网进而实现网络化，实现将设计产品与实时生产工序相匹配。通过导入智能工厂，可以实现产品的个性化需求，有助于提高生产效率和改善柔性化生产体系。

2. 戴姆勒智能工厂建设目标

（1）更大的灵活性　快速应对世界市场与客户需求的变化，将日益复杂的产品生产变得更容易。

（2）更高的效率　有效地使用能源、建筑、材料等资源；有效地管理库存、零部件和生产设备。

（3）更快的速度　通过建立灵活的生产工序，简化现有设备的生产工序，构建更为高效的生产体制，缩短产品研发周期，加快产品投放市场速度。

（4）有吸引力的工作环境　通过导入新的操作接口等，改变很多领域的作业环境，建立适应未来人口变化的工作方式和生活方式。

（5）智慧物流　客户预定产品后，可实现自动判断生产必需的零部件和其采购渠道，以及从生产到配送的工序。

生产技术上，将人与机械作业分别实现网络化，提高产品质量的同时，提高生产成本竞争力。使用库卡机器人，实现了混合动力汽车电池包安装所需要的往返车辆内外的作业工序的自动化。

智能工厂已经或即将使用的技术有：

3D 打印技术：可以实现快速制作样品，如，发动机铸造用模具、制作保护盖与其他工具等。

机器学习：通过演示轻量机器人移动路径的方式，让作业员实现机械性学习。

生产的云数据：在全球基地中共享生产数据。通过接入共享数据，改变各生产基地机器人工作程序，以应对不同生产基地需要。

目前，梅赛德斯－奔驰工厂已经导入了覆盖冲压工厂至总装的生产工序的数字化仿真体制。在产品量产前，可以针对 4 000 多个单个作业程序进行检查，判断技术实现的可能性。建立了世界范围内的标准化的全球零部件、标准化的自动化工序、规则、控制技术。在全球各生产基地都将导入全球标准化模块的机器人技术、生产工序。预计于 2020 年前，在全球范围内实现与产品模块相匹配的生产机器模块化和作业方针的标准化。

3. 戴姆勒车辆设计的数字化

2015 年发布的智能空气动力学汽车（Concept Intelligent Aerodynamic Automobile）是一款展现未来梅赛德斯－奔驰汽车形象的概念车，就是采用数字化作业程序，设计部门及生产部门作业实现了网络化方式，历时 10 个月完成的。

4. 戴姆勒销售和售后服务的数字化

由在线商店弥补实体销售店的活动，任何时候都能处理来自客户的订单与租赁需求。2016 年在德国启动了生活方式配置，根据客户的生活方式与嗜好，为其提供建议相应车型的服务。售后服务方面，不仅通过在线服务 Mercedes me 提供有关保养与维修的信息，还提供软件升级、针对维修的远程诊断功能等服务。

12.5.2 宝马智能制造

1. 宝马打造生产工序数字化

宝马以数据分析、智能物流、自动化创新、3D 打印为四大支柱，在宝马沈阳大东工厂除了冲压工厂、车身车间、涂装车间、组装工序以外均开始使用 3D 计算机、导入使用 ID 编码追踪个别零部件及制作零部件的机械管理系统。

宝马在德国 Landshut 工厂试验性导入根据姿势输入检测结果的系统，设置能够稳定测量消费能源的智能仪表等。在物流上，实现供应链的完全联网，还加快开发在工厂内自由行走的机器人。

宝马在德国 Wackersdorf 工厂于 2016 年春导入了 10 台零部件输送机器人（STR）。STR 是一辆锂电动载货汽车，使用无线发射机测量当前位置与目的地位置的距离，再计算路线并自动行驶。并计划增加 3D 摄像头以提高导航精度。宝马德国丁格芬工厂试验使用了能够牵引载货汽车的自走车，计划行驶于仓库区到组装区这种较远的距离。还计划为员工安装数字化设备，同时，正在加快应用 AR 眼镜与外骨骼支撑设备（安装在手上，实施机器人远程操作）。

宝马生产工序数字化思路分四个步骤：第 1 步是建立数据和分析功能，包括 IOT 平台、有关规划与控制的数字化管理、网络安全。第 2 步是智能物流，实现自动输送系统、全球供应链的可视化与控制、整合供应商网络。第 3 步是自动化更新，实现机器人系统的协调、配合员工操作情况的辅助系统、对工业工序的再组织。第 4 步是零部件 3D 打印，包括薄板或金属加工、量产化与快速原型制造、新型个性化零件。

2. 宝马莱比锡工厂

宝马莱比锡工厂是宝马公司在德国技术最先进、环保和可持续发展都走在前列的汽车工厂。宝马汽车公司投资 13 亿欧元建造的莱比锡工厂于 2005 年正式投产。2006 年，莱比锡工厂下线了第 10 万台宝马 3 系轿车。2010 年，成功下线了第 100 万台宝马 1 系轿车。2013 年，莱比锡工厂开始生产宝马 i 系列电动汽车。2014 年，宝马最新款 2 系运动轿车也在莱比锡工厂正式投产。

（1）地理位置优势及便利的物流配套　莱比锡位于德国东部的莱比锡盆地中央，有便利的地理位置及闻名的商贸路线，24h 的机场和灵活的市场环境，是理想的第三方中转站。

莱比锡完善的专业物流园区为实现智能物流提供了基础。莱比锡物流园区由 12 个单元组成，每个节点都设有功能齐全的装备，如连续装卸系统、传送带、推车传送系统等将整个园区连接起来，园区内可轻松完成装卸、分拣、配送、仓储和装运等一系列物流操作。整个物流园区的每个建筑单元内部都有道路交通系统，并至少配备两个入口作为功能分区。

（2）完善的工厂设计规划　宝马莱比锡工厂在设计规划上坚持“业务导向规划原则”，先明确业务流程，再选择技术设备，最后确定适合的建筑形态，以此保证项目规划的成功。创新的物流规划方案，确保了产业链运转顺畅，使宝马供应链的效率显著提高，物流成本大大降低。智能物流成就了宝马高效灵活、智能化、个性化的汽车生产模式。

（3）工厂布置实现透明、高效、互联　宝马在莱比锡设计出了最可持续和高效灵活的生产与物流模式。与中国传统的标准厂房设计不同，它有一个中央大楼，三大核心生产区域（即车身车间、喷涂车间和总装车间）围绕中央大楼不规则排列，如图 12-1 所示。

图 12-1 宝马三大核心生产区域的不规则布局

中央大楼核心区域顶棚的上方是一个空中走廊，里面建有由 600 台输送机组成的悬挂式输送系统，如图 12-2 所示，连接焊装、涂装和总装 3 个车间。通过这套输送系统，原始车身从车身车间输送到车身仓库，再送至喷涂车间，之后再送回车身仓库，最后从车身仓库送至总装车间。

图 12-2 宝马中央大楼顶棚上方的输送系统

由于车身穿梭于空中走廊的创新设计，使得主要办公区和生产车间两者能够相互渗透、融为一体，让工厂整体感更强，甚至在员工食堂和会议室也能看到实时的车身输送过程和订单所处的阶段；这让各生产区域之间实现了高效互联，使车身输送过程做到一览无余。由此，宝马的工程师们可以在车间或是走廊、甚至餐厅的任何地方，实时跟踪订单状态，及时发现和调整生产进度，让人与工厂实现完美融合。

（4）生产物流体系实现订单式生产　在莱比锡工厂，宝马建立了高效精准的物流系统，达到与供货商之间的密切配合。每天约有 10 000m^3 的材料被输送至各个生产环节。生产计划主要按照客户订单来制定，零部件供应商会根据生产订单按序供货，供应商与生产之间采用准时制生产模式。运送不同零组件的货车可直接开至离装配线最近的区域，部件进厂后可直接送至相应工位完成组装。与先入库再二次配送上线的传统物流方式相比，节省了大量库存和不必要的作业时间。这种创新的物流模式，不仅缩短了生产和物流供应的距离，也为未来的生产线扩展、引入新技术打下了良好的基础，以最小的投资成本实现高效集成。

（5）模块化实现高效柔性生产　宝马通过建立模块化、标准化，实现同平台的 1 系和 2 系车型同线生产，或与 X1 多款车型在一条生产线混合生产。在总装车间，通过选配不同模块（如汽车电子单元）、不同车体颜色，灵活生产出满足不同客户需求的差异化车型。模块化的组件设计和根据订单进行的实时物流配送，使宝马实现了小批量、多品种定制化混线生产。

（6）电动车生产工艺创新　宝马用于生产 i 系列车型的车间与传统汽车制造工艺有很大不同，如图 12-3 所示。

图 12-3　宝马 i 系列电动车工厂布局示意图

i 系列车型的车身主要采用碳纤维强化塑料（CFRP）。CFRP 生产车间相当于传统的冲压车间，制造出的 CFRP 部件按照覆盖件和结构件分别运送至喷涂车间和车身车间。用于表面的覆盖件在喷涂车间完成颜色喷涂，结构件在车身车间完成拼接成型，最后在总装车间完成整车装配。i 系列车型的喷涂车间，相比传统钢制车身的防锈工序，省去了清洗、磷化及电泳等前处理工序，只对覆盖件进行喷涂处理，工序简化大大减少了能源消耗。

（7）可持续的汽车工厂　在莱比锡工厂，从环保无污染的生产流程，到不断研发低能耗的新能源汽车，再到实施各种绿色回收项目，宝马在公司运营过程中始终将资源利用率最大化，将可持续发展贯穿于整个价值链。

莱比锡工厂做到最大限度自然采光，将电能使用降至最低。因为莱比锡天气不算太炎热，只需解决供暖问题即可，而工厂内部供暖主要来自于附近发电厂排出的“废气”。由于工厂采用的是柔性生产方式，按照订单生产可以灵活调节产能，避免不必要的资源浪费。

宝马 i 系列车型的生产过程更将环保做到极致。厂房与其他常规车型不在一起，i 系列车型生产所需的电能全部来源于工厂旁的四个大型风力发电机，如图 12-4 所示。

图 12-4　宝马工厂的风力发电机

i 系列作为宝马最新的电动车型，在汽车设计、研发、生产、能源利用乃至旧车回收再利用的整个汽车生命周期闭环内都做到了环保和可持续发展。

12.5.3 大众汽车智能制造

1. 大众汽车生产数字化

大众汽车的数字化战略包括生产、物流、产品设计、智能网联、移动出行服务、自动驾驶等内容。

2015 年，大众汽车开始从管理人员到机构设置、生产改造等方面全面进行数字化实践。2015 年 11 月设置数字化最高负责人 CDO 一职，由曾担任戴姆勒研发总监及苹果公司高管的 Johann Jugwirth 担任。到 2017 年 7 月，组建了一个专门从事 VR 技术开发的数字现实团队。

大众数字现实团队与德国软件公司 Innoactive 共同推出 VR 应用程序数字现实中心，用于大众旗下 12 个品牌的生产和物流。同时还设立了一个专门从事大众集团数字化工厂的团队。数字化建设所需要的 IT 基础设施、数据管理、软件开发及生产的数据化管理工作由集团 IT 部门全面负责。目前，大众汽车有 9 000 多名 IT 技术人员，负责公司 1 500 多个项目。2016 年 2 月大众汽车开始在德国波茨坦、美国加州和中国北京成立大众汽车集团未来中心，在设计研发上实现设计师与数字化工程师合作，提高产品的客户满意度。其中，德国波茨坦未来中心于 2017 年 3 月成立，安置一套汽车座椅和驾驶舱的模拟设备，利用 VR 眼镜，通过对屏幕及传感器进行模拟操作和虚拟测试。

2. 奥迪智能工厂

奥迪智能工厂没有普通汽车生产线，拥有运输零部件和物料的无人驾驶车和无人机、轻型机器人，以及 3D 打印设备。

（1）奥迪的模块化装配系统　奥迪在涂装车间和总装车间都使用模块化装配流程。在总装车间设置多个小型工作区，通过无人运输系统实现车身及零部件在各工作区间的移动。2018 年在奥迪匈牙利 Gyor 工厂采用模块化装配系统，生产电动机。模块化生产装配既满足了客户在车身颜色、规格等方面多样化的需求，又相应提高了生产效率达 20% 以上。涂装车间，通过自动运输系统让车身在中心库、涂装、干燥设备各个工序工作站移动。

（2）奥迪无人运输系统　奥迪无人运输系统是通过搭载导航系统的自动引导车辆将车身从仓库运输至工作站。自动引导车辆按照导航系统设定计算机模拟路线行驶，也可以手动模式行驶。自动运输车辆搭载 3 个激光扫描仪，前面设置 2 个，后面设置 1 个，可避免与人发生碰撞。前面 1 个扫描仪朝上设置，可识别顶棚上掉下的物品等。扫描仪通过形状来识别工件类型，并将识别出的工件放置在目标位置，位置误差控制在 1mm 以内。自动引导车可识别行驶路线的拥堵状态并灵活应对，行驶速度限定为 4.2km/h。与奥迪汽车上应用的自动巡航适应（ACC）采用相同的算法，自动引导车的软件系统全部由奥迪公司开发，2017 年 3 月起，应用在奥迪德国 Ingolstadt 工厂。

（3）无人驾驶叉车　2017 年奥迪向德国 Ingolstadt 工厂引进无人驾驶叉车。通过采用 3D 激光扫描仪、各种传感器识别叉车周围 360° 范围物体，识别行驶路线上的人或物体，并可等待线路畅通后继续行驶。无人驾驶叉车可实现将重物搬至很高的货架，又从货架上搬下重物。还可检测作业中的故障，并将故障内容及处理方法通知工作站。与传统叉车相比，可节省空间，提高效率，减少事故风险。

（4）奥迪整车分拣和运输机器人　奥迪整车分拣启用了进行整车分拣和运输的电动机器人 Ray。Ray 全长约 6m，宽约 3m，如图 12-5 所示。Ray 具有自识别电池电量功能，发现电池电量不足时，可自动返回充电站。通过激光传感器，在掌握车辆的位置、全长全宽等信息的基础上，可以将整车从车辆总装工序运输至临时保管场所。当同一保管场所车辆过多时，Ray 会将车放置在轨道货车上。Ray 具有每天分拣运输 2 000 辆整车的能力。在车辆总装工序、临时保管场所、轨道之间，每天可以往返 8 000 次，总距离达 500km。到 2017 年 7 月，奥迪德国 Ingolstadt 工厂已经有 10 台机器人 Ray 工作。通过控制系统，保证每个机器人 Ray 的工作空间，以及按最短的路线行驶。

图 12-5　奥迪电动机器人 Ray

首先，奥迪智能工厂拥有无人驾驶运输系统。在奥迪智能工厂中，零件物流运输全部由无人驾驶系统完成，包括物料运输方面的无人驾驶叉车、无人机。如图 12-6 和图 12-7 所示。

图 12-6 奥迪无人驾驶叉车

图 12-7 奥迪无人机

其次，奥迪智能工厂拥有柔性装配系统。在奥迪智能工厂中，柔性装配车将取代人工进行螺钉拧紧，如图 12-8 所示。在装配小车中布置有若干机械臂，这些机械臂可以按照既定程序进行位置识别、螺钉拧紧。

图 12-8　奥迪柔性装配车

第三，拥有装配辅助系统。如图 12-9 所示，线束装配时，有些地方需要人工参与，装配辅助系统可以提示工人需要人工装配的部位，并通过在显示屏上显示最终装配结果，对结果进行自动检测，判断工人装配是否合格，避免出现残次品。

图 12-9　奥迪装配辅助系统

第四，拥有柔性抓取机器人。如图 12-10 所示，奥迪智能工厂发明的柔性抓取机器人的最大特点在于柔性触手，可以非常灵活地抓取零件，包括普通零件以及螺母、垫片等小零件。

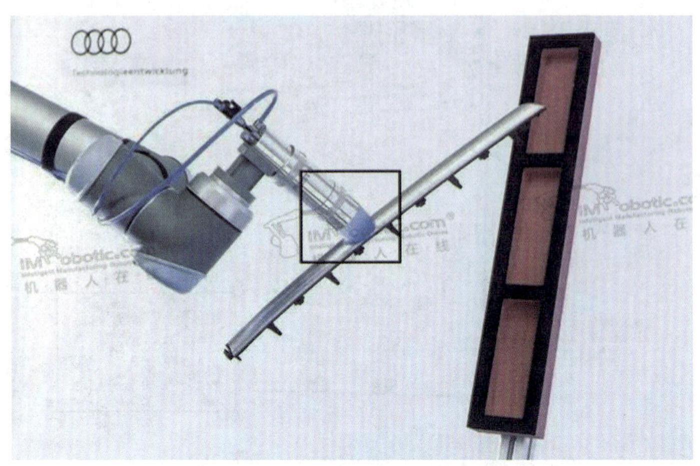

图 12-10　奥迪柔性抓取机器人

第五，未来实现 VR 虚拟装配。如图 12-11 所示，奥迪智能工厂未来将借助 VR 技术来实现虚拟装配，通过 VR 设备，设计人员可以对零件进行预装配，通过观测到的虚拟装配效果，及早发现研发阶段出现的问题，更大程度地提高生产效率。

图 12-11　奥迪 VR 虚拟装配

12.5.4　特斯拉智能制造

在制造环节，特斯拉工厂通过工业机器人应用、智能自动引导、个性化定制、纵向联合生产和工厂布局重塑来实现智能化生产。

1. 大量的工业机器人应用

特斯拉全工厂使用 160 个机器人，每一个机器人都可以完成多种动作，如切割、焊接、涂装、安装等。整个组装过程中机器人与机器人之间无缝对接。

特斯拉在工厂使用的机器人种类主要有以下几种：

（1）多工机器人　用钳子进行定位焊，放开钳子拿起夹子，胶合车身板件。

（2）运输机器人　车体组装好以后，将整个车身吊起，运往位于另一栋建筑的涂装区。

（3）涂装手机器人　全方位、不留死角地为车身上漆，使用把手开关车门与车厢盖。

（4）安装机器人　安装全景天窗，首先在正上方拍张车顶的照片，通过照片测量出天窗的精确方位，再将玻璃黏合。

（5）引导机器人　在车间里，车辆在不同环节间的运送基本都由自动引导机器人“聪明车”来完成。工作人员提前在地面上用磁性材料设计好行走路线，“智能车”就能按照路线的指引，载着汽车穿梭于工厂之间。

2. 实现智能自动引导

AGV 是 Automated Guided Vehicle 的缩写，意即“自动导引运输车”，是指装备有电磁或光学等自动导引装置，能够沿规定的导引路径行驶。AGV 的活动区域无须铺设轨道、支座架等固定装置，不受场地、道路和空间的限制。自动化物流系统最能充分地体现其自动性和柔性，实现高效、经济、灵活的无人化生产。

特斯拉制造工厂使用 AGV 智能运输载具，通过不同预编程序控制机器人的行走路线，实现高效灵活化生产。

3. 满足个性化定制

每一辆特斯拉汽车都是通过定制进行生产。消费者通过官网的设计室，选定车辆从动力到外观、再到舒适性配置的每一个细节，继而排入生产线生产。特斯拉个性化定制生产实现的核心要素主要包含高效协同、弹性生产、全成本管理和主动响应客户。

协同层面：特斯拉通过建立完整的从客户选配下单到生产制造的内部高效衔接系统，实现整个环节的高度协同、信息的流畅交换以及系统的敏捷响应，从而保持高订单运行效率。

弹性层面：特斯拉将长中短三期计划、上线顺序和物料需求计划集成至统一平台，建立基于产品平台的配置物料清单体系，并通过销售赢单率的数据统计与预测，保证长周期件、关键件等重要零部件在采购、供应方面的及时性和经济性。

全成本管理层面：包括研发成本、营销和市场成本、资金成本、制造成本、采购成本、使用成本、维修保养成本、废弃处置成本等，并通过高效管理生产成本来确定订单收益。

客户响应层面：特斯拉的配置和零部件模组化能够为销售人员提供移动化销售配置器，支持灵活多样的销售策略；同时建立整车库存实时监控，实现物流各环节的成本与周期估算，确保车辆准确及时地交付客户。

4. 实行纵向联合生产

特斯拉采用垂直整合的手段（从原材料到最后的成品电池组、成品车都将在同一工厂中完成），为实现 Model 3 的量产铺路。

使用纵向联合生产模式的重要意义主要体现在以下三点：

一是避免外包缺陷，即避免外包可能带来的“延迟交付、咬合不到一块儿”等问题；

二是优化生产效率，即内部运作更加顺畅；

三是快速响应市场，削减与供应商之间的沟通成本。这体现在特斯拉无须应付不同的供应商，装卸不同的部件。

5. 进行工厂布局重塑

特斯拉通过科学布局，实现制造过程中设备之间的有机连接，最大化利用场地达到规模经济，降低成本，提升产量。

特斯拉通过精细设计将工厂视作一个多层体系、高度集成的处理器，在每一层，让每个设备与其他设备触碰，最大限度节省空间。整个工厂的电路，每一个角落，每一台生产电池组的机器都通过 CAD 精细排布，最大限度地减少空间浪费。

经过布局重塑，产量将提高 5 ～ 10 倍，投入量产后达到原有产量的 10 倍或者更多。

第 13 章

人工智能发展对智能汽车的推进和影响

13.1 人工智能认知

13.1.1 人工智能定义

人工智能（Artificial Intelligence，AI）是近几年技术进展最快、应用领域越发广泛的领域之一，对于人工智能的认知，有不同的角度。

根据百度百科对人工智能的解释，人工智能是研究、开发用于模拟、延伸和扩展人的智能的理论、方法、技术及应用系统的一门新的技术科学。作为计算机科学的一个分支，人工智能通过对人的意识、思维的信息过程的模拟，生产出一种能以与人类智能相似的方式做出反应的智能机器，这种智能机器可以完成人类难以完成或效率低下的复杂工作。

大英百科全书对人工智能的解释是：人工智能是数字计算机或数字计算机控制的机器人执行智能生物体可以完成的一些任务的能力。

《人工智能标准化白皮书》对人工智能的解释是：人工智能是利用数字计算机或数字计算机控制的机器模拟、延伸和扩展人的智能、感知环境、获取知识并使用知识获得最佳结果的理论、方法、技术及应用系统。

20 世纪五六十年代，有关人工智能的理论初步形成。20 世纪 70 年代，第一款神经网络及人工智能软件诞生。21 世纪人工智能逐步广泛应用在图像识别、语言识别和自然语言处理，以及人机交互、机器视觉、自动驾驶等方面。

13.1.2 人工智能分类

人工智能系统的分类有两种：一种是广义 AI，使用相同算法解决一类问题，可以学习和适应并能够解决新的问题，无须人为干预；另一种是狭义 AI，使用特定算法解决特定问题，如下棋，识图等。

人工智能建立在由互联网、传感器、物联网构成的大数据平台，以及云服务器及高性能芯片构成的云计算技术之上，运用核心算法使大数据形成数据资源，凭借云计算能力形成强大的基础要素，建立起人工智能技术的三个递进的方面——计算智能、感知智能及认知智能，形成人工智能的三个应用方面——具体智能产品、行业解决方案和通用技术平台。

在数据资源上，随着互联网、物联网、移动互联网的广泛应用，网上形成的数据信息呈几何级数增长。2020 年全球数据资料存储量将达到 40ZB，2016—2020 年数据资源存储量的年均复合增长率为 40%，可以为机器学习提供更多的资料和数据。

在运算能力上，通过模拟人脑神经元多层深度传递解决复杂问题，形成了芯片 +GPU+ 云计算的强大的 AI 运算能力。

在核心算法上，通过神经网络算法增强人工智能的深度学习能力。

从应用角度，人工智能可以分为专有人工智能、通用人工智能和超级人工智能。人工智能的浅层次通用智能系统，是通过算法、计算体系把知识从数据中提取出来，可以预测、解决自动化问题。人工智能的深层次认知智能系统，是从感知转变为认知系统，把外部世界通过光感、声音振动或语言交流变成可以被系统识别的符号，并可以理解意义。

从机器的不同智能程度界限上，AI 可以分为 4 类。第 1 类 AI 是响应式机器，属于低级智能。它们不具备形成记忆的能力，也不具备借鉴过去经验的能力，以便帮助做出当前决策，不能进行交互。代表产品有 IBM 的超级计算机“深蓝”和谷歌的 AlphaGo。第 2 类 AI 是有限记忆机器，属于较低级智能，可以短暂回顾过去的经验。例如 L3 级无人驾驶汽车应用的 AI 系统。通过观察其他汽车的速度和行进方向，识别特定目标，包括车道标记、交通灯、公路曲线，做出变道决策以防碰撞等，这些记忆被添加到无人驾驶汽车预先编程的模拟世界中，但只是短暂记忆，不会被储存在汽车自身的驾驶经验库中。第 3 类 AI 是心智理论机器，是较高级智能。该类 AI 可以自己建立模拟世界，模拟世界上其他对象和实体，理解人类、生物的思想和情绪，并影响他们的行为。第 4 类 AI 是自我意识机器，是高级智能。该类 AI 可以建立代表自己的模拟世界的系统，具有自我意识，了解自己的内部状态，能够预测其他人的感受。

13.1.3 人工智能技术

人工智能技术通常由四个部分组成，即认知、预测、决策和集成解决方案。认知是通过收集和解释信息来感知并描述事物，包括自然语言处理、计算机视觉和音频处理等技术。预测是通过推理来预测行为和结果。决策是如何做才能实现目标。人工智能与机器结合起来可生成多种集成解决方案，自动驾驶就是将人工智能与汽车的其他技术结合起来，实现机器替代人的操作。目前，人工智能在认知和预测等许多领域已经实现了技术商业化，但在决策和集成解决方案技术上还处于研发阶段。见表 13-1 所列。

表 13-1　人工智能在不同技术领域的商业化程度

领域	成熟度	案例
认知	100%	IBM 辨识医学图像，准确度同人类放射学医师；科大讯飞将语音转化为文本，准确度为 97.2%
预测	75%	NETFLIX 根据观影历史向观众推荐电影；CAPTICAL ONE 预测顾客购物偏好
决策	50%	互联网金融公司财富前线（Wealthfront）为客户提供资产配置和财富管理建议；谷歌将白噪声或图像转化为超现实主义艺术作品
集成解决方案	50%	Amazon 通过智能音箱装置控制家用电器；百度自动驾驶汽车在有限的已知环境中行驶

目前，我国在人工智能部分领域的核心关键技术已实现重要突破。语音识别、视觉识别技术世界领先，自适应自主学习、直觉感知、综合推理、混合智能和群体智能等初步具备跨越发展的能力，中文信息处理、智能监控、生物特征识别、工业机器人、服务机器人、无人驾驶逐步进入实际应用。

全球人工智能飞速发展。2012—2017 年，专门从事人工智能应用的初创企业的全部风险资本融资的年复合增长率为 85%，其中 2016—2017 年，资金增速超过 100%，达到 110 亿欧元。大企业正在竞相收购以人工智能为重点的公司，2012 年以来有 250 多家使用 AI 算法的公司被收购。

13.1.4　人工智能应用领域

人工智能领域的研究包括机器人、语言识别、图像识别、自然语言处理和专家系统等。据 Venture Capital 调查报告，截至 2016 年 11 月，对全球范围内 1 485 家与人工智能技术有关公司的统计，人工智能行业细分为 13 个类别，包括：机器学习或深度学习通用型和应用型、自然语言处理通用型和语音识别型、计算机视觉 / 图像识别（通用型和应用型）、手势控制、虚拟个人助理、智能机器人、推荐引擎和协同过滤、情境感知计算、语音翻译、视频内容识别。

随着人工智能商业化的应用，机器学习、自然语言处理、图像识别以及人机交互成为最突出的四大模块。其中，机器学习技术与计算机科学、统计学、数学优化算法等都有着密不可分的关系。机器学习的实现是通过机器对大量已有数据的处理分析和学习，从而拥有预测判断和做出最佳决策的能力。机器学习代表算法有深入学习、人工神经网络、决策树、增强算法等。自然语言处理技术是通过软件识别，将人类语言转化为计算机程序可以处理的形式或是将计算机数据转化为人类自然语言，实现计算机和人类之间的相互理解，主要内容包括信息检索、信息抽取、词性标注、句法分析、多语处理和语音识别等。图像处理技术是让计算机拥有人类的视觉功能，获得、处理并分析和理解图片或多维度数据，主要内容包括图像获得、图像过滤和调整、特征提取等。人机交互技术是指计算机系统和用户可以通过人机交互界面进行交流，主要内容包括计算机图像学、交互界面设计、增强现实等。

13.2 人工智能发展趋势

13.2.1 人工智能应用将不断扩展

人工智能已经在日常生活中扮演重要角色。如，基于机器学习的文本和语音识别或翻译已被越来越多地运用，算法推荐为网络用户提供产品建议，或为在社交媒体上浏览内容的人量身定制新闻。人工智能带来的定制服务和海量数据，使个人可以获取准确契合其需要的商品和服务。未来将有更大的改变，包括无人驾驶汽车、无人快递机、健康分析和精准医疗、网络安全应用和加密货币、自动欺诈检测、自动生产线等。由于高性能计算和海量数据的可用性，人工智能技术的应用将不断超越人类极限。

13.2.2 各国政府积极推进人工智能战略

各国政府正在制定广泛的人工智能战略计划，包括全面的政策计划、研究活动和对私人投资的财政支持。中国、新加坡、日本、韩国等 17 个国家的政府在人工智能领域处于领先地位。其中，2017 年 7 月 8 日，国务院印发《新一代人工智能发展规划》表明，我国将紧紧抓住人工智能发展机遇，推动人工智能在教育、医疗、养老、环境保护、城市运行、司法服务、自动驾驶汽车等领域广泛应用，加快建设世界科技强国。2017 年 12 月 14 日宣布了一项详细的三年计划，计划到 2020 年实现一系列具体目标，包括能大规模生产芯片和提升制造业能源效率 10% 左右等。2030 年成为世界主要人工智能创新中心。与此同时，加拿大和美国也在制定自己的战略。而在欧洲，英国和芬兰政府在制定人工智能战略，法国政府也委托一个特别工作组为其提出人工智能战略。欧盟委员会从 2016 年到 2020 年每年投资 1 亿欧元在欧盟各个业务领域创建数字创新中心，这笔资金中的很大一部分将用以支持人工智能创新。

13.2.3 人工智能的经济性不断增强

人工智能带给经济的影响是显著的。采用认知系统与人工智能技术，将使全球商业收入从 2016 年的 64 亿欧元增加到 2020 年的 378 亿欧元之多。预计到 2030 年，人工智能将为全球经济贡献 12.8 万亿欧元，相当于现今全球 GDP 增长了 14%。实际上，通过采用自动化与机器生产，人工智能技术（机器学习）将显著提高生产效率，到 2035 年预计可提高 40%。

未来，人工智能将在医疗、制造、金融等领域迅猛发展。据预测，2020 年全球人工智能市场规模将达到 1 190 亿美元，年复合增速约 19.7%。

13.2.4 智能语音逐渐商业化

我国人工智能市场规模持续增长，智能语音将居于重要地位。2016 年我国人工智能市场规模达到 100.6 亿元，同比增长 43.3%。2017 年、2018 年市场规模同比分别增长 51.2% 和 56.6%，分别达到 152.1 亿元和 238.2 亿元，预计到 2020 年我国人工智能市场规模将接近 500 亿元。

智能语音技术成熟，商业化应用成为可能。深度学习、高性能运算平台和大数据是人工智能技术取得突破的核心助推力。深度学习端到端解决了特征表示与序列影射的问题，使得人工智能经济性能得到了快速提升。互联网时代海量的数据又不断为算法模型提供材料，同时，云计算的兴起和高性能的运算平台为智能化提供了强大的运算能力和服务能力。在语音识别率方面，百度、谷歌、科大讯飞等主流平台识别准确率均在 96% 以上，稳定的识别能力为语音技术落地提供了可能，智能车载、智能家居及可穿戴设备加速了语音技术落地。智能车载前景广阔，预计五年内车联网渗透率超过 50%，语音将成为车载系统标配。

13.3 人工智能产业链

人工智能产业链主要分三个层次：基础层、技术层和应用层。基础层是最底层，技术层是中间层，应用层是最上层。

13.3.1 基础层

基础层是基础设施，为人工智能产业奠定网络、算法、硬件铺设、数据获取等基础，包括 AI 芯片、模组、传感器、大数据平台、云计算服务和网络运营商，以芯片厂商、科技巨头、运营商为主。

AI 芯片是人工智能的“大脑”，市场规模呈快速增长态势。目前 AI 芯片主要类型有 GPU（图形处理器）、FPGA（现场可编辑门阵列）、ASIC（专用定制芯片）和类人脑芯片四种。预计至 2021 年，人工智能芯片市场有望达到 111 亿美元，复合年均增长率达 20.99%。GPU、FPGA 及 ASIC 是从功能层面模仿大脑能力，而类人脑芯片则是从结构层面去接近大脑。GPU 和 FPGA 等通用芯片是人工智能领域的主要芯片，但由于它们起初并非针对深度学习而设计，在性能与功耗等方面存在天然的缺陷。针对神经网络算法的专用芯片 ASIC 正被 Intel、Google、英伟达和众多初创公司陆续推出。

我国典型的 AI 企业有：寒武纪科技，全国首次提出了深度学习处理器芯片指令集；中星微，研发我国首个嵌入式神经网络芯片 NPU；景嘉微，国内唯一自主开发基于 VcWorks 操作系统 ATI M9 图形控制芯片的驱动程序；通富微电，率先实现 12in（1in=0.025 4m）28nm 手机处理器芯片后工序全制程大规模生产；鉴深科技，利用 FPGA 平台打造人工智能芯片 DPU；地平线机器人，专注于人工智能本地化机器学习芯片。

实现移动终端人工智能的传统方法是通过网络把终端数据传送至云端，云端计算后再把结果发回终端，例如苹果的 Siri 服务。当前人工智能主要的计算平台还是云计算。根据部署模式或服务形式的不同，云计算可分为基础设施服务（IAAS）、平台服务（PAAS）及软件服务（SAAS）三类。

IAAS 分为公有云、私有云和混合云三种形态，提供基础设施给客户使用，包括处理器、存储和网络等基本计算资源，用户能够部署和运行操作系统、应用软件等程序。代表企业有腾讯云、阿里云、金山云、浪潮云等。

PAAS 将软件研发的平台作为一种服务，用户可以在此平台研发、存储各种软件或应用程序。代表企业有腾讯云、阿里云、金山云、华为云、浪潮云等。

SAAS 提供运行在基础设施上的应用程序，用户可以在各种设备上通过互联网访问，如浏览器。代表企业有百度云、金蝶、用友、浪潮云等。

13.3.2 技术层

技术层是人工智能产业发展的核心。技术层主要依托基础层的运算平台和数据资源进行海量识别训练和机器学习建模，以开发面向不同领域的应用技术，包括感知智能和认知智能。代表性企业主要有 BAT、科大讯飞、微软、亚马逊、苹果、Facebook 等互联网巨头和国内一些具有较强科技实力的人工智能初创公司。

其中，感知智能通过传感器、搜索引擎和人机交互等实现人与信息的连接，获得建模所需数据，如语音识别、图像识别、自然语音处理和生物识别等；认知智能对获取的数据进行建模运算，利用深度学习等类人脑的思考功能得出结果。

国内的人工智能技术层主要聚焦计算机视觉、自然语言处理以及机器学习领域。在计算机视觉领域，动静态图像识别和人脸识别是主要研究方向，目前，研究静态图像识别与人脸识别的代表企业有百度、旷视科技等。自然语言处理包括语音与语义（文字）识别两方面，语音识别的关键是基于大量样本数据的识别处理和提高识别率，代表企业有科大讯飞、思必驰和云知声等。机器学习目前重点谋求在算法领域实现突破。

13.3.3 应用层

应用层建立在基础层与技术层基础上，实现与传统产业的融合发展以及不同场景的应用。随着深度学习、计算机视觉、语音识别等人工智能技术的快速发展，人工智能与终端和垂直行业的融合将持续加速，在人工智能家电、机器人、医疗、教育、金融和农业等行业将形成各细分行业应用场景。如，工业机器人、服务机器人、智能医疗、智能金融、个人助手、智能安防、智能家居、可穿戴设备、智能教育、智能驾驶、电商零售以及其他垂直类应用等。

据麦肯锡预计，到2025年，人工智能将催生10万亿美元以上的市场规模，如AI+安防、AI+金融、AI+家居、AI+汽车、AI+医疗和AI+机器人。在AI+安防领域，2015—2020年安防市场连续五年维持两位数的增长，2020年国内安防市场规模达到8 000亿元以上，其中，智能安防市场规模将近1 000亿元。在AI+金融领域，比较成熟的应用主要有智能投顾、风险管控与智能客服，主要采用的方法有机器学习、自然语言处理、知识图谱和计算机视觉等。在AI+家居领域，利用先进的人工智能技术、网络通信技术、综合布线技术，将与家居生活有关的各种子系统有机地结合在一起，通过统筹管理让家居生活更加智能、舒适、安全。2017年国内智能家居市场规模将达到908亿元，预计未来五年（2017—2021年）年均复合增长率为48.12%，2021年市场规模将达到4 369亿元。在AI+汽车领域，人工智能技术是核心。无人驾驶汽车如一台轮式智能移动机器人，以深度学习算法为基础的人工智能作为“大脑”，以机器视觉为基础的传感器作为“眼睛”，从而实现安全和快速的行驶。无人驾驶汽车集成了机器视觉、规划导航、人机交互、智能控制等多种技术，这些关键技术的快速发展助推无人驾驶走向产业化。麦肯锡预测，2025 年无人驾驶可以产生 2 000 亿到 1.9 万亿美元的产值。美国电气电子工程师协会认为，2040 年无人驾驶汽车数量将占路上行驶车辆的 75%。在 AI+ 医疗领域，研究主要集中于医疗机器人、医疗解决方案和生命科学领域，从事企业主要集中在手术机器人和康复机器人两大领域，代表企业有新松机器人、博实股份、妙手机器人、璟和技创等企业。以腾讯、阿里巴巴、百度和科大讯飞为代表的公司致力于通过和政府、医疗机构的合作，为脑科学、疾病防治与医疗信息数据等领域提供智能解决方案。在智能机器人领域，研发主要集中于家庭机器人、工业企业服务和智能助手三个方面，其中从事家庭机器人和智能助手研发生产的企业占绝大多数比例。

13.4 人工智能技术代表企业

表 13-2 列出了 2017 年人工智能全产业链排名前列的公司及主要经营业务，从中可以看出人工智能技术企业的重点研究领域和方向。它们为未来人工智能产业化和智能汽车所需的人工智能技术应用提供了强有力的技术支撑。

表 13-2 2017 年人工智能全产业链排名前列的公司及主要经营业务

序号	公司名称	总部所在地	主要业务 / 领域
1	人工智能大脑（AIBrain）	美国加利福尼亚州	为智能手机和机器人应用构建人工智能解决方案。提供三种产品：人工智能代理 AICoRE，一款智能机器人软件平台 iRSP，以及一款未来的模拟人工智能游戏 Futurable。工作重点是开发人工智能，并融入解决问题、学习和记忆的人类技能
2	Amazon	美国华盛顿州	提供面向消费者和商业的人工智能产品和服务。Amazon Echo 通过智能语音服务器 Alexa 将人工智能技术带入家中。旗下云计算平台 AWS 公司提供三项主要的人工智能服务：Lex 的商业版本 Alexa，将文本转换为语音的 Polly 以及图像识别服务 Rekognition
3	Anki	美国旧金山	提供智能搜索以及消费类机器人。Cozmo 是 Anki 公司推出的旗舰机器人，其情感反应被描述为迄今为止最先进的消费级机器人之一
4	苹果（Apple）	美国加利福尼亚州	在过去两年内收购了 4 家人工智能创业公司，向人工智能领域迈出了重要的一步。其中 1 家人工智能公司的技术成为面部识别安全系统 FaceID 的基础，该公司的大部分业务都围绕苹果的虚拟助理 Siri 开展

（续）

序号	公司名称	总部所在地	主要业务 / 领域
5	Banjo	英国伦敦	利用人工智能通过社交媒体进行梳理，并确定对其合作伙伴非常重要的实时事件和情况
6	达阔科技（CloudMinds）	中国深圳	正在开发称为人类增强机器人智能（HARI）平台的端到端云计算智能（CI）系统。云计算智能将机器与人类相结合，让机器人受到人类的控制。CloudMinds 还提供移动内联网云服务（MCS），为远程机器人控制提供信息安全
7	Facebook	美国加利福尼亚州	Facebook AI Research（FAIR）在全球设有 4 个人工智能实验室，致力于机器与人类的理解交流、虚拟助理研究
8	Google	美国加利福尼亚州	进行大规模的人工智能开发和研究，在 4 年内收购了 12 家智能创业公司。致力于推进人工智能功能，正在进行软件及 Tensor AI 芯片项目
9	Oxdata（H_2O）	美国加利福尼亚州	Oxdata 推出开源深度学习平台。主要产品 H_2O 平台，将领先的开源深度学习工具与 H_2O 结合在一起，还包括结合 H_2O 和 Spark 的 Sparkling Water 框架，面向开发人员的 Steam AI Engine 以及承诺"人工智能可以做到的无人驾驶"
10	IBM	美国纽约州阿蒙克市	围绕 IBM Watson 开展，例如基于人工智能的认知服务，人工智能软件（服务）以及用于提供基于云计算的分析和人工智能服务的横向扩展系统
11	碳云智能（iCarbonX）	中国深圳	一家中国的生物技术公司，使用人工智能提供个性化的健康分析和健康指数预测，使用算法分析基因组、生理和行为数据，并提供定制的健康和医疗建议
12	英特尔	美国加利福尼亚州	收购了 Nervana 和 Movidius 两家人工智能公司。Nervana 公司开发了一个深度学习处理器，而 Movidius 公司致力于研究 Windows 系统上的神经网络。除了众多收购之外，英特尔还与微软公司一起投资了几家人工智能创业公司。英特尔还通过其 Arria FPGA 处理器为微软 Bing 搜索引擎提供人工智能加速
13	Iris AI	美国	可帮助研究人员对科学工作和研究进行分类，以找到相关信息，并在使用它时学习如何创造更好的搜索者。公司发布的 Iris.ai 4.0，增加了 Focus 工具，这是一种智能机制，可以精炼和整理研究文献的阅读清单，从而减少大量的人工
14	微软	美国华盛顿州	拥有面向消费者和商业 /IT 人工智能项目的组合。在消费者方面，它拥有 Windows 附带的数字助理 Cortana，可用于除 Windows Phone 之外的智能手机；拥有可像十几岁少年一样交谈的聊天机器人 Zo。在其 Azure 云服务上，微软公司提供人工智能服务，如机器人服务，机器学习和认知服务

（续）

序号	公司名称	总部所在地	主要业务 / 领域
15	Next IT	美国华盛顿州	最早推出聊天机器人的公司之一，并帮助阿拉斯加航空公司和 Amtrak 等公司轻松地与客户互动回答问题并解决问题。他们的人工智能能够帮助各种行业的组织，其中包括医疗和保险
16	NVIDIA	美国加利福尼亚州	致力成为人工智能的行业领导者。近 20 年来，该公司一直在推广其 CUDA GPU 编程语言。人工智能技术的开发人员已经开始看到 GPU 大规模并行处理设计的价值，并接受了用于机器学习和人工智能的 NVIDIA GPU。NVIDIA 在自动驾驶汽车方面做出了巨大的努力
17	OpenAI	英国伦敦	这是一家研究公司，旨在促进和发展人工智能，使人类受益。该组织旨在与其他机构和研究人员“自由合作”，向公众开放其专利和研究成果。它拥有技术精湛的员工，出版广泛阅读的研究论文，提供开源工具
18	Salesforce	美国旧金山	Salesforce 公司已经收购了 3 家人工智能公司，最近推出了人工智能服务 Salesforce Einstein。使用机器学习帮助员工更加高效地执行任务，简化和加速他们的工作
19	SoundHound	美国加利福尼亚州	以其音乐识别应用而闻名，拥有用于进行各种语音到文本查询的自然语言处理的最先进和最准确的平台之一
20	Twilio	美国加利福尼亚旧金山	是一个云计算通信平台即服务（PAAS）公司，允许软件开发人员通过使用各种 API 将文本消息、电话和视频呼叫集成到应用程序中。Twilio 公司的服务通过 HTTP 访问，并根据使用情况进行计费
21	Twitter	美国加利福尼亚旧金山	已经收购了 4 家人工智能公司，花费 1.5 亿美元最新收购了人工智能科技创业公司 Magic Pony。Twitter 推出了算法时间表，根据相关性对推文进行排名，而不是按照通常的反向时间顺序排列，增加了人工智能来推荐用户时间轴上的某些推文
22	ViSenze	新加坡	用户在网上购物时向其推荐视觉上类似的物品。ViSenze 利用机器学习和计算机视觉算法，处理和分析数以百万计的视觉内容。它使用视觉感应来在线查找物品的匹配项，然后为定价、相似性和可用性提供过滤器
23	X.ai	美国纽约	面向繁忙的用户，X.ai 公司的智能虚拟助理 Amy 帮助用户安排会议。如果收到会议请求但没有时间处理物流问题，则将 Amy 复制到电子邮件中由其处理。通过机器学习和自然语言处理，Amy 根据用户的喜好和时间表安排会议的最佳时间和地点

（续）

序号	公司名称	总部所在地	主要业务 / 领域
24	Zebra Medical Vision	以色列	一家以色列公司，将深度学习技术应用于放射学领域。可以通过检查一个巨大的医学图像库和运用专门的检查技术来预测多种疾病，精确度高于人类。最近将其算法移至谷歌公司的云端，以帮助它扩展并提供单次 1 美元的医疗扫描

13.5 人工智能对汽车价值链的影响

近几年，伴随人工智能的迅速发展，汽车制造业也在发生着生态变革。按罗兰贝格报告，人工智能对汽车行业全价值链都将产生不同程度的影响。

在研发领域，是深度交互式计算机专车辅助设计，通过其实现 C2B 大数据车辆设计、制造模拟设计优化及计算机辅助设计，从提出产品概念、建立模型、匹配生产供应商到产品试验测试，计算机都已经在发挥重要作用。通过机器学习，提高对产品、参数及市场契合度的相关关系的认知，将有助于更加主动和有针对性地开展汽车产品设计。

在制造领域，是智能制造，如 C2B 和柔性精益制造、自适应质量控制。

在物流上，AI 可以通过实时预测和行为指导降低物流成本。算法能够优化配送路径，从而提高能源利用效率，减少配送时间。欧洲一家货运公司利用传感器监测载货汽车性能和驾驶员行为，驾驶员会收到实时指导，优化油耗并减少维护费用。由此，燃料成本降低 15%。

在营销领域，人工智能带来价值增值及由于精准化运作产生的效率提升。例如，人工智能可以实现对客户交通、电信等信息的精准收集，建立客户全生命周期的数据生态，构建以应用场景为导向的机器学习算法，或是对精准营销、金融风控和产品个性化定制等场景进行预测分析并实现应用。

在车辆使用方面，是个性化驾驶操控、创新的人机交互界面，基于驾驶行为的动力性能调校、基于驾驶行为的汽车金融和保险服务、预测性的售后维保、智慧交通系统建设、自动驾驶汽车等。

在产品应用上，汽车企业基于智能语音的车载应用越来越普及。如阿里巴巴人工智能实验室推出一款 AI 智能产品天猫精灵智能音箱，通过语音输入指令，在云端与各种外部智能设备进行对接。智能音箱可以实现查询车辆车窗、车门开关状态、剩余油量以及解锁车门、预开启空调等功能。

在出行服务领域，人工智能有助于自动驾驶车辆加速应用，无人驾驶出租车将改变汽车服务生态圈。据研究，无人驾驶出租车有效客运时间超过传统出租车80%，成本是传统出租车的12%。无人驾驶出租车节省40%的停车空间，平均减少30%的交通拥堵时间，帮助改善城市空间布局及优化交通。无人驾驶出租车还有更高的经济性和便利性。

在推动自动驾驶技术发展方面，根据自动驾驶汽车分级标准，到L3级部分自动驾驶阶段后，由机器主导车辆的感知和控制的程度越来越大。同时，也推动城市智能交通管理系统改造和提升。

由此，随着在产品设计、生产制造、营销和服务、金融保险以及自动驾驶交通管理的数据积累，人工智能在汽车价值链领域将发挥越来越大的作用。

第 14 章

智能汽车对创新研发的推动及要求

14.1 汽车企业传统研发模式

研发是汽车价值链的重要一环。从组织结构上说，汽车企业一般设有专门的研究院，从事汽车产品的定义、市场研究、造型设计、发动机等零部件设计等。从组织形式上来说，汽车企业研发主要采用项目制管理，对一个特定的研发项目，从产品的市场调研、设计规划到零部件采购、试制、测试及试验、上市销售全过程都实行严格的研发管理流程，采用 BOM 清单及阀点管理对研发项目的整体进程及成果进行把控和管理。

在研发模式上，分为企业独立研发、合作研发以及外包研发。

中华人民共和国成立初期，我国汽车企业没有外力援助，基本上独立研发。由于技术条件有限，汽车研发处于较低级的水平。

20 世纪 80 年代，在广泛开展与国际汽车企业间的合资、合作后，我国汽车企业在引进产品，以营销和采购、生产本地化为主的同时，也加强了与跨国公司的研发合作。如吉利汽车与沃尔沃就新品牌的研发合作，极大地提升了产品的技术水平。

日本丰田等跨国汽车企业在独立研发的同时，也将部分产品或零部件设计委托给专业的研发公司，通过采用外包方式完成整体研发工作。我国汽车企业在国外建立的研发中心也部分采用外包方式，或与专业研发公司合作研发， 或是委托给他们独立的研发项目。

这几种模式目的都是为了更好地适应市场需求，提高研发精准度。总体来说，这些研发都属于传统的研发模式，都是基于纵向的垂直研发。汽车企业研发水平高低取决于企业研发费用投入、研发前的市场调研水平、对市场的准确预测能力、研发管理能力等多种因素。

14.2 未来研发模式变革

14.2.1 消费者变化驱动市场研究更多元化、更个性化、更有前瞻性

消费者的偏好变化是当前摆在汽车企业面前的重大课题。消费偏好随着消费

群体不同而不断变化，对消费群体进行分类研究是研发工作的前提。年轻消费者更注重个性化主张和消费高起点，要根据这一类消费者进行产品定位和市场研究，研发满足他们需求的有特色的产品；中产阶级消费者的关注重点是产品升级，就要从产品升级角度进行产品定位和研发设计，从而确定企业产品的市场细分定位，有效丰富企业的产品线。从汽车使用角度来看，购买是刚需，但是受制于我国特定的汽车限购政策、汽车停车难、道路拥堵等环境困扰，汽车共享在一定程度上分担了购买份额。因此，为未来使用模式变化而重新定义研发和设计是一个重要方面。

14.2.2 互联网、大数据技术驱动研发管理变革

目前，汽车企业在产品研究上仍以市场调查方式为主，也在一定程度上利用互联网、大数据技术进行用户画像及产品细分定义研究。但是与真实用户的沟通链长且精准度低，高效利用互联网的研发模式尚未形成；研发管理上，存在着研发流程周期过长，市场反应速度、产品转型、改进速度慢等问题。互联网、大数据技术能够推动企业精准、快速地反应市场，把握产品定位并具有前瞻性。在研发管理上，应该建立基于大数据信息库的研发管理流程，提高决策反馈速度。

要着眼于个性化定制。未来，大数据技术在建立个性化研发定制机制和能力方面将发挥更大的作用。首先，建立基于业务的数据共享机制，从管理流程上实现大数据信息的共建、共存和共享。其次，在大数据信息管理上，建立以流程和管理权限为标准的信息使用、决策制度。第三，大数据信息要为以客户为导向，个性化研制产品、销售服务，并从销售服务中获取更新的有价值的信息，用于数据库的变更及满足新的决策需求。

14.2.3 未来汽车产业四化形势驱动研发模式变革

未来，在电动化、智能化、网联化和共享化趋势中，汽车共享化对汽车企业转型提出了巨大挑战。电动化也在由政府积极推动，促进市场消费趋势向产业化迈进。

智能网联化也一定会带来汽车产品设计、研发的重大变革。未来以使用者娱乐、安全、便捷为目的的产品形式，本身就要求汽车企业、互联网企业、提供服务的电信传输企业等进行研发变革。分时租赁等各种使用模式的变革也将促进汽车研发变革。汽车企业研发不再是以纵向的价值链为闭环，而是形成以出行为中心的生态圈的各主体广泛参与的模式。

研发投入也将从以汽车企业为主，零部件企业前期投入共同设计，转向各生

态圈主体，包括汽车企业、零部件企业、IT 电子信息企业、互联网企业、服务公司、消费者等在内的多元主体进行投资，以众筹、众包、众参模式，共同打造个性化、大批量、多用途的汽车产品，如大众汽车建立的数字化生态研发模式。2016 年 10 月，继德国慕尼黑和沃尔夫斯堡、美国旧金山后，大众在德国柏林开设了数字化实验室，与大学、研究机构、软件制造商共同合作推进数字化生态系统的研发，并计划在公司内部进行软件开发，以提高企业产品竞争力。

这种趋势变革，将带动汽车企业的研发流程管理、研发人员管理及研发项目激励制度发生变化。

14.3 企业创新研发案例

14.3.1 特斯拉汽车的创新研发

特斯拉定位于研制、生产高度智能化和电动化的产品，深入利用互联网研发体系，颠覆了传统研发模式。在研发模式创新上，特斯拉使用集成创新和开源合作的方式进行正向开发。

1. 企业研发创新的合作形态

企业研发创新的合作形态有开源合作、技术垄断和授权竞争等。不同合作形态的授权形态、产业背景、策略优点和策略风险是不同的，见表 14-1 所列。

表 14-1 不同技术合作形态的比较

合作形态	开源合作	技术垄断	授权竞争
授权形态	免费开放一切专利，力求与相关从业者成为盟友，共同推动产业标准化	垄断技术，拒绝授权专利，以交互授权保障产品的销售自由	“边告边谈”的压迫策略，伴随诉讼强势索取权利金
产业背景	新兴科技产业，整个行业体量尚小，生产制造没有通行标准	垄断市场可获最大利润，产能足以供应全球需求	大宗市场竞争者众多，单一公司没有定价主宰能力
策略优点	降低技术门槛，使电池等核心零部件需求大幅提高，突破产能瓶颈，降低边际成本，稳固行业领袖地位	将竞争对手排除于市场之外，以独享市场利益	以收取权利金垫高对手成本，并让对手为自己创造利润
策略风险	加剧产业竞争态势，加大维护市场主导权难度	垄断市场有违反托拉斯法的隐患	被反诉风险高

2. 集成创新

集成创新是利用各种技术与工具等，对各个创新要素和创新内容进行选择、集成和优化，形成优势互补的有机整体的动态创新过程。集成创新可以节省研发以及市场推广方面的投入，更加有重点地发展自身技术专长，逐渐取得产品的核心技术知识，建立企业的长期竞争优势，有效提升企业对于市场需求变化的快速反应能力，缩短市场需求从产生到被满足的市场周期，整体提升企业的竞争力。

特斯拉在集成创新上，除自身对核心部件及系统进行研发外，还与最优质的供应商及互联网企业合作，集成其优质的能力和技术。例如，电动机由特斯拉自主研发，其他的包括轮胎、锂电池、软件开发和汽车变速器等，由来自日本、美国、法国、瑞士、瑞典、韩国等地的 14 家供应商提供。

集成创新上，特斯拉与 JMP 深度合作，根据自身需求定制实验设计（DOE）平台，采用了来自 JMP 的高级 DOE 平台及数据分析套件，通过 DOE 平台推动新能源汽车关键问题的解决。

DOE 原理：为了揭示输入（因子）和输出（响应）之间的关系或对其进行建模，最佳方法是调整前者，并同时观察后者是否会发生相应的变化。为了正确地揭示各个因子联合作用如何对响应产生影响，需要使用 DOE 功能。

DOE 优势：帮助研发专业人员大幅度降低实验次数，实验的安排将满足最合理试验次数与研发参数需要，能够精准匹配实验成本及时间要求。

DOE 步骤：首先应用质量屋分析，将客户需求转化成为明确的设计需求；其次应用创新概念设计的理念，实现概念设计（例如，外部车身采用了碳纤维复合材料构造，底盘则用模压铝打造，确保了轻量化且坚固性的车身）；最后用 DOE 找出最佳设计组合，验证模式是否成功，模型是否有效。当精简化模型及主效应与交互作用关系明确后，可进入优化阶段找出最理想的结果。

DOE 成果：成功解决电池温度与快速充电问题；成功实现对每个单个电池的温度与工作环境监控；成功解决了电动车界几大难题，包括高效能充电、高效能放电、电池工作安全且可靠、电池容量的突破。

特斯拉利用 DOE 平台设计、应用质量屋分析和创新概念设计理念，成功找出了最佳设计组合，完美控制了 6 831 节小电池电压和温度的变化。

3. 开源合作

特斯拉通过开放专利推动整个电动汽车行业的发展，提高电动汽车的市场占有率，建立电动汽车制造标准，寻求合作机会，分摊市场风险。具体做法是将“电池检测实验室、电荷平衡系统和锂电池温度管理系统”共同构成的特斯拉三大核心专利技术开放，以统一电动车制造标准，打开更多市场合作的大门。

特斯拉开源合作商业逻辑具体体现在以下四个层面：

（1）制造标准层面　由于目前电动汽车行业内仍然没有统一的电动汽车制造标准，使原本就处于刚刚起步阶段的电动汽车推广变得十分困难。特斯拉希望通过建立统一标准，成为全球电动汽车产业链真正的盟主，打造一个强大的品牌王国。

（2）抵抗风险层面　特斯拉技术专利的公开使准入门槛降低，新能源汽车产业会涌现一批新进入者，并带来更好的发展平台。以互联网起家的特斯拉在汽车行业的根基不稳，其开放技术专利是要拉进更多的参与者，共同抵抗市场风险，为后续的服务性赢利点铺路。

（3）市场开拓层面　特斯拉开放专利为自己打开了更多的合作大门，美国福特、克莱斯勒、日本丰田、日产等传统车厂纷纷跟随特斯拉脚步跨入了新型电动车领域，并通过技术授权方式来获得“特斯拉 Inside”解决方案。

（4）成本节约层面　特斯拉正在世界范围内建立充电站以及大型电池厂，如果特斯拉的快速充电桩技术在其他汽车制造商之间得到分享，那么其将在建造充电站上节约大量成本，充电网的扩张也会进一步加速。

14.3.2　海尔众创平台研发

海尔在发展模式及产品研发等方面开放合作、不断创新、持续颠覆，建立了众创研发平台。

1. 海尔开放式创新的驱动因素

海尔开放式创新平台驱动因素主要来自三个方面：

（1）用户个性化需求　互联网时代，用户非常容易获取详尽的产品信息，用户的需求越发个性化，个性化定制产品的呼声也越来越高，因此，为了满足用户的个性化需求，需要和用户、一流资源一起创新。

（2）加速产品创新　技术的指数级发展和产品的快速迭代改变了原有的创新方式，创新产品不断冒出，倒逼企业缩短产品研发周期，持续迭代产品，提升用户体验。

（3）产业颠覆　互联网时代，各个行业都受到互联网的冲击，颠覆式创新无处不在，只有变成开放的平台，建立开放的创新生态系统，才能持续创新，涅桀重生。

2. 海尔建立全球研发生态圈

为了推动开放式创新的发展，海尔着力打造稳固的基石 —— 全球五大研发中心。海尔以五大研发中心为节点，连线全球资源网络（研发资源网络、信息资源网络），各研发中心发挥区域优势，协同互补，相互连线，组建一流的资源生态圈。五大研发中心的核心是整合全球一流资源，目前该资源网络已遍及美、欧、亚主要地区的研究机构、知名院校、顶尖技术公司等多个渠道的 2 000 多个组织和单位，海尔与超过 200 家的顶级供应商、研究机构、著名大学、创新公司建立战略合作关系，形成了以虚实网为媒介的 200 多万名科学家和工程师的创新生态圈，为产品的开放式创新提供了非常好的基础。

3. 打造用户及外部资源交互合作平台

海尔 HOPE 平台是海尔开放式创新的载体，它是海尔与全球伙伴交互创新需求、寻求优秀解决方案的网络平台。

HOPE 平台主要包括三方面功能：社区交互、技术匹配、创意转化。

（1）社区交互　通过社区运营，吸引了大批用户参与交互，积累了用户流量后，通过后台的数据分析与整理，能够全面了解用户使用家电过程中对各种电器产品的需求，加工整理后快速转化成产品规划。同时，大用户流量也能够为创意验证提供可靠的用户基础。

（2）技术匹配　目前平台已注册了 10 多万个技术资源，且每个技术资源都是带着技术方案上平台的，这些技术方案结构化的数据为大数据匹配提供了良好的数据基础。用户需求提交到平台后，通过匹配后台大数据，都能快速精准地找到合适的解决方案。

（3）创意转化　HOPE 平台上拥有大量的用户需求信息和技术方案信息，将这两者进行加工整理可形成多种可行性产品方案，再加上海尔六大转化基金的支撑，可不断推出满足需求的产品并进行产品的迭代创新。

HOPE 平台帮助海尔实现了五大核心能力的构建，并由此支撑平台快速发展，实现快速的创新和颠覆。五大核心能力具体如下：

能力一：捕捉最新的行业技术动态。除了 HOPE 平台大数据爬虫系统之外，HOPE 平台有专家分析团队，能够对最新科技情报进行系统的分析，第一时间推送趋势分析，为小微企业提供决策支持。

能力二：建立专业的交互圈子。平台聚集着众多一流专家，专家在线与用户和资源方交互，从而打造出一个个细分技术领域交互的圈子，每一个圈子都是解决一类技术问题的子生态圈。

能力三：持续产出各类颠覆性创意并孵化。平台上的发烧友用户和技术大咖不断交互出各种创意，参与创意交互的用户或者资源都能够获得未来上市产品收益的分享。

能力四：快速精准匹配全流程资源。HOPE 平台强大的搜索匹配引擎，可快速将后台资源库、方案库、需求库、创意库进行配对，匹配精准度高达 70%。

能力五：创意转化全流程支持。海尔为创客提供从创意的提出、交互、孵化，到产业化、营销等全产业链条上的支持。

4. 开展多种对外合作

开放平台搭建完成之后，海尔通过多种方式开展对外合作，驱动各方资源在平台上开展合作。海尔针对风险投资者、技术咨询公司、大学研发机构、初创公司及极客等不同的利益攸关方采取不同的合作方式，推动研发创新落地。

具体合作方式如下：

一是针对风险投资者的合作方式。促成投资者投资的初创公司授权技术，获得技术授权的使用费；促成投资者投资的初创公司合作开发新产品，分享新产品的收益；海尔经过评估，参与投资者投资的初创公司，并投放该公司的产品到中国市场；投资者投资的初创公司成为海尔的供货商，并签署长期合作伙伴协议。

二是针对技术中介 / 技术咨询公司的合作方式。根据海尔需求，推荐问题解决资源，通过验证达成合作；技术代理并成为该技术和海尔谈判的全权代表；成为海尔外部技术资源的代理商。

三是针对大学研发机构 / 人员的合作方式。项目合作，研究成果产业化，促进产学研结合，提供研发经费；共建联合实验室，设定投入与产出，促成高校成果转化。

四是针对初创公司的合作方式。专利合作，专利成果产业化，可进行授权或买断；孵化加速，海尔为创新成果的市场化提供用户资源，帮助创新成果拥有者申请风险投资资金注入；针对海尔产业领域内的技术成果，海尔直接通过 CVC 投资。

五是针对极客的合作方式。根据海尔需求，极客推荐问题解决资源给海尔；极客可以通过申请，成为海尔外部技术资源的代理商。

5. 合理开展利益分享

除广泛开展合作外，海尔还通过各种利益分享机制和合作伙伴分享市场价值，这样才能吸引更多的合作伙伴共同参与研发创新。利益分享主要有五种方式：共建专利池、模块商参与、投资孵化、联合实验室和成为海尔供应商，具体如下：

（1）共建专利池　海尔已与陶氏化学公司、利兹大学等共建专利池，共同纳入的专利数量达到 100 件以上，联合运营获取专利授权收入。迄今海尔已经和合作伙伴共建了 7 个专利池，其中 2 个专利池上升为国家标准。

（2）模块商参与　某公司是一家专注于制冷解决方案的公司，凭借其设计能力参与前端设计，和海尔一起开发出爆款产品，成功成为海尔供应商。该模式比传统模式提高整体产品研发效率 30%，新产品开发时间缩短 70%。

（3）投资孵化　美国某大学孵化出的 C 公司，拥有固态制冷模块顶尖技术，并且处于孵化融资阶段。海尔参与该公司前期孵化、融资及技术的产业化，成功孵化出全球首款真正静音的固态制冷酒柜。

（4）联合实验室　海尔与 D 公司、L 公司等成立技术研发联合实验室，双方共同投入基本的运营费用，从各个领域实现技术的开放性，实现双方技术的交互与应用共享，技术研发的成果双方共同拥有，产品上市后价值分享。

（5）成为海尔供应商　具备交互用户、模块化设计、模块化检测、模块化供货四种能力的资源，可享有优先供货权，即优先保障享有 70% ～ 100% 的供货配额。如某公司参与天樽空调研发，参与前端模块研发，同时具备供货能力，在量产后直接享受 80% 的模块供货配额。

14.4　智能汽车的个性化定制

14.4.1　国内外车企在个性化定制方面的不同

欧洲汽车开展个性化定制时间比较早，个性化定制分为三个阶段。第一个阶段是 1985—2005 年，是公司对公司的 TOB 形式，针对订单开展的大规模普通定制，基本没有个人定制。当时，沃尔沃仅提供无线遥控门锁、电动车窗和门锁、车灯、风扇等部件的个性化定制。第二阶段是 2005—2009 年，是 TOC 阶段，以个人为主、基于零部件的组合进行的定制逐渐增多。汽车可定制项目包括：颜色、轮胎、后扰流板、车门把手、标志、车前风窗和内部装置材质等。定制的车型包括奥迪的 A7、S4、RS7、A4、R8 车型，奔驰的箱式轿车、小轿车、

SUV、载货汽车等全车型。第三个阶段是 2009 年至今，是深化阶段，个性化定制下单由线下向线上转移，同时将 AR 技术引入展厅进行视频演示，厂家通过智能化手段提升消费者定制体验。

目前，国际汽车企业在国外市场提供的个性化定制服务已较为完善，并逐步在国内市场开展定制化服务，而国内自主车企在定制服务方面仍处于较低水平，长安汽车与汽车之家合作开启了基于基本模块的定制。北汽的新能源概念车也朝着个性化模块定制发展。总体上，在国内市场，汽车企业可以提供有限的个性化定制服务，客户选择范围和丰富程度都受到一定的限制，相关的配套服务处于较低水平。

14.4.2 长安汽车的个性化定制

长安汽车的个性化定制是基于对未来消费者需求和企业满足个性化生产所应具备的条件两个方面的提前认知。他们认为，消费者需要的首先是购买自主化，对产品不仅要了解外观更要了解内在设计；其次是减少分销环节，使消费者有个性化归属；再次是对企业从产品设计、工艺研发到智能制造等领域适应个性化定制；最后是生产的社区化，解决产品的回收和再利用问题。

长安汽车的技术路线采用车－单－BOM（零部件清单）－工艺－流程－配送－装备－检验的技术理念。通过数字化制造，实现基于虚拟平台的数字化设计和基于生产线的现实平台的融通，建立 IT 网络集群、工业控制、物联网集群，实现底层工艺设备到企业上层管理系统之间的贯通。

2016 年 4 月，长安汽车 4S15 定制启动，首期推出 6 个定制服务包，组合方式达到 1 万多种。长安定制从下单到提车只需 20 天左右。

14.4.3 沃尔沃汽车的个性化定制

沃尔沃推动个性化定制较早。依托四系统革新、多样性装配，沃尔沃将个性化定制分两个阶段实现。第一阶段起点是 1998 年，以标准车型为基础对装配细节做小规模改动，这一阶段订单以大批量定制为主，以单个消费者意愿为依据的个性化定制并不普遍。第二阶段起点是 2003 年。2003 年以前，沃尔沃的定制车主要生产企业是位于特斯兰大的两家工厂，这两家工厂在 2003 年可生产 160 000 辆定制车。目前沃尔沃可以提供包括 4 种车型、14 种颜色、9 种发动机、5 种传动设备、2 种转向盘、22 种内饰方案、9 种轮胎的超过 100 万种搭配，能够实现深度的定制化。

14.4.4 奥迪汽车的个性化定制

奥迪汽车的个性化定制业务也走在前列。2009 年，用户就可根据自身需求实现个性化定制。在用户下单 10 天内生成订单号，订单号实时追踪生产、运输进度，从下单到交付约 5 个月。目前，奥迪用户可通过奥迪城市展厅个性化定制爱车，展厅本身具有用户体验、试驾、定制、下单功能，用户在选择基础车型后通过互动终端配置理想车型，通过演示屏快速呈现后也能现场触觉体验配件。用户最终获得车型配置演示视频文件与车型配置清单。

14.4.5 特斯拉的个性化定制

特斯拉个性化定制生产实现的核心要素主要包含高效协同、弹性生产、全成本管理和主动响应客户。

（1）高效协同　建立完整的从客户选配下单到生产制造的内部高效衔接；实现整个环节的高度协同；实现流畅的信息交换；实现系统的敏捷响应，保持高订单运行效率。

（2）弹性生产　将长中短三期计划、上线顺序和物料需求计划集成至统一平台；建立基于产品平台的配置物料清单体系；通过销售赢单率的数据统计与预测；保证长周期件、关键件等重要零部件在采购、供应方面的及时性和经济性。

（3）全成本管理　生产全成本的管理机制，包括研发成本、营销和市场成本、资金成本、制造成本、采购成本、使用成本、维修保养成本、废弃处置成本等；通过高效管理生产成本来确定订单收益。

（4）主动响应客户　配置和零部件模组化，为销售人员提供移动化销售配置器，支持灵活多样的销售策略；建立整车库存实时监控；实现物流各环节的成本与周期估算，确保车辆准确及时地交付客户。

车主可以自由选择车身颜色、顶棚、轮毂、内饰，升级配置，通过个性化定制核心要素的落实，每辆特斯拉从下单到生产都可以保证按照车主的意愿和喜好完成。

14.4.6 海尔的个性化定制

海尔以用户为中心的个性化定制，实现了交互、设计、制造等全流程的实时互联。通过引爆用户流量实现用户参与交互；通过用户参与设计，实现产品来源于客户的定位思想；通过用户参与制造体验，实现每台产品都有客户的订单交付，并且做到全流程透明可视。如图 14-1 所示。

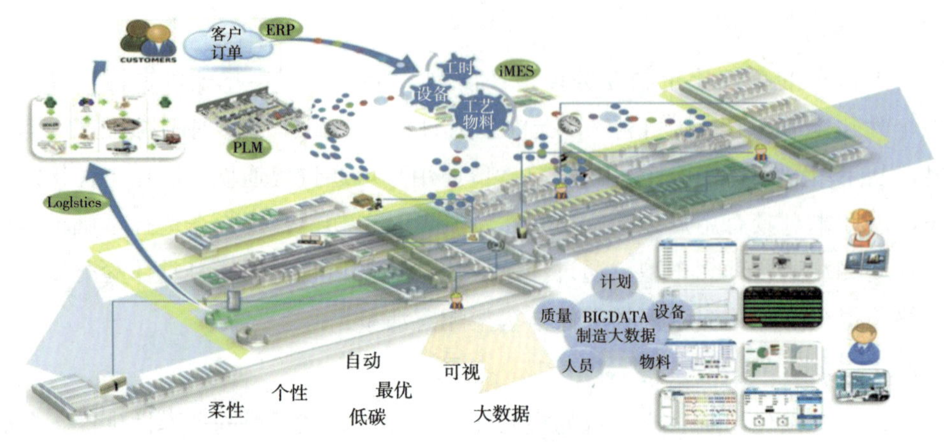

图 14-1　海外个性化定制示意图

海尔搭建了五大信息化系统集成物联网平台，支撑互联定制可视。通过互联网技术实现了信息互联、内外互联、虚实互联。通过物联网技术，在设备层通过机器人和设备实现机机互联，在执行层通过传感器和工业以太网实现机物互联，在控制层通过 PLC、HMI、SCADA 实现人机互联，在管理层通过 MES/WMS、EAM/EMS 实现人人互联，在企业层通过 ERP/PLM、大数据平台和个性化定制实现定制可视。

海尔通过虚实融合系统下产品虚拟设计、虚拟装配、虚拟排产、实体制造，打通研发与制造“隔热墙”，产品全生命周期透明可视。如图 14-2 所示。

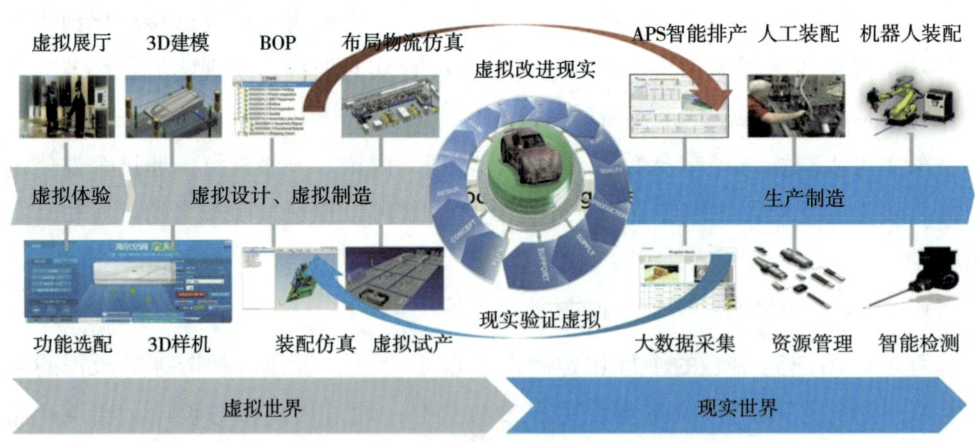

图 14-2　海尔建立的虚实融合系统

14.5 智能汽车对开放研发平台的推动和要求

14.5.1 产品分类需求要求汽车设计的多元化资源汇智

智能汽车时代，汽车产品在网联化和智能化程度方面，相对传统汽车将有一个极大的提升。同时，产品分类需求越发明显。一是越来越个性化的智能汽车；二是越来越凸显公共使用功能的共享汽车，适合各种模式的租赁使用。这两种趋势要求智能汽车研发模式和管理机制一定要转型。汽车企业建立广泛互联的开放式研发平台，将各方面资源集中、整合，利用大数据、互联网、物联网等技术实现产品需求调查、产品设计方案的多方汇智、个性化设计需求及生产交付等。

14.5.2 产品功能分化要求企业建立开放的研发平台

汽车消费者需求多元化，汽车功能的智能化、网联化等产品自身特点要求汽车企业开放研发平台，围绕产业生态圈主体广泛开展跨界研发合作。首先，消费者参与研发设计，在基本的功能模块上，提出具有自我功能的个性化要求；其次，生态圈企业在功能满足上，结合消费者个性需求提出有针对性的设计方案；再次，智能化零部件、硬件、软件供应商同步跟进，完成个性化汽车的设计、生产分析。

对于以公共功能为主的共享汽车而言，在研发设计上更要突出共享汽车的特点，消费者不再是独立驾驶者，汽车企业要更加关注汽车使用的功能要求，从驾驶体验转变为乘坐体验，从而带来汽车设计的变化。据罗兰贝格一份研究报告，汽车设计将朝向更加灵活的方向改进，以满足不同的使用情景。汽车企业更要重点关注产品的耐用性和适用性，并为车辆添加更多的新功能，诸如适合方便的工作、轻松的休息以及娱乐。

14.5.3 汽车产品生命周期缩短要求成本低、更新快

作为未来出行的必需品，定制网约车将成为共享汽车产品的一个重要方面，要将乘客体验作为主要的需求痛点加以改进。同时，汽车企业要做到开发时间较短，车辆复杂度较低，更新换代速度由之前的 6 ～ 7 年减少到 3 ～ 5 年。定制网约车需要更大比例的模块化供应和以功能为主的简约设计，易于更换零部件。并且，汽车企业在新功能的更新上要更早、更接近消费者，周期要更短。

14.6 汽车企业开放式研发平台方案简述

14.6.1 开放研发平台实现目标

企业开放研发平台实现与用户、外部资源零距离的交互，持续快速产生创新解决方案，推动汽车智能化、网络化、电动化、轻量化等方面的技术快速迭代，实现创意收集常态化、创新孵化专业化、投入管理科学化、资源对接高效化。开放研发平台示意图如图 14-3 所示。

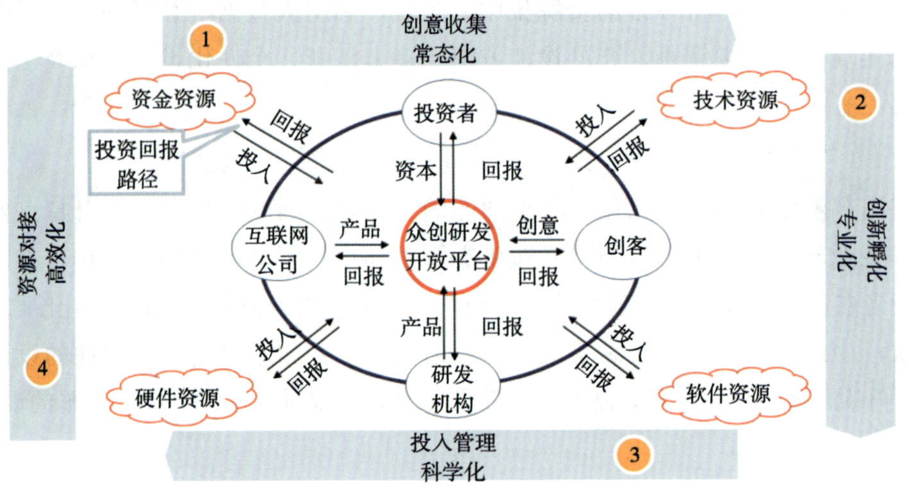

图 14-3 开放研发平台示意图

14.6.2 开放研发平台实现功能

（1）目标创意产生 社区讨论交互，创新需求发布，创意综合分析。

（2）技术孵化 项目众筹功能，项目众包功能，项目与投资对接，项目技术合作。

（3）新技术 / 新产品试用 用户试用体验，投票与反馈，平台用户管理。

（4）协作与集成 用户认证与授权，开发交互工具，行业动态抓取工具等。

14.6.3 开放研发平台实现路径

（1）开放研发平台建设 首先设计平台实现初步开发上线；其次进行创意收集和孵化模式设计及实施；再次是资源投入管理模式设计及实施；第四是成立平台推进组织。

（2）开放研发平台发展　包括进行开放研发平台功能设计迭代，与内部平台对接，实现数据互联互通及业务协同、孵化流程优化；引入更多资本等。

（3）开放众创研发平台成熟　在这个阶段，实现开放研发平台与外部多样化研发及资本平台的对接，实现信息、数据及资本的联通。成熟阶段可以成立多个产业孵化基金，投入管理升级，引入外部审计。

14.6.4　开放研发平台架构

如图 14-4 所示，开放研发平台架构在 IT 系统支撑上，由客户浏览器、门户及应用服务器主机和数据库主机构成。在协作与集成开发工具和应用工具等的基础上，实现创意产生、技术孵化和新技术 / 新产品试用。

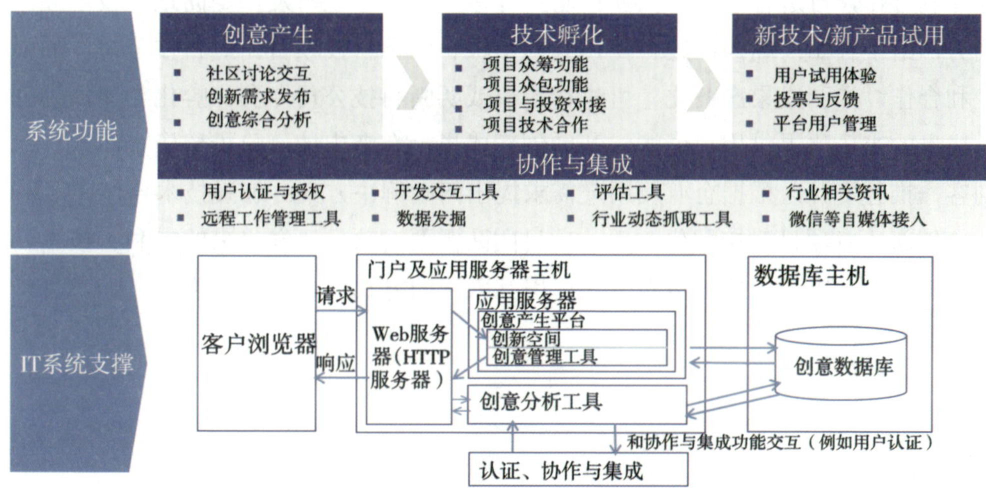

图 14-4　开放研发平台架构

14.6.5　开放研发平台管理

开放研发平台建立起来后，需要对平台运作模式进行设计和管理，包括企业需求信息确定、外部信息资源获取、研发项目管理、研发效果评估及研发成果激励机制等。

平台的信息管理要重视线上线下交流，充分利用互联网平台扩大创意的传播速度，进一步提升范围传播。关注专业领域，如创客空间是为创客及发烧友开放交流的实验室、工作室，主要分布在北上广等地区；创客市集是沟通创客与大众间的桥梁，也是为创客团队展现创意的平台；专业论坛是专业级用户聚集并交流的线上场所（如汽车之家、百度贴吧等）。聚焦社交媒体，如微博、微信及 QQ

群具有交流成本低、跨地域、即时互动等优势，有助于企业吸引用户、创客及合作伙伴在线交流和沟通。或者，将用户引流至研发交互平台的社区板块，在平台上进行交流。

在平台用户激励上，物质奖励与非物质奖励相结合，既可有效控制激励成本，又能以多样化的激励方式吸引不同创客关注。同时，建立科学合理的创意评估模型，依创意价值设置激励成本，可科学量化投入产出，实现可持续化运营。

在建立常规化的合作机制上，促进外部资源积极参与平台的创新研发。如对互联网公司，加强项目合作，利用互联网企业的软件优势，加强车联网技术研发，提供研发经费；共建联合实验室，共同促进相关成果转化。对大学科研机构，加强专利合作，可进行授权或买断；聘任专家，参与企业研发，定向跟踪技术领域趋势，给予补贴；纵向课题合作，共同申报、承担科技项目。对科技公司，加强专利合作，专利成果产业化，可进行授权或买断科技公司专利；孵化加速，为创新成果的市场化提供用户资源，帮助创新成果拥有者申请风险投资资金注入。对创客，推荐资源，根据企业及用户需求提出问题解决方案；加强技术合作。

创新研发项目对接孵化之后，项目团队需要对项目研发出来的专利、技术、程序软件等产出进行持续运营，并运用互联网的方式进行迭代优化。

第 15 章

智能汽车对平台化的推动和要求

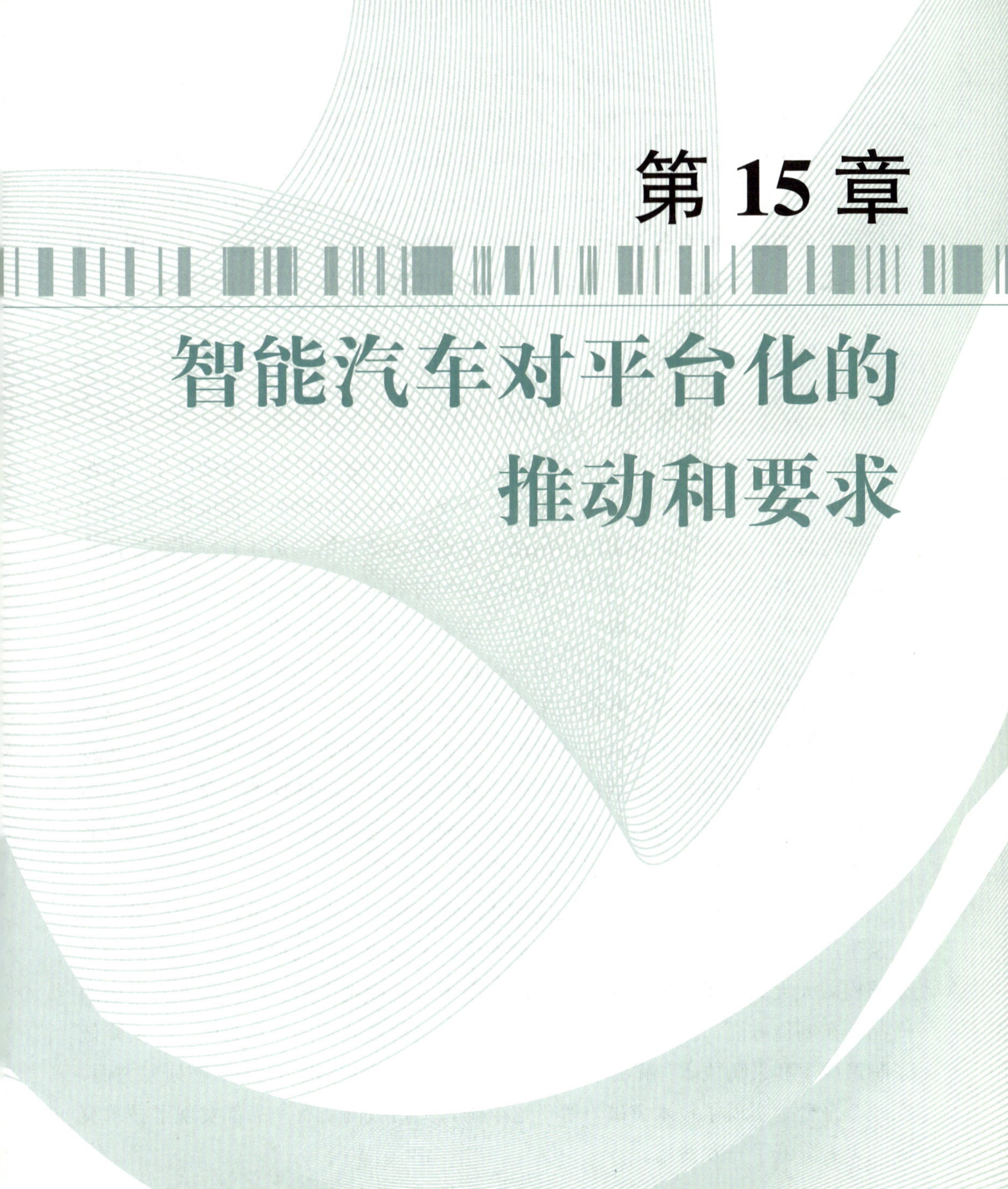

汽车模块化已经成为普遍采用的方式。20 世纪 90 年代，大众汽车公司率先推出轿车平台战略，是继流水线生产和精益化生产后对汽车行业的重大贡献。通过平台战略的实施，大众公司整合了产品系列，大大降低了成本，同时提高了产品的竞争力，加快了新产品推出的速度，使德国大众汽车公司取得了巨大的成功。随后，平台战略在世界各主要汽车跨国公司中兴起和采用，大大增强了跨国公司的竞争实力。平台的产生对产品研发、供应链和服务链都产生了革命性的影响。

15.1　汽车平台简介

15.1.1　汽车平台成因

20 世纪 90 年代，汽车企业开始加强平台战略理念的研究。加强汽车平台战略的动力有三个，第一是随着轿车用户的普及，消费者对轿车的需求呈现多样化和个性化特征，对轿车的需求向多用性和美观性转变。第二是随着发达国家汽车产业向外转移，发展中国家汽车技术的进步和对汽车需求的增加，汽车企业利用全球资源采购零部件的成本降低。竞争促使零部件价格降低的同时也推动零部件企业提高技术水平，汽车零部件厂商可以直接参与主机厂的模块化设计。第三是计算机和信息技术的发展，使得汽车从设计到信息化的应用都促进了汽车企业跨地区、跨领域的合作。平台战略使得汽车企业可以在低成本的前提下，制造更多满足消费者需求的多样化车辆；使汽车企业可以采用相同的部件和模块打造成本大大降低的平台框架，通过增加外形和内饰变化，达到车辆多样性要求，减少研发成本，加快产品研发，缩短更新换代周期。

汽车平台可以解决系列车型配件的通用性问题，可以同时承载不同车型的开发及生产制造任务。通过匹配不同车辆外形、不同的发动机和变速器、不同的悬架结构，大大满足用户个性化的需求，一个平台可以生产出适应全球不同市场的产品。在制造方面，同一平台的产品大量采用通用化的零部件和总成，大大降低了制造成本和采购成本，解决了主要零部件之间的标准化接口问题。在研发方面，在一个平台上实现了技术突破，等于这个平台上搭载的所有产品都实现了技术突破，大大降低了开发费用。

15.1.2 汽车平台化的结构变化

轿车总体上分为平台部分和型车部分。就车身来说，前后底板、纵梁、支架、前后隔板和内轮罩部分为平台部件，侧板、车门和外轮壳、底盖和前后罩盖为型车部分。就动力系统和行车系统来说，动力总成、转向系统、制动机构、油箱、前后轴悬架总成等为平台部分，减振系统、加油管、排气管外段部分按型车部分处理。内饰模块部分也分为平台和型车部件，座椅架为平台部分，椅垫和靠背可加装电动调节机构。

对不同等级的轿车，平台战略可以通过变化纵梁长度和边框宽度实现不同级车体的转化。各技术平台的区别主要在底盘结构上，尤其是前后悬架；各产品平台的区别在于轴距和轮距上；相同的平台上通过车身的改变，如两厢变三厢，三厢变 MPV，就可以衍生出同一产品平台下的一系列不同产品。

15.1.3 从平台化到模块化

在平台的基础上，汽车企业实现了“模块化”的生产方式。利用“模块化”生产方式，汽车厂商可以在全球范围内进行汽车模块的选择和匹配设计，优化汽车设计方案，有利于提高汽车零部件的品种、质量和自动化水平；提高汽车的装配质量，缩短汽车的生产周期。这种“模块化”的设计思想还有着很大的灵活性，可以大大满足用户个性化的需求。

汽车设计平台化不同于汽车柔性化生产。柔性化生产是在同一个生产平台上，可以同时生产几种不同类型的车型，生产线上可同时组装不同颜色、不同款式的车辆。除去生产线设备的通用化改造之外，柔性化应该包含广义的生产计划的柔性化和狭义的产品生产装配过程的柔性化。日产、马自达、通用等都在采用柔性化生产，长安马自达南京工厂的总装车间在一条生产线上实现了 7 款车型的总装。

15.2 主要汽车企业平台

15.2.1 大众 MQB 平台与模块化

大众平台很多，首先是豪华 D 级车平台（目前 D 级车没有在国内生产），其次是 B 级车平台（大众品牌没有 C 级车平台），最后是 A 级车平台、A0 级车和 A00 级车平台。每一个平台都是沿着各自的层级往上延伸，不会形成交叉。大众平台未来发展的趋势是在各平台平行发展的前提下，电子模块单元（如 ESP 等控制单元）实现共享，每个平台之间的零部件共享率一般不会超过 30%。

大众集团历时 4 年时间，耗资 600 亿欧元，推出可变的超级 MQB 平台，即横置发动机模块化平台（MQB），用以取代目前的 PQ25、PQ35 和 PQ46 平台。该模块化平台将在大众、奥迪、斯柯达和西雅特 4 个品牌中得到极为广泛的应用，生产从 A00、A0、A 到 B 四个级别 60 余种车型。

（1）大众 MQB 平台　MQB 平台的研发借鉴了大众集团多个新平台的研发成果，例如奥迪的 MLB 纵置发动机模块化平台和保时捷 MSB 模块化标准平台。如图 15-1 所示，MQB 是一个扩展性极强的平台，它打破了以往平台对于车型尺寸的限制，可更广泛地共享零部件，极大地降低了成本，使得跨级别生产成为可能。

图 15-1　大众 MQB 平台

MQB 平台的应用改变了传统的汽车生产线概念。在新平台下，大众和奥迪未来只需要区分 MQB 和 MLB 两个不同产品线即可，这将极大地增强大众在整车生产方面的灵活性和生产线柔性。比如，奥迪 TT 和高尔夫这样两款外观、性能差异明显的车型，可以在模块化平台技术的帮助下，轻易地实现共线生产。到 2018 年，奥迪、大众、斯柯达以及西雅特车系，都已经大量采用 MQB 平台作为开发基础。

从 2010 年起，奥迪和大众品牌的前置前驱车型陆续应用 MQB 模块化整车技术平台。这个模块可以通用于横置发动机的车型，共享部分整车零部件的同时，在外形和轴距等方面根据产品需求进行不同的定制，以达到跨级别生产的目的。依附于 MQB 模块的车型在血缘上也不会再有那么清晰明显的划分。

出自 MQB 同一模块平台的产品可以共享同样规格的发动机、变速器及空调等总成，共享比例大约达到整车零部件的60%。模块化战略会给产品的生产、投资等带来优势，增加协同效应，降低成本，方便设计人员进行造型设计的改进。大众能够根据不同的市场需求对车型进行灵活的调整，例如欧洲、中国和美国市场，以及像印度这样的新兴市场。同时，大众集团也将因为MQB平台而大幅降低新车的整备质量，并将带来在安全和信息娱乐系统方面，供给20项创新技术定位更高的车型，例如帕萨特。大众集团第一款使用MQB平台技术打造的车型是新一代奥迪A3，大众品牌的首款产品是高尔夫7，未来大众还将基于该平台推出60多款车。由于衍生性强，MQB平台能够支持包括奥迪A3、大众Polo、甲壳虫、高尔夫、尚酷、捷达、途观、夏朗、帕萨特以及大众CC在内车型的设计制造。整体来看，包括了大众集团目前横置平台的所有小型、紧凑型和中型车。

MQB平台具有对各项电子系统较强的兼容性，在短短数年里已经有约20项创新的安全和舒适性技术应用在MQB平台车型上。例如，低速紧急制动系统、疲劳警示系统、预碰撞安全系统等诸多先进安全科技。在MQB平台上，应用模块化设计理念，MQB平台在车身、驱动系统、底盘以及电气/电子模块方面都采用了模块化设计，形成了四大模块化家族。如EA211汽油发动机模块化平台（MOB），是MQB平台的核心之一。

（2）MQB平台动力系统　MQB平台有两款发动机模块，汽油发动机模块（MOB）和柴油发动机模块（MDB）。汽油发动机模块的代表是全新的EA211系列，柴油发动机模块的代表是EA288系列。如图15-2所示。

图15-2　MQB平台动力系统

EA211 汽油发动机模块化平台（MOB），是 MQB 平台的核心之一。如图 15-3 所示。发动机模块的位置统一不变，即加速踏板距离前轮中心的距离相同，发动机安装倾角也相同。EA211 发动机是全球首款拥有可变排量技术（ACT）的四缸发动机，功率为 40kW/60hp 至 110kW/150hp。同时，由于模块化设计，采用了轻量化的铝制气缸体，比之前的 EA111 系列发动机减轻了约 17%，也就是将近 22kg 的重量。

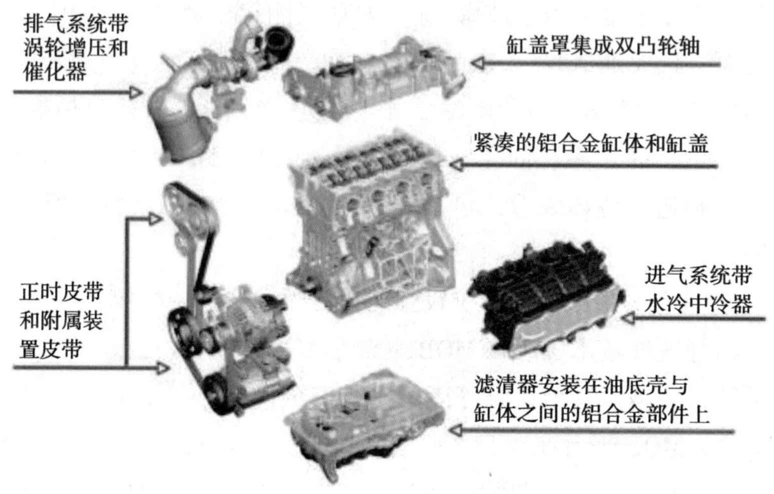

图 15-3　EA 211 模块化汽油发动机 MOB

作为模块化产品，EA211 汽油发动机气缸盖的位置有所调整，发动机的传动轴以及发动机安装倾角的布局也调整为可以适用于各种发动机。安装上，EA211 汽油发动机从向前倾斜变为向后倾斜，调整后的安装倾角使汽油发动机变成和柴油发动机一样布局——发动机倾角同样为后倾 12°，使各种汽油、柴油车型排气、驱动轴和变速器的位置都统一。

在发动机模块位置固定的基础上，MQB 平台可对轴距、轮距和车身尺寸等参数进行调整，如图 15-4 所示。前悬（车头到前轴的长度）、前轮距、后轮距、轴距和后悬等都可以调整。如，通过 MQB 平台生产的车型轴距，第七代高尔夫为 2 630mm（国产第六代高尔夫为 2 578mm）；捷达为 2 680mm；途安和途观在美国和中国市场进行加长，达到 2 790mm。

此外，遵循模块化理念，大众汽车还研发了新一代 EA888 系列发动机。这款发动机集缸内直喷、涡轮增压、可变气门正时等一系列先进技术于一身，相比前代车型动力总成提升了 12%，实现了动力与经济环保的结合。而且它能够满足横置、纵置不同发动机布局的需求，是未来发动机设计的趋势之一。

图 15-4 MQB 平台底盘尺寸调整

除了内燃机之外，MQB 平台也能够搭载多种新能源动力系统。例如，混动高尔夫 GTE，作为一款 MQB 平台的新能源车型，拥有 1.6L/100km 的超低油耗和 7.6s 的 0 ～ 100km/h 的加速性能。

（3）模块化生产 MQB 平台产品共线生产，即形成模块化生产系统（MPB）的生产方式包括两个层面：一是同一品牌下面的不同子品牌车型共线生产，例如大众 Polo 和帕萨特；二是集团内部不同品牌的共线生产，例如大众、西雅特和斯柯达品牌。

模块化生产可以在很大程度上降低成本。例如，大众的几款车型，从发动机到防火墙的一个连接配件，原来由于平台以及发动机大小的不同，有多种样式；采用 MQB 平台打造后，几款车型的这个配件均是相同的。在俄罗斯卡卢工厂组装的途观 / 帕萨特、明锐、Polo/ 精锐几款车型，之前组装不同的转向零件，经 MQB 平台模块化为相同的部件，极大地降低了成本。如图 15-5 所示。

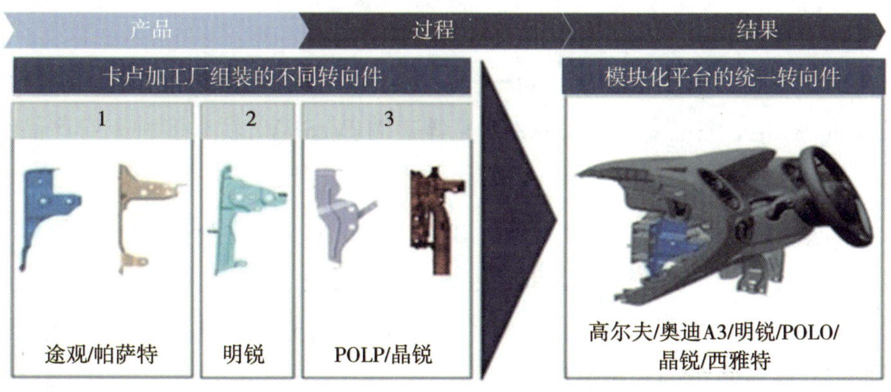

图 15-5 Kaluga 工厂模块化组装

（4）大众电动汽车平台　与 MQB、MLB 等平台不一样，大众 MEB 平台主要负责生产纯电动车型。

如图 15-6 所示，MEB 平台最大的特点就是以电池组为核心进行结构布局。动力电池组平铺于车底，传动模块与电池模块距离较远，这种布局方式拉长了车型轴距，缩短了前后悬，好处则是有利于车内空间布置。MEB 平台根据不同车型使用不同容量的电池，可以全面兼容圆柱、方形和软包电芯而不影响到系统集成层面，同时支持快充。按照大众的规划，这套平台未来适用于 A 级以及 B 级车型，车长、续驶里程以及车身风格都会进行改变，将肩负大众 50 款纯电动汽车及 30 款插电式混合动力汽车的生产和市场投放。

图 15-6　大众纯电动汽车 MEB 平台

PPE 平台是奥迪和保时捷合作研发的高端电动车平台。到 2021 年，两家公司将共同利用新平台开发电动车。按照规划，新平台 60% 的产能归属奥迪，40% 则由保时捷负责。

大众在中国的合资电动车平台——江淮 432 平台，是全新紧凑型车平台，可搭载汽油、插电、纯电多种动力系统，且覆盖 MPV/SUV/ 轿车多种车身产品结构。

15.2.2　宝马汽车平台

宝马集团除了 BMWi 系列，目前 BMW 和 MINI 总计拥有五大平台，未来将缩减为两个平台 —— 前轮驱动和后轮驱动各一个平台。未来，宝马将在前驱平台和后驱平台基础上推出 45 款新车，包括 30 款后驱车型和 15 款前驱车型，其中至少有 5 款前驱车为宝马品牌。

15.2.3　奔驰汽车平台

戴姆勒集团旗下梅赛德斯－奔驰通过合并平台，获得了产品成本的大量节约和产品质量的大幅提升，奔驰新车和改款车从设计到产品上市时间大幅缩短。奔驰未来将只采用四大模块化平台架构，在原来九个平台的基础上减少一半以上。

如图 15-7 所示，奔驰 EVA 平台，作为全新电动车平台，能够支持后驱和四驱布局，支持自适应悬架、转矩矢量控制和动能回收等。未来将研发和投放 4 款全新车型，以纯电动 SUV 为主。

图 15-7　奔驰电动车 EVA 平台

15.2.4　通用汽车平台

在通用 Gamma Ⅱ平台开发出来前，美国通用汽车的小型车平台有两个：一个是欧宝和菲亚特合作开发共享的 Gamma 平台，主要生产欧宝 Crosa 和菲亚特 Punto 等车型；另一个小型车平台由通用大宇开发，主要生产雪佛兰 Aveo 和大宇 Matiz 等车型。通用 Gamma Ⅱ平台是在第一代 Gamma 平台基础上继承发展出来的扩展平台，由通用大宇主导开发，悬架结构采用前麦弗逊式 / 后扭转梁拖曳臂式，非常适合运用于 A0 级小车。Gamma Ⅱ全球平台替代上述两个小型车平台，欧宝 Corsa 和雪佛兰 Aveo 也共用这一平台。

中国上海通用汽车引进美国通用汽车全球平台中的三个平台。

1. 小型车平台

（1）现款小型车平台　包括通用大宇 M 平台和通用大宇 T 平台。目前在国内销售的雪佛兰乐驰是通用大宇 M 平台在 2000 年年底推出的第二代车型，欧洲市场上销售的雪佛兰 Matiz 是 M 平台在 2005 年推出的第三代车型。在国内市场销售的雪佛兰乐骋和乐风属于通用大宇 T 平台的第一代小改款车型，其中三厢版乐风的造型由泛亚汽车技术中心与通用大宇合作开发完成。

（2）全新小型车平台　即通用 Gamma Ⅱ平台。第一代通用 Gamma 平台由欧宝与菲亚特于 2002 年开始联合开发。通用 Gamma Ⅱ平台是以第一代 Gamma 平台为基础的扩展平台，作为新一代通用小型车全球战略平台，所扮演的角色非常重要。通用汽车计划逐步通过车型换代的方式将大宇旗下的多款小型车都并入 Gamma Ⅱ平台，提升性能并且降低制造与研发成本。通用 Gamma Ⅱ平台的悬架结构依然采用前麦弗逊式 / 后扭转梁拖曳臂式，这种悬架组合形式在小型车中的应用非常普遍。雪佛兰 Spark 和换代的雪佛兰乐骋和乐风都采用这一平台。

2. 紧凑型轿车平台

（1）现款紧凑级轿车平台　即通用大宇 J 平台。目前国内销售的老版本凯越就是由通用大宇 J 平台开发的。

（2）全新紧凑级轿车平台　即通用 Delta Ⅱ平台。第一代 Delta 平台是通用汽车紧凑级车型的全球战略平台，始于 2005 年，在位于德国吕塞尔斯姆的通用欧洲研发中心由欧宝主导研发。Delta 平台实现全球共享的最大益处是能让通用汽车集团内部最大限度地整合全球优势资源，共享零部件供应，从研发和生产的环节节约成本，大幅缩短周期。Delta 平台采用欧宝技术的前麦弗逊 / 后扭转梁拖曳臂式悬架和全新的多连杆后悬架，以保证优良的舒适性和驾驭感。

自 2009 年起，Delta Ⅱ平台全面替代通用原有的 T、J、Z 三大平台，成为通用旗下众多紧凑级车的全球平台，有八款车型共享该平台。其中包括新一代萨博 9-1、新一代欧宝雅特 Astra、雪佛兰奥兰多紧凑级 MPV 和 2010 款插电式混合动力车雪佛兰 Volt。Delta Ⅱ平台所采用的底盘结构依然是源自欧宝技术的前麦弗逊 / 后扭转梁拖曳臂式悬架。

3. 中级车平台

（1）现款中级轿车平台　即通用 W- Ⅱ平台。别克新世纪、别克老君威都是出自 W 平台的车型。2004 年，通用对于陈旧的 W 平台进行改进从而建立了 W- Ⅱ平台。此次改进没有针对悬架型式和车身结构做出重大的改变，前悬架结构为常见的麦弗逊式独立悬架，后悬架则是连杆支柱式独立悬架，属于麦弗逊独立悬架用于后悬架的一种变种。通用在北美市场上销售的不少中级轿车车型依然采用 W- Ⅱ平台，例如北美版别克君越、别克 Allure 和雪佛兰 Impala。随着 Epsilon Ⅱ平台的加速普及，通用 W- Ⅱ平台将随着上述三款车型的停产而终结。

（2）全新中级轿车平台　即通用 Epsilon Ⅱ平台。通用 Epsilon 平台的诞生替换了针对北美市场的通用 N 平台和针对欧洲市场的通用 2900 平台。最早应用 Epsilon Ⅰ平台的是 2002 款欧宝威达和 2003 款萨博 9-3，随后通用又为旗下凯迪拉克（BLS）、庞蒂克（G6）、雪佛兰（新 Malibu）和土星（Aura）等多款车型匹配 Epsilon Ⅰ平台，先后多达 12 个车型的派生使得 Epsilon Ⅰ平台已经成为通用产量和销量最大的产品平台。

2007 年，通用推出了全面改进后的 Epsilon Ⅱ平台，支持全轮驱动系统。通用 Epsilon Ⅱ平台继续由位于德国的通用国际产品开发中心主导开发，悬架结构型式为前麦弗逊独立悬架 / 后多连杆独立悬架。欧宝 Insignia Ⅰ成为新平台的首发车型。新一代别克君越（LaCrosse）与国产新君威同样出自 Epsilon Ⅱ平台。

通用汽车计划到 2025 年将旗下所有品牌的车型整合成 4 个模块化平台：VSS-F（前驱 / 四驱轿车平台）、VSS-R（后驱 / 四驱轿车平台）、VSS-S（SUV 平台）和 VSS-T（皮卡平台）。

15.2.5　福特汽车平台

福特汽车在“一个福特”全球产品开发战略之下，加速推行车型平台简化战略，2013 年从原有的 11 个平台缩减为 9 个平台，9 个平台由 5 个全球车型平台和 4 个区域车型平台构成，福特 85% 的销量均来自于 9 大车型平台衍生出的车型。

按车型级别分，五大全球车型平台为：B 型平台，用于福特嘉年华（此处 B 型不等于 B 级车）；C 型平台，用于福特福克斯；C/D 型平台，用于福特 Fusion；轻型载货汽车平台，用于美国以外市场销售的 Ranger 皮卡；商用车平台，用于福特 Transit 载货汽车。F 系列皮卡是福特四大区域车型平台的典型。

福特汽车的平台战略使公司将重点放在部署汽车配件供应链，重新调整与汽车零部件供应商的关系上，使汽车的设计与生产环节保持高度的一致性，以实现福特的全球平台共享战略。如福特旗下的旗舰车型福克斯正在逐步实现全球共享平台。目前福克斯在福特位于北美、亚洲和欧洲的多个工厂生产，其汽车部件相似度达到了 80%，并且 75% 的零部件来自相同的供应商。

福特汽车未来将由 9 个平台缩减至 5 个平台，涵盖福特现有和规划车型。5 个平台包括：后驱 / 四驱的非承载式车型平台（用于 F-150、征服者等）、前驱 / 四驱承载式车型平台（用于翼虎、锐界等）、后驱 / 四驱承载式车型平台（用于

Mustang和探险者)、商用车非承载式车型平台(用于全顺等)和全新纯电动车平台。

15.2.6 丰田汽车平台

从车架意义上说，丰田汽车平台有A、E、J、N、S、T、X、Z、AL、XA、XE、XF、XG、XH、XM、XP、XR、XS、XU、XV、XW、XX、XY和XZ等多个系列，每个系列又都有相当多的衍生系列，包含了丰田汽车旗下的所有车型。按大众汽车的平台划定，丰田汽车有NBC平台、B平台、MC平台、New MC平台、K平台和N平台。

电动车平台上，丰田汽车将依托TNGA平台重点打造混合动力汽车、插电式混合动力汽车、纯电动汽车和燃料电池汽车。如图15-8所示。丰田TNGA架构衍生了GA-C平台，主要代表车型有卡罗拉。未来基于TNGA平台，丰田将推出GA-B紧凑级车型平台，用于混合动力或插电混合动力车型。

图15-8 丰田电动车TNGA平台

15.2.7 日产汽车平台

1999年，日产汽车有24个独立的平台，前5大平台汽车产量占据总产量的62%，到2005财年，日产平台数量减少到15种，前5大平台汽车产量占据总产量的91%。

A型车平台是日产小型车，采用前置前驱布局。

B级车平台采用前置前驱布局，内部空间更开阔。

C平台采用前驱或后驱布局，发动机横置，外部紧凑，内部开阔。

D平台是日产和雷诺合作打造的新平台，采用前置前驱或全驱布局，是大型车平台。D 平台采用模块化设计，加强了灵活性。针对不同市场，强调零部件的附加值，进行统一采购。D 平台采用高钢性杠杆平衡悬架结构，并改善安装点位置，提高减振效果。采用高钢度高扭力结构，提高车身稳定性。

E 平台采用前中置后驱布局，是大型车平台。

F-Alpha 平台可提供多种发动机和悬架方案，车型采用纵梁设计并采用高强度钢板。

PM 平台是为新 GT-R 独立开发的高级中置平台，发动机为前中置布局，传动系统和全轮驱动系统安装在独立后驱动桥上。

V 平台是一个全球性的小型车平台，该平台的零件集成度更高，数量更少，成本更低；通过重新设计零部件，使车辆质量更低，从而提高燃油经济性。如，通过变换排气系统中的避振器，使排气系统降低了 3.2kg 质量，另外通过减少车身的厚度，使质量降低 10kg。

15.2.8 现代汽车平台

2006 年，现代汽车全新开发的新平台——HD 平台，比 2001 年上市的 XD 平台先进。HD 平台悬架结构为前麦弗逊独立悬架 / 后扭力梁式拖曳臂非独立悬架，而 XD 平台则是前麦弗逊独立悬架 / 后连杆支柱独立悬架结构。东风悦达起亚的福瑞迪、北京现代的悦动出自现代 HD 平台，现代伊兰特出自 XD 平台。2011 年，现代汽车已研发第三代车型平台，类同于大众 MQB，是可以导入不同车型的模块化平台。

北京现代瑞纳出自雅绅特平台，东风悦达起亚 K2 和现代瑞纳是同平台车；北京现代朗动是伊兰特的换代车型，与东风悦达起亚 K3 同出自 HD 平台。第八代索纳塔和东风悦达起亚 K5 均出自现代第三代平台。

15.2.9 标致雪铁龙汽车平台

标致雪铁龙是典型的不同品牌车型采用相同平台设计的车企，即通过对相同平台进行二次研发，获得风格不同、品牌不同的两款同级别车。平台来源包括通过合作研发或买卖方式，引进其他品牌的车型平台等。

目前标致雪铁龙主要分为 3 个生产平台，并与通用和三菱共享平台技术，进行共同研发。

标致雪铁龙的 1 号平台可以同时生产标致 1007、206，雪铁龙 C1、C2、C3 等“基础型”汽车；2 号平台可同时生产标致 307、雪铁龙 C4 等中档汽车；3 号平台目前用来生产高档轿车，如标致 407、雪铁龙 C5、雪铁龙 C6 和标致 607。

标致雪铁龙的 2 号平台可以说是该集团至关重要的一个平台，PF2 平台由标致雪铁龙集团精心研发，专门用于开发前驱和四驱的紧凑车型，可承载电动发动机和燃油发动机。

标致雪铁龙的 3 号平台是雪铁龙高端车平台。这个平台的车型有海外版车型标致 508。标致 508 为不同动力总成提供了两种类型的悬架系统：第一种类型是为普通汽油版车型设计的，采用麦弗逊式独立前悬架，主要以追求驾乘舒适性和操控灵活性为主；第二种类型则是专门为 GT 性能版而设计，采用的是前双叉臂式独立悬架，匹配了最大功率为 150kW 的 2.2L HDI 柴油发动机。

标致以通用平台为基础研发新车型。2012 年 3 月 PSA 集团与通用汽车建立了长期合作关系，并且共享部分平台技术，目前 PSA 正在以通用汽车 Epsilon Ⅱ平台为基础，研发下一代标致和雪铁龙品牌车型。

标致与三菱合作平台技术。标致汽车与日本三菱汽车旗下的多款车型都采用了相同的技术平台，既有利于汽车市场发展，还可以有效降低成本。在 SUV 车型方面，标致联手三菱，采用三菱平台和标致的发动机，标致 4007 与三菱欧蓝德采用相同的三菱 GS 紧凑级车型底盘和标致发动机动力系统，标致 4008 基于三菱 ASX 平台生产。

15.2.10 上汽自主品牌平台

上汽乘用车平台化生产布局是根据产品平台划分生产基地，而不是品牌。

上汽集团自主品牌车型形成三大基地，推行上海临港、南京浦口和英国长桥三个制造基地和上海、南京、英国三个研发中心的战略布局。原布局中的仪征基地归属上海大众。浦口基地是上汽自主品牌 A 级车型和小排量发动机制造基地，生产荣威和 MG 品牌的 A 级车产品，规划形成年产 20 万辆整车和 25 万台发动机生产能力。经过重新调整，南京浦口工厂柔性化生产能力将提高，负责生产的车型已经从荣威 350、MG5、MG7，扩展到荣威 W5、荣威 750 和荣威 750 混合动力等车型，同时还负责生产 1.5L 和 1.5T 等小排量发动机。上海临港基地负责荣威 550、荣威 950、MG3、MG6 和 E50 纯电动车等新能源车，以及 KV6 和 K4 系列发动机产品的生产。总投资 35.6 亿元的上汽临港基地目前的年生产规模是 22.5 万辆，规划上，临港基地将有两个平台 6 个车型，并担负自主品牌出口产品及新能源产品的生产。

上汽构建了具备全球竞争力的产品平台体系，经过历时五年的努力和投入，目前已经拥有覆盖 A0 级到 B+ 级的 7 大生产平台。如表 15-1 所列。

表 15-1　上汽自主品牌汽车平台

车型级别	生产平台	荣威品牌	MG 品牌
A00	微型车平台	50	E1 概念车
A0	ZP 平台	150	MG3/ICON 概念车
A	AP 平台	350	MG5
A+	IP 平台	550	MG6
B	BP 平台	750	MG7
B+	Global E 平台（通用君越）	950	MG8
城市型 SUV	双龙享御平台	W5	

15.2.11　东风自主品牌平台

东风汽车公司自主品牌用平台有：风神 S30 源自雪铁龙爱丽舍平台，东风风神 H30 在 S30 平台上开发；A60 来自日产轩逸（日产 C）平台；雪铁龙 C5 平台。

东风合资自主品牌乘用车用平台：东风日产合资车型有两个平台，一个是日产颐达（日产 B）平台，生产启辰 D50；一个是日产老天籁（日产 D）平台，生产启辰高端车。东风本田合资车型现有一个基于东风思域的平台，与思域共用多数零件，生产自主研发车型思铭。

15.2.12　一汽自主品牌平台

一汽自主品牌汽车平台有：红旗 H 和 L 平台，针对 C 级和 D 级市场；奔腾 B90 基于一汽自主开发的 M2 平台，奔腾 B30 基于 S 平台，针对 A-B 级市场；针对 A 级以下市场，一汽采用夏利、威志平台（目前已停用）。

自主品牌以天津一汽 40 万台基地作为小排量发动机基地，以长春自主品牌动力总成基地作为 1.6 ～ 3.0L 中高级发动机产地。

15.2.13　长安汽车平台

长安汽车的平台化战略基本形成，乘用车有 5 个平台，发动机有 4 个平台。乘用车分两个品牌：一个是主流乘用车品牌，按照长安技术标准涵盖 A、B、C 和 CD 4 个级别；另一个是中高端品牌，按照长安汽车定义有 B、C、CD 和 E 级产品，其中 B 级车系列有 5 个车型。

15.2.14　吉利汽车平台

吉利汽车有 5 个技术平台，分别是经济型轿车平台、基本型轿车平台、中级型轿车平台、轻型载货汽车平台和高档商务级轿车平台。这五大技术平台衍生了

15 个产品平台，42 款产品。8 个发动机平台，共可开发 20 余款不同排量、针对不同市场技术特点的发动机。7 个变速器平台，可开发 10 余款变速器。

如图 15-9 所示，吉利汽车专门用 PMA 平台打造纯电动车型，覆盖中低端、中高端产品。PMA 平台的领克纯电动车型覆盖 A+/B 级跨界车、城市车辆、C+ 级家用跨界车以及 A+/B 级的 SUV 与 A+/B 级轿跑。

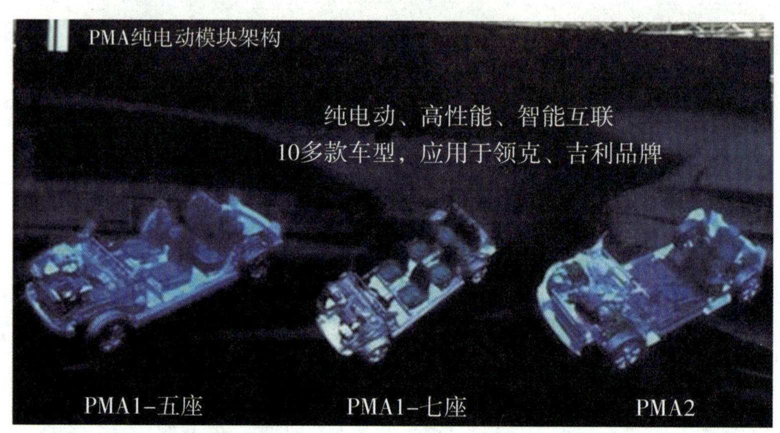

图 15-9　吉利纯电动汽车 PMA 平台模块

15.2.15　奇瑞汽车平台

奇瑞汽车采用大众平台模式，以单一平台实现多个品牌共享，降低开发成本。如表 15-2 所列。

表 15-2　奇瑞 / 瑞麒平台

平台类型	奇瑞	瑞麒
微型车平台	QQ3、QQ5、旗云 1	X1，M1
小型车平台	风云 2、A1	M5、G2（未上市）
紧凑车平台	A3、E5、旗云 2、旗云 3、A4（未上市）、瑞虎（换代款）	G3
中级车平台	旗云 5、东方之子	G5、G6

15.3　未来模块化的个性化汽车

开源汽车公司推出了全球第一款模块定制化的自动驾驶汽车 Edit。如图 15-10 所示，Edit 被拆分为前脸、车尾、车顶、内饰和动力五个部分，用户可根据自身需求装配汽车，因为模块部分可以更换，无论外观还是内饰，Edit 都可进行品牌定制。

图 15-10 开源汽车模块定制自动驾驶汽车 Edit

Edit 应用模块化技术可轻松更换电动机和电池组等关键部件，从而使汽车寿命比传统汽车长 10 倍。借助模块化技术，用户还可以轻松装载激光定位器、感应器等自动驾驶装置，设置一至五级自动驾驶，而且可以在后期更换模块时，仅需花费一部分费用就可以为整车进行升级。

15.4 汽车智能化对平台化、模块化的推动和要求

15.4.1 个性化定制要求采用更多的模块化设计

未来个性化定制趋势将提高汽车的模块化设计比例，满足消费者的大规模个性化定制需求。从传统车平台到电动车平台，汽车企业更需要消费者、零部件商参与模块化设计。同时，对于共享智能汽车的模块设计要求增加通用型模块，对于私人使用的智能汽车要求增加个性化的模块化设计。

15.4.2 智能硬件平台化趋势提高生产装配效率

在汽车结构的平台化方面，智能汽车的功能性要求汽车的硬件模块化贯穿研发、设计、生产布局，以降低生产成本，提高生产效率。以海尔的模块化生产布局为例，如图 15-11 所示，海尔将钣金、喷粉、注塑模块加工形成一个独立模块，将送风模块加工、电器模块加工形成一个独立模块，将两器、管组模块加工形成一个独立模块，SKD 总装形成一个模块，四个模块共同完成海尔的生产装配。生产线由组装零件变为模块化，长度从 286m 缩短至 140m，零部件的配送距离减短 35%，极大地提高了生产效率。

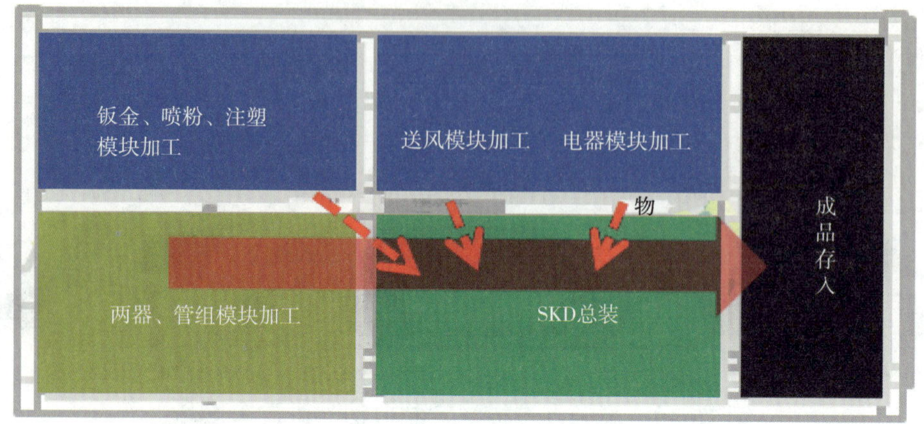

图 15-11　海尔智能硬件平台生产、组装模块化

15.4.3　模块化的需求对汽车企业提出新的要求

汽车企业提高竞争力的核心是个性化模块设计与少平台多模块的生产装配，汽车模块化也要求提升零部件标准化率。电动智能汽车时代要求汽车企业打造基于传统车的电动车平台，或独立设计专门的电动车平台；同时，在汽车本身增强功能性的模块化设计外，增加有利于汽车充换电等使用功能的模块化设计。

15.4.4　智能汽车的服务平台化要求汽车企业建立平台化思维

当前，汽车企业的平台化主要基于汽车产品本身的硬件平台化、模块化。未来，随着智能汽车应用的软件化发展，智能汽车生态圈在汽车价值链上的日趋成熟，汽车企业打造平台化思维至关重要。平台化思维要求企业自建或利用其他平台，实现服务功能多元化，实现基于汽车本身的平台化运营模式，使各平台运作互联互通，建立以车为中心的生产、运营、服务大平台，与外界生产圈企业运营平台形成互联网和物联网下的对内、对外服务网。

第 16 章

汽车智能化对集中采购的推动和要求

对以组装模式为主的汽车制造企业而言，采购是重中之重。汽车 60% ～ 70% 的成本由汽车零部件承担，因此，采购业务成本的有效降低，对汽车企业利润贡献将有很大提升。据测算，如果采购成本降低 1%，利润将会提高 5% ～ 10%，因此，通过降低采购成本更容易增加利润，增强竞争优势。采购降本增效一直是汽车企业不断努力改进的重要环节。

16.1　汽车的采购模式及发展趋势

16.1.1　按从属地区划分的汽车企业采购开发模式

汽车采购按从属地区分，可以归纳为 4 种，即日本模式、欧美模式、中国模式和全球采购模式。

1. 日本模式

日本模式以转包协作为主。汽车厂商与零部件供应商之间明确合作关系，在前期产品设计阶段对零部件供应商进行评估。根据需要的零部件价格、零部件厂商的设计开发能力和长期的改善能力及与厂家的合作关系程度等多方面对供应商进行考察，选择规模较大、生产专业化水平高、自主研发和创新能力强的制造商作为一级零部件供应商。

供应商之间采取多层转包方式完成主机厂采购需求。按照集成部件、稍加工组合部件和单纯加工部件 3 种情况，将零部件企业分为一级零部件协作企业、二级零部件协作企业和三级零部件协作企业，经过层层转包，最后将各层次零部件企业的零部件集中到整车厂商进行总装，形成金字塔形多层交互垂直式的、以合作为基础的分工转包模式。

通过这种组织形式，各主要汽车公司形成了自己的汽车零部件供应采购体系和广泛的协作网，而汽车零部件企业加入主要汽车公司的协作网后可以长期稳定地供货。如丰田汽车公司 70% 的零部件产品通过外部采购与协作企业共同完成。

2. 欧美模式

欧洲模式是以市场竞争方式选择各级供应商。汽车制造企业与零部件企业之间保持相互独立的契约关系，主机厂汽车零部件的采购完全自由，不受汽车零部件厂的制约，同时零部件企业也可以自主开发新产品供汽车企业选择，实现各自的发展。

美国模式也是以主机厂为主，按照产品的详细图样设计进行招标，主要以投标价格为基准向多个零部件厂商订货。汽车制造厂与零部件厂的责任分明，汽车零部件企业与汽车公司处于完全平等的地位。欧美的汽车制造厂商也更加依赖于外部独立的零部件配套厂。

在欧美模式下，零部件厂商不再是传统的来料加工，而要承担产品设计、制造、检验、质量、供货以及市场服务的全部责任。同时，汽车制造厂逐步压缩直接供应源，尽可能减少直接交易的配套厂，形成了“宝塔”形供货体系。一级配套厂向汽车制造商以总成而不是单个零部件的形式提供系统服务，同时管理和协调二级、三级协作厂商。

3. 中国模式

汽车零部件供应厂商与主机厂商存在隶属关系。零部件厂商是汽车主机厂的核心企业，作为汽车制造厂的全资子公司，满足汽车厂商的采购生产需要。零部件厂商作为主机厂直属专业生产企业，一般都具有技术开发、设计能力。汽车厂商提供车型的技术参数及使用要求，由零部件企业组织批量生产所需产品，相当于定购生产。

采购模式上，以汽车生产采购企业为核心，多层级实现零部件供应，形成围绕主机厂零部件需求的环形供应体系。中心环是汽车生产采购企业，负责提出需求，制定价格，购买货品。第二环为核心零部件生产供应企业，由汽车主机厂全资控制，控制所有权和价格、产品规格。第三环是骨干零部件生产供应企业，由汽车主机厂通过参股、控股的方式控制和管理，整体部署骨干层零部件企业的生产活动以采购所需产品。第四环是协作企业，是由骨干层零部件企业与协作层企业通过契约关系完成采购与供货相关活动。采用这种模式，汽车主机企业必须设有庞大的部门负责采购供应的管理、控制和协调，造成效率低、运行成本高，企业竞争力下降。随着经济体制变化、合资合作以及市场竞争的加剧，之前以某个整车系统为中心进行配套的体系也在向欧美模式转变。

4. 全球采购模式

全球采购模式是在当前汽车工业全球化背景下形成的主要采购模式。由于市场竞争的加剧，各汽车制造公司纷纷打破传统的采购渠道，实行全球采购、全球生产、全球合作与开发、全球销售的全球经营策略，制定了质量好、价格低、准时供货和服务好的采购政策；同时，从零件采购改为模块化组装采购，以减少装配工作量。随着产品开发和上市周期的缩短，汽车主机厂与零部件企业间的合作越来越深入。核心零部件企业早期参与主机厂研发和设计，以共同推动先进技术的研发和应用，提高竞争力。

16.1.2 按类别归属区分的采购模式

按类别归属区分，有分散采购模式和集中采购模式。

1. 分散采购模式

分散采购模式是汽车企业在进行采购工作时，对一些不具有通用性的零部件产品采取独立分别采购，以减少工作量，提高工作效率。但是分散采购的采购成本较高，涉及采购量、物流运输、采购人员管理等方面。

2. 集中采购模式

集中采购模式是对相同需求的大宗产品进行集中化采购的现代采购模式。通过合理的分析和评估，对采购产品的重要程度、成本进行考量，重点管理对企业生产影响较大的主要采购内容，适当降低对企业生产影响较小的采购内容的管理，压缩管理时间，提升管理效率。

集中采购具有采购规模大，产品、运输、谈判等的总交易成本低，易形成战略性采购关系管理的特点。集中采购管理主要是把采购业务归口一个部门管理，消除多头指挥、重复采购和重复库存等现象，提高企业的整体购买力。集中采购通过建立信息平台，跨越组织协调的边界，消除传统采购中部门之间的权力冲突，使企业的不同部门、不同管理层通过信息系统对运作中出现的问题一目了然，从而实现对整个物流过程有效的管理、协调和控制。

（1）集中采购的典型应用模式　一是集中定价、分开采购；二是集中订货、分开收货、分开付款；三是集中订货、分开收货、集中付款；四是集中采购后调拨模式。采用哪种模式取决于集团对下属公司的股权控制、税收、物料特性等因素，一个集团内可能同时存在几种集中采购模式。

集中订货、分开收货、集中付款模式的基本流程是：集团总部或采购公司负责管理供应商及制定采购价格等采购政策，并且负责采购订货工作；分子机构提出采购申请，集团总部或导购公司进行汇总、调整，并根据调整结果下达采购订单、发收货通知单给分子机构；分子机构根据收货通知单或采购订单进行收货及入库；集团总部或导购公司汇集分子机构的入库单与外部供应商进行货款结算，并根据各分子机构的入库单与分子机构分别进行内部结算。

集中采购后调拨模式的基本流程是：集团总部或采购公司负责管理供应商及

制定采购价格等采购政策，并且负责采购订货工作；分子机构提出采购申请，集团总部或采购公司进行汇总、调整，根据调整结果下达采购订单并完成后续的收货、入库、外部货款结算处理；之后，根据各分子机构的采购申请，集团总部或采购公司启动内部调拨流程，制订调拨订单并调拨出库，分子机构根据调拨订单作入库处理，两者最后作内部结算处理。

（2）集中采购模式主体实施　集中采购模式适用企业采购量大，一个采购部门来办理即可充分满足各单位对可以集中采购的物料的需求。企业信息系统相当便捷，不影响需求时效。企业主要物料规格集中度高，采购需求的通用性高，集中采购就可以达到“以量制价”的效果。

集中采购是通过公司或集团主管部门下设的集中采购部门或采购机构代理采购完成。企业需要建立采购管理平台，整个采购管理平台是由一系列数据库组成的高效的管理信息系统，各个需求部门将需求计划输入采购管理平台的数据库，数据库可根据现有库存量、材料基准用量、采购周期等自动计算出材料所需采购品种、采购要求、到货时间等，并且自动结合市场供给情况选择合适的供应商；采购员通过采购平台实现采购的一系列流程交易，进行验货、收货，然后供应给各个需求部门。

集中采购能保证原材料的及时供应，提高采购效率，降低采购成本。集中采购模式在保证供应商经济效益的同时，也实现了企业采购成本的降低，提升了企业的综合市场竞争力。

16.1.3　按采购渠道区分的采购模式

按采购渠道区分，有电子商务采购模式和实体采购模式。

电子商务采购模式是伴随互联网、IT信息发展、物流业发展而形成的。电子商务通过便捷的图片、资料信息完成评价、评估、定价考察等，能够在一定程度上减少汽车企业的采购费用。

实体采购模式是通过到产品销售地进行实体考察，能够在一定程度上保证货物的质量，具有较强的可靠性。

目前，电子商务采购模式越来越受到汽车企业青睐。企业通过采购平台，实现线上交易，完成全部采购流程及管理。线下通过实物验收，完成便利的采购交易，并且通过线上反馈，及时了解供应商的改进及新产品开发进程，以更好地适应企业产品研发、生产的需要。

16.1.4 企业采购管理趋势

为了应对日益激烈的市场竞争，汽车主机厂与零部件企业日益形成了紧密合作的战略性采购管理关系，实现以双赢采购（Balanced Sourcing）为宗旨的战略合作模式。双赢采购要求企业从采购业务、采购技能、采购组织及采购管理上，实现从传统的非合作性竞争走向合作性竞争的双赢机制。

在这种共赢机制下，汽车主机厂要实现几个转变：第一是从单一产品的成本节约转向长期稳定的成本降低战略。长期稳定的供应商大大降低了协商成本，减少了协商障碍，产品设计、开发、生产的参与更为深入。第二是从多供应商配额选择转向早期供应商参与产品设计的投资，按照设计投资给予供应商配额份额。供应商参与制造商的许多活动，他们往往最了解企业的强项和弱项，另一方面，供应商本身也可能在某些方面是行业的领先者，他们是制造商进行标杆学习的最好选择。供应商参与到制造商的管理过程中来，可以使制造商在改善质量、降低成本、提高管理水平等方面得益。制造商和供应商通过共同制订质量方案，确定合作目标而获得高度整合。第三是从交易型关系转向供应商协同。汽车企业与供应商的协同从交易数据深化到研发设计协同、生产协同和供应协同等。

16.2 企业建立集中采购平台案例

16.2.1 奔驰建立统一采购平台

1. 奔驰统一采购平台 GLOBUS

奔驰建立统一采购平台 GLOBUS 和在线招标平台，使全球全集团所有的业务单元都能看到任何一个零件定价的结果和过程，给不同地方的采购人员在寻源定点的时候提供资源和数据参考。

GLOBUS 支持集团本地化和全球化的采购服务，覆盖各个采购模块，为其他专业部门提供评估全局供应商的接口，从招投标数据到协议生成的各个阶段保证了集团和供应商之间信息的一致。奔驰通过 GLOBUS 可以挖掘各个区域的采购市场潜力。

奔驰通过在线招投标平台提出请求，并通过价格比较筛选供应商，自动生成相关文件（如图样、采购条件、特定需求等），迅速召集供应商，对采购方收集的不同解决方案进行实时评估；平台还可以提供报价决策和订单配售，邀请供应商在线即时参与竞价，平均每笔采购订单仅耗时 30 ～ 60min，具有高效的特点；

另外，平台还可以保证采购方及供应商双方审计、修订等过程操作规范，提供充足的安全保障。

2. 奔驰采购模块

奔驰采购模块包括国际采购服务部门（IPS）、采购运输工具模块（PTB）、轿车及商务车采购（PMC）。完整且标准化的采购系统便于奔驰在全球范围的业务发展，同时将全球的采购报价程序集成在中心平台上便于其统一管理及拓展。

3. 奔驰供应商管理

奔驰建立了统一供应商信息平台。通过供应商信息管理系统（SIM）及供应商门户（DSP），奔驰可以将数据共享给供应商，并实现与供应商之间有效的信息互动。SIM 包含联系人数据管理、供应商业务单元管理、供应商层次结构管理、供应商地址数据管理四个功能结构。如图 16-1 所示。其中，联系人数据管理负责创建、删除、搜索联系人，更新联系数据以及自动更新请求；供应商业务单元管理可以创建、更新、删除、查看存储数据，可进行业务单元数据位置的连接与分解。这两个功能结构使 SIM 可以保证核心数据（如联系人及业务单元等）的精准性和时效性。奔驰供应商通过 DSP 维护自己的数据板块，为保证其准确性和时效性，SIM 每 9 个月自动更新校核一次，通过红绿信号灯指示数据更新状态，绿色表示数据更新完毕，显示为最新的有效数据；黄色表示数据正在更新，需等待；红色表示数据尚未更新，显示数据无效不可用。供应商层次结构管理负责处理供应商层级结构更改请求，供应商地址数据管理则处理供应商地址数据更改请求。

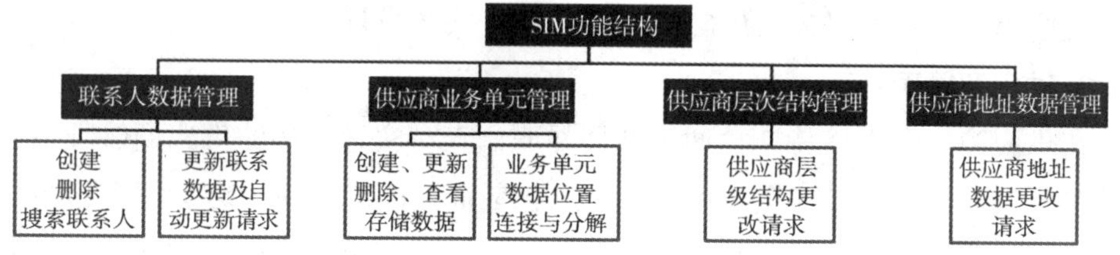

图 16-1　奔驰汽车 SIM 功能结构

SIM 具有以下特点：①用户界面友好，使用方便简单，所有数据仅需在这里进行维护，并且所有下游系统数据都可以基于 SIM 进行更新。②具有标准统一的供应商数据创建过程，新加入的供应商通过系统的自动验证，最终可以集成到已有供应商集合中。③可扩展性地提升全球性业务，不同区域的数据库能够逐渐集成到该系统，最终实现所有采购单元对全球供应商数据的对接。④提升双方运营效率，不仅使奔驰内部的商业运作更加高效，同时促进了其与供应商的合作双赢。

16.2.2 特斯拉汽车建立采购平台

采购环节，特斯拉主要通过采购成本管理、多种采购策略、供应商管理、集中采购平台和采购模式创新等方式实现高效低成本的采购模式。

1. 采购成本管理

特斯拉在核心零部件上首先通过自主研发的方式实现了内部供应，极大地降低了总成本。其次，加大核心电动机电池及管理系统的研发，掌握主动权，同时成为同行企业的供应商；严格控制供应商数量，强化供应商质量管理，建立灵活高效的合作关系，形成良好的供应体系。

2. 多种采购策略

特斯拉初期议价能力很弱，供应效率低。为解决这些矛盾，特斯拉制定了建立供应商平台、全流程采购管理、敏捷供应和供应商共同成长等采购策略。

在供应商平台化方面，特斯拉实行供应商统一管理，简化了供应商管理流程，与供应商资源共享，并且让供应商参与到采购项目管理中。

在全流程采购管理方面，直销方式产生真实的采购需求，采购则将模块信息与全流程信息进行互联，打造高度集成统一的 IT 信息管理系统。

在敏捷供应方面，特斯拉敏捷高效的采购体系能够配合研发生产模块，采购管理流程实现数字化；使用 JIT 采购模式，实现无库存管理；特斯拉和供应商一同不断优化供应体系，提高采购效率。

在与潜在供应商共同成长方面，特斯拉以前瞻性眼光选择新供应商，甚至行业外供应商，并且积极参与供应商产品开发，共同成长。

3. 供应商管理

在供应商寻源中，特斯拉通过开展尽职调查，实行严格的供应商管理机制，有效控制风险，提高供应质量，并且要求供应商之间广泛应用这套调查程序。

特斯拉尽职调查分五步骤展开：第一步，建立一个强大的管理团队，该团队由供应链人员组成，包括来自财务和法务的人，团队中每个人着重为“尽职调查程序”努力；第二步，扫描所有供应链中商务领域来识别风险，对不一致的和未完成的工作任务用“红色旗帜”标注；第三步，核查带有“红色旗帜”标记的事件，为处理违反要求事件制订策略；第四步，依靠寻源初始无冲突程序，邀请第三方审计组织对一级供应商供应链和原料进行审计；第五步，第三方审计组织对所有审计形成报告，并向相关组织汇报。

此外，为了和供应商保持紧密联系，特斯拉搭建了供应商信息共享平台。平台可以进行供应商管理、订单管理，并且与供应商信息共享，能够实时查看和沟通数量、规格、质量、物流等信息。当新项目需要供应商改变产品规格、数量要求时，这些信息都会被共享到这个平台上，保证零部件的稳定供应。

特斯拉通过供应商平台实现了采购业务高度信息化管理，并且可与供应商保持紧密联系。未来规划建立制造业酒店，目的是使多个供应商在特定时刻处于同一地点，并且在共享服务中合作，让特斯拉可以和供应商实现多方的经济共赢。

4. 集中采购平台

传统的 ERP 系统解决方案，模块多、体量大、操作不够便捷，无法响应特斯拉快速、灵活的应用需求。

为满足特斯拉对 ERP 环境快速、轻量、灵活的需求，特斯拉的 IT 团队为各个业务系统集成定制了一套高度统一的 ERP 系统，形成从原材料采购、研发、生产到销售的完整闭环，如表 16-1 所列。

表 16-1 特斯拉 ERP 开发

开发目标	搭建高效灵活的定制化 ERP 系统
开发人员数量	250 人以上
开发周期	4 个月
简述	数据联接高度集成，支撑特斯拉所有部门

采购平台的特点：一是特殊定制，特斯拉为新能源产品、信息系统产品设置了特别的采购流程，并且可以在定制系统中实现。二是全流程统一管理，包括采购在内，从上游研发、制造到下游销售、服务都能通过 ERP 平台进行全流程统一管理。三是标准化操作，采购模块与上下游各个部门在统一平台上按同样的标准和规范进行操作。四是高度透明性和一致性，采购模块和其他模块的衔接度很高，数据可以快速进行交互，并且各个模块之间保持高度的透明性和一致性。

5. 采购模式创新

通过在采购策略上的持续创新，特斯拉拥有了领先的供应商资源，议价能力得到增强，供应效率不断提高，供应体系协作模式越来越成熟，很好地支撑了特斯拉领先的商业计划。

特斯拉在模式创新上主要分为外部创新和内部创新两部分。

在外部创新方面，特斯拉和其他知名汽车厂商（如戴姆勒、丰田）合作，建立伙伴关系，在基础零部件上获得较低价格的同时，在关键零部件上稳定供货渠道及零部件质量，获得了充分的战略优势；特斯拉引导跨界供应商，创新地把原本非汽车行业的厂商引导到电动汽车行业，与之协同开发，收获新技术及优质供应商资源，掌握主动性；在与消费者紧密互动方面，特斯拉创新的汽车直销模式保证了和消费者的充分沟通，并且及时获取真实的产品意见和订单，有助于整个供应链体系的良性发展。

在内部创新方面，特斯拉创新的企业文化渗透到整个供应链体系中，影响特斯拉价值链的每个环节；通过高度集成化的 IT 平台，大多数的企业业务都在平台上完成，数据的有效流通和交换极大提高了信息流转效率，形成了敏捷开放的供应链体系；特斯拉综合对市场和自身研发能力的分析，选择自制核心的电动机、电动单元、充电装置等部件，充分占据了电动汽车市场的优势。

16.2.3 索尼移动建立的统一采购模式

1. 索尼移动统一采购的优势

索尼移动在统一采购方面具有较领先的优势，体现在人才队伍、流程管理、组织架构和平台体系化等方面。

在人才队伍方面，索尼采购团队有近 70 人，而且近半数以上采购人员具备较强的业务和数据分析能力。

在流程管理方面，索尼采购部门具备成熟的质量管理办法，管理流程完整规范，特别是在成本分析方面具备较大的创新性。

在组织架构方面，索尼采购实行扁平化管理模式，通过建立少的层级，实现多的沟通。

在平台体系化方面，索尼建立了统一的采购平台、成本管理平台及大数据平台 。

2. 索尼移动统一采购平台

索尼移动统一采购平台在企业整个应用体系里占有重要角色，与销售、研发、生产、财务等重要应用系统在数据和标准上互联互通。

索尼移动统一采购平台与周边 IT 应用的数据交换主要包括三大模块：采购平台设置外部接口与供应商进行主数据、议价等数据交换；产品生命周期管理平台储存产品主数据；SAP 交易系统与主数据系统设置有数据交换通道。如图 16-2 所示。

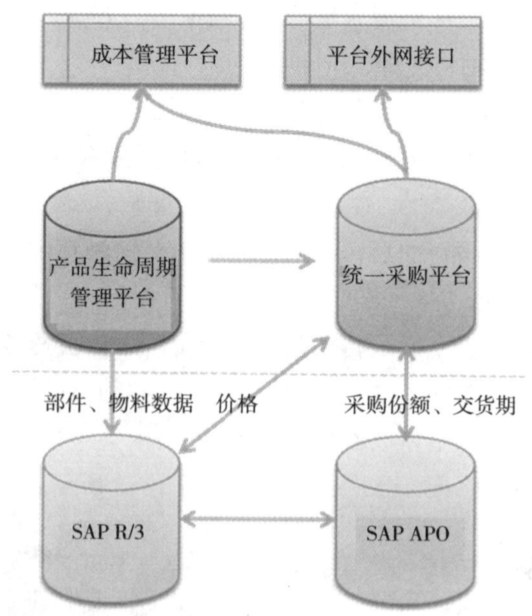

图 16-2 索尼移动统一采购平台与周边 IT 应用的数据交换

3. 索尼移动采购成本管理平台

索尼移动采购成本管理平台综合供应商、销售计划、生产计划、产品生命周期等各方面信息，进行综合数据分析，辅助实现采购成本的最优化决策。

具体来讲，整个决策过程发端于索尼移动。首先，索尼移动将基于销售量及预测销量产生的生产计划、物料主数据及库存等信息传递给统一采购平台；随后，统一采购平台在成本管理平台数据分析的基础上，综合考虑供应商报价及供货周期，确定最终采购价格及从各供应商采购的份额，并将这些数据传递给供应商。

索尼移动采购平台具体功能包括外部供应商、订单管理及内部报表生成，整个平台的设计遵循 4W 设计和管理理念。

外部供应商和订单管理功能包括对供应商、ODM/OEM、子组装供应商管理，协议生成和订单管理以及项目管理等。供应商管理包括常规价格协议、供应商信息管理、部件消耗预测（通过 SAP 规划模块实现）；ODM/OEM 管理包括对供应商及生产商等外部厂商的主数据、价格流程及报销的标准物料价格等商业数据的管理；子组装供应商管理包括从柔性电路板供应商获得主数据和价格等的管理；协议生成和订单管理包括完成招投标，生成价格协议合同和进行订单管理等。内部报表功能包括阅读成本预测、贸易合规、软件成本预测等。

索尼移动采购平台设计遵循索尼特定的4W管理理念，即：

Who：采购经理、物料经理、业务控制；

What：合同、贸易数据、后勤数据、成本预估；

Where：产品生命周期管理、采购平台、SAP、成本分析平台；

Why：常规价格协议存储、议价、内部报表展示。

索尼采购成本管理平台的后台数据框架基于公司级别统一的数据仓库，前台大数据分析工具基于QlikView报表工具。

索尼移动成本管理平台通过将大数据应用于成本分析业务领域，识别采购过程中的原始采购件与二次加工件，即识别集成供应商的有效附加值，进行柔性电路板采购成本分析，确保整体成本最低。

柔性电路板（FPC）采购相关业务流程如图16-3所示。

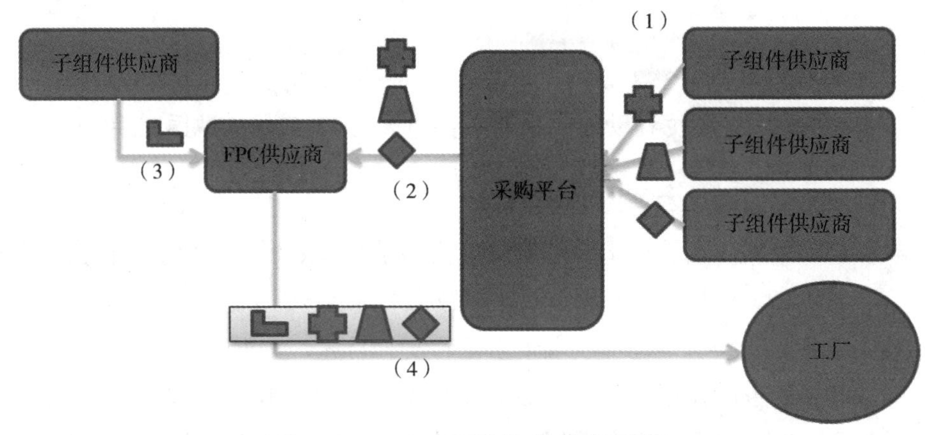

图 16-3 FPC 采购相关业务流程

FPC采购相关业务流程中涉及的具体过程包括：索尼移动与各子组件供应商议价、索尼移动将子组件卖给FPC供应商、FPC供应商自采购部分子组件、FPC供应商将完整的FPC卖给索尼移动。

16.2.4 中国中铁建立采购电商平台

中国中铁股份有限公司是集基建建设、勘察设计与咨询服务、工程设备和零部件制造、房地产开发、铁路和公路投资及运营、矿产资源开发、物资贸易等业务于一体的多功能、特大型企业集团。

1. 中国中铁建立采购电子商务平台

2013年5月，中国中铁成立了鲁班（北京）电子商务科技有限公司，负责采购电商平台的建设和系统运营。2014年1月3日，中国中铁采购电子商务平台成功上线，满足了中国中铁采购过程中不同维度的交叉管理需求。

中国中铁电子采购平台通过覆盖采购中心、13 000 多个项目部、10 000 多个供应商、6 000 多名专家、审计监察部门，与我的钢铁网、中国联合钢铁网、中国煤炭资源网、中国价格信息网等进行价格信息交互，与中国建设银行、平安银行、阿里巴巴、京东等进行交易信息交互，且实现 ERP 数据交互，最终搭建灵活经济、公平公开的平台，促成规范、系统化的集中采购模式。

2. 中国中铁电子商务采购平台功能

中国中铁电子商务采购平台提供多个层级的纵横向协同模式快捷的需求汇总、集中采购及自采流程管理，支持招标采购、比价采购、竞价采购、协议采购、战略采购等多种采购寻源模式，以此提高了采购透明度，实时掌握和监控采购的寻源过程，实现集中采购资金管理。平台通过与国内银行、财务公司等对接，为采购用户、供应商用户提供多元化、方便快捷的资金结算、在线服务，并为集团公司级用户提供资金、额度管理系统，满足集中采购、资金集中管理需求。

16.2.5 无锡威孚高科建立统一采购平台

无锡威孚高科技集团股份有限公司拥有 10 家全资和控股子公司，2 家联营企业（中外合资公司），主营汽车零部件，包括燃油喷射系统、尾气后处理系统、汽车进气系统三大板块。

在互联网采购方面，无锡威孚高科积极推进信息化建设，建立集团统一采购平台。在推进信息化建设方面，完成集团网络准入控制系统的建设，实现集团内各部门的逻辑整合，推进集团 UC 统一通信系统的运用，完成数据中心存储扩容等工作，基本实现了集团 OA 平台的统一和业务流程的标准化。同时，启动集团商业智能 BI（一期）项目和 ERP（二期）项目，在重点事业部及子公司推进实施；建立 SRM 系统，集团 SRM 一期项目已进入系统搭建阶段，上线后可建立统一的集团采购管理平台，建立供应商标准化管理体系。

16.3 汽车智能化要求企业建立统一采购平台

智能汽车时代，要求采购模式要更加多元，供应商超出了传统汽车的链式、环式范围，形成以环式为主、呈发射状向外延展的网状结构，以最大化节约采购成本。

汽车企业建立统一采购平台，有利于汽车企业与上下游零部件企业、智能汽车生态圈内企业进行协同研发、设计和协同生产；有利于推进集团化采购，提高议价能力，降低成本；有利于实现采购流程网络化，提高采购效率，增加采购透明度。

16.3.1 统一采购平台功能

统一采购平台实现的具体功能包括计划管理、寻源管理、采购执行及库存管理。

在计划管理方面，统一采购平台能够根据采购业务中的各种需求计划与预测，将采购计划与财务相结合，进行规范的计划提报、审核与执行管理，更加有效地实行统一管理与集中采购。

在寻源管理方面，统一采购平台支持采购部门参与产品研发，并能够对采购寻源的全过程进行互动式监控，为采购寻源方案提供多种采购寻源方式。

在采购执行方面，采购平台可以帮助实现供应商与汽车企业之间的协同。

在库存管理方面，可以实现的功能包括库存定位、库存周转、关键物料库存管理、最小最大安全库存监控。

统一采购平台将极大地提升企业内外部运营效率，达到节约成本、增加透明度的目的。从内部角度来看，主要是实现采购规模化、标准规范化、流程网络化、数据透明化；统一采购平台与研发、生产等相关业务系统关联，通过获取采购需求，制订采购需求计划，并在 ERP 流程中提供审批和执行接口，实现从产生采购需求到确认采购订单的无缝连接。从外部看，加强供应商协同，促进供应商响应效率的提升。

16.3.2 企业建立统一采购平台的要求

统一采购平台要允许内部人员和外部供应商共同管理，以主数据模块作为支撑，业务层覆盖计划、寻源、执行到库存的全过程，并且为采购管理提供决策支持。

统一采购平台包括三个层面，底层是支撑层，包括供应商全生命周期管理、零部件主数据管理、专家库管理和价格库管理。中间层是业务层，包括计划管理、合同管理采购寻源、目录管理、货源确定、订单管理、验收管理、库存管理和质量管理。最上层是管理层，包括策略标准、决策分析和业务情况。如图 16-4 所示。

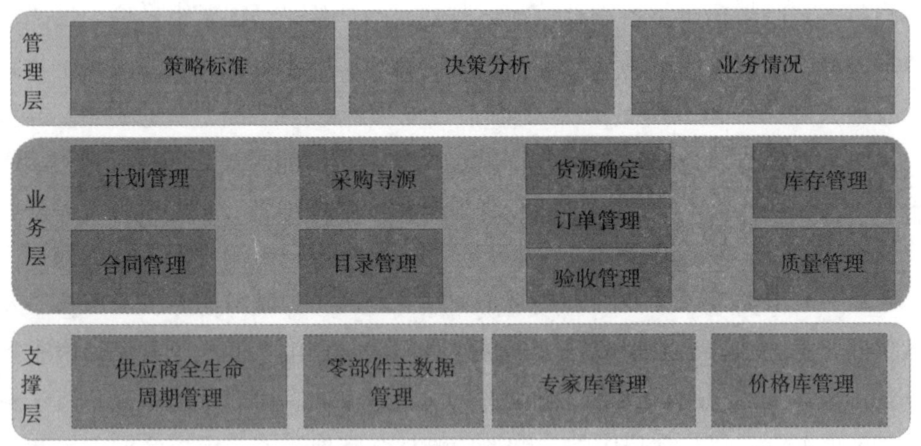

图 16-4　统一采购平台架构

1. 统一供应商管理体系

统一的供应商管理体系是实现统一采购的基础，在统一采购平台中需要通过建立一套完整的、灵活的、通用的供应商准入、供应商评估标准及供应商绩效管理流程来提升供应质量，优化供应商体系，从而保障采购流程的顺利展开。如图16-5所示。

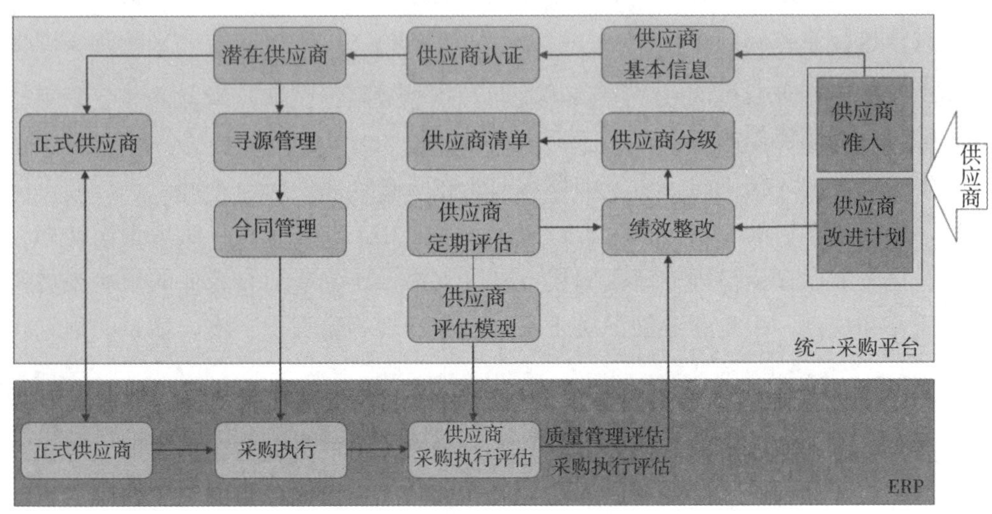

图 16-5　统一供应商体系框架

2. 采购执行和供应商协同

统一采购平台要能实现企业和供应商全过程的信息协同，包括产品设计、需求预测与计划、采购执行、库存信息、外包生产、JIT/VMI 寄售采购、发票与支付信息等协同互动过程。

3. 采购需求综合规划

统一采购平台要与研发、生产等相关业务系统关联，通过获取采购需求，制订采购需求计划，并在 ERP 流程中提供审批和执行接口，实现从产生采购需求到确认采购订单的无缝连接。

大众汽车建立使用零部件供应商网络系统 ONE.KBP。2017 年 7 月，大众汽车集团开始在全球范围内使用连接零部件供应商和大众集团各部门的业务平台 ONE.KBP（Konzern Business Platform）。平台除了将与大众集团有合作关系的 40 000 多个供应商和大众集团的采购部门进行联网外，还实现了金融、生产、物流、质检和技术部门 30 万员工的连接。

4. 采购业务电商化

在“互联网 + 应用”下，统一采购平台要与互联网技术紧密结合。建立基于电商平台的统一采购平台，实现采购业务的电商化，公开透明。供应商管理信息系统也融于电商系统，实现自动评级、监督、采购业务数据的线上管理。

5. 采购组织管理

为建立统一采购平台，企业要进行相应的组织结构设计和职能职责限定，并通过具体执行业务部门进行管理、监督和定期考核，以确保在统一采购时实现提升效率、降低成本的目标。

6. 建立支撑体系制度

平台支撑上，在平台体系方面要求对平台进行优化，统一不同主机厂的主数据库，实现数据层的一致；在流程设置上，关联相关业务平台，实现贯穿计划、寻源、执行和库存全过程的流程固化。制度支撑上，建立适合企业的采购委员会执行监督和规划，采购业务部门负责采购运营管理等流程、制度、体系的规划和执行。

16.4 采购业务流程优化

在采购管理系统中，集团内部采购业务（包括工业企业和商业企业之间），可以通过两个方向的数据传递和两种分销业务的处理来实现。

16.4.1 业务流程设计

业务流程设计是按企业业务规范设计业务流程工具，是实现用户业务处理自定义的必要基础之一。在工业系统中实现系统自定义，即在系统设置的所有业务单据关联的路径中，用户可选择一条、多条或全部，系统将根据用户的设置进行相关控制，保证企业独特业务流程的需要。

业务资料联查：单据关联（包括上拉式和下推式关联）是工业供应链业务流程的基础，而单据联查即查看业务流程中的单据关系。采购管理系统中提供了单据、凭证、账簿和报表的全面关联及动态连续查询功能。

多级审核管理：多级审核管理是对多级审核、审核人、审核权限和审核效果等授权的工作平台，是处理业务单据时采用的多角度、多级别和顺序审核管理方法。它体现了工作流程管理的思路，属于 ERP 系统用户权限性质的基本管理。

代管和发运业务管理：代管和发运业务管理提供代管物料收、发和存的业务处理，并提供相关报表供用户查询和监控。此外，采购管理系统还专门管理货物发运业务。

物料对应管理：物料对应管理通过物料对应表来实现物料在用户与往来单位之间的对应管理功能。物料对应表是企业的重要业务资料，是供应商对应物料代码、名称表与客户对应物料代码、名称表的合称。在采购管理系统中，分别提供供应商和客户对应物料的代码、名称表。在单据和报表中，直接调用相应代码、名称，可供查询和显示，满足用户的对应业务需求。

系统参数设置：系统参数设置是指初始设置业务操作的基本业务信息和操作规则，包括系统设置、单据编码规则、打印设置、单据类型及各系统选项等，帮助用户把握业务操作规范和运行控制。同时，采购管理系统将 ERP 系统所有业务基础资料和必要的管理辅助资料汇总，统一管理和维护。

报表查询功能：该功能包括查询并使用采购业务报表、采购分析报表、万能报表和查询分析工具。采购业务报表是针对用户已经实现的业务处理，将所取得的业务成果进行筛选和分析，以综合反映企业采购业务的信息；采购分析报表分析采购流程中各项主要业务的处理结果和运作情况；万能报表和查询分析工具是一种自定义形式的报表，是方便用户根据自身查询分析需要制作自定义业务和分析报表的工具。

辅助工具：利用功能强大、使用灵活方便的系统辅助工具，用户可以进行数据处理，以满足需要。

供应商基本资料建立：采购部门将各供应厂商编号、名称、发票用地址、付款条件、负责人、联络人、统一编号、成立日期、资本额、往来银行名称、基本产品类别、设备状况等资料输入计算机，即可迅速列印和查询供应厂商有关资料，并供评估选择合作对象的参考。

供应商物料资料建立：采购人员将各供应商当前供应物料的编号、品名规格、单价／基本价、产能等资料输入计算机，可作为已授权交易的认可，依此可实现对采购单开立厂商的控制，可提供各项询价、比价报表的查询和列印，以迅速决定最适合的供应商，降低采购成本。

采购单异常结案处理：当各供应厂商均按采购单项目完成交货验收作业后，计算机会自动将采购单结案，如因订单取消或数量变更等原因取消采购作业时，需对采购单进行异常结案处理。该系统提供了按订单、采购单号作结案处理的方式，提供采购单尾数报表，以便物控采购人员确定是否取消采购单。

物料验收资料处理：物料通过品管单位检验后，则可执行此项作业，使交货明细和应付账款明细表可被查询和列印出，并列印供应商评核月报表和物料评核月报表，供各部门随时掌握有效的资讯，提高处理的时效，促使决策达成。

采购资料维护：经由物料需求管理系统产生采购建议单，采购人员衡量现有供应商的产能、价格及服务水准分配采购数量，自动开立列印采购单，并将采购资料传输至系统作采购管理。

厂商交货资料处理：当厂商根据采购单号的指定项目交货到收料单位待验，品管单位可根据待验量和项目执行验收。采购单位查询这些资料，再进行催料作业，以避免缺料现象。

单价资料维护：系统提供的完整单价历史资料可供价格分析和管理人员进行采购价格查询分析，管制上涨单价，并可根据进料时间自动给定付款单价，避免人为疏忽造成付款价差。系统提供的报价历史查询、付款历史查询、加权历史查询等查询工具可使价格分析、成本会计、管理人员全面了解单价、成本的异动，以达到控制成本的目的。

代购材料管理：企业为保证产品质量，常常对料件原材料的产地和质量有特别要求（比如：外资企业），当料件制造商不能提供企业要求的原材料，或者购买的原材料价格偏高时，企业为保证产品质量和成本往往会帮厂商代购原物料以加工自己的料件，此类委外材料因不能按订单分批发放，故要对厂商库存进行记账。

系统将该类委外作为代购件处理，通过原物料发出、加工料件采购数量、加工料件交货数量自动记录厂商库存，提供厂商库存明细表进行库存对账处理，并提供原物料进出平衡分析表，分析代购材料发出和收回状况。

采购成本管理：采购成本最直接影响产品成本，系统按“期”对产品采购成本进行目标管理，系统提供本期与上期的成本差异分析，并以颜色区分成本上涨和下降，使得管理者能迅速准确地得到成本差异的真正原因，并迅速采取对策控制成本上涨。

16.4.2 构建采购管理的信息平台

采购信息管理平台改变公司整体的信息化现状，不断完善公司内部的网络功能，建立内部的数据信息库，实现订购、入库、验收等环节的电子化管理，以保证各种信息的准确从而达到方便查询以及信息共享的目的。充分实现信息资源的共享与交流，在此背景之下制订合理的采购计划从而降低采购成本，提高供应链的竞争力。

16.4.3 采购流程优化

采购流程中环节的缺失容易造成采购工作的随意性与不确定性，所以采购流程的优化非常重要。首先由总部的生产计划部门依据订单及市场的需求针对整个公司做出采购的总策略；然后，各区域及各个分工厂的采购部门在总策略之下制订自己的采购计划并上报给总部复核备案；之后，由各区域或各分工厂的采购部门依据不同的情况采取全球或本土化的采购方式，确定后向供应商发出询价，开始与供应商谈判及签订合同；合同签订后，供应商发货，公司收货验收，确认付款。最后需要注意的是，当公司交易完结之后，需要由采购人员对该次交易及供应商情况进行备案记录并做出评价，然后列入公司供应商资源库。

16.4.4 建立科学合理的供应商评价体系

要建立科学合理的供应商评价体系，首先，需要明确供应商的评价目标。一个企业对供应商评价的目标在于整合供应商资源，淘汰不合格的供应商，从而达到优胜劣汰的目的。因此，企业在开展供应商评价工作时也应在该目标之下进行，并应意识到该项工作关系到公司未来的发展。其次，应当准确地确立供应商的评价指标。这一重要环节关系到供应商是否继续成为公司的合作伙伴或被公司淘汰。实践中，企业通常将供应商所提供的材料、价格、售后服务、交货时间、配合公司生产研发的能力以及供应商自身生产能力、综合素质等作为指标内容对供应商进行评价。最后，企业成立评价小组对供应商做出评价，视评价结果做出不同的处理：对于严重不合格的供应商剔除出资源库，对于优秀的供应商可发展至战略型或重点型的供应商进行重点培养，普通合格的列入供应商候选名单中。

16.4.5 优化对采购人员的绩效考核

在供应链管理模式下，为公司培养优秀人才的同时，还应加强对人才的绩效考核，以激励员工以达到优胜劣汰的目的。在采购领域，除加强对采购人员的培训外，需要定期对采购人员进行业务考核并引入激励机制，激励员工更好地为企业服务。优化对采购人员的绩效考核，需要公司制订相关的考核制度，确定考核指标，依照指标进行逐项考核，最后针对考核结果做出处理。

第 17 章

汽车智能化对智慧物流的推动及要求

17.1 汽车物流的定义及模式

17.1.1 对物流的定义

国际上对物流有几种不同的定义。据美国物流管理协会定义，物流是对货物、服务及相关信息从供应地到消费地的有效率、有效益的流动和储存进行计划、执行和控制，以满足客户需求的过程。欧洲物流协会对物流的定义是：物流是一个系统内对人员和商品的运输、安排及与此相关的支持活动的计划、执行和控制，以达到特定的目的。日本日通综合研究所的定义是：物流是物质资料从供给者向需要者的物理性移动，是创造时间性、场所性价值的经济活动。

我国 2006 年国家标准《物流术语》（修订版）中对物流的定义是，物流是物品从供应地向接收地的实体流动过程。根据实际需要，将运输、储存、装卸、搬运、包装、流通加工、配送、信息处理等基本功能实施有机结合。

从上面物流的定义看，物流是指物品、人员或服务的流动，是一个过程。提升物流效率是提高供应商、制造商、分销商的相邻节点的效率和效益。

17.1.2 对汽车物流的定义

对汽车物流的定义有狭义和广义两种之分。狭义定义是指汽车供应链上原材料、零部件、整车以及售后配件在各个环节之间的实体流动过程。广义的汽车物流还包括废旧汽车的回收环节。

汽车物流渗透于汽车产业的每一个环节，汽车物流可分为零部件物流、整车仓储和整车物流 3 个大类。零部件物流又可按服务环节的不同，细分为零部件采购物流、生产物流、零部件进出口物流和售后备件物流等；整车物流可细分为商用车物流、乘用车物流和二手车物流。

汽车物流是汽车制造商生产经营活动的重要组成部分。随着生产技术水平的不断提高和企业内部管理手段的不断加强，企业在可控的生产过程内降低成本的空间越来越小，可采用的手段越来越少。而在生产之外的采购、运输、仓储、包装、配送等环节却有很大的潜力可挖。所以，积极采用先进的物流模式和物流技术来降低物流成本成为继降低人工成本和生产资料消耗成本之后的又一重要经营手段。

我国汽车物流企业主要分为三类：汽车厂商自己设立的下属物流子公司、第三方物流公司和中小型物流公司。其中，汽车厂商下属物流子公司代表主要有安吉物流、一汽物流等，主要采用自有运力和承运商模式相结合的方式，以集团内部业务为主要客户资源；第三方物流公司的代表为长久物流，采用承运商模式，主要依靠外部运力提供服务，由于独立于汽车制造厂商，可以服务于多家汽车制造企业；众多的中小型物流公司物流能力较弱，在获取客户资源方面较为困难，一般作为外协运力与大型汽车物流企业合作，进而参与到汽车物流服务中。

17.1.3 汽车物流的配送模式

在我国汽车行业物流配送发展的过程中，汽车行业物流配送的主要模式有市场配送模式、合作配送模式和自营配送模式，其中市场配送模式是我国汽车行业的主流配送模式。

（1）市场配送模式　市场配送模式就是专业化物流配送中心和社会化配送中心，通过为一定市场范围的企业提供物流配送服务而获取赢利和自我发展的物流配送组织模式。具体又有两种情况：①公用配送，即面向所有企业。②合同配送，即通过签订合同，为一家或数家企业提供长期服务，这是我国汽车行业最广泛的一种物流配送模式。

（2）合作配送模式　合作配送模式是指若干企业由于共同的物流需求，在充分挖掘利用企业现有物流资源基础上，联合创建配送组织的模式。

（3）企业自营配送模式　自营配送模式是指生产企业和连锁经营企业创建完全为本企业的生产经营提供配送服务的组织模式。选择自营配送模式的企业自身物流具有一定的规模，可以满足配送中心建设发展的需要，如上汽集团自有的安吉物流，也具有一定的规模。但随着电子商务的发展，这种模式将会向其他模式转化。

17.1.4 建立智能物流体系

提升汽车物流效率是提升汽车企业价值链效率的重要方面。据《经济日报》报道，欧美汽车企业物流成本约占销售收入的 8%，日本汽车企业为 5%，我国汽车企业为 15% 以上。我国商品车运输空返率约为 39%，车辆运输成本是欧美国家的 3 倍。所以，我国汽车企业物流效率有很大的提升空间。提升物流效率的主要办法是建立智慧物流体系。在我国从传统制造业向智能制造业转型的过程中，更要求物流方式、设备及物流管理向智慧物流转变。智慧物流是强调信息流与实物流快速、高效、通畅的运转，从而实现降低社会成本、提高生产效率、整合社会资源的目的。因此，建立智慧物流管理体系是智能汽车时代的一个基本要求。

17.2 我国汽车物流现状

17.2.1 我国汽车物流的发展经历了四个阶段

我国汽车物流随着汽车工业的进步不断发展，从其组织形式和经营模式来看，主要经历了四个主要阶段：

第一阶段（20 世纪八九十年代）：我国汽车工业起步，汽车物流规模不大，汽车制造企业一般都设立物流部门，主要满足企业自身对物流的需求。通用型物流还没有发展起来，在专业性方面还存在一定欠缺。

第二阶段（20 世纪 90 年代中后期）：我国汽车工业产销规模不断扩大，国内汽车企业对汽车物流的需求不断增加，很多企业设立物流子公司加强物流管理，如，上汽集团成立安吉物流，一汽集团成立一汽物流等。同时，第三方物流开始起步。

第三阶段（21 世纪初期）：第三方物流由起步向着专业化、规模化的方向发展，汽车行业第三方物流也有了一定规模。第三方物流以其灵活性、自主性和高效率服务获得汽车制造企业客户的大量订单，逐渐取得较好的效率和规模优势。

第四阶段（2010 年至今）：综合型汽车物流企业基本成熟。大型汽车物流企业逐渐将运输环节外包给承运商，专注于物流方案设计和物流网络优化等附加值较高的环节。信息化和物流业的融合正逐渐加深，智慧物流开始起步，从生产物流到营销物流，互联网、大数据、物联网技术正广泛应用在物流公司、企业的物流管理系统中。

17.2.2 我国汽车物流的特点和趋势

（1）我国物流业市场规模不断扩大　我国汽车物流市场规模不断扩大，由 2012 年的 4 749 亿元增加到 2017 年的 8 332 亿元。2012—2017 年，市场规模平均增长率为 11.9%。如图 17-1 所示。

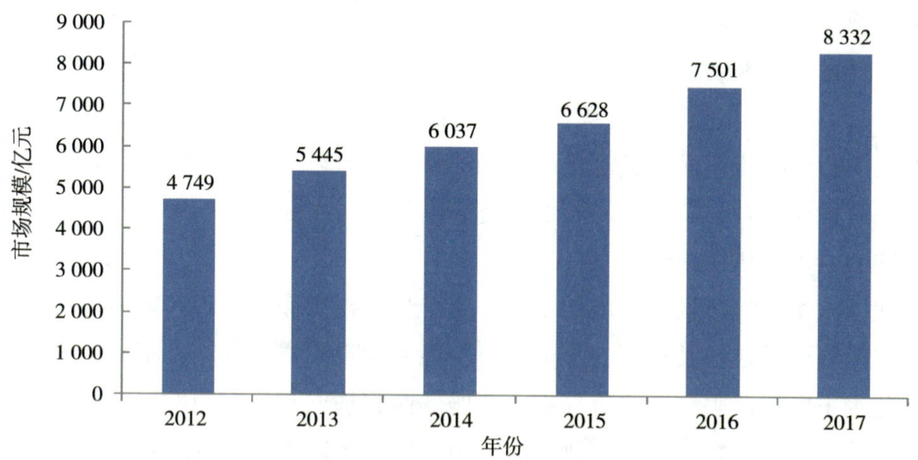

图 17-1　2012—2017 年我国汽车物流市场规模变化

（2）整车物流外包明显增加　除了企业自建物流公司服务物流行业外，我国汽车整车物流外包规模也明显增加。从 2013 年到 2017 年我国整车物流外包比例从 46% 增长到 63%。如图 17-2 所示。

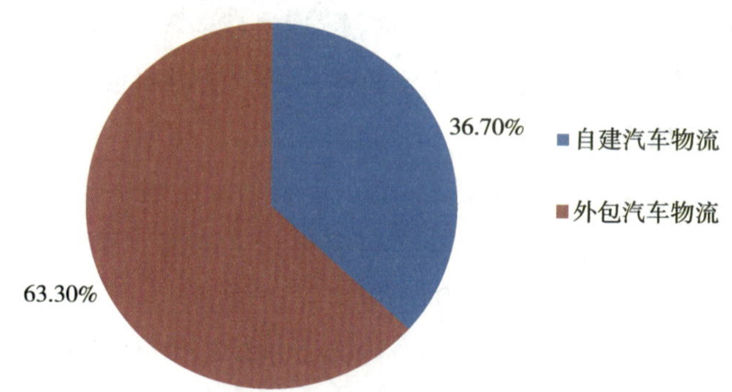

图 17-2　2017 年我国整车物流外包情况

（3）降低物流成本是我国汽车物流业的主要目标　随着我国汽车产业规模不断增大，汽车整车物流带来的市场竞争也越来越激烈，国际物流企业纷纷抢滩中国市场，降低物流成本是我国汽车企业面对的主要问题。2009—2016 年，我国全社会物流总费用在 GDP 中的占比由 18.1% 下降至 15.5%，但与发达国家物流费用占 GDP 约 10% 的比例相比还有很大差距。从物流主体上看，我国零部件企业的物流仍以汽车主机企业所属的物流公司为主，具有综合服务能力的第三方物流企业总体规模小、竞争力弱、物流业务资源少。相比之下，美国和日本汽车行业第三方物流使用比例超过了 80%，我国第三方物流大有发展空间。提高物流效率、降低物流成本、创新业务模式、开发行业新的利润增长点是政府、物流企业及客户力争实现的目标。

（4）我国汽车物流与欧美国家的差距仍较大　我国整车物流行业目前仍处于发展的初期阶段，而欧美等发达市场的整车物流已进入成熟阶段，并具有四个特点：跨行业整合、车企与物流供应链高度整合、不断开发的增值性服务模式、先进的 IT 系统和应用能力。

我国汽车物流市场化程度还不高，整车物流提供商大多和其所服务的整车企业存在归属联系，在某种程度上造成自身能力建设和提高的动力不足，物流服务商服务水平较低，限制了物流提供商的服务内容横向和纵向的发展。整车企业对供应链的整合及与物流提供商建立战略性合作关系还处于较初级阶段。

17.3　汽车物流的智能化趋势

17.3.1　智慧物流

据百度百科，智慧物流的概念起源于 2009 年，IBM 提出建立一个面向未来的具有先进、互联和智能三大特征的供应链，通过感应器、无线射频（RFID）标签、制动器、GPS 和其他设备及系统生成实时信息的“智慧供应链”概念。随后出现了“智慧物流”的概念。

“智慧物流”重视将物联网、传感器与现有的互联网整合起来，通过以精细、动态、科学的管理实现物流的自动化、可视化、可控化、智能化、网络化，从而提高资源利用效率和生产力水平，创造更多社会价值。

美国提出以互联网为本的智慧物流内涵。2009 年，时任总统奥巴马提出将“智慧的地球”作为美国国家战略，认为 IT 产业下一阶段的任务是把新一代 IT 技术充分运用在各行各业之中，具体地说，就是把感应器嵌入和装备到电网、铁路、桥梁、隧道、公路、建筑、供水系统、大坝、油气管道等各种物体中，形成所谓“物联网”，然后将“物联网”与现有的互联网整合起来，实现人类社会与物理系统的整合。这个整合的网络中存在能力超级强大的中心计算机群，能够对整合网络内的人员、机器、设备和基础设施实施实时的管理和控制，在此基础上，人类可以以更加精细和动态的方式管理生产和生活，达到“智慧”状态，提高资源利用率和生产力水平，改善人与自然的关系。

2009 年，我国基于物联网技术在物流业应用与发展的背景，首次提出了“智慧物流”概念并开始大力倡导。物联网技术是以感知层、网络层和应用层为三层架构技术体系，智慧物流是将物流实体网络通过物联网的感知和连接，实现物理世界与虚拟世界融合，使实物和信息技术融合。我国校企联盟提出了基于物流过程的智能化内涵概念，认为智慧物流是利用集成智能化技术使物流系统能模仿人的智能，具有思维、感知、学习、推理判断和自行解决物流中某些问题的能力，即在流通过程中获取信息从而分析信息做出决策，从源头开始对商品实施跟踪与管理，实现信息流快于实物流，即可通过 RFID、传感器、移动通信技术等让配送货物自动化、信息化和网络化。

总之，智慧物流是指通过智能硬件、物联网、大数据等智慧化技术与手段，提高物流系统分析决策和智能执行的能力，提升整个物流系统的智能化、自动化水平。智慧物流集多种服务功能于一体，体现了现代经济运作特点的需求，即强调信息流与物质流快速、高效、通畅地运转，从而实现降低社会成本、提高生产效率、整合社会资源的目的。

17.3.2 我国智慧物流的政策导向

2009 年国务院《物流业调整和振兴规划》提出，积极推进企业物流管理信息化，促进信息技术的广泛应用；积极开发和利用全球定位系统（GNSS）、地理信息系统（GIS）、道路交通信息通信系统（VICS）、不停车自动交费系统（ETC）和智能交通系统（ITS）等运输领域新技术，加强物流信息系统安全体系研究。

2011 年 8 月，《国务院办公厅关于促进物流业健康发展政策措施的意见》强调，加强物流新技术的自主研发，重点支持货物跟踪定位、无线射频识别、物流信息平台、智能交通、物流管理软件、移动物流信息服务等关键技术攻关。适时启动物联网在物流领域的应用示范。

我国是以信息化在物流系统中的应用为导向，推出的两项政策都从国家宏观层面强调了发挥地理信息系统等关键信息技术在物流信息化中的作用。2015 年起，我国政府开始陆续出台多项政策鼓励物流行业向智能化、智慧化发展，鼓励企业进行“互联网 +”建设，进行物流信息化与数据化等物流模式的创新。2016 年国家发改委发布的《物流业降本增效专项行动方案》中提出，交通运输部规划从基础设施建设等四方面着手帮助促进物流业降本增效等。

17.3.3 智慧物流是物流的发展方向

当前，物联网、云计算、移动互联网等新一代信息技术的蓬勃发展，使我国物流信息化朝着智慧物流方向发展。智慧物流的出现，标志着信息化在整合网络和管控流程中进入到一个新的、动态的、实时进行选择和控制的管理水平。

但是，我国先进的信息技术在物流行业的应用和推广水平仍然较低，自主创新和产业支撑能力不强，物流设施设备的自动化、智能化程度和物品管理的信息化水平与发达国家还有较大差距。

我国需要加快研究和制定物流信息技术、服务、编码、安全和管理标准，促进数据层、应用层和交换层等物流信息化标准的衔接，推动物流信息化标准体系建设。

物流信息化和数据化建设是我国智慧物流的国家导向。国务院办公厅《关于推进线上线下互动加快商贸流通创新发展转型升级的意见》中提出，鼓励运用互联网技术大力推进物流标准化，推进信息共享和互联互通；2016 年智慧物流市场规模超过 2 000 亿元，预计到 2025 年，智慧物流市场规模将超过万亿元；要求物流行业资源整合、提高效率和互联网化。目前，全国已有 400 万辆重型载货汽车安装了北斗、GPS 系统，还有大量集装箱、仓库、货物等接入互联网。大数据、云计算在物流行业的应用效果十分明显，要求物流公共服务平台、政府物流监管的信息化水平快速提升。无车承运人、物联网及区块链等新技术、新模式、新业态将推进物流产业链智慧互联。

17.4 我国智慧物流的发展现状

目前，我国已实现了物流采购、运输、仓储、配送等物流各环节的信息化运作，实现了物流供应链从上游供应商企业到下游销售商的全流程信息共享，尤其是物联网在智慧物流中的应用大力推动了物流业的革命性发展。我国智慧物流发展具体体现在以下几个方面：

（1）建立了完善的产品智能可追溯系统　以食品、药品为例，我国建立的智慧物流的食、药品可追溯系统为保障食品安全、药品安全提供了坚实的物流保障。粤港合作供港蔬菜智能追溯系统就是通过 RFID 标签实现了对供港蔬菜从种植、用药、采摘、检验、运输、加工到出口申报等各环节的全过程监管，可快速、准确地确认供港蔬菜的来源和合法性，加快了查验速度，提高了通关效率和查验的准确性。目前，在医药领域、农业领域、制造领域，产品追溯体系都发挥着巨大作用，有很多成功案例。海尔智能物流系统作为一个平台，包括资源平台、产品服务平台、解决方案平台等，将供应链管理、定制需求、通用需求结合起来，形成一个智慧物流生态。生态底层是物流网、营销网、服务网支撑的全线生态服务。

（2）建立了初级的物流过程可视化智能管理网络系统　全过程可视化智能管理网络系统是基于GPS卫星导航定位技术、RFID技术、传感技术等多种技术，在物流过程中可实时实现车辆定位、运输物品监控、在线调度及配送可视化管理。目前，我国在全网络化和智能化系统应用上处于初级阶段，如GPS智能物流管理系统、食品冷链的车辆定位与食品温度实时监控系统等，初步实现了物流作业的透明化、可视化管理。在公共信息平台与物联网结合方面，也在不断探索新的模式。

（3）建立了智能化的企业物流配送中心　全自动化的物流配送中心是基于传感、RFID、声、光、机、电和移动计算等各项先进技术，通过智能控制、自动化操作网络实现物流与制造联动，实现商流、物流、信息流和资金流的全面协同。例如，配送中心实现机器人码垛与装卸，无人搬运车进行物料搬运，自动化的输送分拣、出入库自动化堆垛、物流中心信息与制造业ERP系统无缝对接。物流系统与生产制造实现了初步的自动化、智能化。

（4）打造生产过程的智慧供应链体系　利用计算机信息技术、传感技术、EDI技术、RFID技术、条形码技术、视频监控技术、移动计算机技术、无线网络传输技术、基础通信网络技术和物联网技术等现代信息技术，构建完善的采购需求计划系统、物料需求计划系统、运输管理系统、仓储管理系统和配送管理系统，实现产品生产供应全流程可追溯；通过构建数据交换平台、物流信息共享平台、财务管理和结算系统、物流分析系统、决策支持系统，实现物流企业的信息化运作，实现整体供应链的信息共享，打造智慧供应链体系。

17.5　智慧物流技术现状

近几年，智慧物流的相关技术体系发展很快，使得智慧物流具备了技术基础，主要体现在：一是物联网技术的发展，二是大数据与云计算的发展，三是物流自动化技术的发展。

智慧物流技术应用主要有机器人与自动化分拣、可穿戴设备、无人驾驶叉车、货物识别四类技术。当前机器人与自动化分拣技术已相对成熟，得到广泛应用；可穿戴设备目前大部分处于研发阶段，其中智能眼镜技术进展较快。

很多先进的现代物流系统已经具备了信息化、数字化、网络化、集成化、智能化、柔性化、敏捷化、可视化和自动化等先进技术特征。很多物流系统和网络也采用了最新的红外、激光、无线、编码、认址、自动识别、定位、无接触供电、光纤、数据库、传感器、RFID 和卫星定位等高新技术。这种集光、机、电、信息等技术于一体的新技术在物流系统的集成应用就是物联网技术在物流业应用的体现。

17.5.1 智慧物流技术

智慧物流技术包括物流规划设计的可视化技术（仿真技术）、物流实时跟踪技术、网络分布式仓储管理及库存控制技术、物流运输系统的调度与优化技术以及物流基础数据管理平台和软件集成技术等。具体来说，智慧物流技术分为上层和下层两个层面。下层是技术支撑层，包括物联网技术、大数据技术、人工智能技术和优化管理技术。物联网技术实现全程追溯和质量控制，大数据技术进行用户分析与需求预测，人工智能技术实现智能运营和排产、识别和辅助决策，优化管理技术实现选址、目标、路径和调度优化。上层是智慧物流运作技术，从物的流动过程分为四类：首先是仓储优化技术，包括机器人与自动化、可穿戴设备、货物识别和无人作业；第二是智能调度技术，即优化运输；第三是最后一公里技术即无人机技术；第四是终端技术即智能快递柜。

目前，物流技术服务的应用场景主要包括以下几个方面：第一个是自动化设备应用，主要通过自动化立体库、自动分拣机等设备实现存取、拣选、搬运、分拣等环节的自动化；第二个是智能设备的应用，通过自主控制技术进行智能抓取、码放、搬运、自主导航，使整个物流作业系统具有高度扩展性，如拣选机器人、AGV 等；第三个是智能终端应用，使用高速联网的智能终端设备，物流操作将更加高效便捷，人机交互协同作业将更加人性化。

17.5.2 物流技术装备智能化应用状况

RFID 技术。在物流领域，应用最普遍的物联网感知技术是 RFID 技术，我国近 70% 的物流信息化采用了 RFID 技术作为物流信息感知技术。RFID 标签及智能手持终端产品被广泛地应用于传统物流装备，如仓储设备、输送设备、集装单元等，RFID 技术主要用来感知定位、过程追溯、信息采集和物品分类拣选等。

机器人与自动化技术。在物流拣选领域，通过指示灯系统引导拣选的电子标签拣选系统得到了广泛应用。该系统首先将订单进行电子化和信息化处理，分解成拣选信息，通过网络系统将拣选信息传输到需要拣选的相关货位，并把需要拣选的数量等信息通过货位上方的显示灯进行显示，引导拣选员按照指示灯一次拣选。这一技术简捷实用，在物流仓储领域得到广泛应用。此外，把订单拣选信息自动处理成语音系统，通过语音引导拣选也在物流领域取得突破性进展；把拣选信息输入拣选小车的显示屏，用拣选小车引导拣选的技术也发展较快。

在可视化物流设备方面，通过视频传感器实时感知物流作业状况和仓库管理状况的物流中心视频管理系统增长也较快，增长速度在 20% 以上。先进的自动输送分拣系统、全自动化仓储系统、红外感知技术、激光感知技术、RFID 感知技术、二维码感知技术等各项物联网感知技术都得到了广泛应用。

自动化仓库领域智能穿梭车的技术应用发展较快。智能穿梭车货架系统与密集型货架相结合，可以大大提高仓储设施的空间利用率。借助于智能的穿梭车可以对密集货架最里面的货物进行智能搬运出货，极大地提高了效率和竞争力，增长速度在 100% 以上。

借助于激光导引或磁条感知与导引的智能搬运机器人系统在自动化物流中心的应用也很多，增长率在 25% 以上。在物流出入库的堆码垛方面，智能机器人系统根据物流中心的信息指令对货物进行智能堆码垛，也是物流技术装备智能化应用的主要领域，发展也很快速。

17.5.3 物流信息系统与实体配送网络融合

随着互联网的技术发展，物流信息系统与网络融合发展很快。网络系统的信息都是电子化与数字化的信息，因此物流信息系统与电子商务的信息系统融合、与企业的现代生产系统中的信息网络融合、与商贸流通领域的信息网络融合形成了物流信息，贯穿于实体生产、营销、物流配送网络。

17.5.4 物联网、大数据及人工智能技术发展应用增加

物联网、大数据及人工智能技术是智慧物流的核心，是智慧物流发展的重要方向，也是智慧物流进一步迭代升级的关键。物联网技术与大数据分析技术互为依托，前者为后者提供部分分析数据来源，后者将前者数据进行业务化。人工智能是大数据分析的升级。

物联网技术应用物流场景有产品溯源、冷链控制、安全运输、路径优化等。

大数据技术重点在分析、研究、应用布局。物流应用场景有需求预测、设备维护预测、供应链风险预测、网络及路由规划等几个方面。

大数据推动物流个性化服务。大数据使物流企业为客户量身定制符合个体需求的产品和服务。在大数据时代背景下，通过打造物流数据应用平台，利用物联网、云计算等技术建立数据库，使用数据挖掘等技术筛选有效的客户信息。在此基础上，对信息进行分析、整理与分类，并将信息共享给商务企业、仓储企业及

第三方物流服务商等，使整个供应链能够根据信息对客户需求做出快速响应，更有针对性地开展个性化服务，让消费者得到更多便利，提高满意度，给物流企业带来新的业绩增长点。

人工智能技术主要由电商平台推动，尚处于研发阶段，除图像识别外，其他人工智能技术尚需要一段时间才能实现大规模应用。人工智能技术的应用物流场景有智能运营规则管理、仓库选址、决策辅助、图像识别和智能调度几个方面。

人工智能推动现代仓储“无人仓”管理。无人仓智能化体现在数据感知、机器人融入、算法指导生产。面对大量货品的流动，无人仓系统进行有条不紊地调配和操作，实现仓储设施与货物的实时跟踪、网络化管理以及库存信息的高度共享。京东物流实现了全球首个全流程无人仓管理。利用六轴机器人、AGV 机器人、小件分拣货架穿梭车、分拣机器人、堆垛机器人、无人叉车等机器人，每日处理订单超 20 万单，机器人拣选速度达 3 600 次 /h，高出传统工人 5 ～ 6 倍。苏宁云仓库处理能力是传统仓库的 4.5 倍。百世集团自主研发的“风暴自动分拣系统”，将包裹分拣准确率从全人工的 80% 提高到 99.9% 以上，效能提升 4 倍。

无人机运输已经在物流业投入使用并且技术更为成熟。国际上，以亚马逊为首的各大公司都在争相发展无人机运输，以节省人力成本。在国内，京东在西安的飞行服务中心已投入运营；顺丰已研发出全球首款大型货运无人机 AT200，并计划通过“大型有人运输机 + 支线大型无人机 + 末端小型无人机”三段式空运网实现 36h 通达全国，即便是地形复杂或偏远地区也不例外。在派送环节，已有多家企业尝试使用载重 5 ～ 7.5kg、飞行半径 10 ～ 15km 的末端无人机对偏远地区用户投送。菜鸟在末端配送环节研发了机器人小 G，一次可携带 10 ～ 20 个包裹。通过手机、物流运输管理系统（TMS）的对接实现最优配送路径，将货物送到指定位置。

未来，智慧物流在全流程实现智能化上要充分利用智慧化平台计算、思考、决策，做到智能调度，体现个性化、共享化、网络化和高效率。

17.6 数字化供应链及企业案例

17.6.1 数字化供应链变革

在物联网、大数据、云计算等技术广泛应用的背景下，传统的直线供应链变革为数字化供应链，实现网状的供应信息交易，即形成数字化物流平台。数字化供应链（Digital Supply Chain，DSC）是以客户为中心，在全球化、智能化、柔性化生产的基础上，通过数字化和可视化实现供应商、消费者、企业及第三方服务机构共同交易的共享、开放的平台模型。数字化供应链是基于云端数字化的大数据实现智能设备的处理及应用，以提升企业运营效率，降低企业成本，增加企业收入为目的。

数字化是未来供应链性能提升的关键。目前，物流已进入以网络技术、电子商务和共享经济为代表的信息化新阶段，智慧化已从仓储、平台延伸到供应链。企业为了提升在全价值链环节下的敏捷性和响应速度，由传统物流向智慧物流及数字化供应链转变是必然趋势。

建立数字化供应链需要企业利用物联网和大数据，并对现有的物流、供应流程进行重新梳理，以实现基于云平台的物流、信息流、资金流的时时互动互联，提高运营效率，提高端到端的响应速度，降低成本。数字化供应链提升了供应链的可视性，便于对全价值链信息时时分析、筛选和利用，促进与合作商的系统集成，促进内部系统集成。

17.6.2 汽车智慧物流要求做好供应链管理及资源配置

供应链管理是一种集成的管理思想和方法，是对供应链中的物流、资金流、信息流、业务流等进行的计划、组织、协调、控制的一体化管理过程。供应链管理的基本概念是建立在合作竞争信念之上的，能够通过共享信息和共同计划提高整个物流系统的效率，使物流渠道从一个松散连接着的独立企业的群体，变为一种致力于提高效率和增加竞争力的合作联盟。供应链管理主要通过控制和协调供应链节点企业的行为方式，达到降低系统成本、提高产品质量、改善服务水平等目的，从而全面提高整个供应链系统的综合竞争力。

供应链管理要求汽车企业对整个供应链流程进行整合，通过汽车物流的功能整合、过程整合和资源整合来全面整合汽车供应链。汽车企业物流是以汽车制造商为中心，即以产品的生产制造和市场营销为主线，以相关信息流来协助供应商和客户行为的协作型竞争体系或市场竞争共同体，体现了汽车企业与顾客和供应商相联系的能力。汽车企业通过与物流公司、供应商、经销商建立战略伙伴关系，实现了从原材料采购到产品完成整个过程的各种资源计划与控制，实质性降低供应链成本。

17.6.3 奔驰汽车的数字化供应链

互联网时代，数字化工具和大数据在研发设计中的使用使产品可以满足客户的个性化需求，并且大幅缩短开发周期；云计算、移动解决方案、物联网和认知计算等新技术促进了跨界融合商业模式的衍生。而汽车产品已经不仅只扮演交通工具的角色，更开始成为大量电子产品及服务的载体。

在 2015 年法兰克福车展上，奔驰汽车宣布启动数字化转型战略，如图 17-3 所示。在营销、销售、开发、生产等全产业链条上，以数字化为核心，打造零排放、自动驾驶、完全联网的连接办公室和居所之间的舒适休憩空间。借助数字化变革，实现从汽车制造商转变为互联网出行服务商的愿景。

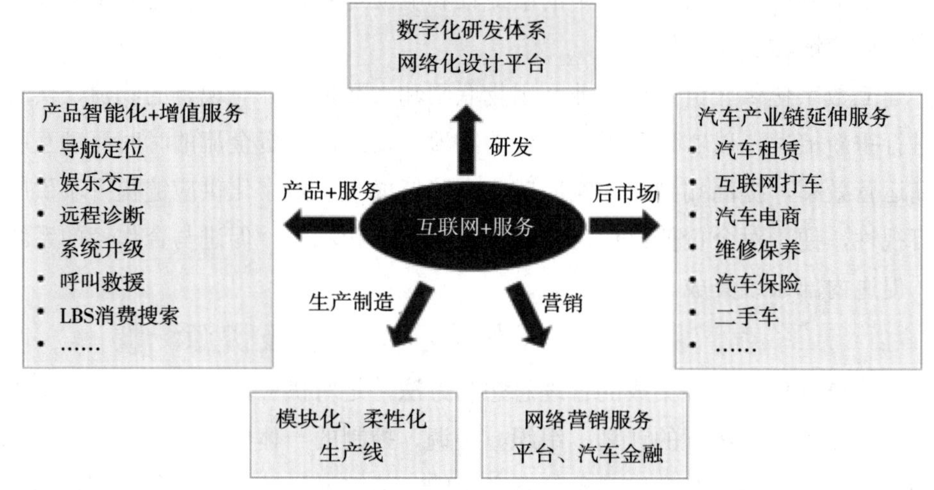

图 17-3　奔驰汽车数字化战略路径

奔驰汽车建立的数字化供应链重点在供应链环节，运用全流程管理、数据共享、合作共赢、智能物流的设计思路，实现供应链数字化与智能化。

1. 全流程管理

奔驰汽车集成销售系统、生产计划系统、供应商等，使销售数据、生产安排与供应商采购无缝结合，使供应链数据管理自动化。如图 17-4 所示。

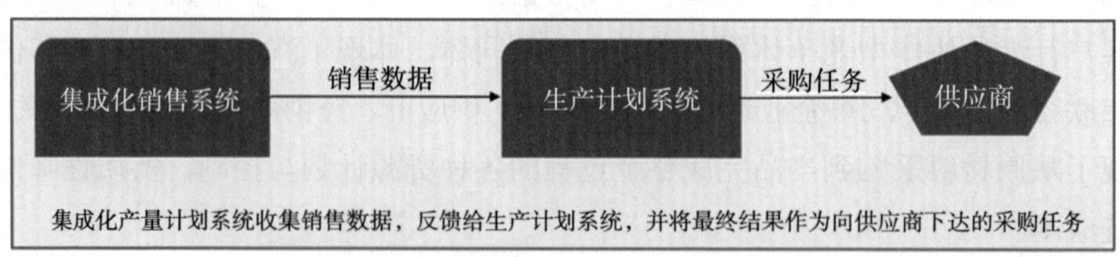

图 17-4　奔驰汽车采购体系的全流程管理

实现供应链数据管理自动化后，奔驰汽车能够通过即时获取制造、装配以及交货等各环节的数据，在事件发生的时刻能监控并迅速做出反应；在产品设计初期，能够及时地识别和解决设计中的质量问题，有效地减少后期生产中的零部件兼容性问题；在供应链上游的设计阶段，奔驰汽车和供应商跟踪新产品开发的每个环节，并通过 9 道“关卡”控制设计质量；在生产阶段，实现 JIT 及时生产方式，减少部件的二次存储量以及额外的运输和库存费用。

2. 数据共享

奔驰汽车通过建立统一采购平台和供应商管理系统 SIM，供应链整体对于突发问题响应更加迅速、敏捷。在数据方面，通过采购与上下游模块数据集成，使数据透明一致。

3. 合作共赢

奔驰汽车重视和供应商之间的配合，在项目中广泛运用协同管理、风险管理和共同创新的供应商管理思维，以实现和供应商的互利共赢。

在协同管理方面，奔驰汽车通过企业扩展程序对关键供应商数据和供应商行为进行评估。在框架内从全球的角度分析和评估每一位供应商的表现。分析着重于四个价值指标：质量、技术、成本和物流。这些条件都体现在奔驰汽车标准评分体系内，这个体系融合了基于采购产品和服务的战略目标；评估组织由采购部门主导，质量、研发、物流等各职能部门共同参与供应商评估，以零部件质量保证为基础，综合考虑新产品开发能力、供货价格、供货时间等综合因素进行评估；供应商可以通过网页版的应用进入奔驰汽车供应商管理系统，这些除了让供应商对自己的表现有清晰的认识之外，也激励他们一致并且连续地提高自己的能力。一级供应商除了响应奔驰汽车的质量管理体系，同时配合奔驰汽车严格要求下级供应商进行合规检查，完善质量管理。

在共同创新方面，奔驰汽车供应商在早期就介入研发，提供创新观点和意见。奔驰汽车许多显著的汽车创新都来自于和供应商的共同创新，比如 ESP 和气囊。此外，供应商也为奔驰汽车内部的采购流程提供持续的优化意见，为采购流程上的创新思路提供参考。

在风险管理方面，奔驰汽车通过构建风险管理流程，对供应商在采购活动中的合规风险进行控制，以完成可持续发展的价值链体系。

4. 智能物流

奔驰汽车依托互联网打造的智能物流管理系统，主要功能包括互联系统、物流调控、供应链集成以及成本管理四个层面。

在互联系统层面，提升互联系统信息传输能力。奔驰汽车每车 400 个传感器及超过 1 300 万行代码共同构成物流管理互联系统，在车与互联网层面挖掘公路货物运输潜力，在车与环境层面通过持续性信息互通规避交通堵塞，在车与车层面提高交通安全系数，降低事故发生率，提升道路空间利用率减少油耗。

在物流调控层面，精确物流过程实现智能调控。奔驰汽车物流智能调控可以实现厂商货物库存状态预判；零件损耗报备及保养提示；车队出勤率全程掌控管理；预知需求，供货无缝对接；突发预警，减少等待时间，合理安排，提高运营效率。

在供应链集成层面，实现物流体系集成化管理。奔驰汽车综合物流管理核心三要素——人、车、路，实现“三位一体”的集成交互：人实现驾驶员作为人力资源，对驾驶员驾驶水平提升绩效做科学正向激励；车实现智能养护及预警，使车队管理效率提升，车辆故障率降低；路实现道路行驶记录，使行程分析详细输出，任务进度实时掌控。

在成本管理层面，实现全生命周期成本管理。奔驰汽车应用所有者总成本（Total Cost of Ownership，TCO）管理理念为客户计算购买运输车辆并将其用于货物运输后的总开销。自从在欧洲推行以来，平均为欧洲客户节约成本 10% ～ 15%。

在智能物流层面，奔驰建立了 Fleet Board 车队远程管理系统，如图 17-5 所示。该系统能够嵌合到物流运输在日常运营中的行驶、维保等每一个重要环节。将物流相关的数据、信息予以整合，构建自己的数据中心并实行统一管理、分析，借助互联网的实时传输功能使用户能够最大限度地对装备、运营模式及车辆管理方式进行优化。

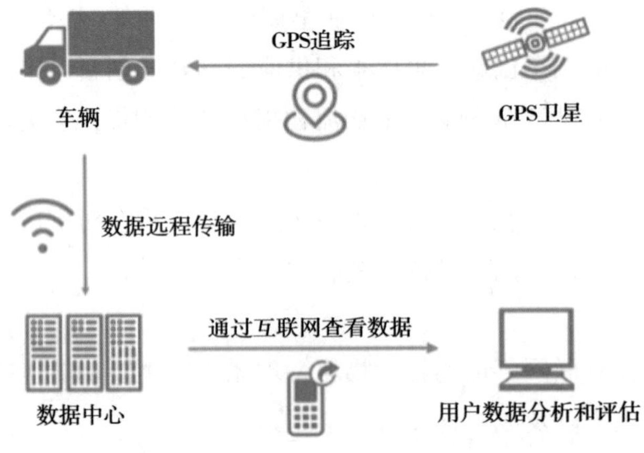

图 17-5 Fleet Board 车队远程管理系统

17.7 企业智慧物流领域相关实践

17.7.1 安吉建设深度学习的物流人工智能平台

上汽集团生产的每辆汽车中有1万多个零部件是通过供应链网络进行供应的。整车物流运输量达到每年800多万辆，遍及全国500多个城市、4 000条公路、20条铁路、5 000多个运输节点。在运输的时候要满足150个不同的运输需求和约束条件。

基于此，上汽安吉智慧物流采用了基于云计算、物联网和大数据及深度学习基础上的人工智能解决方案。

上汽安吉人工智能物流平台立足国内领先的“智慧物流云”建设，基于上汽集团云计算和大数据平台，采用主流的“云”“管”和“端”架构模式。“云”是指云端的超大规模的、分布式的、深度学习的人工智能平台，是整个智慧物流的大脑，随着业务发展，将由成百上千甚至上万台服务器组成。“管”是指智能数据总线，负责从各业务系统、主数据平台、大数据平台获得人工智能深度学习模型训练所需要的数据。“端”是指智能终端，是加载在各物流移动终端、各业务子系统上的小规模的嵌入式人工智能系统，是人工智能落地的载体，将来安吉物流的每一辆物流车、每一个驾驶员、每一艘货轮、每一条公路 / 铁路 / 水路、每一个仓库和中转站都是安吉“物流大脑“的一部分，它们在人工智能算法的指导下，实现高效的物流供应链运作。上汽安吉深度学习的物流供应链人工智能平台支持全国1/4的汽车物流供应链运作，每年的规模将近2 500亿元。

通过监督学习、大量的物流大数据和沙盘推演，上汽物流人工智能系统学会汽车物流管理人员的经验和知识，同时进行强化学习以弥补人类在物流管理上的不足，最后达到完全的强化学习，可以自行规划和决策。上汽集团物流人工智能目标是自主研发工业级的、智慧供应链的人工智能。目前，上汽也积极研究人工智能新算法，在全局优化算法方面，特别是在B2B领域的供应链优化算法上，已处于国内领先水平。

17.7.2 中集集团打造O2O微物流交付

2014年12月12日，中集集团在深圳前海注册成立了控股子公司——深圳中集电商物流科技有限公司。作为专门的电商公司，中集电商率先在华南发展，并在全国主要城市铺开，打造智能、贴心、安全的社区微物流交付服务平台；打造业主、物业、电商、快递公司及第三方的社区 O2O 共赢平台。通过电商 e 栈实现移动互联网取送交付。作为一款电商智能交付产品，中集电商的“e 栈”实现了电商物流的互联网化，解决了快递物品最后 100m 交付的难题。快递员注册后就可以刷身份证或输入手机号码登录，选择合适的箱形、扫描面单条码、输入收件人手机号码，然后放入快件和关好箱门，随后系统自动生成密码发给消费者。消费者收取快递不再受时间限制，只要用手机收到的取件密码或者微信公众号发送的二维码，就可以在小区内取件。

17.7.3 大众集团的 VR 自动化仓库

大众集团作为第一家汽车制造商开始在生产和物流领域使用 VR 通信技术。2017 年 7 月，大众汽车在生产和物流领域导入使用 VR 技术的通信工具 HTC VIVE-VR。该系统利用德国 VR 软件公司 Innoactive 的产品 HTC VIVE-VR，通过头戴设备和手柄操作，实现德国工厂内及其他工厂间的通信对话等。

在斯柯达捷克 Kvasiny 工厂建立了小零件自动化仓库（AKL）。AKL 安装在零部件仓库中央，通过装有摄像头的机器人对搁板上的必要零部件进行拾取，自动运输到生产装配线上。AKL 不仅提高了不断增加的各种零部件的交付效率，改善工厂内的物流流程，而且每年降低物流成本 100 多万欧元。

17.7.4 佛吉亚（Faurecia）自动化物流方案

佛吉亚采用瑞仕格内部物流专业技术用于生产流程的自动化与管理。专业物流技术设计包括生产管理系统软件（PMS）、CarryPick 机器人拣选自动导引车系统以及三轴机器人。

瑞仕格生产管理系统软件 PMS 与佛吉亚的 ERP 系统对接，实现实时库存管理、特定排序管理跟踪、存储备件、机器人的移动、精确存储与发货自动化管理。瑞仕格 CarryPick 机器人拣选自动导引车系统和三轴机器人，在保证原有的生产流程不变的前提下帮助佛吉亚减少所需的仓库面积，同时大大提升生产能力与灵活性。CarryPick 机器人拣选自动导引车采用虚拟导航和感应式充电技术，保证系统运行时间为 24h、7 天。三轴机器人的设计灵感来源于 Tornado 轻载堆垛机，在 X 轴运行方向采用全新设计，通过简易编程实现自动货盘处理。

17.7.5 宝沃汽车智慧物流系统

宝沃汽车采用多项创新技术建设智慧供应链及物流系统。宝沃汽车与微软

（Microsoft）合作，定制化开发了宝沃汽车的LES系统，作为统一的物流执行平台，整合了基于GPS定位技术的运输管理系统、JIS/JIT准时化配送模式、基于RFID无线射频技术的自动化出入库管理、自动化立体库、SPS系统、大件直送等自动化上线技术，从而实现了敏捷、透明的供应链体系，能够满足8车型柔性化的生产物料需求，物流配送准确率为100%，供货响应时间缩短80%。

在供应链管理上，为了降低整体库存，保证及时供应，避免断货情况发生，宝沃汽车通过透明供应链管理把所有的库存和成本都实现目视化，带动整个产业链升级。通过SAP、LES、TMS系统协作，实现低成本、高效率、高协同、透明化的供应物流模式，覆盖了供应商零部件从出厂到宝沃工厂的全过程。将LES系统管理范围从工厂扩展到VMI库甚至是零部件供应商，实现供应链全过程信息系统管理，同时与库存预警相结合，保证零件及时供应。

目前LES已完成两期建设，完全可以支持多车型柔性化的物流及供应链业务需求。通过建立PFEP（Plan for Every Parts）数据体系，打造物流大数据系统。将零件信息、供应链物流信息、仓储信息、供应商信息、包装信息、线边信息等资源不断进行整合优化，将所有的信息化设备和系统都与大数据系统关联，并进行大数据分析。

在硬件方面，依据人体工程学设计，选用轻量化铝合金材质，采用方便、柔性化的标准件拼装。整个系统中还应用了红外体感式指示灯、扫码设备、车载计算机、穿戴设备和AGV等大量的先进硬件设备。在软件方面，业内首家通过LES、PTL系统的深度交互，满足8车型柔性化的智能拣货作业指示；首创投料防错功能，通过穿戴式扫描设备和货架上安装的红外体感式指示灯，确保投料准确性；整个系统采用并联模式，以每个货格为一个单元，可以按照需求调整零部件存放位置，以满足不断增加的新车型生产需求；使用AGV智能调度系统，不同路段运行速度可调，可优化AGV数量。整个系统的使用，减少了线边面积占用，降低了人员作业强度，使拣选和投料作业准确率高达100%。

无线射频识别技术（RFID）大量应用。宝沃汽车所有的周转包装器具上都装有具备抗金属干扰、抗冲击特性的RFID标签；物料入厂检收、入库以及出库等所有物流环节都将应用RFID智能物流门，智能物流门能够快速批量读取零件包装上的RFID标签数据，信息读取准确率高达99.99%，还能实现无人化作业；在高位货架及动态库位环节应用 RFID 车载模块，可实现库位自动校验，出入库准确率达 100%。以包装箱为单位的 RFID 技术创新应用，实现了整个供应链过程透明、可追溯。

17.8 智能汽车对智慧物流的推动和要求

17.8.1 打造智慧物流平台，提升效率

汽车企业建立基于客户需求的智慧供应链、智慧物流平台，提升智慧物流管理效率，具体有以下五个方面的做法。一是通过搭建大数据平台，对数据采集、跟踪分析并建模，运用新技术、新理念对原有业务流程进行优化升级，打造智慧型企业。二是结合北斗导航定位系统实现对人、车、物的智能管理，最终实现全流程可视化管控。三是加强仓储管理，运用 AR 技术手段，通过 AGV 机器人，充分发挥数据的力量，做好库存管理。四是制定预防管理应对机制，完善各类预案，提高危机管理水平，实现真正意义上与时俱进的智慧物流管理。五是发挥产业链的协同效应，将企业物流与线上线下服务结合起来，积极运用大数据改善现今城市物流车辆空载率高的问题，实现产业链优势。通过“建平台”整合物流公司、商家、消费者以及第三方机构数据信息，实现物流过程的数字化、可视化，达成物流运力共享。

17.8.2 利用大数据优化供应链

未来智慧物流借助其连接升级、数据升级、模式升级、体验升级、智能升级和绿色升级的力量助推供应链全方位升级。共建开放协同的智慧物流生态链，物流企业、制造企业、商贸企业以及互联网企业需有效协同，构建物流信息互联共享体系，推进车货匹配最佳优化，实现物流车辆、物流网点、用户等精准调度对接。

大数据促进物流供应链优化。电商大数据提高物流配送效率，所有订单信息发送到企业配送仓库，智能仓储可在最短时间内根据买家地址检索存放商品的最近仓储中心位置，实施就近出库；快递部门根据订单数量装车，由无人驾驶飞机或汽车自动运输到指定位置，节约成本，提高效率。通过大数据分析形成物流流通数据后，利用优化算法为货物运输找到最优路径，提升效率。由智能自动化装备和信息化软件集成应用而成的云仓系统是依托互联网而兴起的，

将蓬勃发展。

17.8.3 智能汽车价值链改变智慧物流

未来，智能汽车的共享使用将提高共享库存利用率，打通线上线下库存管理，避免多重备货，减少积压；通过大数据精确地预测各个地区产品的需求量，并且通过预测销售，反向交给工厂生产订单，大大降低库存风险。智能仓储物流管理能够最大限度地降低库存，甚至可以从厂家直达消费者，真正实现零库存，以减少资金占用，提高资金周转率。降低物流成本方面，通过信息化、科技化手段提升物流管理效率，提升资源整合能力，提高储运管理的计划性和弹性，减少加工停顿及物品集散的等待时间，达到供需最佳状态，减少资源浪费，降低成本；建立 B2B/B2C 仓配一体化中心，通过共同配送使社会资源最优化，降低配送成本。如江苏省建立“长江经济带多式联运公共信息与交易平台”，具有水路、铁路、公路和港口等运输节点的信息发布、运力在线交易、物流路线优化、多式联运解决方案等功能。

在 AI 应用方面，AI 不仅全面提升物流速度，更让实现销量预测及智能库存管理成为可能。

17.8.4 通过物流运作模式革新，推动智慧物流需求提升

物流行业与互联网结合，推动一批新的物流模式和业态如车货匹配、运力众包等智慧物流的快速发展。车货匹配是由货主发布运输需求，平台根据货物属性、距离等智能匹配注册运力，并提供 SOP 等各类增值服务，对物流的数据处理、车辆状态与货物的精确匹配度能力要求极高。运力众包由平台整合各类闲散个人资源，为客户提供即时的同城配送服务。多式联运作为一种集约高效的现代化运输组织模式，实现了全程可追溯和系统之间的贯通，其中信息化的运作十分重要，新型技术如无线射频、物联网等的应用大大提高了多式联运换装转运的自动化作业水平。

17.8.5 智能汽车的个性化需求推动智慧物流供应链完善

智能汽车个性化需求要从订单、生产、物流到客户服务实现一体化物流及供应链实现快速响应。结合大数据，智能汽车将为智慧物流提供更有效、更互联和便捷的运输工具，解决城市物流车空载率高的问题，优化交通流量。供应链协同平台，由企业、物流公司、消费者及第三方社会机构共同推动物流过程数字化、

可视化发展。交通工具的智能化推动物流向信息化、智能化、集约化和小批量定制方向发展。电商平台和大数据技术的应用，使物流资源、供应商及消费者间资源配置更优化和高效。

17.8.6 智慧物流助力智能生产

智能制造与智能物流二者的相互融合成为发展趋势，智能制造要求物流传送更快捷且生产适应小批量定制。物流将融入智能制造工艺的流程中，使智能制造与智能物流的系统相互集成，自动物流机电装备以及智能物流 IT 信息系统是构建智能物流的核心元素。通过物联网的射频识别、红外感应、超声波感应、激光扫描、视频识别、智能数据采集网关等信息传感技术，将物流中的“人、货、车”与互联网连接起来，带来智能物流的信息化应用，包括订单处理传递自动化、在途跟踪自动化、在途异常报警、路况、库况、车库联动、车车联动、车单联动、运输计划合理化、运输路径动态优化等。

17.8.7 智能汽车产品要求提升智慧物流效率

在未来，随着人工智能、机器视觉、算法优化的不断提升，自动驾驶程度将越来越高、稳定性也越来越高，驾驶员在这个过程中的作用将不断被弱化，取而代之的是数据和云服务的关键决策能力。在运输环节，从无人机与物流结合到无人驾驶汽车、载货汽车与物流结合，物流行业正与无人化技术加速融合。在路况良好的高速公路上，现有成熟的驾驶辅助系统完全能胜任自动驾驶，进入拥挤的城市街道后，无人驾驶载货汽车可切换到人工模式，载货汽车驾驶员得到了极大的解放，缩短了物流时间，降低了运营成本。

第 18 章 汽车智能电动化带来的营销和服务模式变化

产品进入商品时代，更加显现出以产品、渠道、消费者为基本核心要素的营销观念的重要性。产品策划是研究消费者选择什么样的产品及产品组合；渠道是在什么地方，通过什么方式展示产品的；消费者研究是研究消费者的需求，消费者对产品的个性化追求，真实有效的消费体验，便利的购买渠道和完善的售后服务等。不断满足这些要素促进零售模式由最初的货物交换、集中卖场、分散便利店向电子商务、无人实体店及店中店等形式转变。

18.1 新零售模式

18.1.1 电商模式深化消费者体验

20 世纪初期，在互联网、移动互联网的广泛应用下，我国电商在 10 年间由起步到快速发展，电商带动的快递服务业也从 2007 年开始连续 9 年保持 50% 左右的高速增长。2016 年快递服务业务量突破 300 亿件大关，达 313.5 亿件。从这个数字上可以看出电商行业爆发式增长的业务量推动了我国零售模式的变革。未来电商将持续高速发展，阿里研究院预计 2020 年网络零售额将超过 10 万亿元。同时，跨境电商也将快速发展，预计到 2020 年将保持年均增长 20% 的速度，2020 年跨境电商贸易进出口额占整体对外贸易的比例将由 19.5% 上升至 37.6%。

18.1.2 新零售模式及 C2M 兴起

在电商模式成为消费者购物主流后，在不断创新和消费者需求的带动下，新零售自发兴起。新零售是企业以互联网为依托，运用大数据、人工智能等先进技术手段，对线上服务、线下体验以及现代物流进行深度融合的零售新模式。在这一模式下，企业将利用大数据合理优化库存布局，实现零库存，利用高效网络妥善解决物流及管理问题。

在消费者极度追求个性化消费、物的自由流动和人的主观性相吻合的时代，C2M 自然成为主要的需求模式。C2M 是由用户需求驱动生产制造，是去除了所有中间流通加价环节，连接设计师、制造商，为用户提供顶级品质、平民价格、个性且专属商品的新零售模式。在这一模式下，消费者的诉求将直达制造商，个性化定制成为潮流。

18.1.3 新零售模式

目前，阿里极力倡导的新零售模式是进一步满足消费者追求便捷、安全、自由的消费需求，推动传统零售业务转型变革的消费模式。新零售模式需要线上、线下融合，智能硬件和智能软件融合，通过消费者服务体验升级结合互联网智能技术、物流技术，满足消费者对便利产品的购买和使用需求。

新零售的现有表现形式是以无人售柜机、无人超市、无人货架实现的消费者自由购物，以人脸识别、各种便捷支付等方式实现的自由购物体验。例如，亚马逊无人商超、京东无人超市、阿里小卖柜和天猫智慧门店等。

新零售模式初期只在销售、配货、物流等方面给传统零售业带来影响，后期会通过大数据获得各类消费信息，引导生产企业从产品设计、生产和物流等方面进行改变。展现在消费者面前的永远是产品的变化，产品变化的背后是生产、流通企业的变化。产品的变化是依据消费者生活的逻辑变化形成的有效产品组合，而不是依据产品本身的逻辑组合。渠道的变化会集聚消费者所需的各类产品而形成“场”品牌，形成SPA模式。渠道将有效获得消费者信息大数据并进行分析预测，增加需求预测精度，获得快速市场反应。通过生产者和消费者的直接联系，简化供应链环节，大幅度压缩物流费用和时间。“消费者”的变化是销售要以顾客为中心，强化消费者体验和服务。在产品服务的同时，也要以人为中心，强调精准定位和精细服务。

新零售模式可以大量采用人工智能技术实现商品生产、流通与销售过程的智能化，改变传统的生产、营销、交付的单一流程，从而形成多元的业态结构与生态圈。

18.2 智慧零售

18.2.1 智慧零售内涵

腾讯研究院与科尔尼管理咨询公司联合发布的《构建智慧零售完整图景——2018智慧零售白皮书》指出，智慧零售的核心是以消费者为中心的零售活动的生态化，与零售相关的生产设计、物流仓储、集中采购、场景售卖、服务活动、经营管理、资金流转等所有环节都逐渐融入数据化和智能化的平台，最终达到零售商效益优化、消费者体验优化，实现万物互联智能决策的自主商业之路。

未来智慧零售将持续推动传统价值链的重构，搭建一个更加开放、协同与价值共享的新一代生态系统；商业民主化进程步步推进，并在技术手段的加速推动下，呈现一个兼容并蓄的商业环境；促进零售产业的各个环节与科技不断融合并加以应用，加速零售在采购、生产、供应链、销售、服务等方面运营效率的改善，提升用户体验。

18.2.2 智慧零售发展阶段

智慧零售经历的三个阶段，分别是雏形期、成长期和成熟期。

第一阶段雏形期，是以传统企业的数字化转型为主。零售企业利用 ERP 等信息系统搜集和整合企业的内部数据，企业以计分板的形式看到自己所需要的数据，并且展现出决策者最为关注的运营要素——关键绩效指标如渠道销售额、用户信息、生产成本、原料采购和管理费用等。这一阶段，管理以经营者为中心。

第二阶段成长期，人机开始协同工作，部分业务开始智能化和网络化。零售决策者从“发生了什么”向“为什么发生”转变。通过各种商业智能系统和大数据分析软件，企业整合价值链各环节的数据，如上下游供应商、企业内部、下游经销商和零售网点数据，分析数据背后的含义，指导商业决策，提升运营效率。在过去以自建会员体系和搜索为主的获客模式基础上融入移动支付、公众号、小程序、社交效果广告、礼品卡、会员卡和金融服务等高频交互场景，社交流量的力量将逐渐显现。

第三阶段成熟期，是在人工智能、大数据、AR、物联网等新技术和新模式的双重驱动下对“人、货、场”三要素重塑。科技的复杂度提升，各式各样的传感器、计算机视觉等技术的广泛应用提供了更多维度的数据采集手段，使数据来源扩展为直接相关与非直接相关的多维数据。全面数据将带来精准化，无论是市场细分颗粒度，还是商品和服务的颗粒度都将越来越精细。通过“数据＋算法”围绕业务场景，通过全渠道、数字化、场景化的改造，使实体零售实现降本提能，实现从生产端到最终销售端的全面提升改善。

18.2.3 智慧零售的三个层面

目前，整个数字化的进程正在从消费端的营销支付，到运营管理，逐渐进入生产研发等环节，为零售业带来从外到内的改变。

在流量层面，为零售商开辟新的获客和流量资源。对比平台电商的流量红海，互联网的社交平台和内容应用同样存在海量的优质用户可供发掘利用，是获客的蓝海。基于互联网社交的粉丝效应和口碑分享，也是值得关注的流量源。

在体验层面，运用移动支付、智能识别、个性化推荐、RFID、小程序等零售科技和服务全链路优化用户体验。

在数据层面，在打通由用户手机号、会员账号与电商等形成的数据孤岛的基础上，对用户画像，将门店和客流等进行数据化管理，逐步建立数字化运营能力，提升商家运营效率。

18.3 当前销售模式的主要类型

目前，汽车企业及相关销售平台应用的汽车营销模式主要有以下几种类型。

18.3.1 经销代理模式

由汽车生产企业委托或授权给汽车经销商，由经销商投资选址，拓展渠道，汽车生产企业提供产品，通过销售政策激励经销商扩大销售。

这种营销模式，优势是借助于分布广泛的经销商建立销售网络，通过利益分享机制使经销商更多更好地销售汽车。它的优势随着政策、竞争程度、消费者偏好改变而渐渐减弱。在汽车品牌竞争不强的初期，汽车企业有更强的话语权。随着全球品牌都在中国市场展开激烈竞争，经销商拥有的话语权不断增强。经销商的忠诚度是建立在企业盈利能力之上的，如果销售产品和售后服务不能满足其盈利需求，经销商就会转向其他品牌，这对于汽车生产企业是一个制约。另外，《汽车销售管理办法》的出台，也在一定程度上增强了经销商的话语权，增强了经销商的品牌选择权，增加了盈利机会。

这种营销模式对品牌的依赖度很大。跨国品牌比自主品牌在经销商选择方面有明显的优势。盈利少的的自主品牌与难盈利的自主品牌产品对经销商的忠诚度束缚较弱。虽然销售政策主导下经销商话语权得到提升，但是在品牌时代，经销商还是要靠品牌获得品牌差异化红利。

18.3.2 厂家直营模式

美国的特斯拉和中国的蔚来汽车都采取厂家直营模式。直营模式主要有两个方面的特点：一是，由生产企业投资重点区域的实体店，重在通过宣扬企业文化，让消费者从文化、产品、体验及生活等多方面认同企业品牌，并形成良好的口碑销售。二是，建立官网营销渠道，消费者可以提前预订产品，选定不同配置产品。利用电子商务的便捷性，针对新一代消费者偏好，对消费群体提供细分服务。

1. 特斯拉直销模式

特斯拉的直销模式主要体现在线上、线下结合的做法上，只通过特斯拉官网一家线上主体，通过分布合理的体验店完成展示和消费者体验。特斯拉官方网站是消费者的首要认知渠道，并且承载线上订购、预约试驾及金融方案三大主要功能。

特斯拉消费者购车的主要操作流程是，消费者通过各种公开信息先了解产品大致情况，确定购买意向；再去实体门店体验、预约试驾；然后去特斯拉官网预订、支付定金。特斯拉销售部门将销售订单转给制造工厂，工厂接单按消费者定制配置进行生产，消费者接到支付尾款通知后，在网上完成付款后，到实体店取车或特斯拉将车辆交付到消费者手中，办理好购车相关手续，完成购车流程。

特斯拉的直销模式，可以有效地降低产品库存和资金占用，消费者购车订金又可以进行研发投入和生产组织。通过直营门店，可以直接了解消费者对产品的反馈，获得最直接有效的信息，以提高产品的适应性和快速应变能力，进而提升产品的市场竞争力。特斯拉直营体验店如图 18-1 所示。

图 18-1　特斯拉直营体验店

在智能服务方面，特斯拉 EVE 车载系统可以为用户提供定制化的桌面显示。通过 EVE Connect 功能，车主可以通过特斯拉超大的中控屏幕远程控制家中的智能家居设备。在充电服务方面，特斯拉提供家庭充电桩、超级充电站和目的地充电桩三种充电方式，无论是日常驾驶还是长途旅行都可以保证用户充电无忧。

2. 蔚来汽车直销模式

蔚来汽车体验店为消费者营造了一个属于自己的生活社区环境，让消费者增加在购买体验之外的参与感、生活感。如图 18-2 所示，在蔚来汽车销售实体店里，消费者可以练习瑜伽、开个人音乐会、开生日 Party、举办小型会议，可以参与演讲、汽车专题知识等主题活动和体验。

图 18-2　蔚来汽车销售实体店

18.3.3　汽车电商平台销售模式

近几年，几大知名电商平台开展的“双十一”促销也带动了汽车电子商务快速推进。在生产企业优惠政策、线上平台促销措施、消费者购物心里满足预期等多种因素的作用下，2017 年，汽车之家、易车、淘车 3 家电商平台，在“双十一”期间实现 80 万辆的订单量。加上大搜车“弹个车”的数据，4 家汽车平台“双十一”订单总额破千亿元。

其中，易车平台订单数量达到 42.1 万个，总订购额达到 522.85 亿元，同比分别增长 202.8% 和 146.6%，双双创历史新高。汽车之家近几年在“双十一”期间实现的汽车交易订单需求总量为 264 905 辆，交易总额为 421.33 亿元，平均单价为 15.91 万元。其中，通过使用汽车之家旗下家家金融的金融产品达成的交易订单总量为 27 449 辆，交易规模为 41.75 亿元。另外，汽车之家移动端产生的汽车订单需求总量为 180 288 辆，交易总额为 267.94 亿元。淘车在“双十一”期间，交易提报量为 119 139 台，交易提报总金额为 117.66 亿元。大搜车旗下融资租赁产品“弹个车”的成交量只有 4 749 辆，成交金额（合同总金额）为 6.14 亿元。

按互联网、移动互联网发展趋势，汽车线上营销带来的交易量会逐年增加。第三方电商平台相比汽车企业自营平台在集客、宣传和综合影响力方面有优势。汽车企业自营平台可以通过不同型号车型及未来的定制化车型来吸引消费者流量，以产品进行不同平台的定位，以服务获取不同需求的消费者，以更生活化的场景建立线下体验店。

18.4 奔驰汽车的数字化营销模式

18.4.1 奔驰汽车的数字化营销战略

奔驰汽车广泛开展基于数字化的媒体传播和营销服务。奔驰汽车的数字化营销战略包括三个层面：传播层面、渠道层面和供应链层面。在传播层面，开展提升流量、体验式营销和互动营销。在渠道层面，开展电商合作、移动支付、经销商模式增强、快闪店及展馆服务等。在供应链层面，开展私人定制服务。如图18-3所示。

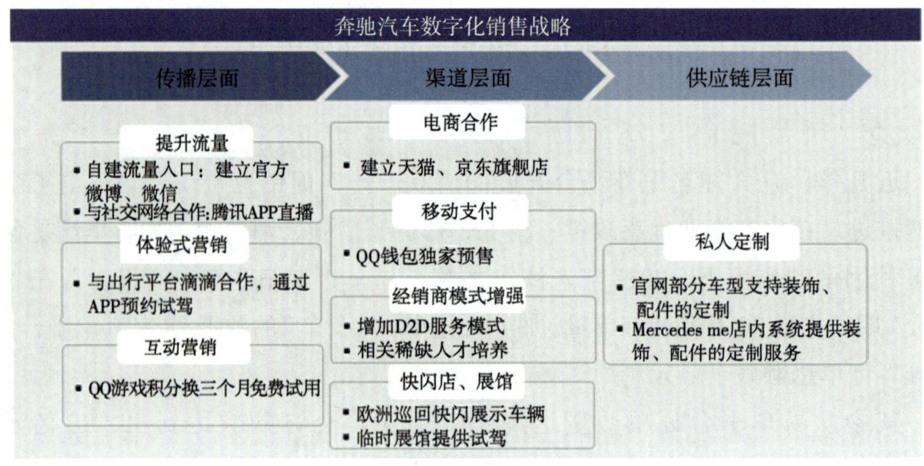

图 18-3 奔驰汽车数字化营销战略

其中，在渠道层面，奔驰汽车通过合作的方式建立线上渠道。从与商城的销售合作，到线上旗舰店建立，并不断寻求多平台合作，奔驰汽车在为用户提供了便捷的购车体验的同时，也为经销商提供了新的营销和售车整合方案。从2009年至2016年，奔驰汽车的互联网销售措施主要有在淘宝网开展SMART汽车的团购营销，3.5h销售200辆。在网购平台，如天猫首发B级豪华运动旅行车，获得398台销量的业绩。与社交平台合作，包括开展微信平台独家预售、携手QQ钱包独家预售、QQ钱包游戏积分奖励试驾等活动。建立线上旗舰店——天猫整车旗舰店和京东二手车旗舰店。利用腾讯新闻APP直播新车发布会，捕获35万人观看。与移动出行平台滴滴合作，开创全新行业试驾模式，为中国消费者提供一键预约试驾的尊享体验。

线下渠道采取重塑经销商的战略。在原有经销商渠道的基础上，奔驰汽车通过主动为经销商设计销售服务模式、提高与经销商互动频率等手段，形成能迎接新时代、新常态的一个全新的经销商体系，包括增加经销商信心、提高经销商网点城市覆盖度、提高经销商竞争力和提高经销商效率。通过搭建平台为经销商新型的服务模式提供支持，提升经销商效率，节省用户时间。奔驰汽车个性化服务平台包括菜单式服务、快修专享、D2D 上门服务。奔驰汽车建立的快修服务的支付宝预约平台成为经销商和车主之间的高效能系统，从网上自主选择维修时间，服务产品下订单，更新订单，支付定金到支付尾款，确认收货，实现了最大限度的自动化。

18.4.2 奔驰汽车提供数字化服务体验

以数字化的产品与服务为基础，奔驰汽车推出“最佳用户体验”战略，即以用户为中心，从买车、用车、卖车到品牌文化培养，结合“互联网+”，确保每个环节中用户都能最大限度地享受奔驰汽车提供的最佳体验。

在品牌文化上，奔驰汽车提出关注女性的 She’s Mercedes 品牌，通过举办工作坊、主题茶会晚宴，打造女性交流平台；同时关怀员工，请员工家属来公司共度周末；关注社区，建立车主俱乐部为老车主提供试驾体验。

在卖车上，奔驰汽车提供新睿二手车认证、保险、质保延续等服务，方便老车主卖车，使新车主对质量放心。

在租车上，奔驰汽车开展金融租赁服务，使消费者无须考虑期末车辆处置问题。在买车上，奔驰汽车提供滴滴试驾、奔驰金融贷款购车、保险以及加强网络销售人员培养等服务。

在用车上，奔驰汽车通过 Mercedes me & 奔驰服务管家 APP，提升行车导航、交通信息、远程诊断、事故救援和智能停车等客户服务。

在养车上，通过 Mercedes me 车载平台，监测车辆状态，提示消费者维修保养。

18.5 上汽车享建立销售和服务平台

上汽车享是上汽生态圈的主要平台，其构思是通过多方合作与服务扩展整合，为用户提供一致性、一站式的服务。上汽生态圈的核心竞争力在于 O2O 闭环、全集团资源整合以及信息管理。

上汽搭建汽车消费和服务的生态圈，将传统的线性产业链上的链条打开，挖掘出生活、金融等多方面的需求，围绕客户提供更加连贯优质的服务，如图 18-4 所示。

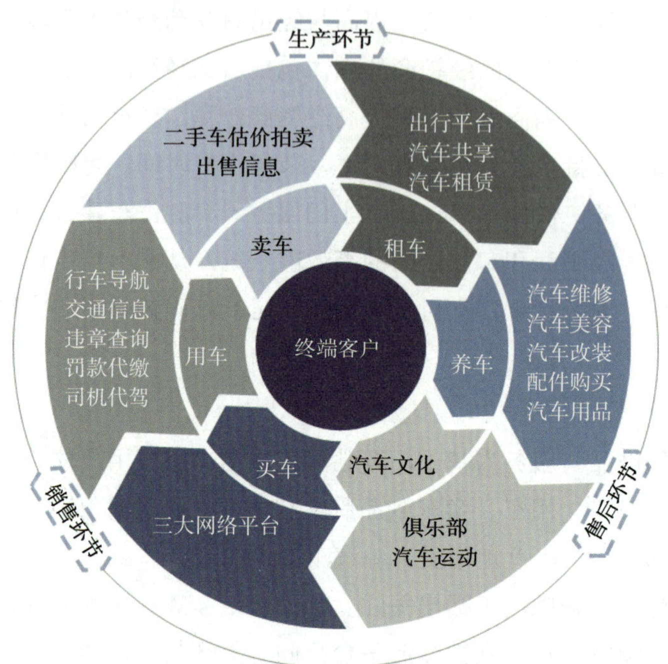

价值链各环节与终端客户互动增加，客户享受更贴切服务

图 18-4　上汽车享销售和服务生态圈

上汽车享的汽车消费与服务生态圈构建了一个开放合作平台，促进价值链上各主体之间的协同合作，促进上汽与 BAT、经销商和汽车周边以及金融相关伙伴合作，保证各环节提供给用户无缝体验。上汽车享通过三个阶段的探索，在 2015 年 9 月正式推出了连锁实体服务品牌——车享家，围绕用户住宅区 3km 范围进行社区化布局，为上汽车享的线上业务体系构建了统一的线下承接网络。

车享网是上汽打造的中国汽车市场首个全生命周期 O2O 电子商务平台，通过看、选、买和卖四个环节为消费者提供全生命周期服务，让消费者享用最佳体验。

18.6　阿里二手车智慧营销平台

为快速适应二手车消费需求的变化，阿里二手车建立了智慧营销平台提供车辆保障体系，与线下门店打通，提供车况保证、担保交易、3 天免费试开、问题车全款退 1 赔 3 等服务保障，并对保障体系不断升级。

阿里二手车推出 9 大功能区域的标准化改造，提供舒适的交易环境和完善的职能配套，并利用新零售技术能力赋能线下，提升消费者购车体验。除了解决消费者痛点外，阿里二手车希望通过二手车智慧市场助力线下经营结构转型。合作伙伴主要有二手车交易市场、经销商集团、连锁经营机构和大型车商等。未来还将接入产业链服务商，如金融、检测、质保延保和维修配件等。

18.7 众调科技打造客户价值算法营销平台

客户价值算法营销平台（iConnect）是连接选车、购车、用车、养车及换车等线下场景，以场景智能交互，连接人、车与场，集成客户全生命周期的行为轨迹，让客户行为轨迹有“迹”可循，预判特定行为发生的可能；连接轨迹中产生的车辆行为、网络行为、消费行为和社交媒体等大数据，形成360°描述性及预测性的客户画像标签，推荐更合适的交互方式、时点与内容，提高客户体验，促进成交转化，挖掘客户价值。

车辆残值AI算法平台（iValue）可提供未来1～5年的残值动态预测，为主机厂与融资租赁公司制定融资租赁策略、风险控制、二手车处置回购及残值托底等，赋能提供大数据支持。iValue是国内唯一一家被主机厂认可并商用的残值预测平台，残值预测的精准度处于行业领先地位。

18.8 智能服务趋势

在利用互联网、人工智能提供智能服务的产品方面，大数据、云计算、人工智能、移动物联网等技术将越来越广泛地应用在消费服务领域。尤其是面向新零售、科技金融、营销推广等领域提供全场景的智能化服务，包括消费者需求洞察、营销方案制定、方案执行和效果跟踪等营销全流程服务。

18.8.1 智能服务呈现线下和线上的无缝结合趋势

分布式计算平台的广泛部署和应用，增大了线上服务的应用范围。同时人工智能技术的发展和产品的不断涌现，如智能家居、智能机器人、自动驾驶汽车等，为智能服务带来新的渠道或新的传播模式，使得线上服务与线下服务的融合进程加快，促进多产业升级。

18.8.2 智能化应用场景从单一向多元发展

目前人工智能的应用领域多数处于专用阶段，如人脸识别、视频监控及语音识别等都主要用于完成具体任务，覆盖范围有限，产业化程度有待提高。随着智能家居、智慧物流等产品的推出，人工智能的应用终将进入面向复杂场景、处理复杂问题、提高社会生产效率和生活质量的新阶段。

18.9 智能汽车时代对汽车销售与服务模式的要求

在智能汽车时代，营销模式也将迎来新的变革，由传统的4S店经销模式向线上、线下、销售+生活+服务等更加多元化的新模式转变。

18.9.1 产品特点的变化要求汽车营销模式要锁定“差异化”

传统汽车各品牌之间的产品差异化很明显，除了在动力系统等性能方面外，外观及内饰、配置上也都有各自的品牌定位和特点。因此，一直被汽车企业采用的经销代理营销模式，经历了由最初的卖场、各品牌综合性营销场地模式，到汽车企业主导建立广泛分布的4S店模式，再到部分品牌集中销售的小型综合销售场地模式，以及众多品牌汇集的电商平台营销模式，都在展示不同产品及品牌所归属的不同营销主体和伴随的售后服务。

在智能汽车时代，产品本身的变化带来营销模式的改变。如，智能汽车的动力系统革命，由燃油机转变为电池、电动机和电控三部分为主的电力控制系统。不同品牌的汽车在电力系统的配置方面的区别不会很明显，差异更多在于外观及内饰。在智能系统的差异方面更多是智能交互体验方面的差异，核心的自动驾驶控制系统也将由几家主要供应商控制。

因此，未来营销模式的变化着力点在于为突出各品牌间的差异而进行的差异化营销体验。汽车企业首先要找准差异化聚焦点，并围绕差异化设计营销方案，包括营销理念、营销模式和营销策略，要突显营销服务优势。营销理念重在为差异化营造符合细分消费群体的围绕车进行的消费主张、消费偏好及消费体验，并满足其相关的生活便利需求。营销场地将是一个小型综合的车及生活体验馆。

18.9.2 传统的经销代理模式仍在一定时间内存在，但是要求有所变化

智能汽车的销售也有采用传统经销代理模式的。但这种模式对经销商的选择更加严格，要求经销商要增强智能汽车的专业知识、销售技巧，增强以客户为中心的体验式的营销和服务等。

就现有汽车企业的4S店、2S店而言，针对个人的汽车销售和针对以共享汽车运行企业的大客户销售将是智能汽车时代的重要营销模式。未来，线上营销模式会使线下实体店功能发生改变。一是线下以展示、体验为主，场景式营销，

AR、VR 的体验使消费者更加直观地感受到汽车的智能技术。二是专业的销售人员展示汽车的各项性能和功能，获知消费者的需求，搜寻汽车定制化时代未来消费者的需求特点趋势，为企业提供消费者大数据信息。三是经销商更加集中销售同样档位的汽车，电动车的传统品牌优势依然存在，借助于传统汽车品牌形成的影响力，促进电动智能汽车销售。四是实体店的投资主体仍是经销商或经销商集团。

18.9.3　消费者特点及偏好变化，要求汽车营销向多元化改变

当前，主流的购车群体是新购车的年轻一代和少量的换购车的中产阶级。他们的消费模式、购买路径及偏好习惯等都不同。汽车企业需要面对明显不同的两代人的消费主张，提高产品的更大范围的认可度。汽车营销不再只是商品营销，而且还要关注客户，关注消费者。汽车营销多元化，体现在几个方面：一是针对两类消费者的购买决策和购买路径设计不同的营销方案。二是通过多媒体渗透增加消费者的认知广度和深度，通过口碑认知提高品牌认同度，通过贴近消费者本身的需求来营造购物环境，使消费者获得期望的体验感和尊重感。三是线上多种渠道使消费者方便、快捷地获知产品信息，线下体验重在增强消费者的参与感、提高他们的主动性，增强金融服务的便利性，提供专业性强的消费者购买方案。四是围绕消费者购车扩展相关服务，因为车永远是消费者线下体验的核心，所以要增强消费者的用车体验场景服务，而不是满足表面的文化、休息和娱乐等需求。

18.9.4　服务对象要求由小众的个人化服务向整体的大客户转变

汽车消费群体发生变化，带来汽车销售模式的多元化。

未来，自动驾驶汽车的普及，共享出行越来越完善和便利，用户使用成本远低于拥有汽车的成本。汽车销售业务的服务对象将由面向个体的小众群体向汽车共享服务公司这类大客户转变。由此，带来汽车销售公司、第三方电商平台客户群体的变化。

针对个体的汽车营销将更加趋向个性化定制。消费者通过线上选配，参与从研发、采购、生产到交付的全过程体验，汽车制造商将针对个体消费者提供符合个性特征的产品和服务。针对大客户的销售更加注重在品牌与产品的性价比，并以能为共享自动驾驶汽车提供有保障的售后服务作为产品的销售优势。

未来，主流汽车企业的营销将更加分化。对自有出行服务公司的企业而言，如通用、福特及宝马等，将使用自有品牌作为出行用车，其销售主要依托于企业营销公司，减少了相关的营销服务环节。对第三方出行平台而言，汽车企业提供

的产品需要与平台的定位、消费者需求紧密贴合。除了增加相应的服务外，还要提供合理的回收保障，以获得产品的销售竞争力。对以面向个体消费者为主的产品销售，汽车企业要展开多元化营销，设计以产品为本、以客户需求和客户体验为中心的营销策略。

18.9.5 为消费者提供的服务领域要求有新变化

未来，随着销售模式变化，汽车服务也将呈现多元化局面。

1. 服务提供主体多元化

在智能电动汽车时代，汽车服务主体包括汽车生产企业、汽车软件提供企业、汽车智能硬件设备提供企业、汽车经销企业和汽车电商销售平台等。这些不同的主体都将围绕汽车产品本身及因车而关联的人、生活等方面提供各自领域的服务。

2. 服务内容多元化

现在还处于传统燃油车时代，汽车产品售后服务内容类同，主要是基于车主需要的汽车保养、维修等，只是不同品牌获得了各自的所属红利。未来，智能电动汽车仅就产品本身所需的服务就包括复杂的软件服务升级、智能硬件的保养及更新等，涉及的服务提供商也不仅是汽车生产、经销和第三方服务机构，各品牌的服务质量差异化会有所减弱。汽车生产企业对所属汽车硬件负责，同一软件及其他智能操作、电力系统等提供商对所提供不同品牌汽车装载的产品负责，这部分产品的服务差异化会有所减弱。差异较明显的是汽车生产企业提供的服务，以及不同品牌汽车所能提供的相关服务，如充电设施、电池保养、充电服务及围绕人生活的相关服务。

3. 服务模式多元化

现阶段，传统燃油车时代的汽车服务模式是以汽车经销商的4S店提供的保养、保修为主，以及第三方快修连锁维修企业提供的服务。保养服务基于车辆动力系统、燃油系统及传动系统等传统汽车所需的硬件产品，在智能电动汽车时代，由于汽车结构变化，汽车保养内容也有相应变化。因此，服务模式将呈现多元化，表现在：

1）传统的4S店将分化为一部分是企业线下实体展示店，提供基于车的以客户为中心的多样化服务，主要为客户营造一个自由、开放和舒适的体验空间。另一部分是盈利的售后服务（不同规模的保养维修的店）。

2）维修保养专业人员将分门别类。相比之前的通用性，更强调智能硬件、软件、机械类、电池类和电控类等产品维修保养的专业性。

3）服务模式以上门服务和到店服务为主。智能电动汽车带来了维修保养相对的便利性，为上门服务提供更大方便。同时，各类服务店也将以专业性获得消费者认可。服务店基本上专注于汽车及车主的服务，而将销售业务分离出来。

4）将有一批为共享汽车提供服务的大型服务店。这些大型服务店一部分是由汽车企业建立专门品牌的服务店，另一部分是提供综合性维保服务的社会机构。未来，共享汽车的维修保养需求远远高于私家车主的维修保养需求，因为共享汽车使用率高，没有私人所属权，使用者的习惯及个性的差异大，所以维修保养需求大，未来将是一块大“蛋糕”。

18.9.6 开展智能化的品牌服务

品牌营销很重要的是广告传播。在线下渠道，品牌商利用传统手段传播推广，效率并不高。在数字化时代，利用社交体系，广告传播效果将更快捷、更易评估方案效果。互联网载体承载了智能化时代品牌服务诸多内涵，包括品牌价值、品牌服务内容及品牌文化等方面。

在品牌价值上，将传统品牌与新建立的互联网品牌有效地结合，形成合力效应，以建立应对新品牌等竞争对手的新优势。如共享汽车品牌及出行服务品牌。

在品牌服务内容上，强调消费者需求及购物模式变化带来的新商机、企业如何更适应消费者碎片化信息的获得，以及便捷的购买需求、个性化产品及服务的需求等。

在品牌文化上，充分利用互联网，以理念、思维和愿景吸引消费者的品牌诉求，打造消费者易认知的品牌故事、品牌文化，提升品牌忠诚度。

18.9.7 开展基于数字化的营销

营销从 1.0 的以产品为中心，向 2.0 的以客户为中心到 3.0 的以消费者情感和体验为中心转变。在这个阶段，以媒体的创新、内容的创新及传播沟通方式的创新征服受众，进入精准营销、口碑营销及以互联网技术为主的数字化传播时代。目前，营销进入以消费者的个性化需求为主的、信息获取的随时性和不完整性为特点的、以移动互联网、大数据和云计算为基础的全新的营销模式，即营销 4.0 时代的智慧营销。

从品牌上说，更关注品牌到客户全流程的传播。企业需要积极构建线上营销阵地，当消费者占据主导地位时，智能营销贯穿于整个用户生命周期，通过数据洞察用户满意度，指导产品和服务升级，持续提高营销价值。

从客户全生命周期数据上说，消费者从注册到试用购买，直到最后的产品使用和体验服务，该流程中的每一个环节都可以通过数据洞察，以寻找更精准的投放策略，找到更好的产品体验，找到影响用户留存和用户流失的关键原因，找到影响用户口碑传播的策略，实现围绕用户全生命周期的智能营销。以AI为出发点，拓展物联网时代的商业模式，让人工智能切实走入消费者的实际生活之中，大幅提升消费者的使用体验。在营销中把有用的数据采集整合起来，把用户的衣食住行、行为习惯、饮食偏好、娱乐偏好等数据整合到企业自有的统一的数据平台中，按照不同地域、不同类型的用户、不同的行为习惯进行分类，通过深入洞察数据，实现千人千面的内容推送和个性化的服务等。基于企业服务平台和大数据平台的生态，实现多种模式数据交互，通过实时的用户行为洞察，帮助用户持续改善使用体验，优化营销产品服务，带来更好的企业口碑、品牌口碑，最终实现价值增长。

第19章 汽车智能化对汽车企业转型的推进与要求

19.1 企业发展战略转型

19.1.1 企业要制定符合转型要求的发展战略

1. 企业定位由制造商向出行解决方案的提供商转型

从智能汽车全价值链的现状趋势及要求看，企业必须进行发展理念和发展战略转型，由原来单纯的制造型企业向服务型企业转型，即向综合交通解决方案提供商和个人交通解决方案提供商转型。

近百年来，汽车企业发展路径趋同，都是由提供产品，从产品营销和售后服务获取利润，逐步转向由服务获得利润，如产品服务、围绕产品进行的金融服务、售后服务及相关服务等。现在，汽车使用方式的变化，使汽车企业不能保持原来的单纯提供产品或提供围绕产品的服务，而要向提供全价值链服务、提供综合交通解决方案服务转变。企业不仅提供车辆使用服务，还提供车辆出行服务以及围绕出行的生态服务。

以前企业提供产品与服务，企业间的差异小。现在，企业不仅销售产品，还提供服务产品及新业态的服务，为个人或综合交通服务提供产品、服务以及围绕出行的全生态圈的服务。在个人出行服务方面，还要不断加强创新，开发新应用，提供按需服务和多样化的交通出行解决方案。

2. 企业发展战略转型的目标设定

在智能汽车驱动下，企业制定发展战略愿景，成为网联化、智能化及数字化的汽车出行服务领先企业。战略目标是形成以客户为导向的、开放互联的、具有强大互联网模式的运营机制的跨界融合型汽车出行服务企业。客户导向是重构以用户价值为导向的价值链；打造用户参与的研发、制造、销售及服务平台；建立以用户价值实现和市场反馈为中心的绩效评价、激励考核机制。开放互联是实现从产品导入到服务的价值链全流程数据互联互通，保持企业集团内部相关部门单位信息连通、流程明确、决策反馈高效；保持企业集团外部以业务为主线的互联互通和资源共享。具有互联网模式是用互联网思维模式改变传统制造和服务理念、用互联网工具实现企业运营成本降低、效率提升。

3. 企业战略转型的内容规划

企业战略转型内容重点包括以下几个方面：一是为用户提供极致的服务体验。极致体验强调企业为消费者提供涵盖用户车生活的全生命周期服务，包括用户购车、用车、养车、用户自身全生命周期消费等内容的服务；打造为用户提供线上线下无缝衔接的服务模式；解决用户服务所需的透明性、可比性、专业性、便利性、无忧性、个体性和尊重感这些久存的消费者痛感问题。二是为消费者提供个性化产品，即提供用户个性化产品需求的全价值链服务。通过采用众筹众创、与用户零距离交互、个性化用户画像及专属定制等模式实现用户个性化产品需求；通过数字化、智能化及全程可视化的智能生产模式打造用户可视的、可跟踪的产品生产流程，为用户提供更为真实的产品生产过程，满足用户所需；通过用户信息交互即时化，实现与用户的零距离沟通。三是建立汽车企业与外界环境的共享生态网。共享生态要求企业整合内外部资源，提供基于共享的用户出行服务整体解决方案，提供围绕用户出行的扩展需求服务；建立产品的 B2G、B2B、B2C 多群体用车需求平台、金融 P2P 平台、新能源汽车基础设施共享服务平台及物流货运共享平台；建立与外部资源合作或共享建设智能交通、智慧城市的配套资源。

企业战略转型的各个运营平台体系构成包括客户导向、开放互联，具有生态功能。通过直接面对用户，接受用户个性化定制需求，提供产品与服务，挖掘用户价值，实现用户价值传递闭环，保证用户价值传递过程不会发生损失。通过整合数据与资源，具备数据决策能力，建立基于用户价值的决策机制。

运营平台是以价值链为根本，搭建多方参与的众创研发平台，打造新能源汽车和智能制造平台，建设高效、集约的统一采购平台，建立线上线下无缝统一销售服务平台，推出智能、网联汽车。平台体系构成的生态圈内部外部要相互关联，确保数据、标准和流程的联通。

实现企业战略转型目标的技术支撑，要求建立以互联互通为目标的数字化变革委员会，作为战略建设的组织领导机构；建立统一的 IT 信息中心，作为技术核心管理机构和基础运行保障；建立运营、服务等以数据应用为目的的云平台和统一的数据驱动业务式的大数据体系，作为战略实现的技术支撑。

19.1.2 企业发展战略转型实践

1. 北汽集团向“创新型和制造服务型”企业转型升级

服务化既是国家经济转型的方向，也是北汽集团自己产业升级的主要目标。

多年来，北汽集团在金融、产业投资、后市场及出行服务等领域多点布局。随着汽车向智能网联方向发展，这些领域正在借助互联网构成产业 + 信息化 + 金融的完整生态圈闭环，构成从业务到管理体制，再到基础设施的科学发展体系。这些发展变化不仅提高了资源的利用效率，而且使北汽集团由传统制造业向服务制造方向不断进化，并能够提供出行解决方案。

2. 中联重科推进由“制造”向“制造 + 服务”转型

中联重科创立于 1992 年，是 A+H 股上市公司，注册资本达 77.06 亿元。主要从事工程机械、环境产业及农业机械等高新技术装备的研发制造。

在战略转型领域，中联重科探索智慧农业、精准农业的农业机械控制，推进制造向“制造 + 服务”转变，逐步向“产品在网上、数据在云上、市场在掌上”商业模式转型。

在打造智慧农业方面，中联重科的智慧农业研发涵盖了从计划、播种、施肥、作物监测、喷药、收获到烘干贮存的农业生产全过程。已经推出了融合大数据、云计算及物联网等前沿技术，实现互联网 + 远程智能控制技术的农业机械烘干设备 —— 谷王烘干机。

在提高农机装备方面，中联重科的农机装备向农业信息数字化、农业生产自动化及农业管理智能化转型。

在开展金融服务方面，中联重科设立中联资本作为金融服务业务管控平台。成立财务公司为集团成员单位提供金融服务，实现资金集中管理、资金结算、融通及金融服务等功能。

在“制造 + 服务”、加速两化融合、推进商业模式变革方面，中联重科实施 ERP、CRM、CSS、物联网、微信及商城等核心业务系统的关键数据整合、分析和应用，以实现“全面、深度、集成的信息化应用”。自建的交易平台“网上商城”正式上线，实现了产品展示与配件在线交易；运用移动互联网工具、大数据分析，“零距离”联接客户，为客户提供定制化智能服务，为实现精准营销奠定了良好基础。

3. 京东方公司从“制造商”向“全球创新系统产品与服务提供商”转变

京东方公司创立于 1993 年 4 月，是全球领先的半导体显示技术、产品与服务提供商。核心业务包括显示器件、智慧系统和健康服务。产品广泛应用于手机、平板计算机、便携式计算机、显示器、电视、汽车数字信息显示、健康医疗、金融应用和可穿戴设备等领域。

京东方公司转型理念定位为：打造基于B2C的多元化的智慧商业平台，由B2B业务向B2C有限多元化发展。为此，京东方公司专门成立了京东方多媒体公司，从产品层面独立运营B2C产品。在销售模式上，自建官网平台，专门成立京东方智慧商务有限公司来运营官方商务平台（www.boe.com），进行独家网络销售。目前，智慧商务平台顺利运行，建立了线上销售/线下体验互动机制。未来，根据客户导向，通过商务平台为客户提供定制化服务，实现差异化、个性化的产品定制。京东方公司还专门成立两个事业群，启动了智慧显示系统和智慧健康服务。在智慧终端产品上，京东方公司推出了智能可穿戴产品以及应用在金融、交通等领域的物联网智慧终端产品。

在智慧健康服务上，一是健康管理，已与IBM合作开发健康管理大数据平台及专家知识库系统，进行疾病预防；二是远程诊断，利用高清显示设备实现远程诊疗；三是建立相对实体的数字医院；四是康复护理。最终实现从线上到线下、从预防到治愈的一条龙会员制服务。

京东方公司积极启动并推进健康医疗服务云平台规划设计、云服务技术开发平台（PaaS）规划、云计算中心规划等项目。

4. 捷顺科技正在转变为“综合服务运营商”

捷顺科技公司成立于1992年，是我国出入口控制行业的先行者。主营业务是智能硬件及管理，以停车场设备闻名于业内。2011年于深交所上市，首次融资3.9亿元。在由传统设备供应商转变为综合服务运营商的定位下，打造从“智能终端设备——智能管理平台——支付清算系统”到“移动应用（捷生活APP、捷停车APP及服务号等）”的闭环构建，打造“互联网+智慧管理”，形成管理平台、支付平台等。

“捷慧通”管理平台是一个跨平台、可接入几乎所有社区安防设备的智能化管理及安防平台，可以帮助物业公司、商场解决许多管理中的问题，如实现安防一体化、社区金融、反向寻车、一卡通消费和社区管理等服务。

“捷顺通”移动支付平台是捷顺科技自主开发的支付系统，集成了停车场缴费、银联POS机通刷、网银支付、城市交通卡和ETC卡等功能。捷顺通支持停车支付、物业缴费、在物业周边的商业消费、线上汽车后市场及社区O2O缴费，公司从中获得支付手续费的分成收入。

“捷顺云服务”平台是“捷生活”APP，主要围绕停车、门禁等刚性应用，保障社区用户活跃度。在此基础之上，拓展信息发布、快捷报修、车位预定、车位导航和停车缴费等服务功能，同时还可以用于物业的各种缴费以及在社区周边商店进行刷卡消费，将社区一卡通应用场景从社区内扩展到周边各种消费应用场景。

捷顺科技投资 9.4 亿元打造智慧停车及智慧社区运营服务平台。智慧停车服务以智能停车场终端联网作为切入点，提高车位利用率，实现包括车位查询、车位预订、停车导航、反向寻车和快捷付费等在内的智慧停车全流程。

5. 中恒电气：成为能源综合解决方案提供商

杭州中恒电气股份有限公司成立于 1996 年，是一家集科研开发、生产经营、技术服务为一体的民营股份制高新技术企业，是我国智能高频开关电源行业的龙头企业。主营业务有：一是电力信息化板块，为电网企业、发电（含新能源）企业、工业企业的自动化、信息化、智能化建设与运营提供整体解决方案；二是电力电子产品制造板块，为客户提供通信电源系统、高压直流电源系统（HVDC）、电力操作电源系统、新能源电动汽车充换电系统等产品及电源一体化解决方案。

中恒电气投资 1 亿元成立全资子公司——中恒云能源，打造能源互联网平台。非公开发行募集的 10 亿元资金主要用于能源互联网云平台建设项目、能源互联网研究院建设项目和补充流动资金。其中，能源互联网云平台建设项目拟投资 6.9 亿元，项目建设期为 3 年；能源互联网研究院建设项目拟投资 6 091 万元，项目建设周期为 3 年。

6. 江铃股份：向出行服务综合运营商升级

江铃汽车股份有限公司是我国主要的轻型载货汽车制造商。在转型实践中，公司提出以四方合作方式进行互联网项目建设，推动产业链升级。

第一，2016 年 10 月 9 日，江铃股份携手联通智网科技、钛马车联网、恒润科技在南昌举行“互联网 +”合作项目签约仪式。四方在车联网领域进行全面战略合作，推动江铃股份在产业链和营销服务方面全面升级。第二，建立专属大数据平台，创新营销模式。项目包括建立江铃专属的大数据应用平台，向顾客提供最优质的车联网服务体验，与客户进行最直接有效的沟通互动和高频度联结。第三，探索汽车营销创新模式，促进以互联网和移动互联为基础的全新营销及服务业态的形成，为客户提供更好的用车体验和增值服务。第四，聚焦车联网和互联网营销项目。江铃股份将与合作伙伴在以汽车车载信息服务为核心的车联网和互联网营销领域开展深入合作，计划分步应用于江铃股份的全系列车型产品，从而促使江铃股份从汽车生产销售商向新一代出行服务综合运营商升级。

19.2 企业产品及服务转型

19.2.1 产品目标

1. 定位智能汽车，投入智能交通 V2X

未来，很多城市人口将超过 1 500 万人，消费者需要综合交通系统提供点对点的出行方案，因此，未来汽车必须能够和基础设施实现交流。当前，汽车企业参与政府在智能汽车和智能交通、汽车智能网联技术及智能 V2X 基础设施建设、自动驾驶汽车方面的技术标准制定等，获得制度和技术的话语权。

智能汽车包含汽车智能与互联生态两大属性。汽车智能为用户提供便捷安全的 ADAS 系统、自动驾驶技术；互联生态借助车机与企业云平台为用户提供完善的生态服务。企业建立基于智能汽车的互联生态有三个层次：一是从提供传统的 TSP 服务，创新基本服务内容到延伸服务。二是建立完整的平台服务，提供用户车机、移动及云等终端无缝连接，形成完整闭环的生态服务。三是基于车本身扩展更广泛的互联生态、生活服务，如提供围绕汽车的安防、娱乐等服务，提供以智能家居为主的智能生活体验。

2. 提升企业产品力及品牌力

打造具有企业设计基因的智能汽车产品，通过产品的独特本质诉求，为未来智能汽车在私用和共享使用时，向消费者传达企业的价值理念和品牌理念。据一项对智能产品接受度的调研报告，我国 96% 的消费者希望在日常驾驶中体验智能驾驶功能，对于 25 岁以下年轻消费者，这一比例提升至 99%。我国汽车市场由升级需求取代普及需求成为市场需求主体后，用户满意度感知来源将更加多元化，从重视服务、驾乘舒适度及车辆的安全感等到追求智能化产品与服务。因此，智能汽车可以有效提高用户满意度，创新的互联服务能够增加用户对汽车企业及服务需求的黏度。同时，互联网厂商数据的广泛打通，将有效提高车企数据的变现能力，基于数据延伸出更多创新的服务形式，增加企业创造利润的渠道。

19.2.2 企业转型实践

1. 奔驰汽车：转型出行服务商

奔驰汽车与 MOOVEL 股权投资，加强彼此合作共赢，与 Flixbus 进行合作，向客户提供更丰富的服务。

在产品定位和营销环节，奔驰汽车的数字化战略推动其向个性化与多元化发展，包括车身形状、车型系列和驱动类型等；在服务方面，奔驰汽车通过大数据挖掘分析了解用户的行为习惯，从而影响用户的生活与出行方式。

在售后服务业务层面，升级需求已经代替普及需求成为市场需求的主流，服务成为提升差异化竞争优势的重要手段。奔驰汽车将售后服务作为企业经营的重要内容，建立了完善的售后服务网络，为客户提供汽车零配件供应、定期保养维护等服务。互联网能够将汽车相关的消费交易平台化，重构汽车后市场的服务和商业模式，使得汽车电商、维修保养、汽车保险、二手车等市场的交易渠道更加丰富，消费信息更加透明，进一步强化奔驰汽车在汽车服务领域的核心竞争力。

在寻找可持续增长点层面，智能汽车成为汽车产业转型升级的重要方向。传统汽车巨头和信息技术企业正积极开展跨界布局，车联网应用服务逐渐成为新一轮竞争的焦点。以互联网为代表的信息技术加快向服务环节渗透，围绕智能驾驶和汽车产品本身，提供互联网内容服务、娱乐交互、远程诊断、系统升级更新等增值服务。奔驰汽车根据用户需求，挖掘潜在消费市场，每年投入 4 亿美元用于自主研发新技术和应用，拓展新兴业务领域，以提升汽车产业链的附加值。

在数字化产品 + 服务方面，2015 年，奔驰汽车推出“最佳用户体验”战略，即以用户为中心，推广数字化的产品及服务，从买车、用车、卖车到品牌文化培养，结合“互联网”确保每个环节中用户都能在最大程度上享受奔驰汽车提供的最佳体验。如图 19-1 所示。作为“最佳用户体验”战略中的重要环节，奔驰汽车将以“The best for me”为核心理念的全新服务子品牌 Mercedes me 引入中国，打造线上服务平台，包含出行、互联、修养、金融和灵感五大模块，覆盖用户用车的每个场景。

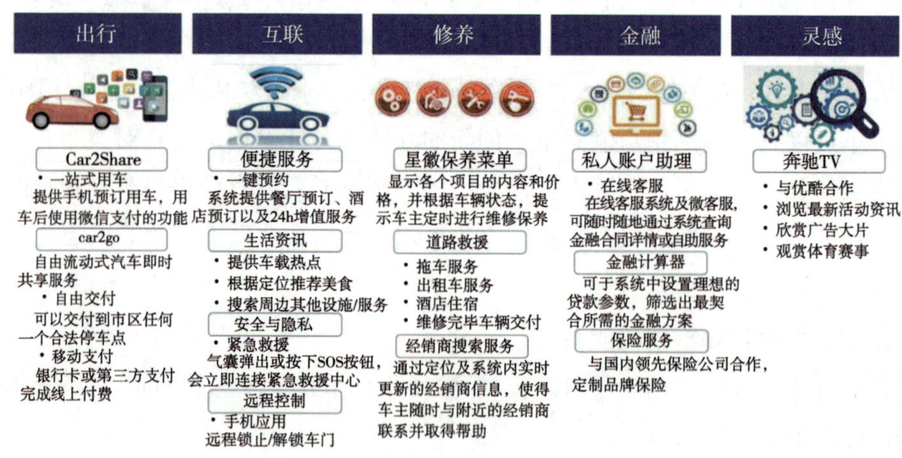

图 19-1　Mercedes Me 平台主要模块

Mercedes me 在车机、移动以及可穿戴设备等不同终端设计相应的应用，并且各终端之间可以无缝结合，保证用户时时刻刻享受到奔驰汽车提供的互联服务。如表 19-1 所列。

表 19-1 Mercedes Me 终端应用

车机端			移动端	可穿戴设备
便捷服务	信息娱乐	安全服务		
•旅程咨询 •发送到汽车 •兴趣点搜索和推荐 •经销商信息 •停车位置提示 •手机应用客户端	•碰撞自动求助 •紧急救援协助 •道路救援 •被盗车辆定位 •自动警报通知 •远程车门锁止/解锁	•实时路况 •车载应用 •车载无线热点 •多媒体信息服务	•远程闪灯鸣笛 •远程车门锁止/解锁 •停车位置提示 •发送到汽车 •经销商信息 •车内温度预设	•D2D 导航 •远程查询 •保养信息

为满足 Mercedes me 衍生的互联产品迭代速度需求，奔驰汽车在全球成立了独立部门，新部门整合了研发、销售、IT 和售后等环节，承担车联服务产品的全价值链运作。此外，2015 年奔驰汽车在中国成立了 IT 创新实验室，贯彻数字化转型思路，利用 IT 技术和创新思维，提供优化原型方案。该实验室雇员超过 300 人， 2015 年投入约 80 个项目，业务领域包括研发、生产、销售、售后和金融服务。

除了 Mercedes me 线上一站式客户服务平台和 APP，奔驰汽车还在城市中心建设了实体体验店（如图 19-2 所示），为消费者提供线下的创新数字化服务。未来，奔驰汽车还会考虑将 Mercedes me 体验店的部分概念运用于经销商网点的建设上，进一步升级客户服务。

图 19-2 Mercedes Me 线下体验店

2. 正泰集团开展供应链金融

正泰集团创建于 1984 年，是我国工业电器龙头企业和新能源领军企业。产业覆盖“发、输、变、配、用”电力设备全产业链，并布局城市轨道交通、能源装备制造业、储能新材料、能源互联网、投融资平台与企业孵化园等领域。

在产品转型方面，正泰集团通过供应链金融与电商相结合开启新的销售模式与盈利模式，公司电商平台将发展成为行业的电商平台。一方面，正泰集团通过参股以产业链金融为主的温州民商银行，开展供应链金融服务，在增加销售的同时增加经销商的黏性。另一方面，建立供应链智能商务平台，以提升效率降低成本。供应链金融与电商的结合为扩大电商交易规模与供应链金融的实施提供了便利。

3. TCL 集团提供智能产品及服务

TCL 集团全面推进“智能 + 互联网”战略转型及建立“产品 + 服务”的商业模式，成为领先的智能产品制造及互联网应用服务集团。在生态圈建设及盈利模式落地方面，围绕视频、教育、游戏及生活的四大垂直子生态，实现了依据流量、内容分发及大数据分析等与合作伙伴进行收益分成，同时还开展了自有垂直服务。

在建立“产品 + 服务”模式方面，以新建、重组、并购及合作等方式加强互联网应用和移动服务能力建设，建立了运营、支撑和金融支持平台。其中，运营平台包括欢网科技、全球播、TCL 教育网及在线教育项目、IMAX 家庭影院、智能家庭项目公司和 TCL 文化传媒公司等；支撑平台包括互联网应用平台和移动互联网应用平台、云服务平台。金融业务支持平台是集团以产融协同的商业模式推动金融服务业务布局，建立起面向产业链合作伙伴的供应链金融服务平台。第三方支付及消费金融业务进展顺利，正与集团 O2O 平台共同构建起面向家庭用户和移动用户的服务闭环。

19.3 企业商业模式转型

19.3.1 创新商业服务模式，获取新收益

1. 企业要积极为城市人群开发定制汽车做技术储备

目前，发达国家城市中只有 40% ～ 50% 的人拥有汽车，汽车需求空间巨大。未来，世界上将有 60% 的人口居住在城市，城市需求的是便利、小排量、高效

能和娱乐体验更佳的汽车，并且个性化需求更趋明显。因此，汽车企业不仅要在新能源汽车领域，更要在传统汽车领域开启个性化定制模式，建立企业独有优势，获得竞争力。

2. 开展基于个性化的、共享的商业服务

创新个性化产品、个性化定制及个性化商业服务，重视满足以“90 后”“00 后”为主的消费者更注重个人体验、注重分享的心理需求。这就要求汽车企业利用外部资源，如平台型的第三方服务机构、数据服务公司进行未来个性化需求的创造，并广泛采用社交互动模式，深入消费者心中，建立基于强大品牌忠诚度的心理认知和消费者信任服务；通过互联网、大数据、云计算、数字化生产、移动营销等方式建立后续忠诚黏性，提供相应的个性化服务。

19.3.2　企业商业模式转型实践

1. 奔驰汽车的出行服务模式

在出行服务层面，奔驰汽车探索了多种新型的出行业态，包含汽车共享、分时租赁、路线规划和停车共享等，并有机整合到 Moovel 枢纽的平台上。如表 19-2 所列。

表 19-2　奔驰汽车出行服务平台——Moovel

服务名称	服务内容	运营模式	服务范围	从属
car2go	世界上最大的汽车共享服务	通过可下载的智能手机应用程序提供租用服务，取车以点对点的方式收取租金	在欧洲、北美、中国提供服务	是 100% 全资子公司
Car2Share	通过线上预订的分时租赁服务	时间 + 里程的计费方式，半小时起租	在中国、欧洲、北美提供服务	100% 全资项目
MyTaxi	通过应用程序可寻找并调用出租车	出租车收入的一部分支付给 MyTaxi（7% 左右）		100% 全资子公司
Blacklane	通过手机应用，网站和热线提供驾驶员上门接送服务	雇佣专职驾驶员，并使用公司车辆，而不是依靠私家车运营	在欧洲和北美提供服务，网络正在扩大	
Moovel	比较来自不同供应商的机票价格和时间，以找到从 A 到 B 最佳路线，并用来预订和支付旅程	Moovel 平台作为关键的平台和枢纽，戴姆勒提供的服务基本上都集成于 Moovel 应用程序	在德国和两个北美城市提供的服务	100% 全资子公司

（续）

服务名称	服务内容	运营模式	服务范围	从属
Park2Get	提供P2P的停车空间共享及租赁服务	让车主可以通过APP预约私人或公共的停车位，并提供网上支付服务	在欧洲和北美提供服务	100% 全资子公司
Nextbike	租赁自行车服务集成在Moovel应用程序中	通过手机APP或电话预约，反馈给客户二维码用来解锁自行车。自行车和站点由当地合作伙伴维护	在德国主要城市提供服务	100% 全资子公司
Flixbus	提供公共汽车服务或长途汽车服务	自己提供公共汽车，并在网上提供车票预订及支付服务		戴姆勒投资
Carpooling.com	通过（APP、互联网）平台提供拼车匹配服务；还提供巴士、火车和飞机票预订服务	建立评价反馈系统，使用者选择目的地，根据评分筛选与自己拼车的人，在网上完成支付	活跃在欧洲9个国家，并扩大到北美	戴姆勒投资

奔驰汽车出行服务平台未来会融入大量的无人驾驶车型，这些车型将应用立体摄像机和超声波传感器，配合高精度地图及车联技术实现无人驾驶。目前，奔驰汽车正开展大量的无人驾驶车辆路面测试。

在无人驾驶概念车方面，奔驰汽车利用顶尖立体摄像机、雷达及超声波传感器中获取的大量数据实时监测车身四周的路况，使车辆各个方向及角度的环境状况均在掌控之中。在无人驾驶状况下，高精度的GPS数据配合3D导航地图，可确保车辆定位精确到厘米级别。

在无人驾驶载货汽车方面，奔驰汽车配备Highway Pilot Connect系统，并且依靠V2V技术让三辆载货汽车自动排成一条行驶队列。三辆载货汽车可以同时进行精确的加速、制动，全程无须任何人工数据输入。

在无人驾驶公交汽车方面，Citypilot自动驾驶公共汽车能够自动识别车辆、交通信号灯，自动识别并躲避障碍，自动制动，自动报站，在接近公共汽车站点时准确地开关车门。

奔驰汽车利用模块化平台在低级别车型上搭载了原有高级别车型的技术，使用ADAS系统及车联技术有效地提高了整车的智能化程度。以全新E级车为例，其搭载的最新技术有6项：①被动安全技术。新增驾驶员辅助套件，有效降低了事故发生时安全带的冲击力。②全新预安全声音技术。通过音频系统传出的短促干扰信号降低事故中巨大噪声给耳朵造成的伤害。③主动式制动辅助。可以监测到前方车辆速度放慢、前后方交通堵塞以及行人，当存在潜在事故发生的隐患时，系统会适时制动将危险降至最低。④远程操控车辆技术。通过远程操控泊车。⑤ Car-to-X 通信系统。实现交通工具之间以及与交通设施之间的信号联络，可以使驾驶员在行车安全隐患出现时及时收到预警，根据该系统提供的交通信息躲避交通拥堵路段。⑥新级别智能识别．保证车辆与前方车辆在安全距离范围，行驶最大速度可达200km/h，释放驾驶员操控制动和离合的负担，通过智能巡航控制自动调整驾驶速度，车载摄像头可以读取路面最大速度限制标识。

2. 特斯拉汽车的创新商业模式

在商业模式层面，特斯拉的“互联网＋”脉络清晰，官网直营直销是主要策略，创新的互联网营销活动助力销售。完善的服务体系则为消费者提供良好的购后体验。

创新的销售模式使特斯拉可以做到信息查询透明化、试驾体验个性化、互动反馈精细化、配件销售集中化。其中，借鉴苹果的销售模式，特斯拉的销售主要采用直营模式，即网上直销，自建体验店，而非传统经销商 4S 店的销售模式。意在控制买卖环节，并使消费者体验理解特斯拉文化。

在线下体验方面，体验店不承接销售功能，整个渠道面向最终消费者，传递特斯拉企业文化，创造更加宽松、侧重体验的消费环境。特斯拉官方网站成为消费者对其产品的首要认知渠道，并且承载线上订购、预约试驾及金融方案三大主要功能。

在线上订购方面，消费者可以根据喜好选择车型、车身颜色、轮毂以及内饰，而且每件选配件的价格也可以在官网上查询。

在预约试驾方面，在填写完申请资料之后，特斯拉会在两天之内给申请者确认试驾时间和试驾地点，申请者可就近选择特斯拉“城市体验店”作为试驾的出发点，有专业教练员陪同试驾、帮助消费者获得更好的体验并回答相关问题。

在金融服务方面，消费者通过在线预订车辆并支付定金，如果消费者选择贷款可返回特斯拉账户，在线填写并提交贷款申请表，特斯拉合作银行将审核贷款资质，并于 48h 之内联系消费者。

特斯拉直营直销的优点在于线上线下渠道统一，价格一致，信息准确。而传统车企的销售借助 4S 店经销商和第三方网络平台，存在定价不一致和数据更新不及时的情况。

特斯拉体验中心具有其独特之处。特斯拉体验店多开设在人流密集区域，如大型商场或市中心，并且能够对产品进行全方位展示，此外还向消费者科普电动车技术、充电知识以及电动车优惠政策，并为消费者计算充电和加油节省费用的明细对比。特斯拉体验店内的陈设以及服务流程遵循一致标准，服务过程更加侧重于特斯拉文化和顾客的沟通与体验而非推销商品。

在试驾方面，特斯拉体验形象店会为顾客提供专业的试驾场地。

特斯拉体验店与传统的 4S 店在场地、服务及店面形象等方面存在明显的差异。如表 19-3 所列。

表 19-3 特斯拉体验店与传统 4S 体验店对比

项目	特斯拉体验店	传统 4S 体验店
场地	专业试驾场地	试驾场地取决于经销商地址
服务	体验中心试驾，服务人员注重消费者体验而非产品推销	经销商服务参差不齐，较为注重产品推销，并不注重车企文化推广
店面	标准的店面设计与配套设施	不同经销商店内设计不同

特斯拉开展的创新促销活动包括燃油车置换、以旧换新、车主引荐和车内购买等一系列措施，并利用互联网营销进行推广。在燃油车置换方面，消费者可以向特斯拉销售自己的燃油车，在购买 Model S 时，消费者可以以最多 80 000 元折扣购买新车。在以旧换新方面，消费者可以使用现有特斯拉加价换购新特斯拉，只要在个人账户中提交现有车辆信息，特斯拉就会有专员联系消费者，安排车辆检验事项。在车主引荐方面，老车主推荐新车主购买成功后会获得优先购买 Signature 版特斯拉 Model X 的权利，新车主则会获得 8 000 元购车折扣款。在车内配置购买方面，以电池为例，新版 Model S 70 版电动汽车配备了一块“可升级电池”，以软件方式进行升级。而用户多花 3 000 美元，就可以将电池组从 70kW · h 升级到 75kW · h。

特斯拉和互联网企业 Uber 合作的免费试驾项目，为用户提供了更加丰富的试驾方案，具体合作项目如表 19-4 所列。

表 19-4 特斯拉和 Uber 创新试驾模式合作项目

合作项目		特斯拉和 Uber 创新试驾模式
合作模式		• 伙伴选择：两家均为行业内日渐重要的市场颠覆者 • 商业创意：客户可以通过 Uber 应用方便地预约免费试驾服务；合作提升了品牌曝光度 • 可信性和可行性：两个均是吸引那些乐于尝试新事物、新趋势的新兴客户群体的品牌
合作价值	消费者利益	• 近距离接触特斯拉，一键试驾 • 送车上门，极大地节约时间成本
	特斯拉利益	• 利用 Uber 的用户平台，让更多的人了解特斯拉，以此发掘 Model S 的潜在客户 • 增加品牌曝光度
	Uber 利益	• 增加合作车辆数量 • 营销刺激增加营业收入，扩大影响力，突显其“创造新市场”的能力

3. 金固股份：“汽车超人”电商及后市场服务

金固股份成立于 1986 年，是中国最大的钢制滚型车轮制造企业。主营业务有汽车钢制车轮的研发、制造和销售。定位于由传统制造企业向互联网企业转型。主要实践有：打造“汽车超人”O2O 项目。O2O 项目总投资为 293 868 万元，用于线上平台建设、平台运营推广、线下合作商整合和仓储物流建设。

“汽车超人”以自营平台（PC 端 + 移动端）运营模式快速深入汽车后市场，前期以轮胎服务、汽车保养及汽车美容等车主配套服务为切入点；后续拓展汽车金融、汽车救援、汽车改装及车务服务等后服务市场业务，希望建成汽车后服务一站式解决方案平台。目前服务范围已覆盖全国 6 000 家门店，300 多座城市。

“汽车超人”自营平台运营模式采取“线上商城平台 + 线下门店服务”的 O2O+B2C 运营模式。上游整合供应商资源，通过集采方式，直达用户，从源头上保证品质与价格。线上通过搭建 PC 商城和无线应用平台，建立线上综合交易平台。用户可以通过 APP 和官方网站进行线上交易，线下门店完成更换轮胎服务，周期为 2 ～ 3 天。下游通过地面推广团队整合门店，使门店入驻线上商城平台，同时对线下门店进行 IT 化改造，使其转型为汽车综合服务中心，提供标准化服务。

4. 拓普集团：自建互联网汽车后市场服务平台

宁波拓普集团股份有限公司经营范围包括汽车用特种橡胶配件、粘性万向节（汽车四轮驱动用）等。企业转型实践是设立电商公司，建立互联网汽车后市场服务平台。互联网汽车后市场服务平台采用自建平台并整合各环节优质资源的方式，发挥协同效应，实现客户、公司、业务伙伴的共赢。集团设立电商公司，使拓普集团的业务从传统制造业向流通领域延伸，并且完善了汽车后市场的互联网化布局。目前，拓普集团在海外市场已与欧美主流汽车后市场进口商建立了牢固的合作伙伴关系，其在国内市场的销售网点已分布于所有一线城市和部分二线城市。

5. 隆基机械：由制造商向后市场服务商转型

隆基机械公司始建于 1994 年，是一家致力于汽车制动部件产品开发、生产和销售的中外合资省级高新技术企业。主营业务有汽车制动部件生产、国内外销售。在转型实践中，通过整合、收购汽车后市场资源以及与汽车后市场相关的电子商务平台，建立 O2O 业务平台，实现从传统制造业向汽车服务业的延伸。

在增资科技公司开展汽车后市场服务业务平台方面，2014 年，隆基机械投资上海车易信息科技有限公司，双方围绕 O2O 平台共同开发汽车后市场。在整合线上电商平台后，公司重点发展线下连锁维修品牌、车联网远程故障诊断、上游零部件（OES&AM）供应商联盟等相关业务，打造公司独有的后市场生态模式。

隆基机械于 2015 年 11 月 23 日与上海东方汽配城发展有限公司签订了《股权转让协议》，以现金方式受让东方汽配城持有的上海车易信息科技有限公司 10% 的股权，借车易信息切入维修行业信息化建设，提供包括客户管理、销售管理、员工绩效管理、进销存管理及配件采购等在内的一整套信息化与电子商务解决方案。

6. 彩虹精化：互联网 + 智慧能源 + 新能源汽车运营

深圳市彩虹精细化工股份有限公司于 2008 年 6 月在深交所上市，是目前国内气雾剂行业首家上市公司。从 2010 年开始，公司先后布局了生物基塑料及制品业务、室内环境治理业务和太阳能光伏发电业务。公司核心业务涉及新材料、新能源及环保等多个领域，形成了精细化工、太阳能光伏发电、生物基塑料和室内环境治理四个业务板块。

2016 年 5 月 9 日，彩虹精化以自有资金 6 400 万元对深圳市乐途宝网络科技有限公司进行增资，获得20%股权，运营“嘟嘟巴士”互联网定制巴士出行平台。

2016 年 10 月，彩虹精化设立兆新智慧停车充电有限公司，推动公司在新能源运营生态圈的布局与发展，实现公司桩、车、运、维、投一体化、规模化的战略格局。

19.4 企业组织及人力资源管理模式转型

19.4.1 进行企业组织和人力变革

1. 应对未来汽车共享出行模式，企业要进行组织结构调整

目前，汽车共享注册用户数量呈现全球性增长趋势。2016 年约 500 万人，预计 2020 年达到 2 500 万人。为应对未来共享出行发展趋势，企业要建立适应未来商业模式的企业组织结构。

在共享经济模式下，企业的组织结构趋向于由公司制、门店制向平台制模式转变。平台制有利于整合资源，提升决策效率，适于生态圈模式。因此，适度进行组织结构调整，做到流程顺畅，有利于信息共享、快速决策。组织机构应该越来越扁平化和去中心化。围绕主营业务，加强战略研究，加强项目投资可行性及效率效果的评价研究。

2. 应对未来技术、模式挑战，企业要加强人才的多元化培养

为适应未来的商业模式，企业的组织人才管理要进行相应变革，人才培养要侧重于实践。新的商业模式成功与否要通过效益体现出来，只有在实践中才能迎接新的营商环境、新的消费者需求以及供给侧结构变化带来的机遇与挑战。要拓宽人才培养的专业化道路和国际化视野。未来商业模式不能局限于汽车行业本身，汽车行业更要借鉴互联网企业模式，加强软件专业人才的培养与使用，用软件带动硬件、智能设备的研发与应用。跨国企业在未来产品、消费模式及环境保护要求、新技术、新材料等方面已经有了大量前瞻性的研究与试验，因此，要加强国际交流和国际人才引进，强化国际水平人才的任用与带动作用，为企业创新技术、创新模式应用提供人才制度保障和人才资源支撑。

19.4.2 企业转型案例

1. IBM 的组织转型

IBM 最初是以生产打孔卡、考勤钟、商业用秤及切肉片机为主的公司。1993 年公司转型后主营业务转化成以服务为主，包括 IT 服务、商业咨询、软件以及服务器。通过商业模式转型，使企业由传统制造业逐步向高价值业务转移，并最终占据了整个产业链最高端环节。在业务转型上，IBM 于 2008 年提出了以强化 IT 咨询为业务重心，并将“为全球进行智慧服务”作为公司的产品主线，在人工智能领域推广数据分析服务，运用 TrueNorth 认知计算技术，通过模仿人脑运作的新架构提供更高效率的计算机，取得了重要成果。在商业模式上，IBM 提出“电子商务”的理念，将 IBM 全盘转向“IT 服务”。

IBM 在商业模式转型的同时进行组织及人力调整。

通过战略转型，IBM 形成了富有竞争力的三大业务领域。在硬件领域，IBM 是全球服务器和超级计算机的领导厂商，在前 500 大超级计算机中占 237 台，IBM 蓝色基因超级计算机独占鳌头。在软件领域，IBM 为全球第二大软件商，公司的信息管理各项应用整合与中介软件、企业版实时通信软件、门户网站软件以及系统管理与系统运行软件是市场领导品牌。在服务领域，IBM 拥有约 20 万名 IT 专业数据中心外包服务人员，服务涵盖数据中心外包、企业转型服务、咨询、系统整合、应用管理服务、基础建设与系统维护以及网站代管等，客户涵盖各行各业。通过服务转型的三个步骤，IBM 实现了“产品服务化向服务产品化”的转变。服务产品化是将服务标准化，进行标准化的生产和快速复制，所有的业务活动都可以划分为不同的组件，每个组件都可以像积木一样单独存在。

在经营变革方面，IBM 服务转型的出发点是强调市场和客户导向。配合业务转型，IBM 在管理变革上，着力进行以绩效为抓手、以人才为根本、以执行力为核心的制度建设，在薪酬激励上进行了调整，员工的奖金必须建立在业务绩效以及个人贡献的基础上。

在人力资源方面，通过建立魔鬼训练营体系驱动人才培养转型。

在组织流程方面，进行组织和流程调整。包括调整组织架构，避免服务部门和其他部门的业务冲突；采用标准化的销售流程，增强服务和产品部门之间的协调能力，保证了对客户的整体关注；建立完善的管理服务实施系统；构筑知识共享系统，以积累和共享服务经验。

2. 海尔的组织转型

洞察消费者从购买者向产销者转变的变化，海尔以用户需求为核心，进行转型以建立企业生态为目标，包括企业平台化、用户个性化、员工创客化的组织并联化三个层面。

海尔的组织转型基于用户行为变化的四个方面：参与式、分享式、去中心化和重享用，将组织转型定位为组织从每个人做“工作”转变为每个人做“创客”，组织是一个结合人力、劳力及效力的数字化系统。

海尔围绕用户行为、全流程的用户最佳体验，通过权益和社交网络的激励，重构组织和员工的社交关系；通过服务、平台、新产品，重构员工和用户的社交关系。海尔组织转型的结果是形成良好的企业口碑，形成众多企业粉丝向创客的转变。员工和用户的关系是通过“人人做创客”的海尔 APP 平台实现的。

海尔通过“去管理化”进行组织变革，打造一个调动每个员工感知用户、对接用户、满足用户的平台搭建共赢生态。海尔建立了以用户为中心、用市场机制进行组织结构设计的平台。采用“创客小微”的机制，最大限度地发挥了员工个体与用户的组合价值。

海尔的组织结构是一种点闭环的动态网状组织结构，每个节点是一个自主经营体，既可接口外部的一流资源，又可零距离创造用户需求；开放性平台型组织系统，便于引进一流的人力资源；通过争单上岗、“官兵”互选机制，调动员工积极性。

通过组织变革，海尔打造了员工自己经营自己、自己安排自己、自己获益自己的，以发挥人的最大积极性为目的的组织平台。

19.5 企业生产、运营、管理模式转型

19.5.1 实施企业运营模式的转型

1. 加强对未来共享出行领域多种方式的战略性投资

1）对共享经济进行战略性投资是应对未来出行需求变化的有力手段。如，通用电气对共享创意平台 Quicky 公司进行战略投资后，向公司开放了 1 000 多项专利，Quicky 公司平台上的发明家可以利用这些专利进行创新。

2）成立专门的战略投资基金，投资出行项目。如，通用汽车通过通用汽车基金投资了 RelayRides 公司；福特汽车出资成立了 Fontinalis 基金，专注于“下一代机动方式”，目前 Fontinalis 基金投资 RelayRides 公司以及一家专注于服务校园及酒店用户的自行车共享企业 Zagster 公司。

3）进行出行领域的直接投资。如宝马汽车与租车公司 Sixt 合资成立了汽车共享企业 DriverNow。

2. 企业在新能源汽车领域和传统汽车生产系统上加强智能制造

企业向数字化转型，不仅在智能产品、交通出行服务方面，还要在生产制造环节，加强智能制造，提升数字化应用水平。不仅在新能源汽车领域，还要在传统汽车生产系统上，加强大数据应用和信息管理功能，实现销售信息、生产信息和采购信息的实时联通。通过 IT 技术的支持和应用，更高效地完成复杂的生产流程。在汽车智能制造领域，实现自动数据采集和分析、智能化物流、自动化系统以及 3D 打印。

3. 企业加强转型管理文化的重塑

在企业转型期，企业文化要相应地为转型服务，有利于将转型的企业文化加以保留，弱化或根除不利于转型的思想、观念及员工行为。这就要求企业在转型期重塑转型管理文化，并在员工行为中加以推动，形成员工自觉的理念和自觉的行为规范。

企业转型管理文化重塑，要明确眼前和未来、原有文化和新文化、管理层和员工层、企业内部推动力和外部影响力、全局和个体的关系，并全方位地推进管理文化。具体做到四个方面：一是巩固继承、开拓创新。继承原有文化中促进转型的思想、理念和行为准则，开拓转型企业所宣扬的开拓、进取、创新的管理文化，使企业文化引领企业转型发展。二是结合战略目标推进管理文化认知。明确在企业转型发展战略及对企业未来竞争力的培育上，企业文化是一个重要的推进工具，推进战略目标对企业全员的影响，强调管理文化认知对落实策略的重要作用。三是领导带头、全员跟随。企业文化做好顶层设计，形成管理层认可的有利于企业转型发展的文化主旨和行业细则，同时做好文化在中层及员工层的宣贯和落地实施。以企业一把手带头、以身作则、率先垂范为先导，以企业员工效仿、跟随及形成员工自身要求的行为为落地抓手，通过文化落地，使企业管理转型更有系统性、整体性和协同性。四是强化执行力，不断改进企业转型管理文化，反馈推进效果。通过相应变革，改变传统的管理方式与方法，从组织架构、责任机制、激励机制和约束机制等方面设计管理考核制度，反馈员工对转型战略的执行程度及对新的转型管理文化的接受程度，并加以持续改进，让全体员工深刻理解企业转型的坚定信心和方向，积极践行管理文化，使员工与企业共同成长，使企业不断地发展壮大。

19.5.2 企业转型案例

1. 奔驰汽车数字化生产转型

智能制造为智能化产品与服务提供了有效支撑。作为数字化战略的重要组成部分，奔驰汽车利用“360° 全方位连通网络”“数字化流程链”“增强现实”“虚拟装配” 等技术和方法，打造数字化工厂。

1）奔驰汽车建立了 360° 全方位连通网络。奔驰 360° 全方位连通网络包括 87 个白车身生产系统，252 个可编程序逻辑控制器，2 400 个生产用工业机器人和 42 种科技手段（定位焊、接合、激光焊接、机械连接等）。得益于全面的横向和纵向联网，奔驰工厂实现了以下 5 个目标。①全自动监控：原来耗时的人工监控现在由机器替代，在该网络下，系统可自动监控设备的全部安全技术参数。②绿色生产：数字化系统能够确定每个组件 / 车身制造的能量消耗，实现绿色生产。③大数据应用：所有车辆组装过程的数据都可被获取，由“大数据”进行分析和监视，智能评价系统对于偏离特定流程的情况可即时做出反应。④远程维护：所有设备都可以实现远程监控，一旦出现问题，系统专家可以快速高效地获知信息并采取措施。⑤零件电子采购：申请零件购买以电子方式进行，交货时间和其他必要的参数可以在任何时间远程进行调整。

2）奔驰汽车建立数字化流程。奔驰汽车数字化流程当前主要聚焦在标准化方面（标准化的自动化、调节及控制技术），下一阶段将充分利用前沿技术（3D 打印、机器学习、增强现实等）提升和优化生产制造。

3）在智能制造技术上，奔驰工厂主要使用了 AR、虚拟装配、车辆自动运导、移动设备控制等技术进行工厂规划，提高生产效率。

4）在 AR 技术使用方面，奔驰汽车将增强现实技术广泛应用于工厂规划，将生产车间的实际建设情况与虚拟图像对比，检测可能出现的偏差并调整虚拟图像，AR 确保了以虚拟数据为基础的生产设施设计和规划的高质量。在前期的生产设备审批阶段，使用增强现实技术，对虚拟测试组件进行评定；在工厂内供应和组装后两个环节上，将实际的设备与虚拟设计数据对比，以确保产品质量和制造过程的高水平，偏差可被检测到并调试纠正。相对于传统方法，增强现实技术可在几分钟内检测到复杂对象的误差，工作组可以立即讨论解决方案。

5）在虚拟装配技术使用方面，地将虚拟组装技术应用在初期模拟零部件安装上，虚拟装配站在生产准备第一阶段完全免除车辆硬件的参与，通过纯虚拟计算机屏幕人机交互评估产品 / 流程的影响和某些改变的必要性。

6）在车辆自动运导技术使用方面，通过在地面各个角落安装永磁体的方式，中控系统通过 Wi-Fi 发送路线指令，使永磁矩阵对无人驾驶车进行引导，一个设计精良的、中等大小的机器人不断重复地安装电池。与以前不同的是，这个过程并不需要进行电池的换装，在这一过程中，会有一个员工监视着机器人的工作区域并及时移除“路障”。

7）在移动设备控制技术使用方面，抬头显示器（HUD）的镜子在安装后必须校对调整，以保证在驾驶员的视野内。以前，这一校对是通过两个固定的机器人完成的，现在新 E 级汽车采用的是在活动滑架上的轻量机器人完成。将来，这一校对会更简单灵活：一位员工坐在装有两个摄像头的平板计算机前，其中一个摄像头将平板计算机的位置校对到仪表盘的某个方位，员工按照屏幕上箭头的方向移动平板计算机，完成这一校对后，第二个摄像头自动取相并分析图像。

2. 奔驰汽车将大数据应用贯穿生产、研发、运营实践

在数字化转型战略中，大数据对各业务模块起到了重要支撑作用。奔驰汽车在德国、中国和美国布局了完整的大数据库和分析平台 —— 奔驰大数据卓越中心，为研发、销售、售后等各流程提供数据分析支持。

1）建立大数据中心。奔驰大数据卓越中心除依靠企业自身资源外，还引入大学、研究机构等学术资源，形成了案例协同和数据协同的知识社区。

在应用范围上，奔驰大数据平台辐射范围包含整个供应链，奔驰汽车在供应链平台中可以充分利用大数据的优势，通过有效的数据采集、管理和分析，帮助奔驰汽车供应链优化研发、生产流程，建立智能物流，预测产品故障，提高应变能力。决策支持大数据分析系统 DSS 为奔驰汽车提供决策支持，通过后台的中央数据仓库将各个领域的数据进行有效的集成，并在客户端为业务分析师提供可供自定义分析的报表工具。

2）奔驰大数据平台为研发流程提供包括汽车测试和平台测试的服务。大数据分析技术在奔驰汽车研发中发挥了重要作用，通过搭建数据模型、虚拟环境，研发团队能够获得更快更有针对性的测试结果，有效地缩短了汽车测试和平台测试的时间。通过对大数据的应用，结合深度学习，奔驰汽车的“无人驾驶系统”获得了极大的成功。

在速度方面，数字化已经帮助奔驰汽车将量产车型开发周期缩短了大约一个季度。以前耗时 18 个月的开发工作，现在不到 10 个月的时间内即可完成。

3）奔驰大数据平台采集生产相关流程的各类数据，通过筛选和集成后，进行数据分析，分析结果被立即导回到操作流程，有助于降低错误率并节省成本。此前这些数据分析需要几个月时间，如今可以缩短到几天，潜在问题被检测到并迅速定位，避免故障频繁发生。

大数据分析有效地提升了产品质量。传统质量管理主要是通过静态的、历史的、沉淀的数据，通过检查表、散点图及控制图等检测手段来发现生产过程的质量问题。大数据则通过物联网，通过在产品上安装传感器、标签等手段，实时监测采集数据，认知产品性能，实时提高质量。通过对内源与外源数据的实时采集和分析，企业能够准确地了解消费者的需求及其购买行为，明确产品特征，运用高级分析法准确地指导生产、运输与采购，从而提升产品或服务的质量。

4）奔驰大数据平台为营销和售后流程提供精准营销，预先诊断，故障预测分析。

利用车辆数据，奔驰汽车可以进行预先诊断（例如获知制动片的磨损程度），即时了解客户需要那些服务，甚至比客户自己知道得更早，从而提示客户进行预约服务。

此外“Mercedes Me”给每个客户提供了一个特殊的奔驰身份。通过“Mercedes Me”，奔驰汽车为客户在智能手机和汽车之间，以及奔驰汽车和奔驰的车辆之间实现了无缝链接，通过一对一服务来改进客户体验。

在资源分配层面，奔驰汽车通过数据收集，可以知道汽车实时状况，通过研究分析会发现规律。

5）奔驰大数据平台提供精准营销与广告投放。通过全面收集和分析奔驰汽车A系的目标人群信息，基于全网实时数据构建其目标受众模型，最大限度地逼真还原“Benz A-Class用户画像”，继而在全网范围内进行比对与排查，找出符合该受众模型的网民们集中分布在哪些我们视线之外的互联网媒体。这些媒体正是奔驰汽车在以往网络广告投放中所未发现的、活跃着其目标群体的新大陆。

在数据层面，奔驰汽车通过打通电信运营商底层数据，冲破媒体限制，实现了对媒体和受众全面深入的洞察和探究。利用电信运营商底层大数据流，实时采集网民浏览轨迹，无间断地勾画网民实线画像，更准确地还原目标受众，掌握目标受众的特征、需求和网络使用习惯等，实现精准广告投放。

通过洞察数据和媒体选择，极大地丰富了奔驰汽车品牌广告投放的媒介组合。

6）奔驰以精准、翔实、即时的数据，对物流环节进行科学管理、提升盈利。FleetBoard® 是奔驰的智能物流管理系统，它着眼于物流竞争三要素——人、车、路，以精准、翔实、即时的数据，帮助企业科学管理、提升盈利。FleetBoard® 主要关注的数据信息：车——除了传统 GPS 定位系统所具备的追踪车辆位置信息外，该系统能够提供在准时率、出勤率等方面的详细车况信息；人——利用性能分析模块，以全面、量化的评分体系对车手的经济型驾驶能力进行评估；路——智能物流系统能够协助企业实现线路评估、节点优化、流程管理等各项运营职能。

参考文献

[1] 陶希东 . 全球城市区域跨界治理模式与经验 [M] . 南京：东南大学出版社，2014.

[2] 蔡昉，张车伟 . 人口与劳动绿皮书：中国人口与劳动问题报告 NO.16 [M] . 北京：社会科学文献出版社，2015.

[3] 邬沧萍 . 全面建成小康社会 积极应对人口老龄化 [M] . 北京：中国人口出版社，2016.

[4] 朱克力，张孝荣 . 分享经济 [M] . 北京：中信出版社，2016.

[5] 倪云华，虞仲轶 . 共享经济大趋势 [M] . 北京：机械工业出版社，2015.

[6] 陆化普，史其信 . 智能运输系统研究发展动向与启示 [J]. 科技导报，1996（10）：54–57.

[7] 王宇锋 . 国内外智能交通系统现状简介 [J]. 硅谷，2008（23）：181.

[8] 迟铁军，高鹏 . 国外智能交通系统发展状况分析及对我国的启示 [J]. 黑龙江交通科技，2009（2）：111–112，114.

[9] 贾述评，房筱莉 . 日本智能交通系统的发展 [J]. 吉林交通科技，2006（3）：67–68.

[10] 陈旭梅，于雷，郭继孚，等 . 美、欧、日智能交通系统（ITS）发展分析及启示 [J]. 城市规划，2004（7）：75–79，84.

[11] 丁军 . 国外 ITS 技术发展与应用研究 [C]// 中国公路学会高速公路运营管理分会 . 中国公路学会高速公路运营管理分会 2011 年度年会暨第十八次全国高速公路运营管理工作研讨会论文集 . 北京：人民交通出版社，2011.

[12] 徐勇 . 赴美国学习考察智能交通系统（ITS）的思考 [J] . 青海交通科技，2016（1）：28–31.

[13] 徐中明，陈旭，贺岩松 . 智能交通系统（ITS）中的智能汽车技术 [J] . 重庆大学学报（自然科学版），2005（8）：17–21.

[14] 唐克双 . 日本 ITS 的最新动向——改善道路交通安全的路车协调系统的开发和运用 [J] . 公安交通科技窗，2008（2）：97.

[15] 徐华峰，夏创，孙林．日本ITS智能交通系统的体系和应用[J]. 公路，2013（9）：187，191.
[16] 彭瑜，王键，刘亚成．智慧工厂：中国制造业探索实践［M］．北京：机械工业出版社，2016.
[17] 汉斯·库尔．智慧工厂：大规模定制带给制造者的机遇、方法和挑战［M］．潘苏悦，译．北京：机械工业出版社，2015.
[18] 成思危．广义智慧城市导论［M］．北京：人民出版社，2016.
[19] 谭建荣，刘振宇．智能制造：关键技术与企业应用［M］．北京：机械工业出版社，2017.
[20] 李春华，许翃章．智慧城市概论［M］．北京：社会科学文献出版社，2017.
[21] 胡奇英．供应链管理与商业模式：分析与设计［M］．北京：清华大学出版社，2016.
[22] 智能科技与产业研究课题组．智能交通未来［M］．北京：中国科学技术出版社，2016.
[23] 徐建闽，等．智能交通系统［M］．北京：人民交通出版社股份有限公司，2014.
[24] 崔胜民．智能网联汽车新技术［M］．北京：化学工业出版社，2016.
[25] 李彦宏，等．智能革命：迎接人工智能时代的社会、经济与文化变革［M］．北京：中信出版集团，2017.
[26] 张洁，吕佑龙．智能制造的现状与发展趋势[J].高科技与产业化，2015(3)：42-47.
[27] 金江军，郭英楼．智慧城市：大数据、互联网时代的城市治理［M］．北京：电子工业出版社，2016.
[28] 郁建生，林珂，黄志华，等．智慧城市：顶层设计与实践［M］．北京：人民邮电出版社，2017.
[29] 智慧交通未来编委．智慧交通未来［M］．北京：中国科学技术出版社，2016.
[30] 张焕炯．智能交通若干技术新进展［M］．北京：人民交通出版社，2015.
[31] 蔡余杰．一本书读懂智能生活［M］．北京：中华工商联合出版社，2017.
[32] 李利，王飞跃．智能汽车：先进传感与控制［M］．北京：机械工业出版社，2016.

[33] 胡金泉.5G系统的关键技术及其国内外发展现状[J].电信快报，2017(1)：10-14.

[34] 卢西亚诺·弗洛里迪.第四次革命：人工智能如何重塑人类现实[M].王文革，译.杭州：浙江人民出版社，2017.

[35] 百度百科.智慧物流[EB/OL].[2009-12].https://baike.baidu.com/item/%E6%99%BA%E6%85%A7%E7%89%A9%E6%B5%81/3105626?fr=aladdin.

[36] 夏志猛.身世之谜 浅析汽车的平台与模块化[N].汽车之家，2015-08-15.

[37] 陈家瑞.汽车构造[M].北京：机械工业出版社，2000.

[38] 车云网.智能汽车的概念、架构、发展现状及趋势[EB/OL].[2014-7-11].http://info.carec.hc360.com/2014/07/110933490292.shtml.

[39] 3sNews.人工智能，科大讯飞志在何方[EB/OL].[2014-10-30].http://www.3snews.net/smartcity/260000036714.html.

[40] 余伟辉.工业4.0两大主题之"智能工厂"[EB/OL].[2017-11-13].https://wenku.baidu.com/view/df62634153ea551810a6f524ccbff121dd36c59a.html.

[41] 蜂迷世界.探秘宝马莱比锡：一个最接近工业4.0的汽车工厂[EB/OL].[2016-08-25].https://www.sohu.com/a/111977958_359503

[42] 邓沿树.我国智能制造技术的发展现状以及存在的问题[EB/OL].[2016-11-24].https://wenku.baidu.com/view/a3015dbd64ce0508763231126edb6f1aff0071d3.html.

[43] 奥迪智能工厂，颠覆你对工厂的概念[EB/OL].[2016-11-30].http://www.sohu.com/a/120310854_411329.